国家社科基金
后期资助项目

抗战时期中国图书馆界研究

A Study of Chinese Library Circle during the War of Resistance against Japanese Aggression

刘劲松 著

创于1897
商务印书馆
The Commercial Press
2018年 · 北京

图书在版编目(CIP)数据

抗战时期中国图书馆界研究 / 刘劲松著. —北京:
商务印书馆,2018
ISBN 978-7-100-16211-1

Ⅰ.①抗… Ⅱ.①刘… Ⅲ.①图书馆事业史-研究-
中国-1937-1945 Ⅳ.①G259.296

中国版本图书馆 CIP 数据核字(2018)第 122322 号

抗战时期中国图书馆界研究

刘劲松 著

商 务 印 书 馆 出 版
(北京王府井大街36号 邮政编码100710)
商 务 印 书 馆 发 行
苏 州 市 越 洋 印 刷 有 限 公 司 印 刷
ISBN 978 - 7 - 100 - 16211 - 1

2018 年 7 月第 1 版 开本 705×1000 1/16
2018 年 7 月第 1 次印刷 印张 23
定价 72.00 元

国家社科基金后期资助项目
出版说明

　　后期资助项目是国家社科基金设立的一类重要项目，旨在鼓励广大社科研究者潜心治学，支持基础研究多出优秀成果。它是经过严格评审，从接近完成的科研成果中遴选立项的。为扩大后期资助项目的影响，更好地推动学术发展，促进成果转化，全国哲学社会科学规划办公室按照"统一设计、统一标识、统一版式、形成系列"的总体要求，组织出版国家社科基金后期资助项目成果。

全国哲学社会科学规划办公室

序

劲松于 2003 年博士研究生毕业后即加盟江西师范大学历史文化与旅游学院,那时正是学校加快发展的黄金时期,新校区建设接近尾声,学校正在用人之际。从学校的改革发展和劲松入职后的事业进步来看,这是使两者都双赢的正确选择。一是学校选对了人。劲松博士毕业于具有深厚学术底蕴的苏州大学历史系,师从知名历史学家王国平先生。王先生曾任中国史学会理事(不设常务理事)、教育部历史学类教学指导委员会委员、苏州市历史学会会长,长期担任苏州大学中国近代史专业负责人兼学科带头人,主要研究方向是中国近代政治与对外关系,尤其擅长太平天国史研究,发表和出版了一批具有较高学术价值的相关论著。劲松的博士学位论文名为《民国初年的议会政治研究(1911~1913 年)》,据说论文在评阅和答辩阶段都受到了同行专家的好评。二是个人找对了岗。江西师范大学与苏州大学一样,历史源远流长,都是海峡两岸同生共长的"双胞胎"高校(苏州大学与东吴大学、江西师范大学与中正大学,大陆与台湾地区共有六对),历史学专业与学科历史尤为悠久、名家辈出。而在当时,我校的历史学专业与学科建设任务更重,特别是历史学博士点(2010 年以前,国家没有分设中国史、世界史一级学科)久攻不下,成为"顽疾",亟须补充新力、壮大队伍、凝聚力量、奋起直追,尤其需要"知耻近乎勇"之人。从这两个方面看,可谓人事合一、人岗相适。这正合了我们常说的一句老话,"女怕嫁错郎,郎怕入错行";换句话说,就是"干事创业要发挥集体和个人两个积极性",只有把个人的事业融入集体的事业才能准确找到自己的奋斗方向,只有集体事业的快速发展才能极大调动和激发个人前进的动力,合力形成个人与集体同心同向前进的大好局面。我和劲松相识并共事,也得益于我们服务的"老东家"——江西师范大学,正是共同事业发展的需要,将我们整合团结在一起。

大凡学习历史的人都有一个职业习惯和特征,就是遇事喜欢谈历史。我也是如此。从加盟江西师范大学历史学专业的历史来看,劲松比我早五年的时间，他为学校、为历史学专业和学科建设服务的历史比我长。虽然此前五年劲松的作为与表现无从评说，但仅就"历史积累"而言，这是值得我尊重和尊敬的。从年龄上讲，我又虚长劲松好几岁，是他的学长加兄长。因为专业与岗位角色的关系，我的业务关系就在历史文化与旅游学院中国近代史教研室，所以，我与劲松又是基层团队的战友。古人云："知人论世。" 10 年来，我对劲松的印象是很好的。在由我负责成功申报的国家级"中国近现代史教学团队"工作中，劲松的表现是突出的。当时由于竞争激烈、高校身份等级分层等原因，我们周围弥漫着失败主义情绪，但劲松在实际工作中体现出足够的信心，并踏实做好我分配给他的事情。2010 年，这个事情顺利圆满结束，劲松也不沾沾自喜，只是很淡然地向同事们道贺便完了。他的这种大将风度着实给我留下了深刻的印象。在此后由我负责并带领的江西省"中国近现代史学科创新特色团队"申报（2013）、2011 江西省协同创新"中国社会转型研究中心"申报（2015）、中国史一级学科博士点申报（2017）等重要、重大、重点工作中，他都发挥了教研室主任、青年学术骨干的重要作用，成功的功劳他是大有其份的。古人常说，"城墙是细砖垒起来的"。我赞美城墙中的"细砖"，也乐意带头在院、系、专业、学科团队中当好"细砖"，共筑我们的教育共同体、学术共同体这堵"城墙"。又说，"二人同心，其利断金"。在当下学术管理制度刚性紧约束下，组建专业加学科团队很难，即使组建起来，又因为刚性考核和个人业绩管理等很难发挥团队的合力作用，大家的向心力、凝聚力与合力往往是"内卷化"的。劲松经受了冲击校园的急切之风和浮躁之气的考验。这是一种难能可贵的学术定力，值得称道。

北宋词人苏轼说，"月有阴晴圆缺，此事古难全"。其实，人生的奋斗与天上的月儿一样，有阴有晴，阴晴交错，顺利的时候凌风展翅，不顺的时候往往如商家陷入"贩羊猪贵，贩猪羊贵"的窘境。前些年，劲松申报国家社科基金项目很不顺手，虽然认真准备，但结果却屡次擦身而过。在团队中基本上人人都有国家社科基金项目在手的环境里，其压力之大可想而知。有一次，我们又谈到申报国家社科基金项目的事儿，劲松颇有难色。于是我就建议他，暂时放它一放，另辟蹊径，扬长避短，将近几年辛勤钻研的抗战时期中国图书馆界的情况好好梳理、整理一下，申报国家社科基金后期资助项目。当时他没有表态。过了些时日，他拿了一份书稿《抗战时期中国图书馆界研究》的目录给我看，并说，积年研究，接近杀青，全书 30 余万字，不知能否申报？看来他认真吸收了我的建议，并扎实准备了一番。我当即既激动又高兴。我立马表示：很乐意推荐，希望尽快将书稿送我阅读,并建议邀约中国抗战史专家、图书馆学专家审稿推荐,如武汉大学历史系彭敦文教授、中国社会科学院抗日战争史研究中心荣维木(已在 2017 年过世)、高士华研究员等。从我拿到他厚厚的一摞书稿的当天晚上开始,我连续花了 10 天左右的时间读完,随即写下了一篇推荐意见。据他告诉我,其他专家都热情而积极地予以推荐。这说明他的研究成果是有厚度的。2017 年秋季,我们先后看到了国家社科基金后期资助项目立项公示名单,总算了却了我的一桩心愿;同时,也扫除了劲松发展的"拦路虎",并治好搁在劲松心头的"心病"。他能顺利地拿到了一项国家社科基金项目,而且是已近于完成,可以立马了结,这是多好的"一举两得"啊!劲松多年申报国家社科基金项目的艰难,以前既好似"泰山压顶于前",现在又好比"落叶随风而去",不管怎么说,只要坚守,只要追求,就一定有收获,就一定能够成功,用"有志者,事竟成"来形容,就再贴切不过了。这就是劲松博士这个项目及其成果产生的由来。

讲述这个学术故事,既是为了说明劲松是一位积极追求、严肃认真的青年学者,他的研究付出了经年不辍的辛劳,好成果的取得,一定要像炼钢一样经过烈火、高温造就;也是为了鼓励这种执著的学术精神,希望有更多的青年学者耐得住寂寞,守得住底线,出得了好成果。

那么,《抗战时期中国图书馆界研究》究竟好在哪里呢?或者说究竟有什么突出的优点呢?

首先,本书为研究对象"中国图书馆界"设定了一个研究者极易忽略的背景:包括中国图书馆界在内的中华民族如火如荼、可歌可泣的全面抗战。中国图书馆界是中国全面抗战的一个重要构成部分,中国图书馆界对于中国抗战的胜利付出了代价,做出了贡献,这也构成了中国图书馆界在抗战胜利后发展的文化底蕴和精神力量。当然,在劲松博士研究本问题以前,学术界事实上是忽视的,或者说没有充分注意到此。劲松博士的问题意识由此生发,重在说明和论证:如果说中国图书馆界是中国抗日战争中不可或缺的一个重要部分;那么,中国图书馆界就是中国抗日战争史研究中不可忽视的一个重要观测点。

中华民族全面抗战,是国共两党的共识。当时蒋介石发表著名的"庐山谈话"("七一七"抗战宣言)宣称:"地无分南北,人无分老幼,无论何人皆有守土抗战之责任。"中共中央则早于此发表著名的"七八抗战宣言":号召"只有全民族实行抗战,才是我们的出路"。中国共产党在整个抗日战争中都坚持全面抗战的路线、方针,如毛泽东在 1941 年 11 月 6 日发表《在陕甘宁边区参议会的演说》所论:"中国共产党的主张就是要团结全国一切抗日力量打倒日本帝国主义,要和全国一切抗日的党派、阶级、民族合作,只要不是汉奸,都要联合一致,共同奋斗。共产党的这种主张,是始终一致的。"由此可见,全面抗战是当时的历史实情。

所谓全面抗战,一是指社会领域的全覆盖,即在抗日战争中国家通过政权、政党等进行国家层面的集体应对,调动一国之政治、经济、军事、文化、外交以及社会力量,围绕国家主权独立、领土疆域完整和民族尊严进行对抗或反抗。其领域看似表现为国防和军事上的,实则是以军事斗争为中心、为重点、为集中手段,而方方面面密切配合、相互支撑,形成良性互动的整体面对、立体式对决,展现为国家综合实力、民族竞争力与社会生存力的较量。其中,任何一个领域都不可或缺。如灌注始终的文化力量,就如同近代学者章太炎所谓,龚定庵常言"灭人之国,必先去其史",即是无文化即无国家。孔子说:"夷狄之有君,不如诸夏之亡也。"即是其理。其重要性可见一斑。二是指中华民族的全员参与,国际上在社会学、政治学使用的概念为"多元参与",实则一个意思。以国家为中心,社会主体的多元参与,"一个都不能少",使抗战主体呈现多样性特征。虽说是"多样",其实是如同近代学者郭沫若所言"一致对外"。身处空前深重的国家危难、民族危机之中,士、农、工、商、学、军各界人士,"有钱的出钱,有力的出力","每个人都在发出愤怒的吼声","誓死不当亡国奴",由钢铁般的意志转化为全面抗战的钢铁般的长城。在文化战线,故事感天动地,人物可圈可点,作用可赞可敬。中国的抗日战争能够长期坚持,直至取得最后胜利,全赖全面抗战政策的有力执行,这亦是不争的历史结论。然而,关于抗战史的研究,史学界多集中于军事、政治和国际外交领域,尤以国共两党军事抗战方面为多,而其他领域和参与力量则涉及较少。[①]这一研究现状当然与我们长期以来所说的而且事实上确乎如此的"全面抗战"的历史格局不能对接和对应。因此,调整我们的视阈视线,对"全面抗战"进行一番"全景扫描",尤其是对过去我们所遗漏、所忽视、不深入的问题,进行新发现或者重新研究,其学术意义是显而易见的。因此,这里所说的"全面抗战",就包括抗日战争时期文化领域的中国图书馆界抗战救国活动,本书名之为"抗战时期中国图书馆界研究"。因此,从"全面抗战"史观来看,具体到"全覆盖"和"全员参与"研究,本书具有拾遗补阙的价值。

其次,本书的研究紧紧围绕"中国图书馆界参与全面抗战"这个问题

---

① 参见杨青:《近年来抗日战争史研究综述》,《教学与研究》2000年第9期;杨青、王旸:《近十年来抗日战争史研究述评选编(1995～2004)》,北京,中共党史出版社,2005年。

意识进行深度展开，梳理并构建了中国图书馆界与中国全面抗战的历史线索和逻辑关系，将历史事实变成一个理论研究的问题和对象，使理论与实践有机统一起来，使历史主体行为与主体精神有机统一起来，从而汇聚成一套饱满的抗日战争时期中国图书馆界自觉投身于民族救亡的学术话语。

本书的研究，就内容而言，立足于"全面抗战"这个全局、这个整体，具有开阔的历史视野；而又着眼于具体个案，从中国图书馆界与抗战的内在关联、历史线索和逻辑关系展开，爬梳史料，比对真伪，源始察终，既揭示了鲜为人知的抗战时期中国图书馆界对抗战事业特殊贡献的历史真实，又从民族文化精神支撑的角度，概述了在抗战血与火的峥嵘岁月里形成的中华民族特有的文化品格和精神气质。这就是中国史学的优良传统与方法，即西汉著名史学家班固所谓的"见微知著"；这也符合马克思主义唯物辩证法，"在森林中发现树木，细化对树木的研究，从而丰富对整个森林的认识"。本书所形成的结构，涉及战前中国图书馆事业的发展状况、中国图书馆界的战时转型、战时中国图书馆的损毁调查、中国图书馆界向国际社会征集图书、推动战时西部地区图书馆建设、筹划战后图书馆事业的复兴等方面，勾画了战时中国图书馆界的体貌，阐述了中国图书馆界"文化救国"的思想与实践，梳理了战时中国图书馆界的文化救国举措，概述了中国图书馆界对全面抗战、有力保存中华文化的成效与贡献，真正做到了以史为基、史论结合、论从史出，本书的研究成果对于推动中国抗日战争史深入研究，对于深化抗战时期中华民族精神的认识，都具有重要的积极意义。

再次，在新问题的新思考和新研究上取得了一系列新成果，这对于深化抗战时期的中国图书馆界研究，乃至于深化抗战时期的文化研究，更至于形成"全面抗战"的全要素生动内容，具有重要价值和意义。

本书的研究，从其学术观点来看，形成了一系列新看法、新思考和新结论。第一，从社会与历史定位来讲，抗战时期中国图书馆界的救国思想与应对措施，属文化救国范畴，是战时各项建设事业的重要构成部分。"九一八"事变后，尤其是在"一·二八"事变中，中国图书馆界遭受重创，东方图书馆被日军焚毁，损失书籍 46 万册以上。日本的文化侵略，暴露了日本的文化野心，打断了中国图书馆界的良好发展势头。中国图书馆界立足本位，提出救国建议，应对文化危机。中国图书馆界的本位救国号召实质上就是文化救国。第二，从价值取向来讲，其时中国图书馆界践行"文化救国"思想，是为了摆脱民族危亡、反抗文化侵略、保存民族文化血脉而奋斗的大义大勇；从社会角色与职业品格来讲，中国图书馆界的救国思想与应对举措，体现了中国图书馆界独特的文化思想与文化关怀。如书中揭示，通过转移珍贵文献、搜购沦陷区文献、出版珍贵典籍等形式，中国图书馆界在反对日本文化侵略、传承中国传统文化方面成效显著，受到国民政府教育部的表彰；通过向国际社会征集书籍，促进了中外文化交流，使中国文化进入了新的历史发展时期；通过推动大后方图书馆建设，将西部地区打造成中国新的文化发展基地。这些都是中国图书馆界发扬"文化救国"主张的具体行动，有力地配合了全面抗战，因而形成了独特的文化救国模式。第三，从精神意义来讲，抗战时期中国图书馆界所高举的"文化救国"思想和实践，汇聚为伟大的抗日精神，是中国人民爱国主义的重要构成和时代精神体现，具有中华民族特有的永恒价值。中国图书馆界在抗战时期具有无所畏惧的历史担当；面对胜利后中国文化事业的重建，又具有一往无前的文化自觉和使命承载。譬如，1943 年，留美学者发表战后中国图书馆界复兴计划，拉开了中国图书馆界复兴的大幕。1944 年 5 月，中国图书馆界三大巨头袁同礼、蒋复璁、沈祖荣同时在《中央日报》发表文章，展望战后图书馆事业，正式启动战后图书馆复兴工作。图书馆界还就复兴时机、复兴主体、复兴内容等展开了广泛讨论。另外，图书馆界还讨论策划了包括向日本追索珍贵文献、没收汉奸图书等事项。中华图书馆协会拟定了系统的战后图书馆复兴计划。这些讨论成果为战后图书馆复兴提供了思想基础。图书馆界在抗战胜利后的复兴工作中发挥了积极作用。战后中国图书馆复兴，对内依靠图书馆界的自身努力推进，对外积极寻求欧美大国的支持。图书馆界在战后复兴中承担了众多工作，如接收沦陷区的文教机构、接受欧美大国的书籍援助，为民族文化复兴创造了良好条件；同时，中国图书馆界与欧美图书馆界密切合作，积极参与联合国教科文组织的创设，为中国文化走向世界畅通了渠道。这些论述，有助于人们从文化的角度理解"全面抗战"的基本内涵和要素构成，既见史实，更见精神。"长留精神照后人。"劲松由此认为，战时中国图书馆界在传承传统文化、沟通中外文化、建设大后方新的文化基地等方面所做的杰出贡献，足可彪炳史册；在抗战中发挥"以文化当匕首与投枪"的独特作用，对抗战取得最后胜利影响至深至远。这些看法，从历史中走来，以史料为依据，以严谨求实的科学方法为手段，能够给人以历史智慧的启迪并起到精神穿透的作用。

总之，我认为，本书引文规范，行文晓畅，言之有理，持之有据，观点明确，立论扎实，展示了劲松具有较强的科研驾驭能力和创新拓展素质，能够将自己的布局谋篇与对学术前沿的深入了解有机结合起来。在研究推进中，本书作为"抗战时期中国图书馆界研究"课题的研究成果，实现了课题初始确立的科研目标，既讲清了历史事实，也说清了正确道理，还高扬了中华民族文化精神。因此，这是一项立足于学术前沿、填补研究疏漏、学术内涵厚重、有益于中国抗战史研究的研究成果。

当然，万事都不可能完美无缺，任何事情都不可能一劳永逸，这一课题的深入还需要本着格物致知的科学态度和求真到底的追求精神去不断探索创造。除了我在此前"两次审读意见"中表达的若干值得商榷和改进的地方，由国家哲社办按程序转告劲松，受到劲松重视并予以修改完善外，此次获得结项并即将出版的成果，也还有一些值得斟酌的地方。比如，中外图书馆界交往的研究方面，使用的日文资料和日本学者的研究成果还不是很丰富，关于美国图书馆协会与中华图书馆协会交往细节的描述也不够丰满，资料的收集与研究的深化还有余地；又比如，对沦陷区图书馆爱国抗争的研究不是很充分，更谈不上全覆盖，也还没有进行归类研究、对比研究，在资料的收集上还可以更加深入细致一些，进一步突破当时资料的点、面局限；再比如，对近年来图书馆研究界（史学外，即跨学科研究）、近代史学界关于抗战时期中国图书馆界的相关研究成果应进行学术总结，并针对阙如或有待加强的问题进行必要梳理，在"前言"部分运用一定篇幅使之得到集中体现，在正文的具体研究中也有必要予以运用，这些也还留有余地和空间。如此等等。但我相信，劲松博士还会继续努力，具有更大的学术追求，能够树立更高的奋斗目标，做到像孔夫子念兹在兹的那样"心向往之"，而像屈子所倾心倡导的那样"追善无悔"。

是为序。

2018 年 7 月 11 日

（本文作者张艳国为江西师范大学副校长、教授、博士生导师，国务院政府特殊津贴专家）

目　　录

前　言

　　中国的抗日战争是全面抗战。所谓全面抗战，一是社会各界参与抗战，抗战主体呈现多样性特征；二是社会各界积极抗战，抗战主体展现出能动性。在这个意义上，全面抗战不仅仅是中国政府武力自卫，对抗日本入侵，中国社会各界也都采取措施，协助政府，从事抗战救国。中国的抗日战争能够坚持数年，进而成为世界反法西斯战争的重要组成部分，直至取得最后胜利，是全面抗战政策的结果。然而，关于抗战的研究，一直以来多集中在国民党和中国共产党领导的军事抗战方面，中国社会各界所从事的非军事领域抗战救国涉及不多。这一研究现状与全面抗战史观不甚洽合。重视中国社会各界的非军事领域抗战救国研究，不仅不会削弱国共两党军事抗战的价值，反而会丰富抗战研究，促进抗战研究全面发展。中国图书馆界的抗战救国活动，就是中国社会各界非军事救国活动的重要内容之一。

　　中国图书馆界在抗战时期极为活跃。对外，中华图书馆协会、战时征集图书委员会等机构先后向欧美各国征集图书，以补充因日本侵略而造成的书籍缺失；袁同礼代表中国文化界先后出访印度、美国等国，以加强沟通与交流；图书馆界代表受国民政府委派，参与联合国教科文组织的创设，加强国际文化交流与合作。对内，图书馆界转移善本书籍，收集沦陷区珍贵文献，促进西部地区图书馆事业发展，筹划战后图书馆事业复兴等。图书馆界以独特的方式沟通中外，传承文化，服务社会。

　　战时中国图书馆界，以支持全面抗战为前提，以图书馆工作为本位，有鲜明的文化救国特色。图书馆界的本位救国，根源于日本对中国的文化暴行。日本对中国的文化暴行由来已久。东方图书馆46万余册图书在"一·二八"事变中毁于一旦。卢沟桥事变后，日本的文化暴行变本加厉，截至1938年底，中国遭损毁的书籍达千万册以上。图书是人类社会共同的文化产物，超越国界。日本摧毁中国藏书，不仅是中国的文化损失，也是人类社会的文化损失。图书馆界的本位救国，不只是传承中国文化，也为保卫世界文化而奋斗。因此战时中国图书馆界的本位救国影响深远。

本书探讨战时中国图书馆界的本位救国。中国图书馆界，指的是以中国图书馆事业为职志的文教人员，以中华图书馆协会为代表，以国立图书馆、省立图书馆及大学图书馆为依托。一会三馆，成为战时中国图书馆界的核心构成部分。战时，指的是1937～1945年之间的八年抗战时期，部分内容自1931年"九一八"开始，战后也有极小部分涉及。历史的发展是延续的，无法完全割裂。中国图书馆界的文化救国，因日本的文化暴行而起，以民族复兴为己任。

学者关于战时中国图书馆界研究起步较晚。1965年，袁同礼逝世。海外各界缅怀文化先贤，举行各种纪念活动，战时图书馆界进入学者视野。1966年，台湾《传记文学》出版了袁同礼逝世周年纪念专刊。1979年，台湾天一出版社出版了《袁同礼传记资料》，丰富了对战时图书馆界的研究。国家图书馆于2012年编辑出版了《袁同礼纪念文集》，促进了袁同礼研究。程焕文所著《中国图书馆学教育之父——沈祖荣评传》于1997年由台湾学生书局出版发行，高度赞扬沈祖荣生死与共的图书馆精神。台湾学者对蒋复璁战时收购文献的活动特别重视，沈津、陈福康等对郑振铎在战时收购珍贵文献活动进行了详细考证和严密论证。

李致忠主编的《中国国家图书馆馆史资料长编》对战时国立北平图书馆争取国际援助、征辑抗战史料、征集西南文献等活动进行了系统的资料整理。台湾地区的学者则对战时中央图书馆的活动有不少研究。国外学者也有相关研究。日本学者鞆谷纯一对"新民会"收缴抗日书籍有系统的研究，日本学者大场利康对"国立奉天图书馆"的研究十分深入。

与战时图书馆界关联的研究，集中在图书馆损毁方面。严文郁、谢灼华、孟国祥等对战时国立、公共、大学等各种类型的图书馆损毁状况进行了研究，徐雁专注于战时私家藏书的损毁状况，严绍璗、赵建民等从日本档案文献中证实日本掠夺中国文物典籍的文化暴行。自1938年至今，战时图书馆损毁一直是学者研究的焦点所在。

已有关于战时图书馆界的研究为本书奠定了基础。然而，这些研究成果较为零星、分散，难以反映图书馆界文化救国的整体面貌，也没有展现出中国图书馆界的主体能动性。本书将以一会三馆为中心，系统地整理战时中国图书馆界的救国思想与举措，概括其救国特征及本质，进而推动抗战研究朝纵深方面发展。

战时中国图书馆界是一致的，这种一致主要通过中华图书馆协会协调实现。中华图书馆协会创设于1925年，是在北京图书馆协会、上海图书馆协会等地区图书馆协会组织协调下创立，是民国时期图书馆界唯一的全国性行业协会，先后在北洋政府和南京国民政府注册登记，是有法人代表的合法的文化社团，集中了中国图书馆界的精英人物。

中华图书馆协会的基本会员为个人会员与机关会员。机关会员为各种类型的图书馆，涵盖两大国立图书馆（国立北平图书馆和国立中央图书馆）、各省立图书馆、公立图书馆、学校图书馆和私立图书馆等。个人会员均为图书馆界的精英人物，包括袁同礼、蒋复璁、沈祖荣、杜定友、李小缘、陈训慈等。协会法人代表在民国时期一直是袁同礼。袁同礼长期担任北平图书馆馆长，呕心沥血，为民国图书馆事业的发展做出了卓越贡献。

中华图书馆协会是独立的。首先为经费独立。协会经费主要来自会员交纳的会费，并不仰仗政府或其他财团，因而推动图书馆事业时，自主性较强，不受干涉。当然，图书馆事业是一项公共事业，也是一项公益事业，需要整个社会的关注和支持，尤其需要政府的支持，因而协会在恪守独立原则的同时，也尽量与政府保持一致，促进政府文教政策的实施，实现图书馆事业和政府文教政策共同发展的局面。

其次为人事独立。协会的主要机构为理事会和监事会。其成员均由会员自由选举产生，理事长由理事会成员选举产生。根据已有材料，没有任何迹象显示协会选举受到外力干涉。政府，无论北洋政府或国民政府，也从没有影响过协会的人事变动。1941年底到1942年初，袁同礼失联。蒋复璁承担起领导协会责任。袁同礼回来后，继续主持协会工作。期间，协会理事长一直空缺。人事独立，为协会会务展开提供了独立空间。

再次为议题独立。民国时期，中华图书馆协会召开过六次年会，每次年会议题都是协会拟定，会员自由讨论。这些议题都是图书馆界关心的问题，提出来讨论，以便解决。第一次年会后，协会向国民政府提出保障学校图书馆的独立地位。第二次年会上提出保证图书馆经费的稳定与独立。协会也专门讨论过如何抵制教育行政机关对图书馆人事问题的干涉。独立的组织，自由的意志，是协会运作的灵魂。图书馆界的独立，并不表示与政府对抗。相反，图书馆事业的公益性质，促使图书馆界与政府保持良好的合作关系。协会与政府的良好合作关系，典型事例为协会第一次年会的召开上。1929年，中华图书馆协会第一次年会在南京召开。这是南京国民政府成立后第一个在首都召开年会的全国性专业协会，对树立国民政府的正面形象无疑具有积极作用。国民政府对协会年会也很重视，委派要员出席会议，提供资金资助。协会与政府展开了良性互动。此后，双方合作陆续展开：协会向政府提供图书馆发展建议；教育部有时将图书馆问题提交协会,希望协会提供专业建议;等等。

中国图书馆界是团结的。这种团结表现在很多方面。略举数端:

一是国立北平图书馆与国立中央图书馆的团结。它们是民国时期两大著名的国立图书馆。北平图书馆的前身是清末设立的京师图书馆,长期以来一直是唯一的国立图书馆。中央图书馆于1933年正式开始筹备,蒋复璁任筹备处主任。筹备中央图书馆,是国民党再造首都的文化建设内容。北平图书馆的地位难免不受影响。两馆之间或明或暗地存在竞争关系,其表现之一为影印《四库全书》。商务印书馆与北平图书馆曾多次磋商影印《四库全书》,均因政局变动而无下文。中央图书馆筹备处成立不久,教育部即批复中央图书馆与商务印书馆合作,影印《四库全书》。消息公布后,袁同礼等立刻提出异议。就此,全国文化界就影印《四库全书》问题展开了长时间讨论。两馆暗中较劲甚为明显。其二是战时向国外征集书籍问题。1938年,袁同礼以中华图书馆协会理事长身份向欧美各国征集书籍,以弥补因日本文化暴行而造成的书籍缺失,反响较好。1938年底,教育部联合外交部、国民党中宣部、管理中英庚款董事会、全国数十所高等院校、学术机关及学术团体55个,在没有北平图书馆代表参加的情形下,召集会议,提议设立战时征集图书委员会,以统一对外征集图书活动,具体征集事宜由出版品国际交换处负责。出版品国际交换处设在中央图书馆。所以,战时征集图书委员会,实际上试图将袁同礼开创的图书征集活动合并到旗下。袁同礼以需要中华图书馆协会会员同意为由,委婉表示反对。结果,教育部指示中华图书馆协会负责在美国征集书籍,战时征集图书委员会负责其他国家的征集事宜(主要是英国)。袁同礼也曾向胡适抱怨教育部对北平图书馆不公。然而,两馆之间的竞争是良性竞争,正如袁同礼的爱将王重民所说,都在为国家文化事业而努力。也因为如此,在1939年召开的第三次全国教育会议,以及全国学术团体联合年会上,两馆积极合作,共同提案,显示了图书馆界的精诚合作。

二是袁同礼与图书馆学教育家沈祖荣的团结。沈祖荣是文华图书馆学专科学校校长,该校毕业生为民国时期各大图书馆的中坚力量,即所谓文华图专一代。抗战期间,部分文华图专毕业生力拱校长沈祖荣为中华图书馆协会理事长。1944年5月,中华图书馆协会在重庆召开第六次年会。会上,文华图专出身的会员汪长柄、徐家麟、岳良木等提出修改协会组织法,试图以此推戴沈祖荣为理事长。沈祖荣非常生气,不愿担任理事长。在理事选举中,沈祖荣以最高票当选,远远超过其他会员。然而,在推选理事长时,沈祖荣依然推荐袁同礼担任理事长。沈祖荣维护图书馆界团结之心，昭然可见。

图书馆与图书馆之间，图书馆员之间，或许存在竞争。中华图书馆协会却是图书馆界自愿形成的行业协会，超然于各种竞争之外，有效地协调图书馆之间的关系，促进图书馆界的合作与交流，使战时图书馆界团结一致，共同救国。图书馆职业的共性和中华图书馆协会的协调，使得战时图书馆界异常团结，围绕图书馆本位工作，形成了具有图书馆特色的救国模式。战时图书馆界的本位救国极大地丰富了全面抗战内容。

第一章　战前中国图书馆事业概况

"七七"事变之前，中国图书馆数量增长迅速，图书馆学术空前繁荣，图书馆事业发展势头正盛。战前图书馆事业的发展，是以中华图书馆协会为代表的图书馆界与社会各界及南京国民政府密切合作的结果。"九一八"事变后，国难当头，中国图书馆界一方面继续推动图书馆事业发展，另一方面立足图书馆工作，从事救国活动。图书馆界的本位救国模式初步形成。

第一节　战前中国的图书馆事业

一、图书馆数量的增长

中国现代图书馆的建设起源于 20 世纪初。庚子事变后，中央政府痛下决心，宣布改革，实行新政。图书馆作为文教事业之一，列入了学部分年筹备事宜清单。根据该清单，1909 年"颁布图书馆章程"，"京师开办图书馆"；1910 年，各省一律开办图书馆①。而在此之前或同时，湖南、江苏、安徽、山东、山西、河南、浙江、云南等省也都陆续设立了省图书馆。1912 年 2 月，宣统逊位，清中央政府拟定的图书馆发展规划随之烟消云散。清末建成的图书馆数量，并无确切的统计数据。根据《中国古代藏书楼与近代图书馆史料》统计，有京师图书馆 1 所，直隶、山东、山西、河南、江南、浙江、安徽、湖南、云南、贵州、广西、奉天等 10 多所省图书馆，其他类型的图书馆数量不详②。

民国成立后，教育部于 1912 年 3 月有筹设中央图书馆之议。1915 年

---

① 《学部奏分年筹备事宜折》，《学部官报》1909 年第 536 号，第 9～10 页。
② 李希泌、张椒华编：《中国古代藏书楼与近代图书馆史料（春秋至五四前后）》，北京，中华书局，1982 年，第 132～169 页。

10 月 23 日，教育部同时公布了《图书馆规程》和《通俗图书馆规程》，以规范和促进图书馆事业的发展。不过，这一时期图书馆数量增长并不算快。1916 年，教育部公布了全国图书馆调查数据。根据该数据，截至 1916 年 4 月，全国共有图书馆 25 所，分别为：北京 2 所（京师图书馆及分馆）；江苏 3 所，直隶、奉天各 2 所，吉林、黑龙江、山东、河南、安徽、福建、浙江、湖北、湖南、陕西、四川、广东、广西、云南、贵州、热河各 1 所。另外，山西、甘肃、新疆、绥远、察哈尔等省向教育部报称"尚未成立"；江西则拒不呈报。通俗图书馆，分别为京师通俗图书馆 1 所，湖北 44 所，奉天 35 所，山东 23 所，河南 22 所，福建、浙江各 21 所，湖南 14 所，山西 9 所，广东、云南各 6 所，江苏、江西各 5 所，直隶、安徽、新疆、四川各 4 所，吉林、黑龙江各 3 所，甘肃 2 所，广西、热河各 1 所[1]，计 238 所。图书馆及通俗图书馆总共 263 所。

同一时期，中国第一位留美图书馆学专业人士沈祖荣也对全国图书馆进行了调查。根据沈祖荣的调查统计，到 1918 年初，全国共有图书馆 33 所，分别为：北京 3 所，为京师普通图书馆、高等师范学校图书馆、通俗图书馆；天津 3 所，为通俗图书馆、南开学校图书馆、北洋大学图书馆；山东 2 所，为普通图书馆、济南齐鲁大学校图书馆；江苏 8 所，为高等师范学校图书馆、扬州普通图书馆、无锡县县立普通图书馆、无锡天上市普通图书馆、松江通俗图书馆、上海圣约翰学校图书馆、金陵大学校图书馆、南通学校图书馆；福建省立图书馆 1 所；湖北 4 所，分别为普通图书馆、文华大学公书林、武昌高等师范学校图书馆、武昌博文书院阅览室；江西 1 所，为九江南伟烈大学图书馆；湖南 2 所，为全省公立普通图书馆和长沙雅理大学校图书室；广东 2 所，为通俗图书馆和岭南学校藏书楼；浙江、安徽、广西、陕西、吉林、云南、河南各 1 所，均为普通图书馆[2]。

沈祖荣的调查结果与教育部公布的数据差距不小。为什么会这样？一是沈祖荣的调查一定有遗漏。沈公布调查结果时，表示："现各省按表填复者，已收到三十三处。特照原表，先行排印，分寄各馆，先睹为快。其有未及答复者，容续补刊。"[3]也就是说，他公布的调查结果是部分结果，而不是全部结果。当然，可以推测，也不会有很多回复。即使按照 20% 的误差计算，全国至多 40 所左右。二是教育部的调查可能有点虚高不实。根据《教育公报》，1914～1916 年期间，在教育部备案的各种类型的图书馆共 27 所。

---

① 《图书馆》，《教育公报》1916 年第 10 期，第 1～10 页。

② 沈绍期：《中国全国图书馆调查表》，《教育杂志》1918 年第 8 号，第 37～45 页。

③ 同上，第 37～38 页。

备案的不到 30 所，公布的超过 200 所，差距过于明显。地方敷衍中央政府向来是中国的传统，在图书馆调查方面估计也不会例外。1938 年 1 月，浙江省立图书馆馆长陈训慈参观丽水民众教育馆，发现该馆地址偏僻而有高坡，极为不便；图书纷乱杂陈，连登记号码都没有，阅览室空无一人。他感慨："教育机关之重宣传而无实际，殆大抵如是。"[①]可以肯定，到 1918 年前，中国图书馆数量一定不会很多。

沈祖荣的调查数据和教育部公布的数据互相印证，互相补充。从数量上看，沈的调查少于教育部公布的数据。教育部的调查数据，几乎不含学校图书馆，而沈祖荣的数据中却包含了 14 所学校图书馆（室）。如果去掉学校图书馆，沈的调查数据远远不及教育部。奇怪的是，沈祖荣的数据中，黑龙江、四川、安徽、贵州、热河等省一所图书馆也没有，而这些省份在之前的教育部数据中均有出现，尤其四川、安徽两省，向来文化事业不弱，为何在沈的调查中没有出现，有待考究。

1915 年底，蔡锷在西南地区发起护国运动，得到南方数省响应，中央失去了对西南地区的控制。1916 年，袁世凯去世，南北分裂没有能够得到根本解决。1917 年，大总统与国务院的矛盾日益激化，7 月，张勋复辟，内乱再起。动荡的国内形势对图书馆事业的发展无疑是个巨大阻碍。

1928 年国民政府统一全国后，图书馆建设加速，很快达到了顶峰。1936 年上海申报年鉴社与浙江省立图书馆合作调查的图书馆数据集中反映了抗日战争全面展开前中国图书馆的发展规模[②]。列表 1-1 如下：

表 1-1　1936 年全国图书馆数量

省市别	单设图书馆	民教馆图书馆	机关附设图书馆	学校图书馆	共计
广　东	167	87	12	357	623
河　南	159	87	2	194	442
河　北	178	105	4	152	439
湖　南	154	26	1	181	362
浙　江	54	125	21	125	325
山　东	69	108	3	138	318
辽　宁	36	1	2	276	315
四　川	138	37	2	64	241

---

① 陈训慈：《运书日记》，周振鹤整理，北京，中华书局，2013 年，第 44 页。
② 陈训慈编：《中国之图书馆事业——民国二十五年申报年鉴教育文化篇》，《图书馆学季刊》1936 年第 4 期，第 672～673 页。

续表

省市别	单设图书馆	民教馆图书馆	机关附设图书馆	学校图书馆	共计
上海市	60	4	18	158	240
广　西	63	57	1	75	196
福　建	52	28	6	96	182
山　西	91	7	5	74	177
安　徽	38	44	1	80	163
湖　北	24	65	5	69	163
江　西	49	23	15	74	161
江　苏	30	76	7	44	157
北平市	8	1	3	84	96
云　南	4	14	5	68	91
陕　西	30	10	1	30	71
吉　林	12	10	2	47	71
甘　肃	12	19	4	26	61
哈尔滨	6	23	1	25	55
南京市	4	3	30	15	52
贵　州	17	8	1	15	41
绥　远	18	6	1	14	39
黑龙江	6	3	1	17	27
热　河	4	5	1	15	25
青　海	8	5	1	3	17
东省特区	2	0	1	10	13
青岛市	2	1	1	5	9
宁　夏	2	1	1	3	7
西　康	3	0	1	2	6
威海卫	1	1	1	3	6
新　疆	1	0	1	3	5
总　计	1 502	990	162	2 542	5 196

　　该数据参考了教育部1935年底发表的各省市图书馆分类统计数据，结合了中华图书馆协会1935年印制的调查统计，吸收了1935年申报年鉴社的调查结论，在审慎分析的基础上形成，因而较为确切，客观地反映了卢沟桥事变之前中国图书馆建设的总体规模。

　　这一数据也体现了中国图书馆建设的良好发展趋势。清末，全国图书馆仅有十几所，1916 年教育部公布的总数据为 263 所。南京国民政府成立后，1931 年教育部社会教育司公布了 1930 年度《全国公私立图书馆一览表》。按照该表，图书馆被分为普通图书馆、专门图书馆、民众图书馆、社教机关附设图书馆、机关及团体附设图书馆、书报处、学校图书馆、私家藏书楼八类，总数共计 2 935 所。从 1916 年的 263 所，到 1930 年的 2 935 所，再到 1936 年的总数 5 196 所，仅 20 年时间，图书馆数量增加了近 20 倍，速度之快，不能不令人称奇。如果与 20 世纪初公共图书馆建设起步时全国几所零星的图书馆比较，30 年左右的时间，发展速度更是难以置信。

如果说这一数据由教育部提供，难免有浮夸成分，那么中华图书馆协会的调查也可以证实民国时期图书馆的发展速度。根据中华图书馆协会的调查统计，1925 年全国图书馆总计 502 所①，1928 年为 622 所②，1930 年为 1 282 所③，1931 年为 1 527 所④。这组数据显示：民国时期，尤其南京国民政府时期，图书馆数量飞速增加。可以设想，如果日本没有发动对华侵略战争，中国图书馆事业必将会有更大发展。

二、图书馆学术的繁荣

抗日战争全面展开前，中国图书馆学研究也空前繁荣。1925 年，梁启超在中华图书馆协会成立会上，提出建立中国的图书馆学。金敏甫密切关注图书馆学术的发展，1928 年，他指出："中国图书馆学，虽尚在发轫时期，但亦颇多成绩可观。"⑤金氏从中国图书馆学的发源、上海图书馆协会编辑丛书、图书馆馆报与什志、论文之散见、中国图书馆分类法之改造、排字法之革新六个方面总结了中国式图书馆学的成绩，条分缕析，深入浅出，较为全面地反映了 20 世纪 20 年代中国图书馆学发展的基本概貌。

李小缘于 1936 年总结自 1925 年以来的图书馆学发展时，表示：10 多年前图书馆学书籍仅有数种可供参考，"今则图书馆学书籍已出版者无虑百种，而杂志论文，精细过于往昔，不时散见于专门杂志，或普通杂志中，日出不息"⑥。他列举了图书馆学书籍 20 种，图书馆学杂志 23 种，对近 10 年来中国图书馆学研究取得的巨大成就予以高度评价。

---

① 《全国图书馆调查表》，《中华图书馆协会会报》1925 年第 3 期，第 7～19 页。
② 《全国图书馆调查表》，《中华图书馆协会会报》1928 年第 2 期，第 7～20 页。
③ 《全国图书馆调查表》，《中华图书馆协会会报》1930 年第 5 期，第 5～34 页。
④ 《全国图书馆调查表》，《中华图书馆协会会报》1931 年第 3 期，第 3～44 页。
⑤ 金敏甫：《中国图书馆学术史》，《图书馆周报》1928 年第 2 期，第 3 页。
⑥ 李小缘：《中国图书馆事业十年来之进步》，《图书馆学季刊》1936 年第 4 期，第 509 页。

李小缘的结论也得到了当代学者研究成果的证实。蓝乾章统计了1928～1937年间的图书馆学论著，令人信服地证明了这一时期图书馆学研究的繁荣景象。蓝的研究列简表1-2如下：

表1-2   1928～1937年间图书馆学论著统计 [①]

	（民国）17年	18年	19年	20年	21年	22年	23年	24年	25年	26年	总计
图书馆学	18	24	15	19	38	31	35	45	46	2	273
印 刷	5	1	1	4	3	3	6	8	16	4	51
出 版		1	1	3	6	9	11	17	7	3	58
目录学	6	10	13	13	2	17	17	17	17	14	127
书籍史	7	8	5	26	11	12	22	26	23	17	157
相关资料	5	5	9	10	7	6	25	45	24	13	149
视听资料	0	0	0	0	0	0	0	0	0	2	2
索 引	53	21	10	38	10	12	19	56	20	16	255
图书馆行政	10	13	17	18	18	22	39	24	28	10	199
图书馆教育	2	6	8	7	8	8	9	14	10	9	81
采 访	3	9	15	7	2	12	18	16	28	4	114
分 编	20	40	18	34	35	41	66	70	67	30	421
电藏流通	10	5	18	16	18	24	35	41	44	19	230
参 考	3	8	0	6	5	6	10	35	32	25	130
推 广	3	8	16	17	15	11	33	25	25	6	159
专业组织	3	44	15	10	32	7	4	14	26	4	159
公共图书馆	22	56	63	76	74	83	145	75	78	44	716
专门图书馆	1	6	9	2	6	6	21	11	11	10	82
学校图书馆	13	25	31	18	30	56	54	69	77	37	410
国家图书馆	3	12	4	9	8	2	1	31	5	5	80
图书馆史	12	12	16	28	19	23	11	32	32	9	194
总 计	199	314	284	361	347	391	581	671	616	301	4 047

---

① 《中华民国图书馆年鉴》，台北，"中央"图书馆，1981年，第272页。本表对原表格式进行了些微改动，总体不变。

根据蓝的统计，卢沟桥事变前中国图书馆学论著何止百篇，1928～1937 年间即达 4 000 种以上！表 1-2 也反映了 10 年间中国图书馆学研究不断增长的良好发展趋势。要知道，从梁启超 1925 年提出建立"中国的图书馆学"，到 1936 年，也不过十数年的时间，图书馆学研究的这种迅猛发展势头令人惊叹。

1907 年，孙毓修撰写《图书馆》，开始在《教育杂志》上连载。孙著标志着现代图书馆学开始进入中国。20 世纪 20 年代，杨昭悊、马宗荣、杜定友、李景新、梁启超等撰写的图书馆学论著相继问世，极大地繁荣了图书馆学研究，形成了中国图书馆学研究的第一个高潮期。南京国民政府成立后，在社会各界的推动下，中国的图书馆学研究进入新的发展阶段：一是每年的图书馆学论著增长较快，从 200 篇到 600 篇仅用几年时间；二是增长比较平稳，除了个别年份有少许反复外，大部分年份呈稳定增长趋势。如果不是日本持续不断的侵略，打断中国图书馆事业的发展进程，可以预计，中国图书馆学研究将会持续繁荣，文化事业将会不断地发展。

三、中华图书馆协会

（一）协会的成立背景

战前图书馆事业的繁荣，不仅表现在图书馆的发展数量和学术研究上，另一个重要表征是图书馆协会的涌现，如上海图书馆协会、南京图书馆协会等。图书馆协会是图书馆事业志同道合者的结合，有利于图书馆界的联络，促进图书馆事业的发展。在各种图书馆协会中，中华图书馆协会最为著名。中华图书馆协会成立于 1925 年，是中国第一个全国性图书馆专业协会组织，也是唯一的一个全国性的图书馆专业组织机构，对近代中国图书馆事业的发展影响深远。

促成中华图书馆协会成立的因素很多，概括起来，分内因和外因两种。

内因是中国图书馆事业发展的内在需要。20 世纪 20 年代初，中国图书馆的建设数量已经相当可观，1925 年中华图书馆协会进行第一次全国图书馆调查时，已经达到 500 所以上。图书馆数量的增加，为图书馆协会的成立奠定了坚实基础。学成归国的图书馆人才也日渐增多。新型图书馆人才为了促进图书馆事业的发展，力谋图书馆间的协作。20 世纪 10 年代末，清华大学图书馆馆长戴志骞等已经尝试建立地方图书馆协会。1923 年，中华教育改进社举行第二次年会。戴志骞在会上提出"组织各地方图书馆协会案"，经修改通过。在各方努力下，1924 年，北平图书馆协会成立，接着浙江、开封、南京等地图书馆协会相继成立。地方图书馆协会的涌现，反过来又成为全国性图书馆协会建立的动力。1925 年 4 月，上海和北京都在酝酿建立全国性的图书馆协会。在这种情形下，成立全国性图书馆协会已经成为中国图书馆界的基本共识。

外因是美国图书馆协会代表鲍士伟访华。1924 年美国政府通知中国政府，决定退还多余的庚子赔款，但限定退还款项用于支持中国的教育文化事业，包括永久性文化事业，如图书馆。这是文华大学图书馆科韦棣华女士极力争取的结果。1925 年，鲍士伟博士受美国图书馆协会委派，代表美国政府考察中国的图书馆现状，以确定资助事宜。鲍士伟的中国之行，激发了中国图书馆界的极大热情。为了欢迎鲍士伟，展现中国图书馆界的形象，争取退还庚款的资助，5 月，在杜定友等努力下，中国图书馆界精英云集上海，讨论建立中华图书馆协会事宜。经过反复磋商协调，图书馆界同意中华图书馆协会提前在上海举行成立会筹备仪式，以示对美国图书馆界代表的欢迎。筹备会仪式现场热烈而隆重。6 月，协会在北京正式举行了成立仪式会，中国图书馆界全国性专业协会组织就此成立。

（二）协会的宗旨及组织机构

中华图书馆协会的基本宗旨是"以研究图书馆学术，发展图书馆事业，并谋图书馆之协助"①。该宗旨体现了协会的专业性质，没有政治含义，不负有政治义务。董事部部长梁启超在协会成立仪式上提出了建设"中国的图书馆学"的目标。这一目标更是体现了协会的独立性质。梁启超说，中国书籍的历史很长，书籍的性质复杂，和近代欧美书籍有许多不同之点。如果应用现代图书馆学的原则整理中国书籍，绝不容易，要很费心思：从事整理的人，要对中国的目录学和现代的图书馆学都有充分智识，而且能神明变化。这种学问，非经许多专家继续研究不可。研究的结果，一定能在图书馆学里成为一门独立学科，所以称"中国的图书馆学"②。此后协会基本上也在朝着这一方向努力。同样，"中国的图书馆学"实际上是一个学术目标，基于学者的努力，而不是一项政治目标，由政府提出，并指导进行，纯粹是个专业目标。

中华图书馆协会是民间社团组织。其会员有四种类型：一是机关会员，以图书馆为单位。二是个人会员，凡图书馆员或热心图书馆事业者都可以参加。个人会员又可分为两类：一类是永久性会员，如果交纳的会费一次性到达一定数量时，即为永久会员；一类是普通会员，即须每年交纳

---

① 《中华图书馆协会组织大纲》，《中华图书馆协会会报》1925 年第 1 期，第 3 页。
② 梁启超：《中华图书馆协会成立会演说辞》，同上，第 11～12 页。

会费。机关会员和个人会员，都需要协会会员 2 人以上介绍，经董事会审定，可以成为会员。三是赞助会员，协会初期规定凡是捐助协会经费 500 元以上的，都是赞助会员。四是名誉会员，凡是对于图书馆学术或事业上有特别成绩的，可聘为名誉会员。名誉会员并不直接参与协会管理与运作，是对中国图书馆事业有杰出贡献人士的褒扬，同时也希望名誉会员能够支持中国图书馆事业的发展。协会成立之初至年底，机关会员达 129 个，个人会员 202 个，发展速度非常快。机关会员主要包括省立图书馆、大学图书馆等。机关会员在全部会员中所占比例不小，但并不能改变协会民间社团的性质。这些机关会员与协会之间是松散的平等关系，不存在行政隶属。协会通过的决议没有强制力，只具有参考价值，采纳与否，取决于机关会员，机关会员没有义务必须采纳。相反，机关会员却受各自行政隶属关系影响而对其行政主管负责，如国立图书馆对教育部负责，省立图书馆对教育厅负责，大学图书馆对大学负责，等等。

协会成立时机构设董事部和执行部两个部门。董事部设董事 15 人，由会员公选产生；部长 1 人，由董事互选。董事任期 3 年，每年改选三分之一。董事部职权包括：规定进行方针、筹募经费、核定预算及决算、审定会员及名誉会员资格、推举候选董事、规定其他重要事项。执行部设部长 1 人，副部长 2 人，由会员公选。职权有：拟定进行方针、编制预算及决算、执行董事部议决事项、组织各项委员会。1929 年，协会在南京举行了第一次年会，大会议决董事部改为监察委员会，人数由 15 人改为 9 人，职权也有所变化；执行部改为执行委员会，设执行委员 15 人，由会员公选，任期 3 年，每年改选三分之一，职权也有所变化。1936 年年会时，监察委员会又改为监事会，执行委员会改为理事会。监事会 9 人，理事会 15 人。理事会互选常务理事 5 人，其中推 1 人为理事长。抗战期间，也是如此。从协会的组织看，无论监事会或理事会，其成员均由会员选举产生，是一个小型民主社会，而不是由政府提名或任命，对政府负责。因此，协会在组织上完全独立运作，不依附于其他任何机关。

根据协会组织大纲，经费包括机关会员年费 5 元、个人会员年费 2 元、捐助费和官厅补助费。在实际过程中，会员会费是协会运作的主要来源，捐助费和政府补助时有时无，后两项不能成为维持协会运作的稳定经费来源，但其在特定时期发挥的作用也不容小觑。如协会成立之初，计划宏伟，事业众多，以致经费支绌，特向临时执政段祺瑞提出经费补助申请。1925 年 8 月，临时执政府批准 5 000 元。这一数目是协会第一年其他所有收入总和的几倍，对协会初期事业的展开发挥了积极作用。此后政府一直没有如此大量的补助。从中华图书馆协会存在的历史看,捐助费和补助费是年会开支的主要来源,而会员会费则是日常运作开支的主要来源。需要说明的是,政府或机构虽然捐资或补助协会,但并没有向协会提出过政治要求,协会也没有牺牲宗旨而展开筹募活动,即,协会在经费上是独立的。

（三）协会战前的运作成效

全面抗战爆发前,协会工作取得了巨大成就,主要包括:

一是从事图书馆或与图书馆有密切关联的基础性调查。协会成立后不久,随即着手图书馆调查,先后于 1925 年、1928 年、1930 年、1931 年公布了《全国图书馆调查表》,对全国图书馆事业的发展脉络一目了然;协会也一直致力于各地书店的调查,陆续在会报上发表了《北京书店一览》《山西各书店一览表》《浙江各书店一览表》《济南上海苏州长沙福州厦门云南各书店一览表》《南京书肆调查表》《上海书店一览》《宁波书店一览》《桂林书店一览》《昆明书店一览》《哈尔滨书店一览》《沈阳书店调查表》《安庆书店调查表》《广西书店调查表》《桂林书店调查表》《温州书店调查表》等;协会对期刊的调查持续不断,相继刊发了《中国定期刊物调查表》《中国政府出版期刊调查表》《二十年度新列中国期刊调查表》等。这些调查对图书馆事业的展开提供了便利。

二是积极加强与国际图书馆界的合作。受中华图书馆协会及教育部委派,沈祖荣于 1929 年 6 月 14～30 日出席了在罗马和威尼斯召开的第一次国际图书馆大会。沈祖荣向大会提交了中国方面的论文数篇,包括戴志骞的《中国现代图书馆之发展》、胡庆生的《中国之图书馆员教育》、顾子刚的《中国图书制度之变迁》、沈祖荣的《中国文字索引法》等。这些论文在会上都得到了宣读,反映积极。1935 年,汪长炳由协会委派出席了在西班牙马德里召开的第二次国际图书馆大会,并向大会提供了由袁同礼主编的《中国之图书馆》(*Libraries in China*)一书,内中包括裴开明、吴光清、沈祖荣、查修、严文郁、蒋复璁、柳诒徵、戴罗瑜丽、杜定友所撰 9 篇文章。会议期间,汪代表协会,邀请国联的国际图书馆委员会在中国举行会议。协会还多次派代表参加国际图书馆协会联盟的国际图书馆委员会大会,或向大会提交论文。在国家层面,协会与美国图书馆协会交往密切,先后接待过鲍士伟、杜威等美国图书馆界重量级人物;委派人员出席美国图书馆协会 50 周年大会,等等。中美图书馆协会的密切交往,为战时两国图书馆的进一步合作奠定了坚实基础。此外,中国图书馆界与英、法、德等国的图书馆界都保持了良好的合作关系。

三是刊行图书馆学专业期刊。协会创办的定期刊物有《中华图书馆协会会报》和《图书馆学季刊》两种。《图书馆学季刊》是民国时期最负盛名的图书馆学专业期刊,创刊于 1926 年,主编为刘国钧博士。1937 年抗日战争全面展开后,停刊,发行时间 10 年。宗旨为:"本新图书馆运动之原则,一方参酌欧美之成规,一方稽考我先民对于斯学之贡献,以期形成一种合于中国国情之图书馆学。"[1]事实也确实如此。该刊发表的论文既包括中国传统的目录学、版本学,也包括现代西方图书馆学的内容介绍;既有图书馆学理论探讨,又关注图书馆实际问题;既注重现代图书馆事业,又不忘图书馆的发展历程。内容宏富,精彩纷呈。《图书馆学季刊》引领了民国时期图书馆学发展的潮流。《中华图书馆协会会报》是中华图书馆协会"为本会传达消息"的刊物,执委会希望"以此为全国图书馆事业之通讯机关"[2]。因此,《会报》上刊载了民国时期大量有关图书馆事业的信息。《会报》的资料性作用无可替代。有学者统计了民国时期图书馆学期刊的种类,共 113种[3]。抗战爆发后,有 90 种停刊或此前已经停刊,包括《图书馆学季刊》《文华图书馆学专科学校季刊》等名刊。抗战期间图书馆学专业期刊存续时间最长的,为《中华图书馆协会会报》,从 1938 年到 1945 年,从未间断。《会报》记载的图书馆界信息,也非其他图书馆学期刊可以比拟。《会报》在中国图书馆学的发展历程中,写下了浓墨重彩的一笔。

四是推动图书馆学教育的发展。1925 年,协会与国立东南大学、中华职业教育社、江苏省教育会合组暑期图书馆学校,地点设在东南大学。根据计划,袁同礼、刘国钧、李小缘、杜定友、洪有丰等担任教授。1926 年,中华图书馆协会与武昌华中大学文华图书馆科联合招考图书馆学免费生,由文华图书馆科负责教学。协会推戴志骞、刘国钧与文华合组考试委员会。第一年录取 9 人,1928 年、1930 年、1931 年、1932 年、1934 年、1935年,协会先后配合文华学校,持续为培养图书馆学人材而进行各项工作。1936 年,在青岛举行的协会第三次年会上,协会教育委员会提出系统的暑期讲习会计划。根据该计划,每年春假时,由协会函各省政府教育厅或市政府教育局,咨询举行图书馆员讲习会事宜,并协助讲习会的进行。在抗战前,协会在推动图书馆学教育方面发挥了极大作用。

当然,除了上述成就外,协会在图书馆分类、编目、索引等方面也都成效卓著,在图书馆事业的推广方面,也是用心良苦。限于篇幅,不再一一

---

① 《本刊宗旨及范围》,《图书馆学季刊》1926 年第 1 期,首页。

② 《本报启事一》,《中华图书馆协会会报》1925 年第 2 期,第 2 页。

③ 范凡:《民国时期图书馆学著作出版与学术传承》,北京,国家图书馆出版社,2011 年,第 241~247 页。

列举。战前中华图书馆协会取得的各种成就，都是协会的自发行为，通过与社会各界的协调来实现。协会是个独立的文教社团，与政府关系密切，但不受政府控制，具有较强的独立意识。战前协会取得的成就表明：文教社团在推进社会进步方面，有着广阔的发展空间。

（四）中华图书馆协会与图书馆界的关系

中华图书馆协会是近代中国规模最大的图书馆行业协会组织，能够高屋建瓴，对民国图书馆事业的建设发挥指导作用。协会提出构建"中国的图书馆学"的宏伟计划，这一目标激励着图书馆界精英为之不懈奋斗。抗战爆发后，图书馆界的学术研究基本上陷于停滞，而抗战建国成为协会，也是中国图书馆界的奋斗目标。现实很清楚，如果中国都没有了，哪里还需要"中国的图书馆学"？中华民族已经到了最危险的时候，岂能坐而论道？支持政府抗战、挽救民族危亡成为协会工作的中心所在。即便如此，协会也没有放弃"中国的图书馆学"梦想。文华图书馆学专科学校（简称文华图专）校长沈祖荣在 1944 年图书馆复兴计划中再次提出了这一构想。协会的远大目标和踏实精神是那个时代图书馆事业发展的精神支柱，是任何其他图书馆组织不能取代的，也从未见过哪个图书馆或协会提出过超越协会的目标。因此，中华图书馆协会是民国时期图书馆事业发展的引领者。

中华图书馆协会汇集了民国时期图书馆界的精英分子。协会理事长长期由国立北平图书馆的实际馆长袁同礼担任。袁同礼曾在清华大学图书馆任职，有一定的图书馆实践经验，后到美国留学，习图书馆学，现代图书馆学理论素养深厚。协会成立时，即负实际责任，为民国时期著名的图书馆学家。蒋复璁为国立中央图书馆馆长，在协会中地位举足轻重。他曾服务于松坡图书馆，实践经验丰富；后留学德国，习图书馆学。回国不久，担任国立中央图书馆筹备处主任。沈祖荣长期为协会图书馆教育委员会主任，文华图专校长。1914 年，沈祖荣受韦棣华女士资助，赴美学习图书馆学，是民国留美图书馆学第一人。文华图专培养出来的学生在各大图书馆担任要职，形成了著名的文华一代。沈祖荣对中国图书馆学教育的贡献功不可没。刘国钧一直是协会学术刊物《图书馆学季刊》的主编。金陵大学毕业，留学美国，图书馆学硕士，哲学博士，回国后任职金陵大学。《图书馆学季刊》是民国时期图书馆学方面最权威的刊物，闻名世界，在推动中国的图书馆学发展过程中发挥了重要作用。此外，杜定友、李小缘、戴志骞、胡毅生等，均在协会中担任过要职，对协会的发展做出了杰出贡献。他们这一代人，都有留学经历，图书馆学理论先进；又有在图书馆的实践经验。

世界眼光、中国经验是他们这些协会主要成员的基本特征。这些图书馆人材，分散开来，就是一颗颗珍珠；聚在一起，就是群星璀璨。协会聚集了这些图书馆界的佼佼者，也决定了协会发展的远大方向。协会取得的辉煌成就，既是这些精英分子的设想，也是他们努力推进的结果。没有他们，协会将一无所成。

协会主要由个人会员与机关会员组成。机关会员虽然在数量上不及个人会员，但地位却是个人会员不能比拟的：个人会员只是图书馆员或图书馆爱好者，而机关会员却是图书馆实体，展现的是图书馆事业的成效，更能将协会的发展目标付诸实施，或作为实施参考。在图书馆事业发展过程中，协会与机关会员发挥的作用并不相同：任何一个机关会员，尤其是国立图书馆、省立图书馆，无不受其教育行政主管机关管理，接受其领导，必须贯彻文化教育政策；对于协会决议，机关会员采取与否，决定权在机关会员，协会对机关会员没有任何强制执行力，机关会员没有义务执行协会的决议。这是协会与机关会员关系的一个方面。另一方面，协会超然于教育行政机关以外，不受其领导，具有高度独立性。对那些机关会员想提而又不便提的建议，协会可以超然姿态向教育主管部门提出，或在全国教育会议，或其他可能的相关平台上提出。这种超然性又是机关会员不具备的。因此，协会与机关会员的互补性很强。两者之间的密切合作，对图书馆事业的发展无疑起到了相得益彰的成效。

协会是中国图书馆界的代表，但并不是唯一代表。从图书馆组织看，除了全国性的中华图书馆协会外，各地也有自己的协会组织，如北平图书馆协会、浙江图书馆协会等；从实体看，国立北平图书馆和国立中央图书馆是两大国立图书馆，对推动中国图书馆事业发展所起的作用有目共睹；从所有权看，上海的私立东方图书馆，在1932年2月之前，其藏书数量与当时最大的公共图书馆——国立北平图书馆不相上下，尤其其私立的运作方式，相当成功，值得玩味；从收藏特色看，江苏的国学图书馆、东吴大学的法学图书馆，都有其独特之处。在图书馆事业蓬勃发展的20世纪二三十年代，各种图书馆争奇斗艳，别具特色。然而，最能代表中国图书馆事业者，莫若中华图书馆协会。

中华图书馆协会是中国图书馆界的代表，指引着中国图书馆事业的发展方向，又为实现图书馆界的具体目标而不断努力。协会体现出来的高瞻远瞩和脚踏实地的精神，正是民国图书馆人的精神。在这种精神指引下，中国图书馆事业稳步发展；在这种精神指引下，中国图书馆界支持全面抗战政策，并通过各种可能的方式，为全面抗战创造良好的条件。

第二节　图书馆界的政治取向

一、北洋政府时期

中国图书馆界的主体意识大致萌芽于1917年。20世纪初,湖南、安徽等省立图书馆陆续建立,标志着中国现代图书馆建设事业启动。不过,这一时期的图书馆建设,尤其公共图书馆的建设,是新政建设的内容之一,中央政府为此要求各省在1910年前一律开办省立图书馆。这时公共图书馆的建设是自上而下的建设方式,而非社会需求,更非图书馆界的要求。清末全国没有几个人接受过现代图书馆理论熏陶,也没有现代图书馆实践经验,现代意义上的图书馆人还很少,图书馆界还没有形成群体,自然不会有主体意识。少数人几篇零星的介绍文章没有能够形成推动全国图书馆事业发展的动力。

清政权垮台后,图书馆事业的远景规划随之付诸东流。民国成立后,中央政府图书馆政策发生重大转变,将公共图书馆分为图书馆和通俗图书馆两类,分别建设,但进展缓慢。1917年,沈祖荣开始在全国范围内宣传图书馆运动,产生了广泛影响,取得了良好的社会成效。沈祖荣此举标志着中国图书馆界的主体意识开始萌芽。1923年,中华教育改进社设立图书馆组,就图书馆事业的发展进行规划设计,一批有着现代图书馆学识和经验的图书馆人开始结集,图书馆界的主体意识进一步增强。1925年,中华图书馆协会成立,中国图书馆界从此有了一个良好的交流与合作的平台,图书馆事业也有了一个良好的领导核心,中国图书馆界的主体意识由此确立。图书馆界主体意识的确立,标志是梁启超在协会成立会上提出的建设"中国的图书馆学"的宏伟构想。这一构想以图书馆界为核心,试图通过图书馆界的自身努力来推动图书馆事业的发展,而不是依附于政府或其他组织。相反,政府或其他组织只是实现中国的图书馆学的辅助。

南京国民政府1928年统一全国之前,中国图书馆界与政府之间保持一定的距离。协会成立后,梁启超领衔向段祺瑞政府申请资助。段政府批了5 000元,对协会"提倡文化,嘉惠士林"表示支持。不过,段祺瑞政府对图书馆事业与此前政府一样,并没有实质性的建设举措。协会的分类、编目、索引、教育、国际交流等活动,都是协会自发自为,政府没有任何要求,协会也没有向政府提出图书馆事业发展的具体建议和要求。两者在不同的轨道上分别运行，互不关涉。这是中国图书馆界与政府关系的一贯传统。沈祖荣宣传图书馆运动时，也是向各文教机关进行鼓吹，而未见向政府提出相关建议，中华教育改进社图书馆教育组的建议，也没有得到政府方面的积极回应。

不仅如此，图书馆界与政府在某些问题上还有竞争。其中之一是在处理美国续退庚款的使用上[①]。1921 年，美国众议院有议员提出应该继续退还中国政府的庚子赔款。这一消息传到国内后，激发了政府和民众对美国退还庚款的热情。其中在退还庚款的使用上，政府和文教界产生了较大分歧。1922 年 5 月，税务处提议将退还庚款用于教育、实业、行政各三分之一。司法部认为实业、行政两项范围太广，实业可改为裁兵及其善后用途，如开垦、筑路、设厂等，行政方面应指明为改良司法、筹备赈济等用途。时任江苏运河及苏浙太湖水利工程局督办的张謇主张利用退还庚款兴修水利，而图书馆界则主张三分之一用于发展图书馆事业。可以说，在退还庚款使用问题上，中国图书馆界的独立意识成长较快，与政府方面的想法差异较大。图书馆界经过积极努力，特别是韦棣华女士奔波于中关高层之间进行游说，美国政府在退还庚款时，特意附加一条原则：支持中国的永久性文化事业，如图书馆。续退庚款为中国图书馆事业的发展创造了良好发展条件，某种意义上也可解释为图书馆界对政府的胜利。

民国成立后，中央政府并非不重视图书馆事业的发展。1912 年 3 月，南京临时政府教育部发布启事，开始筹设中央图书馆。内称："本部现拟筹设中央图书馆，应储古籍甚多。各处如有古籍愿出售者，除星期外，请于每日下午三时至五时，持样本至南京碑亭巷本部接洽。"[②] 这是民国成立后首次提到设立中央图书馆。虽然筹备中央图书馆的工作没有下文，至少表明政府没有忘记图书馆事业。1912 年 11 月 11 日，北京临时政府向北京参议院提交了《民国图书馆官制草案》[③]，希望加强对图书馆事业的管理。民国成立后，旧的法律体系已经崩溃，新的法律体系正在建立。在新的法律体系建立过程中，在刑法等重要法律都还没有制定的情况下，图书馆官制能被单独提出来，也不能说北京政府不重视图书馆事业。

---

① 1901 年，清政府与列强签订了《辛丑条约》，其中规定中国向各国总共赔偿 4.5 亿两白银，史称庚子赔款。1908 年，美国国会经总统提议，讨论并通过了退还向中国多要的款项，用于发展中国的教育。这是庚款第一次退还。一战期间，中国政府以参战为名，停止支付赔款。战争结束后，续退庚款由此而来。
② 《教育部收买古籍广告》，《临时政府公报》1912 年第 30 号，第 12 页。
③ 《参议院未议决之案》，《申报》1913 年 3 月 14 日，第 2 版。

1914 年 10 月 16 日，教育部咨文各省区，要求进行图书馆调查。文称：清以来，"尝总聚篇章，辑为四库。及其季年，更于京师建图书馆，又令各直省皆行设立，大集群书，以备观览。除京师图书馆外，各省如江南、浙江等处所设之图书馆，并称为繁富。然创置未几，即经变革，自宜及时从事检校，考古今图籍之存佚，崇一代治化之渊源"，要求各地"饬下所属，查明该省府曾否设有此项图书馆，所藏部帙种类名目多寡，有无异书秘本，现在是否随时购辑，以图完备，并各详细开列报部，以资考核"①。该咨文将图书馆事业置于中国历史的长时段中，予以特殊地位，显示教育部有意继续清末开创的图书馆建设事业。

在图书馆的文献资源建设方面，教育部也有明确要求。1916 年 11 月，教育部咨文各省区："各省、县设立图书馆，为社会教育之要务。收藏各书，除采集中外图籍外，尤宜注意于本地人士之著述。盖一地方之山川、形胜、民俗、物产、于乡土艺文载之恒详，不第先民言行故迹留遗足资为证也。……收藏既多，使来馆阅览者直接以生其爱乡土之心，即间接以熏其爱国家之观念，于社会教育，裨益实非浅鲜。"②要求各地方政府遵照办理。收集乡土文献自此成为各地图书馆文献资源建设的一项重要内容。

然而，教育部更为关注京师图书馆。京师图书馆创设于清末，因辛亥革命而中断建设。民国成立后，政府对京师图书馆的建设格外重视。这种重视主要表现在两个方面：

一是为京师图书馆争取接受新出图书呈缴的权利。1916 年 3 月，教育部建议内务部立案的出版图书请饬该部分送京师图书馆庋藏。内云："今世欧美日本各国图书馆所藏卷帙，皆多至以亿万计。京师图书馆现藏旧籍尚称富有，自应益求美备，广事搜罗，以验社会与时进化之几，而彰一国文物声明之盛。……拟请饬下内务部，以后全国出版图书，依据出版法报部立案者，均令以一部送京师图书馆庋藏，以重典策而光文治，似于教育政化裨益匪浅。"③政事堂批复同意，要求内务部查照办理。内务部随即通令全国，要求发行人向京师图书馆呈缴新书。

获政事堂批复后，教育部即令知京师图书馆以接受新书呈缴的权利。1916 年 3 月 6 日，教育部通令全国："凡国内出版书籍，均应依据出版法，

① 《大事记》，《教育杂志》1914 年第 9 号，第 77 页。
② 《咨各省区请通饬各省县图书馆注意搜集保存乡土艺文》，《教育公报》1917 年第 1 期，第 59～60 页。
③ 《片奏内务部立案之出版图书请饬该部分送京师图书馆庋藏》，《教育公报》1916 年第 4 期，第 3～4 页。

报部立案。而立案之图书，均应以一部送京师图书馆庋藏，以重典策而光文治。"1916 年 4 月，教育部饬知京师图书馆，称："业经本部（内务部）通行京外，嗣后凡有文字图画依据出版法应行禀报者，饬由禀报人于按照出版法第四条应行禀送两份外，另外添送一份，以备图书馆庋藏之用。"① 至此，京师图书馆获得了接受新出图书呈缴的权利。1926 年，教育部训令各县，凡书店出版及私人著述图书，应以四部送各省教育厅署，由厅分配，以一部呈部，转发国立京师图书馆，一部径寄国立编译馆，二部分存各省立图书馆及各该地方图书馆②。

二是丰富京师图书馆的馆藏。1912 年 7 月，教育部将前翰林院所藏《永乐大典》60 本送交京师图书馆。这些残本甚为珍稀。1913 年 2 月，教育部送湖北官书处书目一册，称："如书目中开列之书，为该馆（即京师图书馆）所未备者，即开单呈由本部咨调可也。"③ 为了迅速扩充京师图书馆的馆藏，自 1913 年 6 月起，教育部与热河都统衙门、内政部等商量，建议将文津阁避暑山庄《四库全书》拨付京师图书馆。该提议在 1909 年即已为政府接受。民国成立后，继续前议。1916 年 11 月，京师图书馆接受文津阁《四库全书》的工作完全结束。接受文津阁《四库全书》是京师图书馆最大宗收藏，也一举奠定了京师图书馆在国内藏书的重镇地位。

此后，教育部继续扩大京师图书馆的庋藏。1913 年 9 月，教育部将《古今图书集成》一部拨给京师图书馆。1916 年 10 月，教育部通咨各省区，为京师图书馆征取最新志书："京师图书馆之设，所以保存典册，馈饷士林。……今观该馆所藏各省县图志，寥寥无几，且多百余年前修辑之本，自非更行采集无以汇志乘之大观，供士林之汇讨。"要求各省区"转饬所属，征取最新修刊之志书。其未经新修者，取最后修成之本"④，交教育部转京师图书馆。同月，教育部通咨各省区，为京师图书馆征求各种著名碑碣石刻等拓本："京师图书馆为我国文艺源府，吉金乐石，宜广收藏。乃观该馆所储碑碣拓本，寥寥无几，自非更事汇罗，恐无以发皇国华，阐扬学艺。"要求各省区"转饬所属，凡系当地著名碑碣石刻，各拓一份"⑤，交教

---

① 《饬京师图书馆准内务部咨教育部奏出版图书请饬分送京师图书馆已刷印片奏分别咨饬遵照》，《教育公报》1916 年第 5 期，第 61 页。

② 教育部中国教育年鉴编审委员会：《第一次中国教育年鉴》，上海，开明书店，1934 年，第 789 页。

③ 李希泌、张椒华编：《中国古代藏书楼与近代图书馆史料（春秋至五四前后）》，第 202 页。

④ 同上，第 217～218 页。

⑤ 《咨各省、区征求各种著名碑碣石刻等拓本径送教育部》，《教育公报》1916 年第 12 期，第 5 页。

育部转京师图书馆。此外，在馆址等诸多事务上，教育部对京师图书馆也都关照有加。

可以看出，北洋政府在图书馆事业上并非无所作为，而是有一系列的举措。不过，这些举措成效不是很明显。根据沈祖荣的统计，1918 年中国图书馆数量为 33 所，1921 年为 52 所①。根据中华图书馆协会的统计，1925 年全国图书馆总计 502 所②。统计方法不同，可能会造成数据上的差异，但无论如何，对一个拥有 4 亿人的大国来说，这组数据不可能令人满意，中国图书馆数量发展速度极其缓慢。

北洋政府的图书馆政策，侧重于京师图书馆，基本上是一种行政机关对图书馆的关系，而绝少有社会力量介入其中，尤其缺乏图书馆界的积极支持。图书馆界与北洋政府在图书馆建设方面，基本上在两条平行线上运作，几乎没有交集。图书馆是项公益性文教事业，固然离不开政府的大力支持，更须与图书馆专业人士磋商合作。没有社会力量的支持，没有图书馆界的积极参与，自然难以收到良好效果。

客观上说，1928 年前图书馆界与政府关系冷淡，这也是由当时特定国情决定的。北洋政府先后通过了《图书馆规程》和《通俗图书馆规程》，以督促地方政府从事图书馆建设；也颁布了《捐资兴学褒奖条例》，对资助图书馆事业者予以褒奖。但中央政府并没有实力推动这些政策法规的严格执行。之所以如此，有这样几个制约因素：一是政府财政紧张，没有更多的经费支持图书馆事业的发展。1912 年中华民国临时政府成立后，原有的税收体系崩溃，新的税收体系一时没能建立，或已建立，但税收有限，因而财政一向紧张。二是政权更迭频繁。1916 年袁世凯去世后，黎元洪继任，不久张勋复辟。段祺瑞等起兵反张，黎元洪回任。此后，冯国璋、徐世昌、段祺瑞、张作霖等先后分别执掌中央政权。频繁的政权更迭，各部门无不有五日京兆之心，图书馆事业的发展难有长远规划。三是内战频仍。与政权更迭连在一起的，是内战频繁。从 1913 年 7～9 月赣宁之役到 1916 年的护国战争，此后各种内战此起彼伏。图书馆事业的发展，需要安定和平的环境。内战频繁，使图书馆发展举步维艰。协会第一次年会因为内战而不断延期。年会尚且难以召开，何论图书馆事业的发展？所以，这一时期政府对图书馆事业，即使少数人有心，也无力推行，何况教育部或行政主管部门几乎没有有心发展图书馆事业的得力主管。政府在图书馆事业上的消极

① 沈祖荣：《中国各省图书馆调查表》，《新教育》1922 年第 1～2 期合刊，第 191～200 页。
② 《全国图书馆调查表》，《中华图书馆协会会报》1925 年第 3 期，第 7～19 页。

政策,自然也无法取得图书馆界的认同,因而北洋政府时期图书馆界与政府之间的关系相对疏远。

二、南京国民政府时期

中华图书馆协会是独立的文化社团,但并不表示协会就站在政府的对立面,反对政府的文教政策和施政方针。相反,协会在保持独立的前提下,并不排斥与政府接触。只是南京国民政府建立前,中央政权更迭频繁,协会无法与之建立起有效的联系。1927年南京国民政府成立后,图书馆界与政府之间的关系发生了较大改变,双方接触日益频繁。

协会与南京国民政府的正式接触开始于1929年召开的第一次年会。1925年协会成立后不久,国内政局发生了巨大变化:张作霖控制了北京政权,段祺瑞下台,国民党在广州成立国民政府,国内矛盾进一步激化。1926年夏,广州国民政府起兵北伐,中国又陷入内战之中。接二连二的混战,使中国图书馆事业的发展举步维艰,协会的工作基本上停顿。

然而在混乱政局中,图书馆界,特别南京方面学者,对北伐中的国民党政权寄予了厚望。李小缘的名作《全国图书馆计划书》被誉为"在精神上应是一部中华民国图书馆法"①,影响很大。作者在《计划书》"后记"中表示:该计划书草拟于1927年3月1日。草成之后,经陈席山、赵叔愚、过探先、姜伯韩、冯顺伯、陈锺凡等鼓励、指导、修正,陈锺凡还采取其中两章写成《拟办国立中山图书馆之计划书》。李文定稿的时间为5月18日②。而南京国民政府成立于4月18日。由此推测,《全国图书馆计划书》应草拟于南京国民政府成立前后。也就是说,李小缘等在此之前就已经预料到国民党能够取得政权,并力图抓住这个机会,促进图书馆事业发展。李小缘等这些知识分子受过良好的教育,不少有在美国求学的经历。他们强烈的政治倾向,是十分值得注意的现象。

国民政府奠都南京后,图书馆界与政府的关系朝着积极方向发展。从国民党政权方面来说,它们较为重视图书馆事业的建设。大学院③成立后不久,公布了训政时期施行要目,其中第10部分为"博物院及图书馆"。关于图书馆,大致内容包括:第一年:调查全国图书馆、通俗图书馆、儿童图书馆,整理现有图书馆,厘定图书馆条例,筹设中央图书馆、中央儿童图书馆,培养图书馆人材;第二年:实施图书馆、通俗图书馆、儿童图书馆条

---

① 《中华民国图书馆年鉴》,第273页。

② 李小缘:《全国图书馆计划书》,《图书馆学季刊》1928年第2期,第234页。

③ 大学院,南京国民政府教育部的前身,院长为蔡元培。

例，建筑中央图书馆，扩充中央儿童图书馆；第三年：继续中央图书馆的发展，继续增设并扩充各地方各社会教育机关，等等①。该要目有关图书馆的部分被《中华图书馆协会会报》冠之以"训政时期之图书馆施政大纲"标题刊出。事实上，国民党也确实重视图书馆的建设。1928年孙中山就任非常大总统纪念日②，即5月5日，厦门鼓浪屿中山图书馆在当地市党部推动下，经地方人士热心相助，举行开幕典礼。种种迹象表明：图书馆事业大发展的时代已经悄然来临。

　　从图书馆界方面来说，它们一贯秉持的政治中立态度也在发生变化。一方面，图书馆界罕见地对前张作霖北京政权进行了批评。1928年7月17日，北京图书馆协会举行常会，准备进行改组，理由是"该会会务在奉系政府权势之下，进行诸多阻滞，限于停顿，迨逾年余，亟待振作"③。这种指名道姓的批评，对一向温和的图书馆界来说，极不寻常。须知，当时南京国民政府正在和张学良接洽改旗易帜事宜，北方形势甚不明朗。北京图书馆协会的态度有一定的政治风险。中华图书馆协会第三周年（1927年7月～1928年6月）报告称："此一年中，政府在军政期内，方以兵力扫除障碍，对于文化设施无暇兼顾。而北方各省为军阀所据，建设事业摧残尤甚，以致全国图书馆事业直接间接均受重大之影响，无由进展。"④声讨前北京政权、支持现南京国民政府成为图书馆界公开的态度。另一方面，图书馆界对国民党南京国民政府又寄予了厚望。同样在协会第三周年报告中，协会对南京国民政府发出呼吁："本年度之末，国军先后克复平津，军事不久可告结束。此后全国底定，训政开始，政府自当努力于建设，而图书馆既为文化事业之根本设施，尤为社会民众教育之利器，端赖政府及社会之提携，……同人等益当奋勉，以贡其一得之愚，用副党国右文之殷，而发皇我固有之文化。此则本会全国会员所同企望者也。"⑤图书馆界对南京政府的高度认同，尤其表现在南京图书馆协会在中华图书馆协会第一次年会的筹备事情上。中华图书馆协会曾于1928年致函南京图书馆协会，拟9月份在南京组织年会，希望南京图书馆协会担任筹备事宜。不过，南京图书馆协会不愿"率尔承认"，提出两条要求，第一条即为："此为第一次年会，不可不使之有学术上之价值，故拟暂定年会之总议题为'训政时期之图书馆

① 《训政时期之图书馆施政大纲》，《中华图书馆协会会报》1928年第2期，第23～24页。
② 孙中山于1922年在广东由非常国会选举为非常大总统。
③ 《北京图书馆协会将改组》，《中华图书馆协会会报》1928年第1期，第15页。
④ 《中华图书馆协会第三周年报告》，《中华图书馆协会会报》1928年第2期，第3页。
⑤ 同上，第6页。

事业'，各人论文似宜以此为中心。"①所谓"训政时期"，完全是国民党的概念，政治态度极为鲜明，这对图书馆界来说，极为少见。

1929年1月，中华图书馆协会第一次年会在南京召开。南京年会，标志着图书馆界与中央政府的关系进入了新的历史发展阶段，意义深远。

首先，年会在经费上得到了国民政府的支持。从数据上看，国民政府行政院捐了1 000元，国民党中央党部捐了2 000元，数量不能与段祺瑞政府的5 000元比较，但年会总开支1 800元不到，国民党和国民政府的支持也就显得非常庞大。这些资助表明南京国民政府积极支持协会工作。之前协会年会迟迟未开，一个重要原因就是经费紧张。

其次，中华图书馆协会也因此加强了和新政权的联系。《中华图书馆协会第一届年会宣言》开头即称："青天白日庄严灿烂之首都，政权统一甫及匝月，中华图书馆协会于兹开第一次年会。新民新国，不可无一言以昭告邦人。"②其支持新政权的态度十分鲜明。实际上，国民政府奠都南京后，中华图书馆协会是第一个在首都召开年会的有影响的全国性专业社团。1925年协会的成立会议，并没有如此鲜明的政治倾向，俨然是一个中立的民间社团。

复次，协会积极支持国民政府的教育政策。协会年会的第一个决议案为呈请教育部从速建设中央图书馆案。此案在1928年5月召开的第一次全国教育会议上通过。协会再次提出，无疑是一种支持举动。此后《会报》上陆续刊载文章，对新政权的文化教育政策表示支持。如1929年第4卷第6期第1篇即为年会论文《图书馆之使命及其实施》，指出图书馆的使命包括"宣扬党义""激励国耻""介绍学术""保存国粹"，极力配合国民政府的文化教育政策。第一次年会在南京召开，本身就是对国民政府的一种支持；国民政府刚刚成立，也极愿得到包括中华图书馆协会在内的各种社会组织的支持，以扩大社会基础。

协会支持政府，也是协会发展的趋势。协会的主要构成是机关会员。机关会员，无论国立图书馆、省立图书馆，或大学图书馆、中学图书馆（室），都是为不同群体的读者提供服务，尤其公共图书馆，属于公共事务范畴，以普及社会教育为指向。既然为公众服务，属于公共事务，图书馆的建设与运作当然由政府全部或部分地提供经费，政府应该支持图书馆的运作。但实际上近代中国经济落后，财政一向紧张，政府无法在图书馆事

---

① 《本会年会展至明年一月举行》，《中华图书馆协会会报》1928年第2期，第23页。
② 《中华图书馆协会第一届年会宣言》，《中华图书馆协会会报》1929年第4期，第3页。

业的发展上提供足够的资助，即使近代中国规模最大的公共图书馆——国立北平图书馆也无法得到经费保证，加上图书馆观念并不深入人心，缺乏社会力量的支持，这一切使得公共图书馆发展举步维艰。在这种情势下，为了推动图书馆事业的发展，协会一方面要进行积极鼓吹，以唤醒社会力量资助图书馆；另一方面，更为重要的是，游说各级政府，以支持政府的教育文化政策为己任，希图换取政府，尤其是中央政府对图书馆事业的大力支持。图书馆事业发展的长久之计，在于政府必将发挥更为重要的作用。因此，从长远看，支持政府也是协会的必然选择。这是由图书馆事业的性质决定的。

三、寻求国民政府支持

第一次年会结束后，协会执行委员会将年会议决案牵涉国民政府的部分，总共 5 件，上呈国民政府建议兴办，以发展图书馆事业。国民政府接受呈文后，转行政院审核办理。中华图书馆协会向国民政府提出的议决案分别为①：

广设专门图书馆。呈文表示，世界各国，任何事业均用专门人才，以科学方法处理，所以政治日渐昌明。中国改革伊始，建设多端，政府拔取专门人才不遗余力，但尤须于任用后予以继续研究的机会，才能日进有功。如欲达此目的，自非全国各行政机关一律添设图书馆不可。如果能够按其性质购备专门图书，一方面可促进学术进步，另一方面可期政治改良。尤其是，立法为一切政制之标准，实业乃发展民生之要图，这两种图书馆之建立，均为建设上之要端，不容或缓。希望国民政府令饬立法、行政各院，以及教育、财政、工商、农矿、交通、卫生、铁道各部极力进行，各就执掌之范围，设立专门图书馆，并于适当范围内向民众公开。这一建议可能受到了美国国会法学图书馆的启示。

要求全国各行政机关的出版品呈缴图书馆。协会指出，要想国民有健全之知识，自必以使其深通本国的政治、法律、财政、经济、外交、交通、建设、军备以及教育、文艺等一切状况，而过去及现在各行政机关所有各项设施及调查报告，起初未尝无印刷公布，但所谓公布者不能家喻户晓，只是随意赠送或干脆束之高阁，无人过问。图书馆既负指导民众阅览之责，为国家宣传法令的机关，希望国民政府令行所属各机关将各项公布文

---

① 中国第二历史档案馆编：《中华民国史档案资料汇编》第五辑·第一编·教育（二），南京，江苏古籍出版社，1994 年，第 793～795 页。

件、法规、调查报告等分赠全国各图书馆。国人一踏入图书馆，则对国家的政令设施无不可以按图索骥，而油然生爱国之心。

防止古籍流出国境。协会称，近年来时局不靖，大宗古物先后为外人盗窃出口，实为中国文化上重大之损失。若再不加以禁止，则此后愈难补救，而古书及旧档案有关文献尤为重要，应由国民政府明令各海关、各邮局严禁出口。如有明知故犯，即行惩办。

组织中央档案局。协会认为，整理过去政府的档案，以供现在参考，为当今要务。中央各部及各地方政府整理方法既不苟同，而又分置各地，容易散失。协会提出，应参照各国成法，特设中央档案局，将各项档案集中一处。且档案为一国之基本文献，尤宜特设专部，以科学方法整理典藏。该局或独立或为中央图书馆之一部分，应由国民政府选派图书馆专家成立设计委员会，妥筹整理方法，以供人参考。

减轻图书馆寄书邮费。图书馆事业，不外书籍流通。所以依赖邮政上予以特别协助。协会提出，凡是图书馆寄出的书籍，须订定减费办法，邮政方面虽然收入邮费或许会减少，而图书馆邮件预料一定很多，收入上也当然无形增高。此种特别邮率，在美国已由国会议决施行，中国亦亟应仿照办理。

第一次年会结束后，中华图书馆协会根据议决案内容，向教育部呈报议决事项 12 件，希望采纳实行①：

颁布图书馆设立标准法令。协会表示，现在已经进入训政时期，各地方都在筹设图书馆，但如果没有标准法令，各自为政，将不免有畸形发展之弊。如果能够颁布图书馆标准法令，则在指示图书馆创办者，应以最低限度之途径及组织方法，即可策进已成立各馆的扩充或改进，此举对于现在专门人员不敷分配时实为重要之图。

增加图书馆经费。协会认为，图书馆发展的要素有三：一是书籍，二是人才，三是建筑，而这三者均需要经费支持。中国早年成立的图书馆，因陋就简，开办之时大多略置书籍，绝少逐年添购。房舍腐旧，光线通气效果都不行，不能引起读者趣味。加上馆员薪俸微薄，又时有拖欠减折，生活尚感困难，何能久于其事？所以整顿图书馆首在增加经费。协会讨论的结果，以为全国各省市县应于每年教育经费中规定百分之二十为办理图书馆事业费，全国各级学校应于每年经常费中规定百分之二十为购书费。

---

① 中国第二历史档案馆编：《中华民国史档案资料汇编》第五辑·第一编·文化（二），南京，江苏古籍出版社，1994 年，第 812～814 页。

励行设立图书馆。协会提出，公共图书馆与民众图书馆，在训政时期为民众教育的利器，辅助政府以训练民众、宣传三民主义的精神，养成民众健全之知识。中国以农业立国，乡村社会尤不可不广立图书馆，以为各小社会之中心。各小学校大都经费有限，不能一一设立儿童图书馆，为适应目前形势，必要时联合数个学校共同组织儿童图书馆。各地庙院林立，也可设法利用，拨充图书馆馆址。

图书馆事业进行应聘请专家指导。协会表示，二十年来，各省办理的省县立图书馆及通俗教育馆，成绩不很显著，主要因为缺乏专门人才以资指导，而各馆情形又无由上达。所以协会提出，各省教育厅、各特别市教育局亟应酌聘图书馆专家或对于图书馆学素有研究而成绩卓著者，详细规划各种图书馆的进行，并随时负视察指导责任，对提高图书馆的效率，会有莫大帮助。

培养图书馆专门人才。协会认为，图书馆学为专门学术，自非任用专门人才不能为功。中国方今建设伊始，亟应努力培植以资应用。协会列举了五点内容：1. 设立图书馆专门学校，或津贴已开办的图书馆学校。2. 通令各大学添设图书馆学课程或图书馆学系。3. 逐年举行图书馆学考试，选最优者资送留学。4. 中学校及师范学校课程中加授图书馆学，每周一二小时，在中学校为选科，在师范学校为必修科。5. 各种各级学校应有系统的图书馆利用法之指导。

实行全国教育会议议决案。协会表示，1928 年全国教育会议关于图书馆方面的议决各案，皆当今根本要图，克期实行，不容或缓。

请励行出版法案。协会认为，中国政府虽有著作权及出版法的规定，但行之不广，效果未著，而且样本呈缴官署，无由公诸民众，殊失立法原意。协会因而提出改订出版法施行细则，使新出版图书，各呈送 6 份，由教育部指定国内大图书馆 6 处，分别庋藏，即令各该馆按年印行目录，以便检阅。

教育书报减价。协会提出，书报为宣传的利器，其收效每比其他读物为大，但往往因价格昂贵，不易购备。教育机关为文化之根源，负有推广领导之责，其所出版各种书报及刊物，务必请教育部通令减价，以广流传。

热心图书馆事业者予以褒奖。协会指出，捐助图书馆书籍或经费者及私人创办图书馆者，都有功于教育，政府法令原有褒奖之规定，宜按时令各地方官吏代为举请，以励来者。

规定学校图书馆行政独立。协会表示，学校图书馆是学校的附属机关，其关系与教务密切，又与事务相连，因为其自身即有教育性质，而管理又赖有专门方法，所以在学校行政系统上必须独立，才容易发展，以提高学校教育的效率。

由省立图书馆接管各省官书局。协会提出，省立图书馆负指导全省图书馆事业之责，但徒具空言，于事无补。省立图书馆只有能够翻印古籍，推广新书，印刷卡片，刊行目录，才能给予各省市县图书馆以绝大便利。各省旧有的官书局，所藏版片，渐次朽毁，机关等于虚设，最好即由省立图书馆接管改组，以资进展。

规定举行图书馆运动周。协会认为，图书馆运动周为提倡国人对于图书之兴趣，其性质与卫生运动周相同，且为指示读书机会与方法，使一般民众能享受其利益的最善方法，应由教育部规定日期，令行全国教育机关按公布之一星期内执行。

协会根据年会议决案的性质，向国民政府和教育部分别提交，希望采纳协会议决案。这些提案内容广泛，是对此前图书馆事业发展经验的总结，又是对此后图书馆事业建设的设想，是图书馆事业发展必须或迫切需要解决的问题，既有针对性，也有前瞻性，不啻为协会向政府提出来的图书馆事业的发展大纲。这是此前从来没有过的现象，显示图书馆界对南京国民政府充满信心，更希望国民政府能够采纳施行，以行政力量推动图书馆事业的发展。

第一次年会以后，协会形成了一个惯例，即每届年会后，重要议决案都会向国民政府或教育部提出，供政府采择。协会同时密切关注政府的文教政策，予以积极支持。"九一八"事变后，民族危机日益严重，图书馆界尤其如此。

1933年8月，中华图书馆协会第二次年会在北平召开。开会宣言即为："当此期间，我国家经历无量之天灾与人祸，神州大陆几有沦胥之叹。今日吾华民族对于国家前途，已身存亡，其所负荷，实千百倍重于前贤，艰于他国！吾辈执掌近代知识之宝库，典守先民之遗藏者，丁兹时会，尤应以知识之明灯，出有众于幽暗。"① 倡议国难之中图书馆界应立足本位工作，从事文化救国之职责。

第二次年会注重两点。一是经费稳定与独立。协会表示："如何保障其（图书馆）经费之安定与独立，不受外力之牵掣，以使之日益发皇，固应自以深思而熟虑之也。"二是推广民众图书馆。协会指出："今后救国方策，自以开辟此一片荒土，拯救大多数国民之蒙昧与困苦为先务。……至于蒙

---

① 《中华图书馆协会第二次年会宣言》，《中华图书馆协会会报》1933 年第 1 期，第 1 页。

昧之启发，则民众图书馆之责也。此种事业之倡导，吾辈图书馆界同仁，固应当仁不让，以为今后努力之依归焉。"对于图书馆经费的稳定与独立，协会希望政府当局及社会人士维持与赞助。这两者中，经费独立为基础条件，"经费既定既安，图书馆事业始足以言发皇张大，始足以从事于大多数国民民智之启迪，而为国家奠磐石之安"①。其关怀现实之情，不禁令人动容。年会为此专门设立民众教育组，以讨论民众图书馆事业的发展。为推动经费的稳定与独立，协会在年会后设立了图书馆经费标准委员会，由柳诒徵、陈东原、王献唐、柯璜、陈训慈、杨立诚等7人组成。

应该说，这两点内容并无多大新意。第一次年会时，协会已经分别向国民政府和教育部提出励行发展图书馆和增加图书馆经费的议决案。第二次年会再次提出类似建议，足以表明第一次年会后协会向政府提出的议决案没有得到政府的足够重视。

值得玩味的是，协会虽然希望图书馆事业的发展能够得到政府的支持，但另一方面，却刻意与政府保持距离。1933年8月4日，第二次年会筹备委员会在国立北平图书馆举行第一次会议。会上，筹委会主席袁同礼发言，表示："此次会议所讨论之范围，以图书馆经费及民众教育为中心，其他专门问题亦附讨论。最要者，各处图书馆与民众教育馆决不应与地方政府发生关系，应努力造成为一种学术机关。至于各图书馆经费过少不易发展，此次特付讨论，以便唤起教育当局之注意。"②袁同礼的这一态度，大致可以解释协会对政治问题绝少发表意见的原因，即，要将图书馆打造成学术机关，而非政治工具。也正因为如此，协会才要求各图书馆刻意与地方政府保持距离，以保持图书馆的独立。

第二次年会闭会宣言中，重申了"保障图书馆经费之安定与独立，与推宏图书馆之用于大多数民众"的观点，同时要求增进图书馆的效率、提高中国的学术文化，尤其后者，体现了协会的深深忧虑："大地失陷，诚为中国之浩劫；而学术文化之沦胥，何莫非吾民族之大辱。继今以往，将何以普及国民教育，提高专门研究，全国教育家与政府当局固皆有其责，而图书馆为供给研究资料之中心，尤有其高尚之使命。今学校日渐普及，图书馆固应相辅为用，而近年各种学会尽力导扬学术，图书馆尤应为辅助一切研究之总汇。必也提挈合作，共同努力，庶几民智日溥，学术日昌，中国得与世界各大国文化上并肩而进，而后吾图书馆同人，方可无负其职责

---

① 《中华图书馆协会第二次年会宣言》，《中华图书馆协会会报》1933年第1期，第1页。
② 《第二次年会之筹备》，同上，第13页。

也。"① 协会从世界文化发展的角度看图书馆在国难中的历史使命，体现了中国图书馆界强烈的忧患意识和深切的现实关怀，这种民族意识恰恰是抗日战争全面爆发后国民政府大力提倡的教育内容。

协会要求图书馆保持独立，体现了图书馆界精英分子的普遍认识。杜定友对此有形象描述："我们在国外的时候，……图书馆——有优美的环境，健全的组织，独立的精神，稳固的基础，怎不令人羡慕！可是，一到国内，就不同了。中国现在，还是行大家庭制度，无独立，无自由，上有父母翁姑，外有叔伯妯娌，下有子女牵累。所以动辄得咎，气恼丛生。精神上的痛苦，非可言喻。我们有计划，有诚意，去把一个家庭组织完善。无奈阻力横生，令人心灰意冷。况且现在生活程度日高，而经济来源不绝如缕。我们既不是生产机关，又无额外收入。所以只得仰人鼻息，以至衣食不足，设备不周，巧妇难为无米之炊，发展终成绝望。有心无力，束手无策。所以进步愈是迟缓，益受世人的奚落，视为赘疣。在这个时候，我们也明知国家经济衰落，百废待举，不得不委曲求全，以图后效。可是经济而外，又逢政潮迭起，横生枝节。我们虽是艰苦支持，不偏不倚，而政见党派，无端侵入。不存'五日京兆'之心，却也难逃'一朝天子一朝臣'的公例。所以创业未成，又须另起炉灶。东奔西走，流浪终年。我们要办一件事，不是一朝一夕所能完成的。而且图书馆办理，尤赖有长时间的征集与整理。而这样频年扰攘，席不暇暖，基础何由巩固？有时候又因个人意见，时复相左，合则留，不合则去，风马牛不相及②，只得背城一走，另图发展。在这种环境下，我们何由'乐业'呢？"③袁同礼是否有纠正第一次年会前后图书馆界与政府走得过近的思虑，不得而知，不过，其强调图书馆的独立性大体上反映了图书馆界精英分子的一种追求。

1928 年，李小缘发表《全国图书馆计划书》，其中提出国立图书馆隶属于国民政府最高教育行政机关，省立图书馆隶属于省最高教育机关，公立图书馆隶属于地方教育局。协会中有署名"和"者（估计是袁同礼；同礼，字守和）对这种隶属设计表示怀疑："国立省立公立图书馆隶属于教育机关之下，则难免不受其支配，馆中行政既受政局之影响，则馆中施政方针随政局而转移，此种不幸之现象，在外国尚且不免，况在中国。"并表示："今后应如何使图书馆行政与中央或地方政治完全脱离关系，此则愿与李君商

---

① 《中华图书馆协会第二次年会闭幕宣言》，《中华图书馆协会会报》1933 年第 2 期，第 1 页。
② （杜注）"风马牛不相及，就是出风头、拍马屁、吹牛皮是青年人出路的唯一法门。"
③ 杜定友：《我与图》，《中华教育界》1931 年第 6 期，第 5 页。

权者。"① 袁同礼主持下的中华图书馆协会时刻注意维护图书馆的独立而不致沦为工具。

协会一面希图中央政府赞助图书馆事业,一面又极力强调图书馆的独立性,同时面对日益严重的民族危机,忧国忧民,力图奋发,通力合作,有所作为。在筹备第三次年会期间,筹备委员会发布了年会指南,称:"学术之进步,必相观而后可以臻于至善。偏陬僻壤之区,通都大邑之地,每因瞙膈,消息新通,而事业之发展乃有滞速之不同。吾国幅员广阔,民智未开。有识之士咸认普及教育实为目前当务之急。年来外患频仍,国步艰危,此项需求益感迫切。惟事业之推进则不能不有赖于司其事者之集思广益,通力合作。此组织中华图书馆协会……之旨趣也。"② 协会表达了对民族危机的忧虑之情,其中也不乏动员会员的含义。李文祈在《写在本届年会之前》中也表示:"慨国事之阽危,叹盛世之难逢。"③ 民族危机成为左右图书馆事业发展的主要因素。

中华图书馆协会第三次年会于 1936 年在青岛召开,通过的议决案中也体现了协会的担忧之情。7 月 20 日当天通过的议决案第 3 条为"拟请本会函请教育当局及各大学于所属各重要图书馆拨款建筑地下室或其他适当方法以防意外事变案",21 日通过了"请各图书馆推进非常时期教育及国难教育事业以期唤起民众共同御侮案"。在各种议案中,以推广民众图书馆为多。所有这些议决案都使年会蒙上国难的阴影。而所有这些议案,都是对国民政府教育政策的一种响应,也是对国民政府的积极支持。覆巢之下,焉有完卵? 国难当头,图书馆界也不能独善其身,必须因应。

南京国民政府的建立,为图书馆事业的发展提供了契机。中国图书馆界一改之前对政治的中立态度,与新政权接近,并且出谋划策,为新政权下图书馆事业的发展设计蓝图。图书馆界的政治取向,为图书馆事业的发展创造了有利条件。"九一八"事变后,民族危机日益加深,图书馆界自觉地将图书馆事业的发展与挽救民族危亡联系在一起,图书馆事业的发展也明显地带有救国色彩。中华民族存亡绝续,中国图书馆界与中央政府之间的关系也越来越密切。作为重要的文化传承机关,这是中国图书馆界的必然选择。

---

① 《中国图书馆计划书》,《中华图书馆协会会报》1928 年第 5 期,第 23 页。
② 《中华图书馆协会中国博物馆协会联合年会指南启》,《中华图书馆协会会报》1936 年第 6 期。
③ 《写在本届年会之前》,同上,第 1 页。

四、国民政府的态度

以中华图书馆协会为代表的图书馆界倾向南京国民政府，得到了南京国民政府的积极回应，显著的表现是，国民政府较为重视中华图书馆协会的图书馆建设建议。协会每届年会后，都会向国民政府提交议决案，请求国民政府支持，而国民政府会对这些议决案进行甄别，分别采择施行。

1929年2月中华图书馆协会第一次年会结束后，向教育部呈报议决事项，希望采纳实行。教育部对协会提交的议决案一一答复①。现将议案名称和教育部的答复结果列表1-3如下：

表1-3　教育部对第一次年会议决案的答复

协　会　提　案	教　育　部　答　复
颁布图书馆设立标准法令案	本部正在进行调查全国图书馆状况，应拟征集图书馆专家意见后，再行编订。
增加图书馆之经费案	图书馆系社会教育事业之一，经费比例，拟暂缓划定；各级学校购书费，应于饬令特别注意，酌量规定。
励行设立图书馆案	正在筹设中央图书馆；成立中央教育馆时，先在该馆内设图书部；各种图书馆，拟令各省教育行政部门自本年起积极增设。
图书馆事业进行应聘专家指导案	准予转饬各省教育厅、各特别市教育家酌量办理。
注意图书馆专门人才案	图书馆专门学校应暂缓设立；准予通令各大学酌量添设图书馆学课程或学系；准予每年考送留学生时，酌定图书馆学名额；各级学校应有系统的图书利用法之指导，毋庸由部规定。
实行全国教育会议议决案	已由前大学院择要通令遵行。
请励行出版法案	订定著作权及出版法，系内政部主管范围；新出图书呈缴包括中央图书馆。若令多缴，未便照办。
教育书报减价案	准予由部通令各教育机关遵照办理。
热心图书馆事业者予以褒奖	准照捐资兴学条例办理。
规定学校图书馆行政独立案	因事实上困难颇多，应毋庸议。
由省立图书馆接管各省官书局案	各省官书局情形不同，如有合并之必要及可能，应呈请该省主管机关查明核办。
规定举行图书馆运动周案	可于各省区或特别市举行识字运动或民众教育演讲时附带提倡，毋庸单独举办。

---

① 中国第二历史档案馆编：《中华民国史档案资料汇编》第五辑·第一编·文化（二），第815～817页。

这些答复有肯定,有否定,表明教育部较为重视协会的议决案。

第一次年会结束后,协会执行委员会将年会议决案有牵涉国民政府的部分总共5件,上呈国民政府建议兴办,以发展图书馆事业。国民政府接受呈文后,转行政院审核办理。行政院又交教育部审核。教育部的意见为:1.广设专门图书馆案,适当采纳;2.颁发全国各行政机关之出版品于各图书馆案,拟请变通办理;3.防止古籍流出国境案,原案拟准予照办;4.组织中央档案局案,原案拟请复议;5.减轻图书馆寄书邮费案,拟请院长核发交通部核办。也就是说,前三项经行政院转呈国民政府施行。第4项缓议。对于第5项,交通部答复:"国内书籍内邮费,现行资例尚系民国九年一月起更订,实行以来,已历十年。现在社会生活程度日高,百物腾贵,各地邮局所付运费较前增高数倍,而内地及边远尤觉高昂,远非十年前所可同日而语,邮局转运书籍报纸等,赔折甚巨。……对于所请减轻邮费一节,认为窒碍难行。"① 尽管交通部拒绝了协会的要求,但予以详细解释,态度尚可。

1933年8月,中华图书馆协会在北平举行了第二次年会,随后协会执行委员会向教育部提出了议决案,希望教育部采纳。议决案分四类:一是推广民众教育,包括呈请教育部通令各省市县在乡村区域从速广设民众图书馆案、建议中央通令各省于各宗祠内附设民众图书馆案、县市图书馆与民众教育馆应并行设立分工合作案。二是订定图书馆经费标准,分为拟定各级图书馆经费标准请教育部列入图书馆规程案、呈请教育部规定补助私立图书馆临时及经常费案两案。三是专材之培植与指导事业,由请协会建议行政院及教育部指拨的款于北平设立图书馆学专科学校案、再请教育部令国立大学添设图书馆学专科案、呈请教育部于图书馆规程内规定省立图书馆应负辅导全省各图书馆之责任案、请协会呈请教育部通令各省市县教育行政机关应聘请图书馆专家指导各中小学图书馆一切进行事宜案四案构成。四是善本之流传,分别为建议当局传抄及影印孤本秘籍以广流传案和建议教育部此次选印《四库全书》应以发扬文化为原则在书店赠本内提出若干部分赠各省市立重要图书馆及国立各大学图书馆案两案②。

这次呈请的议决案没有像第一次年会那样,得到教育部郑重其事的答复。不过,1934年1月,教育部在南京召集民众教育委员会会议,由部

---

① 中国第二历史档案馆编:《中华民国史档案资料汇编》第五辑·第一编·教育(二),第795~797页。

② 《呈教育部推行议案》,《中华图书馆协会会报》1933年第2期,第27页。

方交议议案共 9 件，其中第 7 件为改进及充实全国图书馆案，其内容包括图书馆经费及设备、补助乡村图书馆、市县图书馆、辅导图书馆事业、训练图书馆人才、传抄孤本秘籍等。对照协会第二次年会后提交教育部的议决案，不难发现，两者在很多方面有共通之处。中华图书馆协会认为该案"大致系就本协会第二次年会议决案改编而成"①。此言不虚。

不仅如此，第二次年会举行期间，安徽省立图书馆馆长陈东原提出"请中央拨棉麦借款美金一百万元扩充全国圕事业"一案。大会立刻议决通过，随即致电国民党中央政治会议、行政院及教育部，请求拨 100 万美金用于扩充图书馆事业。协会又推陈东原、洪有丰、柳诒徵三人为代表，到南京与行政院及教育部面洽。不久行政院秘书处第 3173 号复函，称"已移交全国经济委员会核办"②。虽然结果不了了之，但国民政府毕竟知道了协会的呼吁。

协会年会关于图书馆事业的议决案引起了教育部关注，教育部也有意将图书馆问题提交协会讨论。获知协会第三次年会即将在青岛召开，1936 年 6 月 22 日，教育部社会教育司致函中华图书馆协会，称："鉴于过去各县市立图书馆或民教馆阅览部购置图书，漫无标准，其工作活动，多未规定，深感有厘订图书馆设备及工作标准之必要"，因此利用协会年会良机，特拟订改进图书馆行政要点数则③，请协会提交年会商定一具体办法④。协会接到公函后，即分函各地图书馆，对于县市图书馆有经验者，请其详细研讨，在年会之前拟具方案。年会第三日，即 7 月 22 日，开全体会员大会，专门讨论此项问题，会议三个小时。为郑重起见，又在会后组织了特别委员会，一再研究讨论具体办法⑤。可见协会对教育部提案的重视。

国民政府对中华图书馆协会议决案的处理态度，是认真负责任的，并在条件许可范围内采纳施行，而不只是一味地推诿。国民政府采择协会议决案，是对图书馆专业的尊重，对专家治"图"的肯定，对提高图书馆的发展质量，具有积极意义，有力地促进了图书馆事业的发展。

---

① 《教部民教委会会议》，《中华图书馆协会会报》1934 年第 4 期，第 11 页。
② 《请拨棉麦借款》，《中华图书馆协会会报》1933 年第 2 期，第 26 页。
③ 要点共 7 则，分别为：县立图书馆至少限度应备图书标准、县立民众教育馆阅览部应备图书标准、县立图书馆工作标准、县立图书馆全县巡回图书办法、各县木刻古板保存办法、县立图书馆或民教馆阅览部分类编目标准、省立图书馆辅导及推进全省图书馆教育工作办法。
④ 《教部委本会拟具改进圕行政要点》，《中华图书馆协会会报》1936 年第 1 期，第 18 页。
⑤ 《教部社教司提交年会议案议决具复》，《中华图书馆协会会报》1936 年第 2 期，第 21 页。

第三节 图书馆界的危机应对

一、日军的文化暴行

"九一八"事变，尤其"一·二八"事变中，日军滥用武力，摧毁中国文教机关，主要表现在焚毁东方图书馆、损毁上海各中国大学、劫毁私人藏书等三个方面。

（一）焚毁东方图书馆

东方图书馆是商务印书馆的附设机构，由涵芬楼演变而成，1926年建成开馆。东方图书馆藏书丰富，在"一·二八"事变前，藏书46万余册[①]，与北平图书馆馆藏43万册相差无几[②]。该馆共5层，最上层为杂志报章保存室及商务印书馆版保存室，四层为普通书库，占地4 600平方尺，书架56排，370余架，可容纳书籍40余万册。四层一部分及三层为善本室，内藏涵芬楼善本书及全国方志，二层为阅览室、杂志陈列室等，下层为流通部藏书室等。在其南面建有西式平房5间，作为附设儿童图书馆所在地。1932年1月29日，商务印书馆总厂遭日军飞机轰炸。2月1日，东方图书馆及商务印书馆编译所为大火波及，烈焰冲天，纸灰飞扬。东方图书馆付之一炬。

东方图书馆被焚是中国文化的一大损失。根据民国教育部公布的全国大学及专科学校概况，截至1931年，全国大学有统计的50校藏书总数为260万余册[③]，平均每校5万册。东方图书馆一馆即相当于8所大学藏书。其中宋本达数百种，其他精刻本2万余册，历年购买的西文书籍，约8万册。而其日久积累所得全国各省府县志，多达2 000余种，在全国图

---

① 46万余册根据东方图书馆复兴委员会1933年编印的《东方图书馆纪略》第2～6页统计而得，不包括期刊装订本等。

② 北平图书馆的馆藏数据来源为：根据1933年出版的《国立北平图书馆概况》第9～21页统计，1929年7月前，该馆旧藏普通书籍、善本书籍、《四库全书》，共33万多册。同年出版的《国立北平图书馆馆务报告》附录"近四年来图书增加统计"（第3～8页），到1932年6月，该馆三年增加9万多册。两组数字相加，总数在43万册左右。这43万册是书籍数量，不包括期刊、舆图、拓片等。如果加上这些收藏，北平图书馆收藏数量势必增加。

③ 陈训慈：《中国文化之劫运与其复兴问题》，《浙江省立图书馆月刊》1932年第2期，第3页。

书馆中，包括国立北平图书馆在内，也最为完善。《中华图书馆协会会报》报道东方图书馆惨遭焚毁时称："上海东方图书馆所藏古籍，多系孤本，其一部分寄存于租界金城银行。此次沪战之前，又移出一部分，但均为数无几。大部分宋元版本皆已无存。全国省县通志一整部，在全国仅有该馆之一份，为国立北平图书馆所无，全部价值实不能以数计"①，令人扼腕叹息。日本图书馆事业虽然发达，但其最大的图书馆——东京帝国图书馆藏书当时也仅 424 377 册，而日本藏书最多的私立图书馆庆应义塾图书馆，只不过 155 824 册②，仅为东方图书馆的三分之一。因此，东方图书馆无论在藏书数量和质量上，都堪称一流，是世界文化宝库的重要组成部分。必须提及的是，商务印书馆编译所所存大量书稿、字典单页、图稿，其中当不乏精品之作，大多没有底本，也随之付之一炬。东方图书馆被焚，是中国文化的一大浩劫，也是世界文化的一大损失，足见日军摧毁人类文化事业的罪恶行径。

（二）损毁上海各中国大学

上海众多大学在"一·二八"事变中也惨遭焚毁或损坏，其中在吴淞有同济大学、中国公学、中央大学医学院、水产学校等校；在江湾及闸北有复旦大学、劳动大学、上海法学院、持志学院、国立中央大学商学院等校；在真茹有暨南大学。复旦大学一度成为日军司令部所在地，虽然屋舍多有留存，而图书仪器大多损失。上海法学院与持志大学，则几乎全部焚毁。持志新建的四层宿舍及大礼堂图书馆，建设几经艰难，法学院原本赁屋开办，六年来逐渐购地建屋，大礼堂去年刚刚落成。所有这些私人惨淡经营获得的成绩，一时全部化为灰烬。此外有些大学或则全毁坏，或则残破不易收拾，有的长期被日军占领。这些大学物质损失的估价，据中大商学院送市长转为向日本抗议所报的损失为 104 万元，法学院呈报教育部损失为 43 万元。时人估计，这 10 所学校的损失当在 1 000 万元左右。事变后这些大学或迁地开学，或全部停顿，其在学术教育上的损失，更不能言喻。各校的停顿，对中国教育文化的损失，无法估量。

（三）劫毁私人藏书

私人藏书在"一·二八"事变中也惨遭损毁，其中以易培基、刘士木、周越然等较为严重。易培基长期供职中央，历任农矿部长、故宫博物院院长等职，在江湾水电路建筑住宅及藏书楼一栋，共三层，大小房间 30 多间。易本

---

① 《东方图书馆之善本书籍惨遭焚毁》，《中华图书馆协会会报》1932 年第 4 期，第 23 页。
② 《日本藏书九万册以上之图书馆概表》，《浙江省立图书馆月刊》1932 年第 1 期，第 10 页。

世家，平生酷爱书籍、金石、字画，30 年来收藏丰富。日军入侵突然，除运出少数书籍外，留有书籍、字画等物，尽付一炬。易氏藏书宋元明旧本甚多，精抄本、殿本也不少。损失清单为：书籍 207 箱，内有宋元本 7 种，精抄本 40 余种，明刻本 450 余种，殿本 50 余种。碑帖 1 300 余种，内有明拓本 20 余种，故宫铜器拓片 200 余种。瓷器 7 箱，内有明瓷器及乾嘉瓷器 40 余件。铜器 30 余件，内有楚宫钟及汉鼎彝弩洗 17 件，六朝唐造象 10 尊。石器 23 件，内有汉石经 13 方，魏唐墓志 3 方，魏唐造像 4 方，雕漆器 24 件，等等。以上各项尽成灰烬。媒体评价，易的损失"关系我国文化，实非浅鲜"①。

刘士木，教育部华侨设计委员会委员，一向藏书丰富。刘氏专攻移民殖民问题，以研究南洋文化教育为终身事业。20 余年来尽其心力，搜罗关于南洋、美洲各国文字书籍杂志不下五六千册，南洋各属精细地图 200 余种，博物标品 10 余箱，历史地理物产风俗以及人种等类珍贵照片 5 000 余幅，剪报资料 200 余巨册，编成文稿 80 余部。凡是关于华侨、南洋及中国向海外发展的移殖民问题、各种参考资料，无不应有尽有，且多为绝版本。如日文南洋丛书，自 1923 年关东大地震后，日本书店已经绝版；又如日本"台湾总督府"与东京南洋协会所出版的禁卖品南洋丛书，刘均极力设法托人罗致，备为国人参考。此次被日军全部焚毁，实乃"文化界之浩劫"。国人莫不为之痛惜②。

周越然，英文专家，任职于商务印书馆，函授学社副社长及英文编辑主任，其著作尤以英语模范读书著名，为当世所传诵。周平生节俭，没有不良嗜好。20 多年来辛勤著述，积聚筹资多用于采办中西典籍。近数年来得到大量中西名贵古籍，收藏在闸北天通庵路三省里五号，自建寓所，其藏书处名言言斋，藏有宋元明清精本约二千数百种，计 167 箱，西文三千余册，内有绝版者数百种。沪变后，周氏所藏，全部毁于日军战火③。

除了易培基、刘士木、周越然外，还有不少学者的藏书及手稿等也都尽遭厄运。爱国女学校长季融五藏书严重损毁，邓燾青于 1931 年 7 月刚刚将南昌所藏旧籍数千卷运到上海庋藏，不意为日军摧毁。俞剑华历年所积文学美术、书画碑帖数千卷，也都损毁。世界语学会图书馆历年搜藏世界语珍贵书报数百种，全被焚毁。方聪甫藏有宋元明版善本书籍甚丰，在这次事变中也被盗劫，全部损毁④。

---

①　《沪变后私家藏书被毁之噩耗》，《浙江省立图书馆月刊》1932 年第 2 期，第 8 页。
②　同上，第 10 页。
③　同上，第 9 页。
④　《沪战所予中国文化上创痕之续闻》，《浙江省立图书馆月刊》1932 年第 4 期，第 88～89 页。

日军的军事行动，多在闸北江湾吴淞一带。而这里大学林立，学者众多。中国学者向来有藏书习惯。其间私家藏书，无论古籍新书，乃至中西珍本，都很可观。如商务编译所人员共300余人，假设平均每人有值1 000元的书籍，即达30万。那些居住在这些地段的学者，莫不有书籍荡然无存之诉说。至于手稿札记，为个人心智积累而成，其中应有不少佳构，今全不可复见。日军投弹纵火，闸北江湾屋宇荡然无存，藏书也莫不随之而去，众多文化瑰宝瞬间灰飞烟灭。

二、图书馆界的危机认知

"九一八"事变后，中国图书馆界迅速做出反应，指出日本军事行动的潜在危险。上海的《中国图书馆声》主编陈伯达认为这是日本"他日吞我全国之初步。彼所谓大陆政策也，即以并吞我五族之全境为对象，处心积虑也久矣"[1]。也就是说，"九一八"事变是日本大陆政策的具体实施。他呼吁各图书馆协会、各级图书馆、各图书馆员抗日救国。

陈伯达此时涉图书馆事业未久，是文教界极为普通的一员。也因为普通，他的观点因而具有一定的代表性。事实也确实如此。同一时期，燕京大学图书馆于式玉也指出："日本侵略我国处心积虑已久。"[2]于式玉的观点基于一份调查报告。清华大学图书馆收购了一份日本学生关于云南的调查报告稿本，共三巨册。根据于式玉考证，该调查报告书作者为杉浦三郎。杉浦三郎为东亚同文书院学生，受东亚同文书院委派，编入云南班，前往云南境内进行实地调查。全书分为水运篇、铁道篇和都会篇三部分，大概完成于1915年或1916年。云南班以外还有调查中国各处的其他各班。调查报告内容十分详细，以为日本侵占中国做前期准备。征诸历史，于式玉的观察大体准确。

浙江图书馆界指出日本对中国东北地区的研究由来已久。1932年，《浙江省立图书馆馆刊》发刊，其"发刊旨趣"指出，就东北而论，日本关于满蒙研究的定期刊物，据近时统计，共324种，其专著又数百种。而中国关于东北的专书与杂志，果有几何？仅有若干种，其能取而研究之者又几人？该旨趣称："循此以言，则谓东北沦陷之基因，在于日本对此有学术上之准备而我无之，亦无不可"，提出该刊"提倡读书以期成学术救国之

---

① 陈伯达：《督促图界共起唤醒阅众抗日救国（代电）》，《中国图书馆声》1931年第2期，第14页。
② 于式玉：《见于图书中的日本帝国主义》，《燕京大学图报》1931年第16期，第2页。

大愿"。①

日本摧毁或劫夺中国图书馆，别有用心。中国图书馆界认为，日本损毁或劫夺中国文化机关，是其占领中国图谋的重要组成部分。"一·二八"事变中日军事对峙时，东方图书馆并不在战区。日军进攻不在战区的文教机关，进一步暴露了日本对中国的战略图谋。图书馆界认识到，日本摧毁包括东方图书馆在内的文教机关，实际上是在配合军事行动。日本不仅要在军事上征服中国，更要在心理上征服中国。心理征服的方式之一就是摧毁中国的传统文化，消除民众的民族意识。沈祖荣指出："敌人抢夺我土地，吸尽我资财，残杀我人民，犹不足以填其欲壑，而必将我们的国性，铲除殆尽而后快。"②刘国钧表示："文化是民族底生命，而图书馆又为文化的灵魂"，所以图书馆成为日军的第二进攻目标③，他号召图书馆界为保存文化而奋斗。应该说，这一认识一针见血。抗日战争全面展开后，日本对中国图书馆进行了有组织的摧残。

中国文教界认为，日本摧毁中国文教机关，另一目的是向西方国家证明日本是东亚文化的代表。蔡元培表示，日本古代文化，源出中国，但日本人对于欧洲学术界，"恒说欲研究中国古代文化，求之日本，反较中国为备，以中国历代兵争，古迹多毁，而日本保存较多。此种论调，实欲抹煞中国文化而以东亚代表自居。'一·二八'之役，毁各大学及商务印书馆，焚东方图书馆，都是这种动机所促成的。"④"'一·二八'之役，日本毁去我们东方文化，灭绝吾国文化的遗迹，他们的确是（使）世界要考东方文化，一定要到日本去。"⑤众多学者持相同观点。向达也认为："日本俨然以东方之领导者自居，而于文化方面则夸谓集东方文化之大成，……究其所谓集东方文化之大成者，不过掠取他人之文物，觍颜以为己有，以蒙蔽欺骗其人民而已。"⑥他们的观点较为符合日本对华的文化政策。

日本的文化图谋，不仅是中国图书馆界的共识，也为国民政府所洞悉。1940年，由教育部、外交部等机关为主体组织的战时征集图书委员会

①　《发刊旨趣》，《浙江省立图书馆月刊》1932年第1期，第4页。

②　沈祖荣：《国难与图书馆》，《文华图书馆学专科学校季刊》1932年第3~4期合刊，第141页。

③　刘国钧：《图书馆与民族复兴》，《文华图书馆学专科学校季刊》1937第3~4期合刊，第311页。

④　高平叔：《蔡元培年谱长编》第四卷，北京，人民教育出版社，1999年，第46页。

⑤　同上，第47页。

⑥　向达：《战后应要求日本赔偿我文化上之损失》，收入《中华民国史档案资料汇编》第五辑·第二编·文化（二），南京，江苏古籍出版社，1998年，第639页。

向各国布告《战时征集图书馆委员会征书缘起》，征集书刊。《缘起》内称：在"七七"事变一年半的时间里，"暴日之种种行动，已证明其不但有完全吞并中国领土之野心，抑且有奴隶中华民族、销（消）灭新兴中国文化之企图。故于残杀非战斗员以外，无论在战事之前方后方，日军以一贯的计划，摧残中国之教育文化机关！"《缘起》指出："日本之目的，实在整个销（消）灭中国之文化机构，使之无书籍可读，无材料可资研究"①，进而最终实现其彻底占领中国的图谋。日本的文化侵略，激发了中国图书馆界的文化救国意识，由此形成了具有图书馆特色的文化救国模式。

三、图书馆界的救国构想

图书馆界的救国构想主要包括宣传本位救国、倡议加快图书馆建设、图书馆的战时工作设想、图书馆员的战时职责等四个方面。

（一）宣传本位救国

图书馆界提出本位救国，可以追溯到 1931 年 9 月 19 日，即"九一八"事变的次日，上海交通大学图书馆主任杜定友在演讲中号召在校大学生："要仗我们的学问去救国，去谋国家的复兴"，"现在国家到了这样田地，我们读书的要认真读书，办事的要认真办事，上下一心，努力为国，然后国家方可免灭亡之祸！"②这里，杜定友提出"读书的要认真读书，办事的要认真办事"，各安其业，明白地将做好本位工作与救亡联系起来，强调只有做好本位工作，国家才会有救。这是图书馆界清晰地阐述本位救国论的起源。杜定友演讲的目的或许是激励学生要认真读书，故而以"灭亡之祸"警醒学生。然而，一语成谶。6 年后，"七七"事变爆发。

沈祖荣鼓励图书馆员国难时期不要灰心沮丧，而应奋发有为，传承义化。他说："国难当前，不是消灭我们的，乃是唤醒我们的。只要我们认清所在的位置，看透了我们目前的危险，我们便当积极的去设法求生存，求进步，……我们办理图书馆者，更应当自告奋勇，尽我们的本分，为文化事业谋发展，使我们祖宗数千余年所传下来的国粹，得以表彰世界，籍（藉）以发扬我们民族的精神，培成我们民族的命脉，则这个国难，岂不是变成了我们的一个兴奋剂吗？"③作为图书馆学教育家，沈祖荣不仅激励学生做

---

① 中国社会科学院近代史研究所中华民国史组：《胡适来往书信选》（中），北京，中华书局，1979 年，第 401～404 页。
② 杜定友：《对日问题与图》，《中国出版月刊》1932 年第 2 期，第 20 页。
③ 沈祖荣：《国难与图书馆》，《文华图书馆学专科学校季刊》1932 年第 3～4 期合刊，第 230 页。

好图书馆本位工作，更赋予图书馆员以复兴民族的历史使命。

类似杜定友、沈祖荣的本位救国论在图书馆界较为普遍。1936年8月，商务印书馆举行公民宣誓仪式。该馆总经理、原东方图书馆馆长王云五以主席身份致辞，称："国家譬如大树，公司譬如大树上的一个小鸟巢。大树动摇，鸟巢是万难幸全的"，呼吁员工一定要有爱国心。同时又说："爱国的办法，并非要人人都为国家担任公职或兵役才有发展余地。其实各人按其能力，为有益于国家社会的任何事业出力，结果和直接为国家出力，无大悬殊。这就是所谓本位救国。再能随时关心国事，克尽国民的义务和尊重国民的权利。一团体的人个个如此，一国的人也个个如此，我国虽在这样严重的国难当中，不久定能……复兴起来。"① 王云五通过鸟巢与大树的比喻，较为形象地解释了本位救国的价值和意义。

杜定友、沈祖荣或王云五，他们都是声望卓著的精英人物，在图书馆界地位举足轻重。他们从事的图书馆工作各不相同，或为大学图书馆工作，或为图书馆学教育，抑或为私立图书馆的管理者，但在爱国问题上，他们态度完全一致。在爱国主义精神的激励下，他们坚持本位救国，强调做好本位工作，实际上也是一种爱国救国举动。他们的观点代表了图书馆界普遍的态度。有人慷慨激昂："我们献身于图书馆界的一般文弱书生，正应该抖擞起投笔从戎、同仇敌忾的精神，自然，我们不能像铁血健儿一样的荷枪，像英勇战士一样的负弹，可是我们有的是热血（办理随营图书馆）去追随着他们摇旗，有的是豪气陪伴着他们呐喊。"② 如此等等，不一而足。

"九一八"事变后，中国各种救国思潮风起云涌，教育救国、实业救国等影响一时。在各种救国思潮中，图书馆界立足本职工作，提出本位救国，将当时的救国思潮和救国运动推向纵深。图书馆界的本位救国，是对日本文化侵略的一种因应，突显了图书馆界的民族意识，为民族危机下中国图书馆事业的发展指明了方向。

图书馆界宣传本位救国，以传承文化、社会动员为主要目标。

传承文化。面对日本的文化摧毁政策，中国图书馆界不甘示弱，奋起抗争。王云五表示："敌人把我打倒，我不力图再起，这是一个怯弱者！……一倒便不会翻身，适足以暴露民族的弱点。自命为文化事业的机关尚且如此，更足为民族之耻！"③ 也正因为有如此认识，东方图书馆被焚

---

① 王云五：《商务印书馆与新教育年谱》（上册），《王云五文集·五》，南昌，江西教育出版社，2008年，第626～627页。
② 世纲：《图书馆之阵中服务》，《中央军校图书馆报》1934年第5期，第75页。
③ 王云五：《两年中的苦斗》，《东方杂志》1934年第1期，第24页。

毁次年，即 1933 年，商务印书馆稍有盈余后，便设立了东方图书馆复兴委员会，负责复兴东方图书馆事宜。作为文化事业的标杆，东方图书馆的复兴得到了图书馆界的声援和支持。从文化立场，抗衡日本的文化暴行，成为中国文教界民族危机下的理性选择。

"九一八"事变后，文化传承成为中国图书馆界的基本共识。喻友信认为："国家兴替，民族盛衰，系于文化。图书馆不仅负有保存文化之责而已，且负有发扬其所保存之文化而光大之使命。"中国为什么会遭到日本蔑视与凌辱？一个重要原因"端在图书馆未有尽量发扬其所藏之宝库之咎也"①。因为图书馆负有传承文化之责，甚至与民族盛衰相联系，所以图书馆界必须忠于职守，真正发挥时代赋予图书馆的历史使命。

国难当前，图书馆界敏锐地注意到日本文化侵略的野心，自觉地将文化传承与民族保存、民族复兴联系起来，将图书馆工作与中日民族对决联系起来，如果不是对图书馆工作的热爱，不是对国家的热爱，断难以赋予本职工作以文化传承的历史使命。图书馆事业也正因为承载了民族复兴的伟大使命而显得特别重要。抗日战争全面展开前，国立北平图书馆搬迁重要文献典籍、国立中央图书馆的珍贵文献转移等，都是对传承文化的最好注解。中国作为弱国，纵然军事上无法与日本对抗，但图书馆界试图通过传承传统文化、保存珍贵典籍来接续文化命脉，以为民族复兴之基。

社会动员。图书馆界坚持本位抗战，赋予图书馆以社会教育和社会动员的现实意义。大敌当前，救亡图存是全民族的共同责任，图书馆界也不例外。不过，对于从事文化教育工作的图书馆界来说，所负的责任更为重要。李仲甲指出："我们虽不唱'教育万能''教育救国'的高调，然而最少也应该尽教育之最大能事，图书馆，尤其是公共图书馆是实施社会教育的重要机关，干这种工作的人，所负教育民众、唤起民众的责任，不但是义不容辞，而且应该具有精诚强干的态度去做。"②如果说社会教育是图书馆的常态化工作目标，那么社会动员无疑是图书馆界赋予图书馆以救亡图存的责任，而这种非常责任恰恰体现了图书馆界本位救国的爱国方式。

社会教育、社会动员不只是图书馆员的个人认识，也是图书馆界努力推进的工作。中华图书馆协会于 1933 年 8 月第二次年会时宣言："今日吾华民族对于国家前途，已身存亡，其所负荷，实千百倍重于前贤，艰于他国！吾辈执掌近代知识之宝库，典守先民之遗藏者，丁兹时会，尤应以

---

① 喻友信：《图书馆员应有之真精神》，《中华图书馆协会会报》1934 年第 2 期，第 6～7 页。
② 李仲甲：《公共图书馆长应注意的几件事情》，《中华图书馆协会会报》1937 年第 3 期，第 4 页。

知识之明灯，出有众于幽暗。"此次年会两大议题之一为推广民众图书馆。协会表示："我国以农业立国，国家之根本在于农村，然而近数年来，农村濒于破产，三万万以上之国民，几乎为国家所遗忘。举国之聪明才力，率萃于城市。郊遂之外，便同异域。此诚可痛心怵目者也。"进而提出："今后救国方策，自以开辟此一片荒土，拯救大多数国民之蒙昧与困苦为先务。……至于蒙昧之启发，则民众图书馆之责也。此种事业之倡导，吾辈图书馆界同仁，固应当仁不让，以为今后努力之依归焉。"① 年会为此专门设立了民众教育组，以专门讨论民众图书馆的发展。由此可见，社会教育、社会动员已经成为图书馆行业的基本目标，成为图书馆未来工作的重点所在。

图书馆界坚持本位救国，从救亡图存角度看，在于图书馆负有社会教育、社会动员的现实期许；从民族复兴角度看，在于其承载了文化传承的历史使命。因此无论立足现实，还是放眼未来，图书馆界都应该坚持本位工作。做好本位工作，就是救亡图存，这是空洞的政治口号所不能企及的。

（二）倡议加快图书馆建设

为了抵制日本的文化暴行、保存文化血脉，图书馆界呼吁加快图书馆建设。

一是重建上海文化机关。对于日本的文化图谋，中国图书馆界予以揭露，严厉谴责，奋起抗争，呼吁重建文化机关，进行文化自救。"一·二八"事变后不久，蔡元培与社会文化界人士共同发表《发起恢复上海文化机关启事》，提出"恢复上海文化机关，实为目前急务，而创设一规模较大之图书馆，尤为首要"②，号召热心文化事业者，鼎力相助。蔡元培等人的主张得到了舆论的强烈关注。有人认为，文化领袖发起设立大规模的"上海图书馆"，是"停战以来的福音"，"适于目前急切的需要"，更为主要的是，"一·二八"事变中上海文化机关被日本暴力蹂躏后，"这个图书馆的成立，更可以表示我们不屈服的精神，同时也可以作为国难的纪念品"③。重建上海文化机关，包括图书馆，成为中日文化抗争、中日文化对决的象征。

重建上海文化机关，是中国图书馆界的共识，陈训慈就是积极提倡者之一。"一·二八"事变后，陈训慈强烈谴责日军的文化暴行，进而表示："今次日本在淞沪所加于我国文化事业之损害，而谋以原状加以兴复之要

---

① 《中华图书馆协会第二次年会宣言》，《中华图书馆协会会报》1933 年第 1 期，第 1 页。
② 《1932 年蔡元培先生与社会文化界发起恢复上海文化机关启事》，《中国图书馆学报》1988 年第 1 期，第 86 页。
③ 仲平：《建设〈上海图书馆〉运动》，《民声周报》1932 年第 26 期，第 4 页。

策"①，提出要求日本赔偿、政府规划与补助、社会各界援助、国际请援等四条复兴办法。对设立上海图书馆的创议，陈训慈乐观其成，并建议上海图书馆应在东方图书馆旧址设立。他说：鲁文大学旧址之上有鲁文新图书馆，"足彰比利时民族之精神"②。上海图书馆不能设在租界里。租界或许安全，但我们不能"怀再遭敌毁之畏意"，相反，应该在宝山路原址上"重建一比东方图书馆更为伟大充实之图书馆，则不惟实际上取消暴日之摧毁工作，且足以表示吾民族团结一致，反抗强暴于患难中奋斗自拔之建设精神"③，抗争意识溢于言表。

二是增设图书馆。厦门图书馆余少文表示，现在抗战声浪弥漫全国，抗日若想稳操胜算，必须开通民智，而开通民智，"专是靠这图书馆做中心工作的，这就知道抗日救国声中，图书馆的扩充，当视为最紧急的重要事业"④。福建靠近台湾，久为暴日垂涎，抗日救国，尤应特别注重。他提出，扩充图书馆事业，在福建尤其重要。他说，福建省共有图书馆42所，而全省有64个县，平均每个县不到1个图书馆。这42所图书馆多规模狭小，设备简陋，"在这抗日救国声中，欲唤醒民众，养成对外学识，图书馆事业的扩充，诚为重要"，因此他提出4条建议：1. 应请福建教育厅，责令各县政府教育局，积极扩充图书馆事业，最低的限度，平均一县应有一个县立图书馆。没有设立的，要积极筹备；已经设立的，要积极扩充。2. 请各县社会人士及热心家等，"移其无益消费，赞助图书馆事业，俾得成立多数的私立图书馆，以为社会之倡"。3. 请福建省图书馆协会及各图书馆等，多出图书馆刊物，以宣传图书馆学识，鼓吹图书馆事业。4. 请本省大学及师范学校等，添设图书馆学科，或设立图书馆学讲习所，以养成图书馆人才，对于图书馆事业，方有逐渐改良的希望。⑤图书馆是开通民智、凝聚民族意识的利器，在抗日前线福建尤为重要。

随着民族危机日益加深，他又表示："惟是当此国难当头，危机岌岌，间不容发，普及民众学识，提高国民程度，实为救时药石"，建议各大学、专门学校、高初级中学、各机关团体附设的图书馆，在可能范围内，公开阅

①　陈训慈：《中国文化之劫运与其复兴问题》，《浙江省立图书馆月刊》1932年第2期，第7页。
②　鲁文大学是比利时著名的大学，创建于1426年，是欧洲一所著名的老大学。1914年8月，德军侵入比利时，将鲁文大学图书馆付之一炬。大战结束后，比利时力图恢复。1928年7月，鲁文大学图书馆重新开幕。其时藏书75万卷，较之战前增加2倍有半。
③　陈训慈：《悼东方图书馆劫后一年并论上海图书馆之建设》，《浙江省立图书馆馆刊》1933年第1期，第3页。
④　余少文：《抗战救国声中的福建图书馆扩充问题》，《厦门图书馆声》1932年第2期，第1页。
⑤　同上，第1～2页。

览；希望各地方私人藏书楼，在可能范围内，公开阅览。① 显然，余少文试图通过增设图书馆、改善图书馆，以为抗战创造智识条件。

陕西省立第一图书馆张知道强调："目前在西北发展图书馆事业，实为刻不容缓之图。"② 其理由有四：一是从西北国际形势看，"西北之危险，诚不让于东北，抑且有过之无不及"。西北之危险，包括内忧外患。所谓外患，即西北处于英苏环攻中。西藏明为中国藩属，实早为英国势力范围，操纵一切，达赖成为傀儡，近来又复向东逼迫，欲攫取西康省。新疆近年来变乱迭兴，固然为军阀争权夺利，但比邻苏联，谁敢说没有国际背景之嗾使？西北地区，人为刀俎，我为鱼肉矣！所谓内忧，即西北汉、回、藏各族杂居，宗教、风俗、言语、习惯迥异，文化程度悬殊，在承平之时，犹时起争端，引为隐忧。何况在此"国势倾危之秋，国际稍施阴谋，即可掀风起浪，益以野心者加以煽惑，尤足火上添油，风云变色，使西北半壁江山，不复为我所有，实非意外事耳！"他表示，中国"历来对于边藩，素持武力压制主义，轻于文化政策之实施，虽屡试屡败，顾终不为澈（彻）底之谋也。吾人每念前途，深以为惧"。作者提出，今后的基本工作，"宜侧重文化政策之实施，一方使西北各民族洞知国际地位危险，而谋所以自处之道；一方在化除种族隔膜，积极消灭争端，共挽危亡。斯则推进文化工作之责任如图书馆者，尤宜孳孳不休，努力将事，肩此重任"。二是从文化程度看，中国文化程度较世界各文化发达国家为落后，所以文盲之多居各国首位，西北文化程度较全国各文化发达地区为落后，所以文盲之多又冠于全国。同时外受国际帝国主义侵略，民族农工商各业，被桎梏而无由发展，成为殖民地。内则战祸不断，天灾肆虐，生产力被摧毁无遗，农工商全趋于破产。"政府所急务者，现状之维持；人民所急务者，温饱之是谋，又何暇致力于文化事业之发展、知识欲之满足？"但西北在此困难之秋，"文化事业之发扬，民知之启迪，不惟不应轻视，且更应加倍努力，斯在全国固为急切问题，在西北尤为急切问题也"。"图书馆者，文化事业之中心机关也，普及知识之利器也，足以启迪民智，巩固国基，故欲发扬文化，非发达之不可；欲使知识普及，更非发展之不可。"三是从历史看，关中为周秦汉唐历代故都，文物渊薮，人材中心，但时过境迁，于新时代文化发展上，地位衰落。作者表示，自海通以来，欧化输入，中国固有文化遭受打击，而新潮流之吸收，滨海各地，在在已着先鞭。西北因时空关系，接受困难，兼之社会秩序

① 余少文：《希望诸不公开的图书馆藏书楼等在可能范围公开阅览以为救济国难时期之一助》，《厦门图书馆声》1936年第7～9期合刊，第2～3页。

② 张知道：《发展图书馆事业在西北之重要》，《图书馆》1933年第2期，第3页。

杌陧,经济濒于破产,即能吸引新潮,也不能发扬光大,处于新旧不能成立之时。因此我们应该加倍努力,"一方恢复既往光华,一方开来兹隆誉。然达斯目的之先决条件,首在造成学术环境,浓厚学术风气,俾好古求新之士,有探讨研究之场合,方克有光华璀璨之新贡献"。现在兴起开发西北热潮,西安行将跻为政治中心。吾人欲负起责任,共襄大业,"尤在'知'之问题上先行解决,而后方能求行之易"。所以,"所谓学术府库,知识渊薮,社会文化中心机关如图书馆,岂不图其发展耶?"四是就图书馆本身来看,也是必要。这可以从两个方面说:1. 私家藏书。作者表示:"私家藏书,虽非全具现代图书馆事业性质,供诸众览,沟通社会文化。要其重保藏,使珍籍秘笈得以流传后世,其有功于文化事业之发扬,诚属非细。"但历观各代藏书家南多于北,而关中地区绝无可述,"诚可浩叹!" 2. 图书馆。公立图书馆方面,西北图书馆事业尚处于萌芽时期,宏富者繁若星辰,现有者也不过抱残守缺,因陋就简。西北堪称现代图书馆者,惟本馆(陕西省立第一图书馆),"藏书之多,冠于西北各省"。中文书籍 17 万册,其中新书 1 万册,西书 200 余册,日文书 300 余册。次为甘肃大学图书馆,计藏中西图书 17 890册。其他各图书馆均有名无实。学校图书馆方面,西北大学教育尚在萌芽,尚无设备。中等学校图书馆可观者,仅一高级中学图书馆,其他学校则尚未具图书馆之雏形。至于各县图书馆,"不过仅悬牌具名而已"。作者最后表示,西北私家藏书绝无仅有,图书馆事业又如是。若合陕、甘、康、藏、新诸地面积 1 256.4 万余平方里,人口 2 800 多万,假设以上各地共有图书40 万册,试问,"就地区分配,能有几何? 就人口分配,能有几何?"此就图书馆事业本身观察,愈觉发展之急切。他提出:"发展图书馆事业,在西北实为急切不可稍缓之工作,希望一方固在政府之长倡率,趋其发展;他方尤在我西北人士,鼓起精神,加以辅助,早观厥成,共建不巧之业!"①

三是设立民众图书馆。民众图书馆是图书馆的一种类型,1915 年以通俗图书馆之名行之于世。1927 年国民党南京国民政府成立后,为贯彻训政理念,积极推行民众图书馆。"九一八"事变后,民众图书馆被赋予社会动员之责。1933 年 8 月,中华图书馆协会召开第二次年会。年会宣言表示:"今日吾华民族对于国家前途,已身存亡,其所负荷,实千百倍重于前贤,艰于他国! 吾辈执掌近代知识之宝库,典守先民之遗藏者,丁兹时会,尤应以知识之明灯,出有众于幽暗。"此次年会二大议题之一为推广民众图书馆。协会表示:"我国以农业立国,国家之根本在于农村,然而近数年来,

---

①　张知道:《发展图书馆事业在西北之重要》,《图书馆》1933 年第 2 期,第 3~6 页。

农村濒于破产，三万万以上之国民，几乎为国家所遗忘。举国之聪明才力，率萃于城市。郊遂之外，便同异域。此诚可痛心怵目者也。"进而提出："今后救国方策，自以开辟此一片荒土，拯救大多数国民之蒙昧与困苦为先务。……至于蒙昧之启发，则民众图书馆之责也。此种事业之倡导，吾辈图书馆界同仁，固应当仁不让，以为今后努力之依归焉。"① 年会设立了民众教育组，以讨论民众图书馆的发展。

推动民众图书馆建设，是进行社会动员的内容之一。中国图书馆界对宣传和推动民众图书馆建设不遗余力。民国时期三大图书馆专业期刊——《图书馆学季刊》《中华图书馆协会会报》和《文华图书馆学专科学校季刊》——经常刊发有关民众图书馆的文章，以促进对这一话题的深入探讨。协会会员也不断有民众图书馆论著问世。1936 年 7 月，协会第三次年会召开，21 日通过了"请各图书馆推进非常时期教育及国难教育事业以期唤起民众共同御侮案"。在年会所有议决案中，以推广民众图书馆为多。这些议决案表明，社会动员已经成为图书馆界的一项紧急任务，迫在眉睫。

（三）图书馆的战时工作设想

一是设立国难文库。

曹钟瑜认为，中国民众是有血性的。"九一八"事变后，各种社会团体，奔走呼号，痛哭流涕，救国之声，不绝于耳。但血性带来的情感刺激相当短暂，曾几何时，随着时间流逝，国难为何物又忘掉了。如何激励国人持久的爱国之心，成为图书馆界迫切需要解决的现实问题。

曹钟瑜提出，当举国喧嚣之时，图书馆界无声无息，似若无所为。其实不然，图书馆界无时不在进行其重大任务。这个任务就是："图书馆无日不供给若干人研究国难之一切——历史之成因与社会之病根及国难以来所发生的事态之部分的或全体的现象——使若干人能认识并寻出救济国难之理论与方案。"他表示，图书馆襄助救国工作，往往不图暂时急效。所以当全国轰然，而图书馆界却独自冷对，"图书馆乃不能不思所以热之之方"，解决办法即为创设国难文库。

根据曹钟瑜的设想，国难文库"为促醒阅者之视听而设也""为便利参考及研究国难者而设也""为集聚国难图书而设也"。通过国难文库，使"不详日本侵我之方式及其所用之政策"者而明了日本侵略方式及政策，"不宁唯是，且进而使之知所以救济之方，扶持之策"。换言之，国难文库可以实现民众的理性爱国，激励民众的民族国家意识。

① 《中华图书馆协会第二次年会宣言》，《中华图书馆协会会报》1933 年第 1 期，第 1 页。

具体来说，国难文库包括：1. 设备。（1）壁饰。墙壁上悬挂如国耻地图、国耻条约等刺激读者视觉的壁饰，以触目惊心，引起救国热情。（2）定制阅览书架。完全开架，使书名一目了然，力求醒目。2. 组织。（1）馆员。可特设馆员，或以参考馆员担任，以节省成本；馆员工作分收集、分类、编目、索引、参考、统计等。（2）略。3. 图书收集。（1）将馆内关于国难的图书汇集一处。（2）注意出版界新出版刊物或各地出版物，规定经费比例以购买国难书籍。4. 分类。国难文库分世界经济恐慌问题、中国农村破产问题、烟祸问题、内战问题、帝国主义问题（国耻史、不平等条约、国联关于中日问题所出版的书籍）、"九一八"事变后日人所发表的言论、暴虐状态（东四省问题、日人侵略政策、经济绝交、抵制方针等）、国难史地、国难小说、水灾、复兴民族方案等 11 类。5. 编目。编目方法，不用卡片，即活用簿记，按照分类方法列入，但可以制书名索引、人名索引、书架目录三种。此外，还包括参考、统计、杂志小册子的装订与陈列、剪报等。

针对国难文库可能造成图书馆图书分类紊乱的担心，曹钟瑜认为，图书馆的主要目的就是图书流通。国难文库不就是为了更好地流通吗？他进而表示："今日之问题，孰有重要于国难者，又孰有急于国难者？举若已忘国难者，图书馆所负使命其至大，不可不为之也，以适合图书馆最高原则，应国家最大之需要，何乐乎不为？何乐乎不为？！"[1]

国难文库是图书馆文库建设的一种，为应对民族危机而设，是图书馆服务于现实的设想。其实，"九一八"事变后不少图书馆（如厦门图书馆）已经采取过类似举措。从这个意义上说，曹的建议并不新颖，然而，系统地就国难文库展开研究，这是最重要的一篇。

二是倡议设立军营图书馆。

军营图书馆，又称阵中图书馆或随营图书馆，是图书馆界本位救国的重要设想之一。1918 年，中国留美学生已经注意到美国的军营图书馆[2]，此时距离美国 1917 年创设军营图书馆仅数月时间。1919 年《东方杂志》刊发《美国之军营图书馆》一文[3]。这是中国较早详细介绍随营图书馆的文字，在新图书馆运动之初，丰富了国民对图书馆功能的认识。"九一八"事变后，倡设随营图书馆成为图书馆界的一种呼吁，其中以世纲发表的《图书馆之阵中服务》一文最为系统。

图书馆界倡议设立随营图书馆，主要有两个方面考虑：一是基于对日

① 曹钟瑜：《国难文库创设刍议》，《文华图书馆学专科学校季刊》1934 年第 1 期，第 113 页。
② 《军营图书馆之一》，《留美学生季刊》1918 年第 4 期，第 1 页。
③ 《美国之军营图书馆》，《东方杂志》1919 年第 6 期，第 179 页。

本侵略严重性的认识。"九一八"事变后不久,"一·二八"事变、华北事变等接踵而至。日益恶化的中日关系,使图书馆界意识到:"我们却不能不怀疑不久的将来,战事便会要扩大化,延续化。"① 或愤慨:"穷凶极恶的仇敌占据了疆城的城池,这,委实是空前绝后的奇耻!"无论着眼于将来或当前,图书馆界对日本的侵略都有着极为清晰的认识。强烈的民族危机感促使图书馆界从自身角度思考救国问题。二是受到美国军营图书馆的启示。第一次世界大战期间,美国图书馆界组织军营图书馆,在战争期间发挥了积极作用,也促进了战后美国图书馆事业的发展。这一成功事例激发了中国图书馆界的效仿之心。

根据设想,军营图书馆的预期成效包括:1.增强将士的爱国心。即通过军营图书馆,灌输中央意旨,实施国防教育;透过名将勇卒的事迹,激发将士的效仿激情,使士兵知道整个战区的情形,增长奋斗的热血,等等。总的来说,军营图书馆应该寓教于图书,增强将士的爱国心。2.满足将士的战争空隙消遣休闲。有人表示,书报能消遣,画报更能使人快乐,能够调剂士兵的生活,焕发士兵的精神,使士兵得着慰安。3.促进战后图书馆事业的发展。他们认为战时图书馆援助前线,实际上扩大了图书馆的影响,为战后图书馆事业的发展创造良好的社会条件,同时待到战争平息,这大批书籍也就是为将来组织些小规模图书馆的利器。② 当然,也包括提高士兵素质、培养将士一技之长等种种目标。

鉴于战争时期的艰难,世纲提出军营图书馆设置的"经济原则",包括:1.建筑应该材料经济。搭拆简易,运输便利,使用适宜;图书馆内部的布置应该坚固、简单,但要广告化,艺术化,以收吸引注意力之效。2.书报的选择。要多置备画报,次报纸,再次名将忠臣护国卫士的伟人列传书籍、国耻丛书和敌人的侵略方策与行为的记载等。书籍不宜冗长,宜简短。多利用通俗教科课本,当作启发文盲的工具,多购语言学、百科全书类书籍,以满足士兵需要。3.阅览自由。一切设施要力求便利,不需要编目等工作,也不需要如平时图书馆有各种规则的约束,做到阅览极端自由便利。阅览室要注重宣传,最好以"为胜利而读书"为号召,表明图书馆完全以胜利为目标而努力。经济的原则,概括起来,就是"以最少数的员工,服务最多的人群"。

军营图书馆是图书馆界本位救国的一种设想,由于诸多因素影响,在

---

① 彭志绪:《援绥与战时图书馆》,《中华图书馆协会会报》1937年第4期,第6页。

② 世纲:《图书馆之阵中服务》,《中央军校图书馆报》1934年第5期,第70页。

抗日战争全面展开前，这种设想只是停留在纸上，没有践行。尽管如此，我们并不能否认这一设想的积极意义。全面抗战展开后，军营图书馆在部分地区有所尝试，取得了不错的社会成效，是有目共睹的一种激励士气的方式。

军营图书馆是图书馆工作的延伸。如果说普通图书馆是为一般民众服务，军营图书馆则专门为军人提供书刊。中国图书馆建设运动起步于20世纪初，没有军营图书馆的经验，图书馆界关于军营图书馆的讨论，无疑为战时图书馆工作的开展提供了参考，是对战时图书馆工作的有益探讨。

值得注意的是，随着日本步步紧逼，中国图书馆界对日本图书馆界的动向也给予了高度关注，对中国军营图书馆思想的发展，具有一定的参照作用。

"九一八"事变日本在东三省驻军取得辽宁、吉林各地后，其国内源源不断地派遣新的军队前往中国。日本国内各大图书馆和私人，陆续募集大量图书杂志，由国内图书馆协会主持其事，运往中国，慰问在华驻军。日本第一次经陆军省于1931年12月间认可、分发关东军及奉天陆军仓库图书杂志各77箱，合计送发杂志16 450册。1932年1月续送关东军1 036册。截至1932年1月15日，共计募集图书杂志近4万册。中国图书馆界高度关注日本图书馆界在日军侵华行动中的一言一行，对此深有感触："就此亦可见日本智识界拥护军阀侵华之野心。"①

1932年1月19日，日本图书馆协会得到陆军省认可的第二次送检图书7 729册，杂志10 561册，合计18 290册。这些书刊于1月26日捆包邮寄中国东北驻军60箱，天津驻军7箱。中国图书馆界油然而生模仿之情："吾国慰劳抗日卫国之军队，各项捐输甚多，尚未闻有图书之募集。苟能搜集现行或特编激励爱国及军人修养之浅俗图书，捐赠兵士，或亦有助于军纪与士气也。"② 不过，没有付诸行动。

同时，中国图书馆界对日本图书馆界的不良苗头也保持高度关注。1932年1月23～26日，日本冈山县立图书馆举行满蒙展览会，入场人数超过6 000人。其展览品，有大阪朝日冈山通讯部、山阳新报社、中国民报社、在乡军人会、青年团及县立高等女学校等所曾经派遣各方面的慰问人员及从军记者汇集品，有图画、邮寄品、参考品、地图写真、中国兵器防寒具新闻及联队区司令部出品的中国小学课本，冈山市疫所的排日邮寄品。

---

① 《日本募集图书杂志慰问在华驻军》，《浙江省立图书馆月刊》1932年第1期，第17～18页。
② 《日本续送图书杂志慰问驻军》，《浙江省立图书馆月刊》1932年第2期，第18～19页。

其他事变参考品,则有该馆藏书约 1 000 册,有志出品之参考书画幅参考品等。展览品数千种。该馆武藤馆长并将日俄战争日军守备中所汇集的回顾品多种,一起参加陈列。中国图书馆界对此展览会评价为"日本图书馆界矜扬武力侵略"①,然而却无可奈何。

　　日本图书馆界的行为对中国图书馆界的影响不得而知,但从对日本图书馆界的关注程度上,不能说没有影响。日本图书馆界寄送书刊,支持军事侵华,是图书馆界支持战争行为的鲜活事例,不像美国的事例那样遥远。中国图书馆界的军营图书馆设想或许过于理想,但其爱国之心,恰恰是渡过国难的心理基础。

(四) 图书馆员的战时职责

　　图书馆的职责通过图书馆员实现,为此,图书馆界对国难时期的图书馆员也有所建议。

　　沈祖荣寄语文华图书馆学专科学校学生:一是设法促进图书馆工作。馆员要适应环境,走在环境前面,不要落伍;馆员不管国内外形势如何变化,都应该抱定做好本职工作的唯一目标;要多预备便利读者的方法,以宣传文化、启迪民智。二是要团结一致。图书馆界应该加强沟通与交流,通过书籍交换、馆员交换等形式,挹彼注此,共同进步。他指出:"敌人抢夺我土地,吸尽我资财,残杀我人民,犹不足以填其欲壑,而必将我们的国性,铲除殆尽而后快。我们虽然不能执干戈以卫社稷,但是我们要负保存文化的这种责任。……我希望办理图书馆者,应当视此(办理图书馆)是我们的职责,是我们分内的职责,大家一致团结,奋勇当先,努力经营,力促实现。不仅是可以恢复我们的国性,且可以使敌人看见吾民族非凉血动物。"②三是要任事忠诚。现在一面国家内忧外患,一面图书馆事业尚在萌芽,因此我们应该卧薪尝胆,不能安如泰山,要深思熟虑,努力前进。国难当前,我们不得不打开一条生路,"我们若是要打出一条生路,我们就要注重我们日常的工作。所以忠诚二字,正是我们由死复生的一个孔道。忠诚含得有牺牲,忠诚含得有奋斗,忠诚含得有毅力,忠诚含得有勤忍耐劳,忠诚即万事成功之母。这是我们图书馆界的同人,在每日生活上应该发现出来的;尤其是在中国此时国难中,为斩断盘根错节的唯一利器。"四是己立立人。就是我们多年的深造,熏陶、锻炼、培植,所求的学问,所得的学位,不是为自己做招牌,是要为社会服务,为群众谋利益。沈祖荣表示:

---

① 《日本图书馆界矜扬武力侵略》,《浙江省立图书馆月刊》1932 年第 2 期,第 18 页。
② 沈祖荣:《国难与图书馆》,《文华图书馆学专科学校季刊》1932 年第 3～4 期合刊,第 142 页。

"希望我所说的一得之愚，能够在国内图书馆上发生一点效力，我就感激不尽了！我们就不被国难当前的狂风恶浪所淹没了！国难！国难！你是我们自知警惕的晨钟，愿我们同人，惊醒罢！惊醒罢！"①

　　沈祖荣以一战时德国图书馆界事例，激励文华图专学生。他说，一战对德国图书馆事业造成的损失，令人惊心，如大量馆员伤亡、经费急剧下降、流通几乎停止、参考工作停顿、书籍损毁严重等，德国的图书馆几乎到了束手待毙的地步。但馆员们并没有因此灰心失望。那些因年龄超过了限制而不能从军的馆员们，有的上前线组织军营图书馆，或为受伤军士在医院添设图书馆，有的利用闲暇指导妇女们阅览书籍，或在下午与晚间教导妇女们打绒线。有的图书馆供给前方军营图书馆书籍，其中柏林图书馆一处所寄予前方者有 400 余包，计书籍 9 万册。图书馆员们的工作，每天 12 个小时，每星期工作 7 天，又随时加添女馆员，多购报纸期刊，以迎合民众心理。德国图书馆员在极端困难的情形下尚能兢兢业业于图书馆本位工作，我们在国难时期又有什么可言？

　　沈祖荣谆谆教导文华图专学生，其实也是对全国图书馆员的教导。文华图专是民国时期唯一的图书馆学专门学校，毕业生分布各大图书馆，是各大图书馆的中坚力量所在。校长的教导随着学生任职于各大图书馆而传播开来。

　　文华图专毕业生、上海东吴大学法学院图书馆喻友信与其师的认识极为相近。喻友信说："国家兴替，民族盛衰，系于文化。图书馆不仅负有保存文化之责而已，且负有发扬其所保存之文化而光大之使命。我国为世界文化最古之国家，夫何以至今遭他人之蔑视与凌辱？厥故虽多，其要者端在图书馆未有尽量发扬其所藏之宝库之咎也。居今欲言一国之强否，全视其国科学发达之程度为准。科学基于教育，然无图书馆相辅，以为设教之利器，不为功也。现代之图书馆乃活动之机关，决非前此死气沉沉之藏书楼所可比拟。图书馆之建筑物及其图书等犹如躯体，而馆员犹如灵魂。图书馆在社会有无良好之贡献，端在馆员之是否尽职。由是观之，图书馆员服务精神之所影响，亦大矣哉。"②喻友信的这种认识，也不枉沈祖荣校长的谆谆教导。

　　为此，他提出图书馆员应该具备的真精神包括：1. 忠诚。这是服务图书馆最必要的美德。馆长对待其职务本身上应守忠诚，如馆务财政应该清

---

① 沈祖荣：《国难与图书馆》，《文华图书馆学专科学校季刊》1932 年第 3～4 期合刊，第 142 页。

② 喻友信：《图书馆员应有之真精神》，《中华图书馆协会会报》1934 年第 2 期，第 6 页。

白；任用馆员应根据经费与需要，对属下职员应守忠诚，馆员在工作上有错误时，应忠实指导，希其改正。馆长必须以身作则，使馆内职员有所效法，对外待人接物等，也都应该忠诚。如此等等。馆员对自身担任的工作应该忠诚，如对读者咨询之事，应详细指导，使阅者感受愉快，乐于接受指导等。馆员若不养成忠诚的美德，影响图书馆功效甚大。2. 亲恳。图书馆事业要想发展迅速，应该像商业那样和气生财，对读者和颜悦色，使其乐于阅读。一馆之中，全体人员都有和颜悦色的性格，在工作上全体自有合作之精神，则该馆工作也会顺利圆满。对读者而言，因馆员态度和悦，读者来馆就会日多，阅读书籍或研究学术，不仅图书馆可以达到教育目的，也促进了图书馆事业的发达。3. 勤俭。图书馆本服务宗旨而设立，其经费来源大部分得自其他机关的捐助，而其中困难之处，在所难免。所以馆员应该崇尚勤俭，对馆中用具应该以俭省为使用原则，更宜废物利用；对馆务工作应该勤作，使馆内一切事物处置井然，使用馆内物件视如自己之物。通过比较，不难发现，沈祖荣和喻友信对国难时期图书馆员的担当认识异曲同工，在思想渊源上一脉相承。

李仲甲则对公共图书馆馆长提出建议。他说："在国难当头的今日，……图书馆，尤其是公共图书馆是实施社会教育的重要机关，干这种工作的人，所负教育民众、唤起民众的责任，不但是义不容辞，而且应该具有精诚强干的态度去做。"作者进而表示："我们既认定图书馆事业应务求发展的必要，那末，负有全责的图书馆长，他是一馆的主脑，对于馆务施行方针，要先由他一人去审定。……如果馆长能够具有精诚强干的精神去处理馆务，全馆工作人员一定很热心地跟他干去；如果馆长自己敷衍从事，各工作人员难免也是敷衍。所以馆务进展与否，全以馆长的办事能力、精神等为断。"① 馆长既然如此重要，作者提出四点要求：第一，要遵照法令的规定去办理；第二，注重经济为原则；第三，要有详密的计划；第四，要荐委专员助手。简言之，馆长要发挥领导作用，以身作则，最大限度地提高图书馆的运作效率。这是公共图书馆馆长在国难时期为国服务的基本态度。

图书馆效用的发挥，依赖于馆员与图书馆资源的结合程度。如果馆员与图书馆资源结合较好，图书馆则能较大程度地发挥各种效用。相反，如果馆员与图书馆资源不能很好结合，图书馆将会处于无效运作状态，自然

---

① 李仲甲：《公共图书馆长应注意的几件事情》，《中华图书馆协会会报》1937 年第 3 期，第 4 页。

无法发挥效用。馆员是能动的，图书馆资源是被动的，因此，说到底，图书馆的效用是馆员能动性的有效发挥。沈祖荣等对图书馆员的建议，抓住了图书馆战时工作的核心，实质上是动员图书馆员做好本职工作，为渡过国难恪尽职守。

四、图书馆界的救国举措

卢沟桥事变前，中日两国之间矛盾重重，但没有宣战，国民政府对日本的侵略举动一再忍让，没有进行战争动员。国民政府的态度，或许希望中日间至少能够维持表面上的和平，以为抗日备战创造条件。然而，中国图书馆界对日军摧毁中国文教设施不能容忍，他们以自己独特的方式，采取各种措施，表达抗日情绪，以挽救国家于危亡之中。这些举措形成了具有图书馆特色的救国模式。战前我国图书馆界的救国形式，包括谴责日本的文化侵略，转移珍贵文献，编印中日问题研究书目、索引、提要等。

（一）谴责日本的文化暴行

日军的文化暴行遭到中国社会各界的强烈谴责。"一·二八"事变后，1932 年 2 月 4 日，南京教育文化团体及教育机关等以日本焚毁我文化机关惨无人道，特电世界各国民众，并请主持公道，予以制止。上海律师公会于 2 月 25 日通电国联、各国国会及律师，指出：日人残杀市民，夷灭实业文化机关，实足贼文明而羞人类，因此大声疾呼，广求同情。在各种谴责中，中外舆论纷纷揭露日本文化侵略的险恶用心。《大陆报》《大美晚报》《大公报》《申报》《新闻报》《时事新报》等媒体请国联调查团鉴定日本野蛮行径时，表示："当交战之初，商务印书馆先为炮灰之目标，其后东方图书馆……以及若干中小学若干医院，相继轰毁。察当时军事情形，绝无破坏此种建筑之必要，且大多被坏之于战事不紧张之时，……其处心积虑，可供调查团诸君暨全世界人士深长思也。"[①]

1932 年 3 月 16 日，上海图书馆职员 50 余人联合致函国联调查团，声讨日本的文化侵略："东三省及上海附近各大学图书馆之焚毁，损失尤重。其中东方图书馆与复旦、同济两大学图书馆之损失，更可痛惜！珍贵之图书、海内稀有之手抄本，并已付诸灰烬。不仅图书馆及敝国遭受损失，全世界同蒙其祸。……凡此生命财产之损失，与我国文化上之重大损失，皆唯日人独负其责。"[②] 不少图书馆人以服务于文化机关的地位，号召"为人

---

① 东方图书馆复兴委员会编印：《东方图书馆纪略》，上海，商务印书馆，1933 年编印，第13 页。

② 《上海图书馆职员致函国联调查团》，《浙江省立图书馆月刊》1932 年第 2 期，第 12 页。

类文化计,吾人尤应共同声讨破坏文化之蟊贼"①。愤慨之情,难以言表。

中国图书馆界对日本的文化侵略高度警惕。陈训慈指出:"吾人以为国人今后,应惕于日人摧残文化之野心,对于文化事业之被侵害,亦视为国家主权之受损;珍护图籍之心,应与保我土地无异",将保护图书与保卫领土提高到同一高度。他提醒图书馆界同仁:"宜策万全之道,以防患于未然",提出:"外侮至此,吾人所应抗争奋勉者何限?惟吾人追怀先民惨淡经营之伟绩,深维中国文化对人类文化以往之贡献与今后之使命,则对此文化之浩劫,……顾念善后,更当深谋远虑,为今后图书文化事业策兴复光大之道也。"②号召图书馆界同仁与日本进行文化抗衡。

图书馆界对日本文化侵略的担忧并非毫无根据。1937年卢沟桥事变后,日本纵火焚毁南开大学图书馆,此后湖南大学等图书馆,相继遭到日军摧毁。抗日战争期间,日军对中国文化事业的摧毁不可计数。顾维钧1937年在国联大会上揭露日本文化侵略的行径时表示:"自战争爆发以来,日军对中国教育文化机关,选为目标,恣意摧残……正如日方已自认,冀以毁灭中国政治机构,消灭中国文化,以遂其征服之迷梦。"③这一结论代表了自1931年以后中国社会各界,尤其图书馆界对日本文化侵略政策的历史认识,是一种客观存在,不容否认。日本有没有灭亡中国之心姑且勿论,日军摧毁中国文教设施则为不争事实。

(二)举行抗日爱国宣传活动

抗日爱国宣传是图书馆界应对日本侵略的重要方式,其中以江阴巷实验民众图书馆最为有条理。"九一八"事变后,中国图书馆界没有惊慌失措,而是冷静应对,提出国难是对一般民众进行教育的绝佳机会。胡耐秋认为:"我们应该利用这个机会,灌输政治常识,指示国民责任,造成民族意识,……我们应该根据这个刺激去领导他们,使他们能创造出政党的思想和行为,……我们应该捉牢这个动机,充分地供给他们学习的材料。"④为此,江阴巷实验民众图书馆组织了抗日中心单元运动。这个运动内容很多,其中四大活动较有特色:

一是中日问题图书中心陈列。为帮助一般民众了解中日关系,该馆将馆中原有的相关书籍挑选出来,又专门前往上海购买了一批,于1931年9

① 陈训慈:《文化之浩劫——为东方图书馆与其他文化机关之被毁声讨暴日》,《浙江省立图书馆月刊》1932年第1期,第1页。
② 同上,第2页。
③ 《大公报》1937年9月14日,第4版。
④ 胡耐秋:《抗日中心单元运动中的四大活动事业——江阴巷实验民众图书研究实验事业之一》,《教育与民众》1932年第9~10期合刊,第1695~1696页。

月 28 日公开展览。这些书籍,关于日本的,有熊卿云的《日本国》等 21 种;关于东三省的,有陈博文的《东三省一瞥》等 10 种;关于东北的,有《日本新满政策》等 16 种;关于中日关系的,有蒋坚忍的《日本帝国主义侵略中国史》等 19 种;关于中日两国人民舆论的,有罗隆基的《告日本国民和中国的当局》等 5 种;其他的,有《国际现状概观》等 14 种。可贵的是,它们自己也编订了数种中日问题书籍。作为一个小图书馆,该馆收集的中日问题书籍不可谓少。书目编订后,该馆进行了流通陈列,同时将书目油印分发给各社会教育机关、无锡各学校,供社会各界参考。这些书籍无疑有利于民众了解中日关系。须注意,该展览距离"九一八"事变仅 10 天而已!其图书馆效率之高,令人惊叹!

陈列活动持续到 10 月 31 日,成效明显。根据该馆统计,陈列前,该馆阅览人员偏向从高到低排列,前三位分别为小说、传记尺牍、工艺及应用科学。这次展览,使阅览人的阅读兴趣发展转移,展览书籍的内容包括史地、政治、社会问题、革命、军事等类,这些书籍的出借率"骤然增高不少",翻阅地图的读者每小时平均五八个[1]。展览激发了民众的阅读热情,向社会展示了图书馆界的爱国创意。

二是举办抗日宣传大会。该馆为激发民众的爱国情怀,租借场所,举办了一场盛大的抗日宣传大会。会前印刷了宣传品,内容有"田中内阁满蒙积极政策""抗日救国宣传图画""大义灭亲影片说明书"等。大会到会人数有 1 300 多人,远远超出会场 800 来人的容量,但由于安排得当,秩序良好,大会取得了良好反响。会后,该馆就"民众教育活动中的民众训练问题""会场中所表现的中华民族性"等问题进行了深入讨论,以使宣传活动更为完善。

三是抗日救国心理测验。为了测验一般民众对形势的认识和心理状态,该馆于 1931 年 11 月编制了 39 个测验题目,供读者选择。测验包括认识测验"东三省是(　):中国的,俄国的,日本的"等 27 题,意志测验"我对于抵制日货的决心:永不再买,日军撤军后再买,没有替代批的就买"等 12 题。参与测验的有 112 人。测验结果的统计与分析[2],对推动民众运动,具有一定的参考价值。

四是国货商标展览会。江阴巷民众实验图书馆联合上海机联会,提倡国货,维护国民生计,于 1931 年 12 月在无锡县举行了国货商标展览会。

---

① 胡耐秋:《抗日中心单元运动中的四大活动事业——江阴巷实验民众图书馆研究实验事业之一》,《教育与民众》1932 年第 9～10 期合刊,第 1700 页。

② 同上,第 1710～1714 页。

国货商标展览会,共征集到国货商标 771 件,包括纺织工业类、化学工业类、食品工业类等。展览时间两天半,参观人数 700 多人,一般民众占多数。展览会取得了良好成效。有人表示:该展览会"是提倡国货的先锋队——提倡国货是阻止国外经济侵略的大本营:直接可以打倒帝国主义经济侵略,间接可以解决民生的经济恐慌",希望继续推行①。通过提倡国货,倡导民族主义。

江阴巷民众实验图书馆举办的各种抗日活动,是图书馆界的自发行为,没有受到任何单位或个人的指示,是中国图书馆界对日本侵略行为的本能因应。江阴巷民众实验图书馆举办的这些抗日宣传活动,注重唤起民众爱国思想,灌输救国知识,加强民族认同,对增强民族凝聚力不无积极意义。

此外,在实施救国教育方面,该馆采取的措施包括:一是组织无锡民众励志救国会。东北沦陷、"一·二八"事变后,中日关系更加恶化。江阴巷民众实验图书馆认为,中国的危机,不在日本侵略东北;中国的得救,也不在收复东北,而在于中国人自己。他们相信:"中国是中国国民的中国,只要中国国民个个人肯团结,肯想肯做,中国是决不会亡的。"②为实现民众自救,1932 年元旦,他们发起组织无锡民众励志救国会。该会以"互励意志共谋国本"为宗旨。该会成立后,重要工作有缴纳救国基金、油制救国格言牌、出版励志救国月刊、张贴壁报、调查国货及外国货、劝募救国航空基金等,从事社会动员。二是选编爱国故事。为唤醒民众的爱国思想,他们选编了《爱国故事》一册。《爱国故事》共有 60 篇,其中中国故事 42 篇,外国故事 18 篇,每篇后面都有问答题,以加深读者的印象,激发读者的爱国情绪。这些活动,从经济层面增强中国实力,从意识层面激发爱国热情。

江阴巷民众实验图书馆认为,中国已经危机万分,从事民众教育事业的人,要想负起救国使命,必须做到两件事:"第一是爱国思想的灌输和激发,第二是爱国行动的鼓舞和指导。"有了思想,才有信仰;有了行动,才有力量;有了力量,才能救国。不管成绩如何,"尚待我人更大的努力!"③他们的爱国情怀,喷薄而出。

---

① 胡耐秋:《抗日中心单元运动中的四大活动事业——江阴巷实验民众图书馆研究实验事业之一》,《教育与民众》1932 年第 9~10 期合刊,第 1719 页。

② 濮秉钧、胡耐秋:《民众图书馆实施救国教育之一实例》,《教育与民众》1933 年第 9~10 期合刊,第 1715 页。

③ 同上,第 1726 页。

（三）推动图书馆建设

"九一八"，尤其"一·二八"事变后，推动图书馆建设成为社会各界的重要内容。当时的图书馆建设，主要分为两类：一类是上海地区的图书馆建设，一类是其他地区的图书馆建设。

上海地区的图书馆建设之所以被单列出来，是因为其被赋予民族复兴、文化自救之意。鉴于东方图书馆的损毁、日本对中国野心的认识，并为了实现文化自救，蔡元培等文化名人发表《发起恢复上海文化机关启事》，推动上海地区的文化重建，以对抗日本的文化图谋。其中以东方图书馆的复兴和鸿英图书馆的建设较为典型。

东方图书馆的复兴。商务印书馆在"一·二八"事变中遭受重创，损失达1千万元以上，但该馆没有一蹶不振，而是积极从事复兴。1933年，复兴取得明显成效，企业已有盈余。商务印书馆深感东方图书馆被毁，影响社会文化，恢复东方图书馆刻不容缓。1933年4月5日议决：每年结账，如有盈余，除提公积金及股息外，其照章划归公益金部分，提拨三分之一，作为恢复东方图书馆之用。1932年度实拨45 387元，张元济捐款1万元。鉴于实力充实，1933年4月29日，商务印书馆董事会通过《东方图书馆复兴委员会章程》，决心重新建设东方图书馆。该《章程》第二条规定复兴委员会的职权包括"为东方图书馆募捐书籍财物""为东方图书馆规定适当办法以其藏书供公众之阅览"①。

根据该章程，1933年6月17日，复兴委员会通过了《东方图书馆各地赞助委员会章程》14条、《东方图书馆募集图书章程》16条，以促进复兴工作的展开。复兴委员会主席为张元济，常务委员王云五、蔡元培，委员陈光甫、胡适、〔法〕高博爱、〔英〕盖乐、〔美〕张雪楼、〔德〕嘉璧岁。1933年8月31日，商务印书馆董事会通过《东方图书馆之组织及捐助书籍之保管原则》8条，以监管、规范捐助事宜。

东方图书馆复兴委员会在充实馆藏方面，采取了众多措施：一是征求杂志。该会成立后，议决在基金项下，拨出的款，专门用于收购国内出版的旧杂志及报纸。凡收藏的旧杂志、报纸（商务印书馆自行出版者除外），连续无缺，在三年以上的，或存有全份完全无缺的，如果愿意出让且合用，该会都重金收购。如果捐赠，更受欢迎，但须连续无缺。二是催还书籍。东方图书馆在"一·二八"事变前，借出图书很多，复兴以来，自动归还的也不少。这对于东方图书馆的赞助，与捐赠书籍无异。该馆同时希望没有

---

① 东方图书馆复兴委员会编：《东方图书馆纪略》，第16页。

归还的，不论全部或零册，均请早日归还。三是募捐图书。该会组织的赞助委员会，国内有南京、杭州、北平、汉口、长沙、广州、济南七处，国外有英、美、德、法四国。经多方努力，到 1935 年时，可以使用的书刊有 10 万册，并积极规划新馆。东方图书馆的复兴有条不紊地进行。

东方图书馆的复兴得到了社会各界的高度关注，他们献言献策，推动复兴工作。《中央军校图书馆报》署名"重威"者提出合公私之力，以促其成。具体办法为：1. 全国出版界各赠一份于东方图书馆；2. 政府机关各将其出版物颁赠；3. 各省立县立私立图书馆、公共团体与学校，于其出版物及所藏复本，尽量捐助；4. 各省原有官书局若能以省当局之特许，于其出版各书，各寄一份，则古籍大致可备；5. 旧家藏书或个人图书积藏不常用者，慷慨捐赠；6. 外交界、教育界广为宣传，使国际同情，则外文书籍必源源而来。除协助东方图书馆丰富馆藏外，作者表示："余更希望全国人士，积极准备自强，争民族之生存，期最后之胜利。""东方图书馆为暴敌所手毁，誓取东京帝国图书馆之珍藏，以补偿损失。"① 从日本取得补充想法的，非止一人。浙江省立图书馆署名"骞"者也表示：凭商务印书馆之实力与影响，期以时日，东方图书馆复兴有望。不过，那些被焚毁的书籍，"遭火宁有再见之日？就中尤以中西孤本秘籍为然"，复兴固然可喜，"若夫过往之受创，与夫所加于吾文化吾民族之羞耻，则仍当永矢不谖，力图湔雪，而兹区区一馆之兴复为犹未足算也，为犹未足当黄龙痛饮之一卮也"②。东方图书馆的复兴被赋予民族复兴的期望。

鸿英图书馆的建设。鸿英图书馆是一所私立图书馆，以捐款人叶鸿英的名字命名。叶鸿英，上海著名商人，祖籍福建。1933 年 6 月初，鸿英教育基金董事会在上海成立，专办图书馆及乡村教育。该基金会"缘起"表示：上海为中国最大商埠，不过向鲜完备之图书馆。东方图书馆藏书最多，但暴日侵沪，一焚无余，实在伤痛。本基金会拟建图书馆，"以谋保藏我国粹，及汇合东西文化"③，这与蔡元培等人的设想不谋而合。董事会选举蔡元培等 15 人为董事，蔡为董事会主席，钱新之、黄金荣、杜月笙、黄炎培等 5 人为常务理事。会上通过了董事会规则。

鸿英图书馆的前身为 1924 年 7 月创设的甲子社人文类辑部，1931 年 2 月扩充为人文社图书馆筹备处。1925 年 3 月，人文类辑部确立了工作范围与方针："选取关于人群文化之记述，分类庋藏，使修学、著书、施政、行事

---

① 重威：《东方图书馆复兴感言》，《中央军校图书馆报》1934 年第 5～11 期合刊，第 107 页。
② 骞：《东方图书馆复兴感言》，《浙江省立图书馆馆刊》1934 年第 1 期，第 4 页。
③ 《叶鸿英捐资百万兴办图书馆》，《中国出版月刊》1933 年第 6 期，第 79 页。

得所依据，着手之初，偏重于搜集过去及现时重要报纸，选择剪贴而排比之，同时搜集杂志图书，以供参考。"①1933年，鸿英教育基金会合并人文社图书馆筹备处时，基本情况是：杂志共34 400余册（内含寄附书10 248册。根据约定，寄附者于必要时得收回），图表150余幅，报纸自清季以来共40余种，所选辑、审订的史料共83.6万余片，图书、杂志、报纸索引卡片共8.9万余片②，编辑印行的出版物售余品及其版权也有不少。因此，鸿英图书馆以庋藏现代史料而见长，名重一时。

鸿英图书馆的建设，得到了社会各界的高度评价。蔡元培表示：叶氏此举，"影响所及于国家社会教育文化事业前途，固有莫大之贡献，……叶君指定办理图书馆及乡村教育，尤为救国急务"③。有人认为："目前中国之所以不振，教育文化之不普及，全国民众虽有爱国之心而未能充分表现，亦为主因之一，叶氏捐资兴学，吾人以为乃救国根本之企图。"④国民政府明令褒奖叶鸿英，称赞其"兴办教育，洵为嘉尚"，特授予其一等奖⑤。鸿英图书馆注重办理图书馆及乡村教育，与中华图书馆协会第二次年会的主题一致。通过图书馆进行社会动员成为图书馆界的共识。

除了东方图书馆、鸿英图书馆外，上海市立图书馆、申报流通图书馆等，也都在"一·二八"事变后相继开放，一定程度上弥补了因东方图书馆被焚而造成的文化缺失。上海市中心区大图书馆也都陆续规划建设。"一·二八"事变后，上海兴起了图书馆建设的高潮，将上海地区的图书馆建设推进到一个新的历史发展阶段。

同一时期，全国其他地区图书馆也都取得了骄人的发展成绩。根据中华图书馆协会统计，1931年中国图书馆总数为1 527所，而到了1936年时，则达到5 000所以上。这一增长，不能说不大。不知道图书馆界在图书馆数量增长过程中发挥了怎样的作用，可以肯定的是，图书馆绝对数量的增加，对传播文化，起到了积极作用。

（四）转移珍贵文献

"九一八"事变后，中日关系日益紧张。1932年，日军扶植的伪满洲国在东北成立，不久，日军又向华北渗透，中国文化重镇北平岌岌可危。1933年5月，教育部致电北平图书馆，指示将善本书籍南运。电云："北平

①　吕绍虞：《记鸿英图书馆》，《中华教育界》1947年复刊第9期，第42页。
②　同上，第43页。
③　《叶鸿英捐巨赀办圈及乡村教育》，《浙江省立图书馆馆刊》1933年第2期，第151页。
④　健：《对于叶鸿英氏捐款之感言》，《时代教育》1933年第4期，第49页。
⑤　《国府明令褒奖叶鸿英》，《中华图书馆协会会报》1934年第4期，第12页。

图书馆承文内阁、清学部藏书之遗，为全国图书馆之最大者，所藏宋元精本及《永乐大典》甚夥。而明代实录及明人集仍系本来面目，远非《四库全书》删改者可比，尤为重要。特电。仰将挑有精本南迁，以防不虞为要。"①此后，国立北平图书馆珍贵文献开始向安全地带转移。转移主要分两个阶段，第一个阶段在 1933 年，第二个阶段在 1935 年，略述如下：

第一个阶段。接到教育部指示后，平馆立刻开始转移工作。本阶段善本甲库装箱情况为：第一批 32 箱，存德华银行，为宋本书与海源阁书及地志类；第二批 30 箱，存天津，为元本《通志》《通考》《通鉴》类；第三批 40 箱，存德华银行，为明别集、明实录类；第四批 30 箱，存德华银行 14 箱，存华语学校 16 箱，为史部零种及新购《宋会要》类。此外，还有：唐人写经 47 箱、金石拓片 3 箱存德华银行保险库，舆图 13 箱、乙库 38 箱存天津大陆银行货栈。北平图书馆委员会胡适受平馆委托致函教育部时，表示：这些"贵重书籍分装送藏上述安全地点。南中天气潮湿，古本书籍在南方不容易贮藏保存。故我们决定在北方选择妥善地方保存"②，算是对珍贵书籍不能南运给教育部的一个解释。

第二个阶段。随着长城事变、华北事变的出现，北平、天津不安之象日益明显，平馆开始大规模地将善本书籍南运。1935 年 12 月 6 日，平馆密呈教育部，汇报南运装箱情形：善本甲库 197 箱；善本乙库 107 箱；唐人写经 49 箱；内阁大库舆图 15 箱；汉石经楚器及金文拓本 8 箱；西文整部科学杂志 116 箱；西文东方学善本书籍 30 箱；梁启超寄存书 64 箱，共 586 箱。③这些书籍分别寄存在上海、南京等地。上海中国科学社，中文书 80 箱，密封保存；西文书 146 箱，公开阅览。上海商业储备银行，246 箱。此外，1936 年初，国立中央研究院收到平馆寄存书籍 50 箱，1937 年 1 月，国立中央大学图书馆寄存平馆 15 箱。

这些珍贵书籍在南运过程中，也是困难重重。一是经费缺乏。平馆为中美合办，日常运作费用大多由中基会资助。而中基会有严格的财务制度，不是随时可以支取。1935 年善本南运时，所需费用浩大，平馆向教育部表示，这些书籍制箱、装运、租赁货栈等，耗费巨大，希望教育部能予以资助。教育部同样不宽裕，经费拮据，但依然从行政费中移用部分，大部分仍然需要平馆想方设法筹措。个中艰难，不是一般人可以理解。二是保

---

①　北京图书馆业务研究委员会编：《北京图书馆馆史资料汇编（1909～1949）》，北京，书目文献出版社，1992 年，第 370～371 页。

②　同上，第 377 页。

③　同上，第 428 页。

存地点难觅。南运书籍数量庞大，寻找合适的地点较为麻烦。国立中央研究院曾寄存部分书籍，但该院工程研究所称："惟本所等并无妥善之库房，亦无负责保管之专员，现暂堆存礼堂中，为时过久，恐非善策。拟请贵馆早日设法，迁往较妥之处。比闻贵馆有一大部分书籍已运存上海中国科学社，并派馆员数人驻该社办事。此一小部分，若亦移往彼间，似较相宜。"[1] 其他困难也不在少。

国立北平图书馆转移这些珍贵文献，极具眼光。1937 年 7 月底，北平沦陷。这些典籍在太平洋战争爆发前夕，又转运美国，寄存在美国国会图书馆。平馆为保存珍贵文献做出了杰出的贡献。

（五）编印中日问题研究书目、索引、提要

编印中日问题研究书目。"九一八"事变后，为了促进对中日问题的研究，图书馆界编印了许多相关书目，杜定友的《对日问题研究书目》是第一篇专题研究书目。此后，吴宣易发表了关于中日问题的中国书目，章浩有关于满蒙问题书籍举要的问世，徐旭编列了研究日本与中国东北问题的参考书目，张绍典介绍了满蒙问题的日文书籍目录，冷衷写了《研究中日问题参看书目》，等等。

在各种中日问题研究书目中，杜定友的著作开了先河。杜氏的书目在济南惨案后即已经编印。1928 年国民政府二次北伐，经过济南时，遭到日军攻击，酿成惨案。济南惨案极大地刺激了国民政府，执政的国民党提高了对日本的警惕。当时杜定友协助国民党元老戴季陶合编《救国雪耻录》，拟定了对日问题的研究书目，旨在深入了解日本的基础上反抗日本的侵略，即知己知彼，百战不殆。"九一八"事变后，他增补了该书目，列举了 60 本图书，包括《满洲现状》《满铁外交论》等[2]。这些书目下有作者、出版社、主要内容等介绍，向国人提供了研究日本问题的基本书籍。冷衷的书目分日本研究、中日关系、中日外交事件、满蒙问题、中国外交史（有关日本交涉者）等六编，在杜定友著作的基础上，列举的图书达 145 种，大大丰富了杜氏书目。

编制东北问题研究索引。代表作是钱存训的《东北事件之言论索引》[3]。该索引完成于 1931 年 12 月 20 日，即"九一八"事变后两个月，援引时间从 9 月 18 日至 11 月 31 日期间所出版的中文专辑、小册、重要杂志及报纸。每条目中包括题目、著者及出处。索引分为中日关系剖析、东北事

---

① 北京图书馆业务研究委员会编：《北京图书馆史资料汇编（1909～1949）》，第 436 页。
② 杜定友：《对日问题研究书目》，《活力》1932 年第 8～12 期连载。
③ 钱存训：《东北事件之言论索引》，《中华图书馆协会会报》1932 年第 5 期，第 6～18 页。

件记述、国际情势观测、抗日救国方案四个部分，共辑录了 312 篇有关论述。引用的报纸杂志包括《中央日报》《申报》《时事新报》《大公报》《日本杂志》《生活》《社会与教育》《教育杂志》《金陵大学校刊》《现代学术》《东方杂志》《时事月报》《新月月刊》《法律评论》《国闻周报》《清华大学周刊》《南开大学周刊》《社会杂志》等 39 种，涵盖了当时国内著名的报纸期刊，代表了社会各界的基本倾向。

向国联调查团提供《国联调查团书目》①，该书目由吴鸿志编制。"九一八"事变后，应中国政府要求，国际联盟于 1932 年初派调查团前往日本、中国，调查"九一八"东北事件。吴鸿志为国联调查团编制了该书目。该书目包括 *China Weekly Review* 等期刊、图书、小册子等 190 篇（种）以上，涉及东北、上海等地中日焦点问题，内容有交通、宗教、经济、历史、文化等。每条包括作者、篇名、卷期、时间等，但缺少出版单位等具体信息，不方便一般读者检索。尽管如此，作为提供给国联调查团的书目，该书目已经覆盖了中日问题大部分内容，基本上反映了中国社会各界的总体态度，对国联调查团了解中日事件，发挥了积极作用。

编制战时问题论文提要。吕绍虞认为中日之间"危机四伏，一触即发"。国人必须有所准备，免致战争爆发，惊慌失措，坐以待毙。为谋学者参考上与进一步研究的便利，期间，他收集了关于战时各种问题的研究论文 130 多篇，分成动员、政府及行政、经济、财政、金融、战费、粮食、交通、工业、卫生、教育、其他 11 类②，每篇都附有提要，便于知道原文大意。不仅如此，吕绍虞在重要的论文后面，加上自己评论，成为这篇提要的一大特色。如关于国家总动员，他说："现在各国对于总动员，平时皆有十分准备，这个准备到了什么程度呢？差不多把整个国家变成一个家族或大公司的样子了，各事皆统制起来，目的在将他的国力能完全发挥到战场上去，而后的战争，是以民族力量的赌赛，来决定你的生命。我国在这民族竞争激烈之下，要想救亡图存，也只有依着潮流，向前猛进，以求我们民族国家复兴与繁荣，这是我贡献的一点意见。"③诸如此类的评论，充分反映了吕绍虞关于中日大战的思考与对策。该提要在《人文杂志》上分 6 期刊载完毕。

编辑有关书目、索引、提要等，是图书馆界的职责所在，也是"九一八"事变后图书馆界的工作重点内容。浙江省立图书馆编辑的《浙江省

---

① 吴鸿志:《国联调查团书目》,《中华图书馆协会会报》1932 年第 1～2 期合刊, 第 28～42 页。

② 实为 12 类, 但原文作"11 类", 故保留。

③ 吕绍虞:《战时问题论文提要》,《人文月刊》1937 年第 3 期, 第 2 页。

立图书馆月刊》，设有"书报提要"一栏，介绍各种书籍，其中中日问题占据主要地位，如1932年第2期上有《东北地理教本》《日本国势之解剖》《日本侵略中国外交秘史》《二十年来的南满洲铁道株式会社》等；广东省教育会为唤起同胞注意及明了中日事件，以便筹划应付策略起见，特于1932年2月15日起，在该会图书馆举行关于中日问题图书展览会，其中部分为日文及英文著作，尤为难得 ①；厦门图书馆称："此次暴日以武力抢占我东北国土，蹂躏我精华，惨杀我民众，蔑视国际条约，破坏世界和平，……寰球所共愤。凡我同胞，应抱定卧薪尝胆的精神，以达复仇雪耻之目的。" ② 为使民众了解世界大势，该馆汇集了大批抗日救国图书，在其馆创办的《厦门图书馆声》上连载多次，欢迎各界到馆浏览。诸如此类的抗日救国活动很多。

"九一八"事变后，中国民族意识空前勃发，社会各界提出各种救国方案。图书馆界洞悉日本文化侵略的潜在意图，一面谴责日本摧残人类宝贵文化的罪恶行径，一面立足本位，以救亡图存和民族复兴为己任，从事社会动员工作。图书馆界的本位救国是建立在做好图书馆工作基础之上，编制了有关中日问题的目录、索引、提要等，倡议设立随营图书馆，呼吁图书馆员以忠诚精神在国难中打开一条生路。图书馆界的本位救国，不是空洞的政治口号，无论在工作实践，或是理论探讨上，都取得了很大成就，形成了具有图书馆特色的救国理论与实践。这是图书馆界救国方案与其他各种救国方案截然不同的地方。"七七"事变抗日战争全面展开后，图书馆界在转移珍贵文献、进行社会动员方面成效明显，客观上说，与此前本位救国的理论探讨和实践密不可分。

---

① 《广州举行中日问题书籍展览会》，《浙江省立图书馆月刊》1932年第3期，第11页。

② 《本馆汇集抗日救国问题大宗图书一览表》，《厦门图书馆声》1932年第1期，第4页。

第二章　图书馆界的战时因应

"七七"事变后，以中华图书馆协会为代表的中国图书馆界调整工作重点，以支持国民政府的抗战建国纲领为己任，一方面积极参与全国教育学术团体联合年会，参加第三次全国教育会议，以图书馆为平台，支持中央政府的全面抗战；另一方面通过协会年会和通讯刊物，联络会员，从事社会动员，组织、引导图书馆界，为争取抗战最后胜利而努力奋斗。

第一节　战争初期图书馆界的应对

一、图书馆界的本位救国

（一）支持全面抗战

卢沟桥事变后，国民政府一改以前对日交涉的妥协姿态，实施全国总动员。7 月 17 日，蒋介石在庐山发表谈话，号召国民地无分南北，人无分老幼，无论何人，皆有守土抗战之责，都应该抱定牺牲一切的决心，全面抗战是中华民族存亡绝续的最后选择。国民政府对日的强硬态度，得到了包括图书馆界在内的社会各界的热烈响应和积极支持，中日两国之间的对决全面展开。

杜定友态度鲜明地支持全面抗战政策。抗战展开后，后方有人以"性命要紧"为由，责之恪尽职守者。杜定友对此论调十分反感。1938 年 1 月 1 日，他在《广州日报》发表《图书与逃命》一文时表示：自中国揭起全面抗战大旗，政府军事当局，谆谆以抗战到底，牺牲到底，以求最后胜利。那么叫谁去牺牲呢？莫非只是前线的士兵，都要驱作炮灰，而我们在后方，只是喊着望着不成？他说："现在是全面抗战，无前方与后方，无士兵与民众，一律应在最高领袖底下，参加作战。当局对于抗战，已有整个计划。我们只要服从命令，准备牺牲。应进应退，自有主宰。我们也不必誓于阵地共存亡，作无谓之牺牲，死有重于泰山，有轻于鸿毛。我们只有绝对服从命令，置死生于度外。"他呼吁："人人以邦国为重、个人性命不紧要的决心。在统一指挥之下，抱必死之心，整一步骤。抗战到底，牺牲到底。最后胜利，必属于我！"①很明显，在杜定友看来，全面抗战就是"无前方与后方，无士兵与民众"，一律抗战，就是支持国民政府的抗战政策，服从中央领导，服从战局。这是杜定友一以贯之的态度，也是图书馆界的态度，同时也应该是社会各界的态度。在政府统一领导下，社会各界做好本位工作，就是对抗战的支持，就是全面抗战的内容。对图书馆界来说，就是做好图书馆本职工作。

杜定友支持全面抗战，源自对本职工作的热爱，反对利用职位牟取私人利益，反对过分关切个人利益。他说："图书是世界的公物。我保之，则为我用。人得之，则为人用。所以能够留存应用，在乎负保管责任的人。以此类推，凡一切公物，莫不如是。可是我们平时对于公物的观念太差了。每人只知有己，不知有公。所以对于公事公物，总没有对于个人这样关切。这种心理，也许就是'性命要紧'这一观念的流毒。人人都知道性命要紧，在紧急关头，自然不顾其他，先顾性命。"②这一观念，与全面抗战的精神背道而驰，有损于国家利益，不利于抗战，不是爱国者应有的态度，图书馆界决不应如此。

杜定友对全面抗战的观点，反映了图书馆界的基本认识，也可以说是图书馆界的共识。陈训慈表示：在抗战的大时期中，每个人都应该尽"国民报国的责任，把精力、能力贡献给国家"。他进而指出，对图书馆界来说，"站在领导民众的教育者的地位，更应努力工作，以尽本位救国的责任"③。馆员无论环境有多恶劣，都应该为其事业尽力。从"一·二八"事变，到卢沟桥事变，历经各种劫难，中国图书馆界倡导的本位救国观点不仅没有磨灭，反而愈加明晰，愈加坚定，愈加具体。这是国之幸事。

中国图书馆界理解的全面抗战，不只是与日军的军事抗争，而是中日两国之间的全面对抗，包括军事、文化、经济等在内。当时较为普遍的观点，设若言抗战，一般重视军事对抗，容易忽略文化在抗战中的地位和作用。北京大学图书馆主任严文郁批评社会上藐视文化抗战的观念，指出，只看到军事，而忽略了政治；只讲究行为，而不顾及理论；只知道物质，而不注重精神，这些都不是真正的全面动员，都不是真正的全面抗战。他表

---

① 杜定友：《图书与逃命》，收入氏著《国难杂作》，1938年编印，第4～5页。

② 同上，第4页。

③ 陈训慈：《战时图书馆事业》，《社教通讯》1939年第3期，第1～3页。

示，所谓全国总动员，"不只是军事一方面，而知识和思想都应该一起发动"。他引用军事将领李延禄名言："大炮的射程，怎比得上文化的射程？子弹的威力，怎比得过文化的威力？"日军每于通都大邑轰炸，不炸毁银行大厦，而专以文化机关，尤其是图书馆为目标。为什么？这是要摧毁中国的文化机关，从文化上抑制中国的抗争，因此，从远方面体察，不难领会"文化国防"的重要。[①]

江西省立图书馆熊洪薇认为，这次抗战，是全民的抗战，是长期的抗战。凡是中华民族的国民，都应尽他的一分力量，直接或间接地去参加抗战，帮助抗战，以巩固抗战的基础，争取最后的胜利。熊表示："我们图书馆界的人，向以牺牲自我，服务社会，服务人类为目的，希望在这次抗战中，站好我们的岗位，发挥出我们潜在的伟大力量，去支持抗战，打击敌人。"[②]"服务社会"是什么？"站好我们的岗位"是什么？就是做好图书馆本职工作，就是本位救国，就是文化抗战。

对全面抗战的理解，见仁见智。图书馆界对全面抗战的理解，是立足本职工作的全面抗战，有一定的层次性：一是无条件地支持政府全面抗战政策，服从于抗战大局；二是在此前提下，做好图书馆的本职工作，以实现抗战救国的目标。对于后者，图书馆界普遍认为文化抗战是全面抗战的内容之一，图书馆界从事的是文化抗战。文化抗战也是一种抗战形式，应该予以重视，而不是漠然视之。

图书馆界支持全面抗战，同时反对曲解全面抗战。抗战初期，国民政府提出全面抗战政策。然而，这一政策在执行过程中，往往被误解或曲解，不能正确地执行，因而遇到了许多不必要的麻烦。图书馆界理解的全面抗战，是支持政府的抗战政策，服从命令。对图书馆界来说，全面抗战，不是说每个人都上战场，而是说要立足本位，做好本职工作。做好本职工作是支持抗战政策的基本原则。然而，这样的一个道理，不是所有人都可以理解，不少地方军政和教育当局就不是这么认为。

以浙江省为例。许绍棣曾受派出国考察，目睹各国青年训练很有效果，倾心效仿。归国后任浙江教育厅长，于是在高初中学校尽力推行青年团、少年团、少女团，进行特殊训练，在学习方面难免有所松懈。其时浙江省主席朱家骅对这种特殊训练也并不同情。抗战爆发后，黄绍竑任浙江省主席，对许的做法则表示赞同，认为浙江全省都是战区，可以停掉全部中

①　绍诚：《抗战建国期中的圕事业》，《中华图书馆协会会报》1938年第1期，第3～4页。
②　熊洪薇：《抗战期中图书馆应做些什么工作》，《中华图书馆协会会报》1938年第2期，第5页。

学以办青年团。在省府支持下，浙江省教育厅于 1938 年初命令杭州、浙西各省立中学一律停办，其中包括历史悠久而声名卓著的省立杭州高中。教育厅停办学校的命令引起了包括校方、教师、学生、家长的普遍不满，怨声载道，尤其那些已经迁出杭州的学校。

陈训慈对教育厅让学校停学、学生加入青年团的做法也有很大疑虑："余于浙省兴办青年团事始终不能无疑，非谓非常时期不能有特殊训练，乃谓不能以此特殊训练尽废经常教育也。"针对抱怨学生缺乏纪律耐劳精神而又自由散漫的言论，他表示："在学校制中尚有轶轨而驰者，岂得尽以军法部勒之？……且家境不同，天禀不同，体质不同，亦不能尽使受军事之部勒。何若有联合中学而更严收健壮果毅旨牺牲之青年为训练团，则正轨之教育不废，而所谓训练团亦更收分子健全纯一之效"，慨叹："当局计不如此，而一味武断使气骂人，亦多见其识短而量仄而已。"① 学生是接受教育的，将来服务国家。让学生加入军事组织，而荒废本位学习职事，为图书馆界所反对。中学尚且如此，图书馆作为社教机关，更不会受到重视。抗战初期，浙江公共图书馆大多关门大吉，几乎完全陷于停顿。

实际上，浙江省的青年团工作也确实存在诸多问题，如在未定组织规程的情况下，就在各学校进行宣传，要求学生参加青年团，每每表示要严格训练以提供战时服务；训练团严重缺乏师资；有学生先参加，后来退出；甚至哄骗学生参加，诸如此类，层出不穷。有杭州高中学生先参加，后退出。许绍棣对此十分恼火，大骂省立杭州高中学生训育之劣，称："国家要此种青年何用？"针对态度反复的学生，他甚至表示要"通缉"。陈训慈的评价是"语甚鲁"②。显然，学生参加青年团，不能让学生、教师等满意，培训机构也不能满意。究其原因，就是教育工作脱离了本位，效果自然受到影响。浙江青年团的例子，恰恰验证了图书馆界提倡和坚持的本位救国论：做好本职工作，才是对抗战的最好贡献。

（二）倡议本位救国

图书馆界认为抗日战争不只是两国之间的军事对抗，更关乎民族存亡。金陵大学刘国钧在文华图专发表演说时表示："一·二八"事变时东方图书馆被毁，卢沟桥事变后南开大学图书馆遭焚，国立北平图书馆与古都一同沦陷，这都是中国文化上遭受的莫大损失。他指出："敌人向我们侵略，向我们进攻，不仅是在屠杀我无辜民众，破坏我物质建设，而且要毁灭

---

① 陈训慈:《运书日记》,第 48、50 页。
② 同上,第 49 页。

我们的文化建设。因为文化是民族底生命，而图书馆又为文化的灵魂，所以敌人向我们进攻的第二目标，便是作为文化中心的学校与图书馆，因图书馆能保存文化，发扬文化，推进文化。国家亡，不打紧，而文化毁灭了乃为最可痛心的事！文化存在，民族终有复兴之时，文化毁灭，民族乃真陷于万劫不复之境。"① 号召图书馆界要认识到自己的责任，自己的使命，为民族复兴而努力奋斗。

那么，图书馆界的历史使命是什么呢？刘国钧表示：一是"使文化精神延续下去"。从事图书馆事业的人，应该早做准备，随时准备迁移，负责任的人，趁早散开，多多设立分馆、寄存处，以推广图书馆事业；二是对后方"民众的教育和训练应该注意"。针对当时各地直接的抗战宣传，他认为只能刺激人的情感，而不能长久；况且情感刺激越多，效力越小，民众容易陷于麻木或盲目的状态，而且情感刺激也不容易控制。鉴于直接情感宣传的缺点，刘国钧提出应该运用理智的宣传方式，即，使民众明了目前的战事状况和自身应付危机的办法，认清自己的责任，坚定对政府和领袖的信仰，知道我们民族必将复兴，抗战的最终胜利必属于我们。但这种工作不是直接的口头宣传所能奏效，能做这种工作的，"只有从事图书馆事业者最适宜"。因为图书馆"其范围较大，不仅限于进门来读书的阅者，它的工作，可以达到一般社会的人士，可以深入到乡村，所以图书馆的使命是很重要的。我们做图书馆事业推广的人，应该特别注意到这一点，并充分发挥这一点，以达到这个主要的目的"②。

同时，刘国钧也认为保存文化也是图书馆馆员的职责所在。他说，全民抗战，"并不是说要全国的每一个人都跑上战场，变为勇敢的战士，而是要每人做着各种不同的工作，而向着抗战的目标迈进"。他说："我们应认定，理智的认识，才能为人终身事业的目标。我们为使民族的生命延续，为使民族的生命持久，对于文化的巨大力量，是不容忽视的；对于图书馆事业的潜在作用，是不容看轻的。……我们可以这样说：如无教育，无文化，我们虽获得了最后的胜利，将来在民族的斗争中，仍然存在着很大的危机"③，勉励图书馆界同仁，以民族利益至上，不能以个人生活问题解决为前提，而置国家民族于不顾。

从民族对决的角度认识图书馆在其中所承载的历史使命，并非刘国钧首创，而是文教界的普遍认识。供职于教育部社会教育司的陈礼江也认

---

① 刘国钧：《图书馆与民族复兴》，《文华图书馆学专科学校季刊》1937 年第 3～4 期合刊，第 311 页。

②③ 同上，第 312 页。

为:"我国以文化水准低下,一般民众对于国家民族之观念,异常薄弱,对于此番有关民族存亡之神圣抗战,认识不清,欲期其一致参加抗战,收效必微。社会教育一向负有'唤起民众'之责,在此国难严重、民族存亡之紧要关头,愈觉其使命之重大,亦愈有加倍努力,加紧推进之必要。"因此他认为战时社会教育目标的第一项即为"唤起民众民族意识"①。

即使在图书馆界,刘国钧的观点也不新颖。此前沈祖荣、王云五等都表达过类似看法。不过,刘与沈、王等宣传的时间点不同。沈、王表达此观点时,中日之间只是关系紧张,或偶尔有冲突,而非处于中日两国全面对决地位。刘国钧此时的演讲,在卢沟桥事变以后,"八一三"淞沪会战正在激烈地进行,中日正处于民族对决的紧要关口。在抗战的战略防御阶段,刘国钧从民族对决角度认识图书馆的作用,显然具有强烈的警示作用。

二、图书馆界的价值期许

(一)保存珍贵文献

图书馆界认为图书馆是文化机关,负有传承文化之责。传承文化的前提是保存珍贵文献,尤其是传统典籍。抗日战争全面展开后,日军对中国文化机关的摧残,印证了中国图书馆界的看法,即日军试图通过消灭中国文化,以从心理上征服中国。针对日军的文化暴行,图书馆界针锋相对,强调图书馆界在严酷的战争中要保存珍贵文献,以为民族复兴大业创造条件。

杜定友对保存文献典籍十分重视。作为国立中山大学图书馆主任,他向图书馆员工表示:万一敌人登陆,广州成为苏州南京焦土政策的延续,"那时我们宜如何的去合力保存圕的书籍"?他对北平沦陷后北平图书馆典籍的损失、浙江南浔庞氏家藏善本被抢夺一空、南京失陷东南图书馆散失殆尽十分痛心,表示:"中大图书馆是华南最大的圕,应该早为设法免蹈后尘。……我们该努力去负起这(保护图书)伟大的责任。……(仪器可以有钱再买)但古书孤本图书却愈旧愈好,有钱也买不到。我们受学校国家的重托,负保全文献的责任,不得不请求大家协助,同心合力以图报国。"②

熊洪薇表示:"文化是国家的生命,是民族的灵魂,国土沦陷了,我们

① 陈礼江:《抗战期中之中国社会教育》,南京,正中书局,1938年,第1页。
② 杜定友:《国难杂作》,第54页。

还有收复的一天，文化被毁灭了，我们的国家民族乃真陷于万劫不复的境地。敌人想毁灭我们整个的文化，所以时常轰炸我们的文化机关。在这时期，图书馆对于民族文化历史上有重大价值的文献，应尽量保存，把一切有历史价值的东西，预先搬移到安全地带，或埋藏地下，以免遭受无谓的损失。同时某些东西分散到各地图书分馆，分别贮藏，以免集中一处，易为敌人轰炸目标。"① 陈训慈对保护珍贵历史文献也相当重视，提出在战区附近的图书馆，除将公藏书籍设法妥藏外，更应该协助私家珍藏，迁地保存。

保存珍贵文献是战时图书馆界的基本共识。北平图书馆在战前即已将珍贵文献转移南京、上海等安全地带，国学图书馆、中央图书馆、浙江省立图书馆、中央大学图书馆、苏州图书馆等在战争全面爆发后，也都设法将珍贵文献转移到相对安全地带或随国民政府西迁。图书馆界重视保存珍贵文献，甚全置个人生命安危于不顾，展现了图书馆界强烈的民族意识和国家观念，他们没有走向战场，但在文化战线积极抗战。他们身上表现出来的意识，是抗战最终获得胜利的宝贵的精神力量。

（二）注重社会动员

社会动员是全面抗战的重要内容，也是抗战初期国民政府激励民众的主要方式。图书馆界认为图书馆员可以在社会动员方面发挥独特作用。

刘国钧提出，图书馆界服务抗战，主要通过民众动员的形式实现。他认为图书报纸，凭借文字的力量，可以鼓励人的意志，也可以消灭人的志气，能够左右人的思想和行动。中国战局紧张，需要全民动员，图书馆界应该尽量协助全体动员的实现。对图书馆来说，全民动员，以宣传为主，因为图书馆本来就是以图书文字来影响人们思想的，而文字宣传义是宣传技术的重要部分，因而宣传是图书馆在抗战期间的本位工作。宣传的目的是："增强民众抗敌情绪，供给人民战时知识，培植人民自卫能力，唤醒人们民族意识，使人民乐意的、自动的参加一切战时工作，而达到有钱者出钱、有力者出力的一致的行动。"②

图书馆是对民众进行国家民族认同教育的利器。沈祖荣提出："抗战最紧张就是图书馆教育最应紧张的时候。现在打仗不是专靠武力的。"没有钱不能打仗，没有粮食不能打仗，没有教育文化的培养，我们更不能打仗。没有钱，我们可以向别国借；没有粮食，我们可以设法购买；但教育力

① 熊洪薇：《抗战期中图书馆应做些什么工作》，《中华图书馆协会会报》1938年第2期，第4页。

② 刘国钧：《图书馆与民众动员》，《教育通讯》1938年第24期，第5～7页。

量不够，文化水准太低，结果国民没有国家民族的观念，没有现代知识，没有生产能力，"这样的一个国家，虽有至好的国际友人当然也爱莫能助；这样的一个民族，简直是天然的帝国主义的奴隶。老实说，一个国家整个国力的养成，完全靠着教育"。"图书馆是教育设施的一种，是不拘形式灌输知识、促进技术的利器。"因为不拘形式，又易于普及，所以图书馆"最合乎战时的需要，图书馆教育以战时的需要而存在，就应该适应战时需要而活动"①。简言之，图书馆是增强民族意识的重要方式，是凝聚民族力量的有力工具。

朱焕尧也表示：抗战建国，势非动员民众，协力同心，全体动员，不克有济，而发动民众的基本方法，端在教育。所以抗战以来，社会教育事业，风起云涌，殊途同归，无非在唤起全体民众，集中意志力量，用以救亡图存。图书馆事业为社会教育事业的一个部门，也自有应负之使命与特殊之效能。敌我情况之认识，民族意识之发扬，家国关系之辨别，国民生计之探讨，职业技术之进步，日常生活之改善调整，在在需要图书馆。一般大众，不论男女老幼，程度深浅，入其范围，均有所得，而来自书本透过理智的知识，大都能确信不疑，由意念而付诸行动。②

熊洪薇支持通过理智的间接的宣传以确立抗战必胜的信念。熊表示：抗战要想取得胜利，重视军事斗争的同时，必须注意发挥精神的力量，物质与精神并重。而宣传是激励精神力量最重要的武器。然而，现有的直接的情感的宣传，忽略了理智的间接的宣传方法。直接的情感的宣传方法，"只能够激起国人的情感作用，是不能持久的，情感所受的刺激愈多，所发生的反应也就愈小，而且群众的情感作用，容易陷于麻木……群众的情感兴奋，固有益于事，但若真动起来，就难以控制了"。因此熊氏提出要从事理智的间接的宣传，"以笃定他们对政府和领袖的信仰，确信最后的胜利必定到来。同时对于我们民族的伟大精神，或数千年来历史上圣哲的伟大人格……有所模仿和认识"③。

图书馆界的社会动员，有其自身特色，那就是利用书刊从心理上激励国民，形成理性抗战意识。国民政府对社会动员也很重视，然而，其效果不得而知。浙江省党部和省政府联席会议于 1938 年初，决议策动社会动

---

① 沈祖荣：《图书馆教育的战时需要与实际》，《中华图书馆协会会报》1939 年第 4 期，第 4～6 页。

② 朱焕尧：《战时军民图书流通计划》，《中华图书馆协会会报》1939 年第 6 期，第 2 页。

③ 熊洪薇：《抗战期中图书馆应做些什么工作》，《中华图书馆协会会报》1938 年第 2 期，第 1 页。

员，以鼓动民众抗战。陈训慈淡淡地表示："当局之离开民众久矣，而一部分青年对党与政府之反感，又若随战争而俱增。以地方党部策动民众运动，似尤多阻力，如何振作军心，振作民心，连系军民之合作，恢复朝野之感情，甚矣其不易也！"[①] 这里，陈训慈提出了一个重要问题：谁适合进行社会动员？不是说陈训慈反对社会动员，而是怀疑党部从事社会动员的成效。相反，他对图书馆界在民众教育中所能发挥的作用却表达了乐观态度。也就是说，图书馆界在社会动员方面，可以发挥积极作用。应该说，图书馆界的这种认识是深刻的。直接的说教式动员成效远远不如间接的感受式动员。

社会动员是图书馆界服务社会的重要内容，在战争时期，图书馆界的社会动员受到特别关注，是图书馆界从事全面抗战的需要，也是社会各界争取抗战最后胜利的需要。

不难看出，战争爆发初期，图书馆界认为图书馆的价值，主要有二：一是传承文化，即表现为保存珍贵文献；二是服务社会，也就是通过图书馆从事社会动员。抗战全面爆发后，图书馆的工作环境发生巨大变化，然而，图书馆传承文化、服务社会的基本价值没有变化。不仅如此，环境变化，使得传承文化、服务社会显得更为重要。图书馆界在抗战爆发后出现的思想动态，既是个人对战争的思考，也反映了图书馆界的思潮趋向。这些个人思考体现的是一种职业本位思考模式，即如何在战时做好自己的本位工作，进而为抗战救国做出贡献。

三、图书馆界的工作设想

战争全面展开后，中国图书馆界构思的服务战争方式，有两种基本形式：一是对现有图书馆进行改造，适应形势的变化。由此衍伸出图书馆的战时设施。二是设立军营图书馆，配合军事需要。此外，中国图书馆界法治主义者另辟蹊径，提出战时图书馆立法，以规范战时图书馆运作。这四种工作设想，具有典型意义。

（一）图书馆的战时工作

为了适应抗战需要，图书馆界对图书馆的战时工作进行了设计。如刘国钧提出图书馆与民众动员问题、杜定友提出战时图书馆工作与态度[②]、陈训慈提出图书馆的应变工作与经常工作[③]、严文郁提出抗战建国期中的

---

① 陈训慈：《运书日记》，第 74 页。
② 杜定友：《国难杂作》，第 50～57 页。
③ 陈训慈：《战时图书馆事业》，《社教通讯》1939 年第 3 期，第 1～3 页。

图书馆事业①、熊洪薇提出抗战中图书馆的教育和文化工作②等,以上设想或因民众动员的需要,或因战时环境的变化,或为促进图书馆事业的发展,尽管出发点不同,但转变图书馆职能以适应抗战救国的基本方向则完全一致。概括起来,图书馆界认为图书馆的战时工作内容主要包括:

一是办理书刊展览。中国图书馆界提出,把与抗战有关的一切图书杂志,都尽量地搜集,用艺术方法把它们排列装潢,做公开展览;也可以加上战争状况及战地情形的照片,或战利品及作战器械实物等,照片和模型效果比较好,能够吸引人。展览会的内容每次都要有变化,主题也应该每次都不同,以切合时事需要为原则,抓住人民的情绪,使每个参观者都能印象于心。在物品的排列上、部位的组织上,都需要运用心理学知识,匠心独运。纷乱的陈设会影响展览效果。总之,每次展览都应该目标明确单纯,不要使参观者有目迷五色之叹。

二是组织专题演讲。邀请专家在图书馆围绕一个问题进行讨论,只有系统地讨论,才能达到宣传效果。有人认为演讲不是图书馆办的事,这个说法不对。刘国钧表示,演讲与图书事业配合,会更为有力。文字的存在是永久的,而演讲的存在只是暂时的。文字的运用偏于理性,而演讲则能激发感情。如果听了演讲,再去看书,则暂时获得的印象可以不致消失;或是看了书而又听演讲,则冷静得来的知识可以发生烈焰。因此图书和演讲联络起来,能够产生更大效果。所以不仅民众教育馆中的图书馆应该与演讲部密切联系,独立的图书馆也要利用演讲来动员民众。

三是加强图书流通。图书馆界认为,图书的流通推广,目的就是使全体民众受益。在抗战时期,要使每个人都深切了解并体认国家的危机和自己的责任。凡能达到这个目的的任何手段都可以采用。图书的流通推广,如设立分馆、代办处、战地书报流通图书馆、巡回文库、旅行文库等,都应该极力推行。效果最好的,似乎是巡回书车。因为可以到达很多地方,利用它宣传抗战工作,推进民众动员,自然最有效。

四是加快图书更新。图书馆界表示:对于抗战图书,因有时间性,此类书籍应该随时添购,以满足读者对形势认识的需要。如果书架上都是过时图书,读者阅读兴趣就会随之减少。对于提高民族意识、培养抗战精神以及有关战事知识的图书期刊,应广为罗致;报纸为传达信息的利器,应该设法订购,当天的日报不能到达之处,可将无线电广播的消息,编为壁

---

① 绍诚:《抗战建国期中的圕事业》,《中华图书馆协会会报》1938年第1期,第3~4页。

② 熊洪薇:《抗战期中图书馆应做些什么工作》,《中华图书馆协会会报》1938年第2期,第1~5页。

报，分贴各处；购书经费不足时，也可以通过募捐方式补充；图书刊物可以赠送的，尽量索取；整理工作，尤其应该敏捷，使阅者先睹为快。

五是编辑专题书目。图书馆应该选择若干种书籍，如敌国情况、抗战经过、防空方法、自卫战术、兵役等都可以作为主题，编成读书程序，作为读书指导，以引导读者获得相当知识。编辑这类书目应注意：1.题目有明确的范围；2.所选书籍要精粹扼要，不宜太多；3.书名下应略述书中大意，以便于选择；4.同一题目，可依程度深浅，编二三种目录，以便读者选择而读；5.书目所列清单，应为馆中所有，读者可以借阅；6.书目包括论文、照片、图画等，不必限于成部的书。

上述几种工作内容是图书馆界讨论比较多的方面，此外还包括办壁报、延长阅览开放等各种各样的工作设想，不再一一列举。这些工作设想，大致可分为两个部分：一是图书馆的基本工作，如加强图书流通、加快图书更新、编辑专题书目等；二是图书馆的拓展工作，如办理图书展览、举行专题演讲等。将图书馆的平时工作与战时工作结合起来，是图书馆界设计战时图书馆工作的基本倾向。

（二）图书馆的战时设施

图书馆的战时工作，是为了实现文化救国。然而，图书馆战时工作的展开，必须以保证图书馆员与读者安全为前提。只有这样，读者才能踏踏实实地阅读，馆员才能安安心心地工作，这是图书馆战时工作异于平时工作的基点所在。林芸薇系统地探讨了图书馆的战时设施①，其主要内容如下：

一是馆址选择。为了防止敌军空袭或以其他形式破坏图书馆，作者提出战时图书馆选址的二原则：1.地方安全。这里的安全当然不是绝对的安全，而是相对安全。比如周围都是木质小屋，一旦发生火灾，图书馆就容易受到波及。又如，如果附近有大建筑物，也很容易成为敌军攻击目标，所以选址第一就要注意周围有没有危险的建筑物。2.交通便利。图书馆附近如果有军警部队，或主要机关，则民众往来阅览会有很多不便。如果远离民众住所，读者往来耗时过多，也不利于阅读推广。所以交通选择极为重要。3.环境优良。如果图书馆附近有嘈杂的声浪，或戏院、车站、工厂等，都足以影响阅读效能。

二是设备充实。战时图书馆必须有特殊设备，以应付紧急情况。这些特殊设备包括：1.防空壕。如果在图书馆内部或附近，有比较空旷的地

---

① 林芸薇：《战时图书馆应有的设施》，《闽政月刊：教育辑》1937年第5期，第47～52页。

方，那么可以用来建筑防空壕以备临时躲避。同时，从阅览室到防空壕的路上，要有明显的标志来指示防空壕所在，才不致使读者遇突发情况时无所适从。2. 避难室。假如不能建筑防空壕，至少也要设法设置一所避难室，使读者在临变时不至于惊慌失措。选择避难室时，一定要在全馆比较安全的地方，不可随便指定，以求塞责，尤其要注意避难室容量是否足以容纳通常来馆的阅览人数。3. 土沙袋。为防止燃烧弹的破坏，必须预备土沙袋，特别在书库里面，每一书架，应有土沙袋。安置土沙袋时，必须放在不潮湿的地方，如果不干燥或遇水，土沙袋就失去了价值。4. 灭火器。图书馆最怕纵火，也容易被奸人破坏，所以灭火器一定要设置周全，不然，遇到不幸的事情，所受的损失恐怕不止于购置所用的数额。

三是秩序训练，也就是应急训练。图书馆遇到紧急情况，最怕读者不能遵守秩序，东奔西走，胡乱叫喊，甚至携带书籍，逍遥离去。所以图书馆应在事前予以良好的准备，否则临时张皇失措，局面混乱。作者提出三点应急训练：1. 人员训练。为应对突发情况，图书馆应在事变前训练图书馆员，使他们遇到突发情形时，措置裕如，不但自己不会张皇失措，还能指导读者，转移到安全地带，同时间接养成读者维持秩序的习惯。2. 工作分工。要使馆员不张皇，秩序不混乱，先要把馆员在事变时所应担当的工作分配妥善，如谁担任收书，谁担任管制灯火，谁管理门户，谁指导读者到防空壕或避难室，这些都要实现分配清楚，以免突发状况时张皇失措。3. 事后整理。事变后，馆员要立刻恢复状态，关于书籍器皿，尤其要马上点查。如有发现遗失，应立刻设法查找，切不可给不肖之徒以偷窃机会。

林芸薇的这些设想，建立在战时图书馆发展的基础之上，对有意推进战时图书馆事业者来说，具有借鉴意义。

（三）军营图书馆

"九一八"事变后，图书馆界已经形成了军营（阵地）图书馆的建设设想。战争全面展开后，鉴于图书馆在战争中的重要价值，军营图书馆的设想再次被提了出来，并且更为完善和具体，其中朱焕尧设计的军营图书馆最为系统[1]。根据该设想，阵地图书馆分为前线图书流通和后方图书流通两大部分。

1. 前线图书流通

其一，系统组织。

前线图书流通工作单位是战地流动图书团，层层节制，上属于军事委

---

① 朱焕尧：《战时军民图书流通计划》，《中华图书馆协会会报》1939 年第 6 期，第 2~5 页。

员会政治部。其结构简图如下:

军委会政治部
↓
战地流动图书馆总部
↓
各地分部
↓
各团

图 2-1 前线图书流通结构简图

战地流动图书馆总部, 由军事委员会政治部、教育部、国立中央图书馆、国立北平图书馆、中华图书馆协会各简派人员组成, 设总务、征集、购置、审查、编类、运转各组。总部下辖分部, 分部由各战区司令部训练处、各省教育厅、各省立图书馆及总部派遣之人组成, 内设总务、征集、编审、运转等组。分部下辖各战地流动图书团。各团内分总务及营阵流动图书队、阵地后方流动图书队。总部设在重庆, 分部设在各战区的后方, 各团则散居前线距离阵地数十里的地方。分部数量, 以战区形势为标准, 或多或少, 因时而定。团的数目, 则以在前线的师的数量确定。每个师配一个战地流通图书团, 每一分部下 25 团。

其二, 战地流动图书团。

战地流动图书团由 11 人组成, 除由各该师政训处派遣一人、地方图书馆或教育机关派遣一二人外, 其余人员均由总部、分部分发, 并指定一人主持团务。总务职能包括: 执行分部命令、设计推动营阵及阵地后方图书流动及宣传事项、接管分部运来的图书并为各流动队配置、与邻近各团接洽图书交换事宜并互商实施办法、军事机宜的联络、地方教育机关的联络、纠察团员的工作及行动、策划团员及图书的安全、工作的情况及其困难与心得按期呈报分部、调查地方上公私藏书、呈报分部总部以便为分部总部会商各级教育机关、设法迁至安全地带保存或利用。

营阵流动图书队、阵地后方流动图书队的工作职责也都有明确的规定。

2. 后方图书流通

其一, 系统组织示意图(图 2-2)。

教育部应该明白规定国、省、市、县立图书馆及机关学校等附设的图书馆, 彼此联络的关系, 视导的责任, 及其各自分别在战时工作的中心。颁布法令, 切实执行。

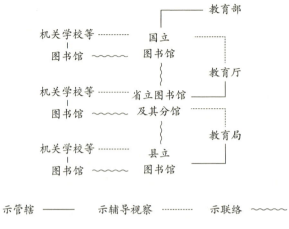

图 2-2　后方图书系统组织示意图

　　国、省、市、县立各级图书馆的组织上，宜添设视导部分，辅导视察其下级图书馆，提供意见于其主管教育机关；各级教育机关也设置专员，认真监督考核，互为参证而严施奖惩。省区太广，或只有一所省立图书馆，宜依行政区域或地理形势而添设若干分馆为便。县立图书馆接触民众广泛，发动民众，最为重要。

　　其二，县立图书馆巡回书库。

　　县立图书馆的要务在于扩大图书馆的阅览范围，使其所藏图书与广大民众接触，而加强民众抗战建国的信念与力量，以与国策相应。扩大阅览范围最简便的方法，莫过于巡回书库。巡回书库大约分为两类：一为特殊读者而设，如伤兵医院巡回书库、难民收容所巡回书库、军营巡回书库、工厂巡回书库等；一为普通民众而设，如乡镇巡回书库、舟车巡回书库、茶园巡回书库、流动书库等。方案并就伤兵医院巡回书库、乡镇巡回书库等具体职责进行了明确规定。

　　3. 战地军民图书流通的经费、人材、图书问题

　　经费。战地流动图书团、分部、总部等，每月十一二万元，其中大部分是薪金。这些人员已经食禄公家，出此入彼，无损于国库。而政府发放的失业救济，可以调用。总计战地图书流通每月需要不过三四万元。

　　后方图书流通经费，以县为单位计算。平均每县办理乡镇巡回书库 20 余处，特种巡回书库 2 处，除开办费需千元外，每月开支约 400 元，其中以薪金和图书经费为多。如购置、编目事务等内部工作都由原有图书馆员担任，或民众教育馆员兼任，又可以减少二三人，则每月所需不过 300 元。如果一人管理两条路线，又可以节省近百元，那么每月大约

200元。

朱焕尧表示："每月以三四万元鼓舞前线军民，以二三百元发动一县民众，加强抗战力量，树立国家根本，即使过费，犹在必行，况此区区，未为太甚。"①

人材。阵地流动图书团、后方流动图书队、总部、分部、辅导视察等工作人员，总计及万人。看似难以得到如此大量专门人材，但中华图书馆协会1938年11月统计，全国图书馆沦陷者2500余所。平均每馆一人西来，也有2500余人。如果政府对其职业加以调整，至少可得2000人。这对于主持馆务、分类编目等重要职务，已经够用。如果不足，招收初高中学生加以短期训练，也可服务图书馆。

图书。根据朱的测算，前线需要书刊20万册，后方400余万册，每月再补充40余万册，根据内地藏书、印刷、出版等情况估计，推行此计划，难度似较大。但平衡利害关系，又不能不推行。那么解决办法有四：其一，募集私人图书，以为公用。其二，转运战区及准战区公私藏书于内地，不仅可以避免毁于炮火，或为敌人劫持，又可以发挥积极作用。其三，政府及各文化基金机关拨款购置，以培植内地文化基础。其四，政府用直接间接办法，扶助印刷业、出版业发展。图书馆林立，图书需求增加，使其出版品畅销，也自然能刺激其繁荣。这四种办法，图书困难问题自可解决。目前即使不足，则巡回书库的流通数量，可稍微减少。经过积累，自会增多。如果减少巡回书库单位过多，可能会丧失普遍设立之义。

朱焕尧表示："国家民族之复兴，一切事业俱有全盘计划。革故鼎新，俱有窒碍难行之处。而根本筹谋，临时设策，不畏艰难，不避险阻，亦俱终有解决之道。所难者，在无实行之决心与毅力耳。推进图书流通工作，亦复如是。"②这一计划相当宏伟，不过，过于理想，实施难度较大。如期刊从何而来，书籍从何而来，设备从何而来，尺寸如何，运输如何解决，等等。这些具体问题都没有涉及。再者，如果以政府部门出面组织阵地图书馆，似更难实现。毕竟军事压倒一切，他们无法把注意力放在战地图书馆方面，文化事业应该退居次要。尽管如此，该构想反映了中国图书馆界的拳拳报国之心。

（四）战时图书馆立法

图书馆的平时和战时工作截然不同。抗战全面开打后，中国图书馆事业遭到日军严重摧残，陷于瘫痪无序状态。文华图专一代、东吴大学法学

①②　朱焕尧：《战时军民图书流通计划》，《中华图书馆协会会报》1939年第6期，第5页。

院图书馆主任喻友信为了实现战时图书馆的目标与使命，提出战时图书馆立法，以促进战时图书馆事业的发展。①

　　1. 立法的必要性

　　战时图书馆立法之所以必要，基于对图书馆功能的认识。在喻友信看来，图书馆的主要目的是保存文化，而"文化乃一国家一民族自有生存以来之全部结晶的生命源泉"。消灭敌对方面的文化，"足以制死对方之再造能力"。正因为文化如此重要，作为文化集团的图书馆因而成为近代"战争之下众矢之的"。同时，文化典籍毁损后，不可能再得到恢复。因此，为了保证国家民族的绵延不绝，必须重视战时图书馆立法。

　　就中国的实际情况而言，抗日战争全面爆发后，图书馆遭遇到前所未有的浩劫，南开大学、复旦大学、同济大学等大学图书馆，毁于一旦。这些大学数十年收集的图书，尤其是不可多得的善本书籍，均被炮火焚毁殆尽，文化损失无法估量。产生这种情况，原因之一即为没有未雨绸缪，为战时图书馆立法，以至于战争爆发后，图书馆未能进入战时非常状态下运作，才有如此文化浩劫。图书避免战争厄运的最佳方式就是要有战时图书馆立法，促进战时图书馆事业的发展。

　　图书馆平时有平时的使命与工作，战时有战时的使命与工作，两者截然分开。这是喻友信战时图书馆立法的基本指导思想。鉴于战时图书馆立法的必要和迫切，喻友信草拟了《战时图书馆条例草案》，其第一条即为："图书馆在国家发生战争时起，应即施行紧急战时工作，其平时规则与工作得暂缓推行之。"这一立法宗旨体现了喻友信鲜明的法治意识，炽热的文化关怀。喻友信身上体现出来的强烈的国家意识、民族意识是中国坚持抗战、走向胜利的基本心理基础之一。

　　2. 立法的基本内容

　　第一，图书馆有责任保存或安全转移图书。因为图书馆是文化保存机关，一旦国家进入战时状态，图书馆就有责任保存或安全转移图书。喻友信认为，战时图书的保存方法主要有二：1. 对于图书馆有单独建筑物的，在其兴建时，应设有秘密地下室，作为紧急事变时收藏珍贵善本手抄本之类书籍，或收藏能代表国家文化或地方文献之类的书籍。有了秘密地下室，即或图书馆受到敌机轰炸，但书藏于地下，总可免于非命；甚或图书馆被敌人占据，如果有秘密地下室，图书也许可以避免被劫走。秘密地下室或许并不完善，但在风云莫测之际，或有裨益。喻友信表示，没有单独建

---

① 喻友信：《战时图书馆立法》，《法学杂志》1939 年第 1 期，第 69～71 页。

筑的图书馆，对其有价值的书籍，可商请有地下设备的图书馆代为保存。2. 战争爆发后，处于可能被战争波及地带的图书馆，应将关系国家文化上或军事上有参考价值的重要图书迁移至安全地带收藏，以便能为国家保留文化元气，又可供军事参考之用。不管如何，图书馆员站在图书馆事业与国民立场上，都应该担负其保存图书的责任。

第二，图书馆有责任协助军事作战。喻友信认为，战时图书馆工作主要职能有二：1. 协助国家军事机关人员研究或参考有关军事上的资料，或者提供敌对方面国家社会政治经济资料。所谓知己知彼，百战不殆。国家要想战争取得胜利，决不能只是依靠作战将士单独负责，需要全国动员，各尽其能，以利军事胜利。图书馆人员也不能推诿此国民应有之责任。2. 实现全国战争总动员，必须依赖有力的政治宣传。而图书馆是知识界宣传的大本营，在战事发生后，应将馆内所有关于敌对方面的各种书籍，另行编制特种目录印行，以便供人参考，并将这些书籍另外排书架陈列，供人浏览。阅览时间在许可范围内适当延长。

根据上述设想，喻的《战时图书馆条例草案》第二条为："图书馆本负有保存国家文化图书之责任，尤应于战时各自设法尽量保护图书工作，如兴建秘密地下设备，或迁往安全地带保存。"第三条为："图书馆原已设有战时设备者，于紧急事件发生时，对其他图书馆未有此项而遇其有其他图书馆请求代为保存图书者，应即允诺而负有代为保管之责任。"第四条为："图书馆于战时中，应将所有关于敌对方面之国家政治社会经济等图书画报等材料，另设专门部分，公开供给民众阅览与参考，图书馆并应随时指导说明之。图书馆开放时间应酌量延长。"这些法规条文很好地体现了战时图书馆的基本职能所在。

喻友信战时图书馆立法思想是长期浸淫于法律小环境下的结果。喻供职于东吴大学法学院图书馆，该法学院英美法在国内最为强大，在国际上也是声名远播。他本人对法学也有浓厚兴趣，撰写过不少法学论文。因为有强烈的法律意识，他提出战时图书馆立法也在情理之中。不过，客观地说，战时图书馆立法思想超越了中国国情。中国政府法治观念向来薄弱，战争期间更是如此，战时图书馆立法的可能性极小。从世界范围内看，即使图书馆事业发达的国家，也未见有战时图书馆立法。尽管如此，他从法律角度考虑推动图书馆法治建设，不无借鉴之处。

"一·二八"事变后，图书馆界对日本的文化侵略高度警惕。陈训慈指出："吾人以为国人今后，应惕于日人摧残文化之野心，对于文化事业之被侵害，亦视为国家主权之受损；珍护图籍之心，应与保我土地无异。"他提醒图书馆界同仁"宜策万全之道，以防患于未然"①。国立北平图书馆也在"七七"事变前将重要书籍转移到上海等地。不过，图书馆界的危机应对，多为各图书馆个体的应对行为，而不是中央政府的积极应对。喻友信提出战时图书馆立法，将战时图书馆工作提升到国家战略层面，实属创见。

　　图书馆界战时的工作设想较为丰富，以上仅为重要且有特色者。这些设想是否可行，以及如何施行，都可以讨论。但不可否认，图书馆界为战时工作殚精竭虑，值得肯定。

四、图书馆界的主要工作

　　全面抗战初期，图书馆界的工作表现出明显的地域性特征：战区或战区附近图书馆转移珍贵文献，大后方或安全区域（如列强在华租界）图书馆界编制战时书目、收集抗战史料等。无论战区或安全区域，图书馆界都在践行图书馆界本位救国的基本理念。

（一）转移珍贵文献

　　抗日战争全面展开后，战区或有可能成为战区之地的图书馆，首要任务是转移文献，尤其珍贵典籍。在转移文献方面，无论国立图书馆、大学图书馆、省立图书馆或其他图书馆等，均采取积极措施，以保存文献，传承文明。

　　江苏省立苏州图书馆。抗战之初，苏州图书馆奉命转移特藏图书。1937年8月14日，馆长蒋镜寰督同馆员，将馆藏重要书籍分装8大箱，进行第一次转藏，翌日苏州城即遭日军飞机轰炸。嗣后蒋镜寰天天和馆员一起在飞机轰炸声中冒险工作，将所有特藏部分继续包装10箱，于9月4日进行第二次转移，分别储藏在两地。储藏地距离苏州城百里之外的幽僻山村，派员妥善保管。当时苏州城虽然屡遭轰炸，但图书馆普通书籍仍然开放阅览，未尝停顿。11月15日，驻军撤退，城中秩序混乱，各机关纷纷迁移，该馆也转移到藏书所在地临时办公。到12月底，除指定重要职员继续保留外，其余职员按照规定停薪留职。抗战8年，苏州图书馆历尽艰危，备尝险阻，转移到他处的珍贵典籍安然无恙。该馆经常费截至1937年9月。此后保管费用，先借垫救急，继则续拨公费，由驻上海办事处转发，月仅数十元，为数极少，缺口很大，亏垫很多。即便如此，这些保管费很快停

---

①　陈训慈：《文化之浩劫——为东方图书馆与其他文化机关之被毁声讨暴日》，《浙江省立图书馆月刊》1932年第1期，第2页。

发。随着战事进行，环境更加险恶，生计更加困难，威胁利诱，应付越来越困难。幸好得到地方人士协助，保管人员坚贞不移，得以在千万危险之中，将这些珍贵文献完整保存下来。个中艰辛，非一般人所能想象。蒋镜寰馆长战后复员时表示："特藏图书全部移藏保全无损。"①抗战期间，正是这些图书馆人忠于本位工作，才能将珍贵文献在极其险恶的环境中保存下来。他们身上体现出来的精神，正是图书馆人职业精神的写照，也是中华民族抗战到底取得最后胜利的精神支持。

浙江省立图书馆。浙江省立图书馆馆藏富有特色，其所藏文澜阁《四库全书》，为国内仅有之宝物，同时还有其他善本1万多册。卢沟桥事变后不久，杭州遭到日军飞机肆扰。馆长陈训慈担心阁书被炸，即刻督率员工赶制木箱，准备迁移。8月1日，全体馆员麇集，开始装箱，共阁书140箱，善本书88箱。经细致安排，8月5日抵达富阳。转移保存过程中，得到当地士绅支持。1937年10月，日军轰炸杭州日益频繁，富阳安全顿成问题，这些珍贵文献又迁往建德。不久，杭州沦陷，建德震动，三迁至龙泉。1938年3月初，教育部派浙江大学教授李絜非，商议将阁书运往贵阳保存，认为西南僻远，战事不至波及。迁到那里，或可高枕无忧。商议的结果，阁书迁往贵阳，善本书仍然留在龙泉。浙馆《四库全书》于是从浙江出发，到福建，回浙江，经江西，到湖南，再到贵阳，途经5省，行程数千里。书到贵阳后，由浙馆派人留守管理。运输过程中，有书落水，到达贵阳后，浙江省立图书馆管理人员一页一页整理，历时几个月。1939年2月，日军飞机袭击贵阳，死人数千，《四库全书》幸免于难。随即迁往贵阳北郊地母洞保存。蒋介石对浙馆《四库全书》较为关心。1943年春，蒋介石电谕贵州省主席吴鼎昌："地母洞潮湿，藏书恐霉烂，应另觅安全处所迁藏。"②1944年11月，日军入黔，贵州告危。12月初，教育部派督学杨予秀、陈国礼两人，在军方协助之下，将阁书运到重庆。阁书到重庆后，藏于教育部长公馆隔壁。公馆有警卫4人，备有武器。藏书安全多了保障。教育部为慎重保管阁书起见，专门设立了文澜阁《四库全书》保全委员会，聘请8人为委员，顾树森、蒋复璁、陈训慈3人为常务委员。订立委员会组织大纲，设秘书1人，管理员1人，实际负责保管之责。至此，这批阁书最后落脚重庆，安全无虞。文澜阁《四库全书》的转移，不只是浙江省立图书馆的事情，也是国家文化事业的大事。在迁移过程中，得到了士绅、民众、教育部、军

---

① 蒋镜寰：《江苏省立苏州图书馆最近概况》，《中华图书馆协会会报》1946年第1～3期合刊，第3页。

② 毛春翔：《文澜阁〈四库全书〉战时播迁纪略》，《图书展望》1947年第3期，第30页。

方,乃至于蒋介石等社会各界的大力协助和支持。在保存文献这点上,社会各界的认识不谋而合。

国立中山大学图书馆。该馆主任杜定友对保护文献典籍十分重视。在中山大学图书馆抗敌后援工作大纲中,在保存文献方面,他把应保存的文献分为6种,分别是:"1.善本图书约××册;2.志书约×××册;3.碑帖约×××张;4.什志中文在二十年以上及从第一卷起卷帙齐全者全数保存。西文亦酌量选存;5.普通书关于宣扬我国文化及目前教学上需用者酌量选存;6.调查本省各图书馆对于保存文献之办法及现存本省志书状况"①,为保密起见,他将关键词句做了技术处理。从1938年起,杜定友即奉命将珍贵图书320箱,移存校内安全地点。1939年1月,将一部分善本书、碑帖等199箱(包括医院图书77箱)先行迁运香港,其余148箱暂存校内。广州失陷后,中山大学图书馆工作人员连夜赶装,几天之内,加装63箱,连同保存在学校里的,共211箱,随校西迁②。从1938年10月19日起运,到1939年5月15日全部抵达云南澄江,为期209天。途经广东罗定、广西、安南、昆明,途中经常遭遇敌机轰炸,历经艰难险阻,艰苦跋涉,在所不惜。

江西省立图书馆。抗日战争全面爆发后,为了避免珍贵典籍被劫掠,保证古籍善本馆藏的安全,江西省立图书馆被列为首批撤退对象,6万余册善本书转移至永新城内农业院保管,后迁至东门外台上村。馆中全部平装书和卡片箱、用具则在奉令撤退时雇用民船沿赣江上溯吉安。到达吉安后,由于省立图书馆馆舍无法得到解决,在吉安临时办事处讨论分迁办法后,在不到半个月的时间内,又将2万多册图书分迁泰和、永新、遂川、安福③。为了便于稽查,使馆藏不至于陷入混乱,避免图书散佚,1941年初江西省立图书馆对全部馆藏进行了清理和注册。另外,迫于时局关系,1942年8月,江西省立图书馆总部迁往万安,直到1943年迁回泰和孔子庙。1944年,湘北战事发生,衡阳失守,省立图书馆一部移往河东何村保管处,一部移往兴国阅览所,一部仍驻守快阁,至9月始全部返馆。1945年初,又迁往兴国,暂设办事处于泰和总馆文化服务部内。④整个抗战期间,江西省立图书馆不断

① 杜定友:《国难杂作》,第65页。
② 杜定友:《国立中山大学图书馆民国二十七年度工作报告》,《中华图书馆协会会报》1939年第2～3期合刊,第7页。
③ 熊飞:《抗战期间的江西省图书馆》,《江西文史资料选辑》1985年第18辑,第98页。
④ 周建文、程春焱主编:《江西省图书馆馆史(1920～2010)》,南昌,江西人民出版社,2010年,第32页。

迁移,力避珍贵典籍流失,为保护传统文化发挥了积极作用,为该馆战时馆务的展开创造了条件,同时也为服务抗战奠定了坚实基础。

除了上述图书馆进行文献转移外,华东、华中、华南地区的其他各种类型的图书馆,也都采取措施,纷纷进行文献转移。其中包括国立中央大学、金陵大学、厦门大学、福建省立图书馆等。随着战争情势越来越紧张,西部地区的图书馆,如四川大学图书馆也都进行了文献转移。文献转移,成为战争初期中国图书馆工作的主要内容。

(二)编制抗战论著参考书目

卢沟桥事变前,图书馆界已经编制了不少中日问题的研究书目和索引。战争全面展开后,大后方或处于安全区域的图书馆界,他们又编制出一批新的书目,不断拓展图书馆的工作范围,为抗战救国贡献一己之力。

《战时问题论文提要》。吕绍虞编著,该提要的素材来自1937年之前,不过刊出于1937年,恰逢其时。吕绍虞表示:"我们不欲救亡图存则已,否则,当此危机四伏,一触即发之际,不能不有所准备,免致一旦战事爆发,惊惶失措,坐以待毙。"[①] 为了满足学者参考上需要和进一步的研究便利,他编辑了该提要。提要收集了论文130余篇,分动员、政府及行政、经济、财政、金融、战费、粮食、交通、工业、卫生、教育、其他11类[②]。该提要最显著的特点是在重要论文后加上了吕绍虞自己的看法。这一看法体现了图书馆界对战时问题的认识。如在吴光杰所著《国家总动员概说》一文后,吕写道:"现在各国对于总动员,平时皆有十分准备,这个准备到了什么程度呢?差不多把整个国家变成一个家族或大公司的样子了,各事皆统制起来,目的在将他的国力能完全发挥到战场上去,而后的战争,是以民族力量的赌赛,来决定你的生命。中国在这民族竞争激烈之下,要想救亡图存,也只有依着潮流,向前猛进,以求我们民族国家复兴与繁荣。"[③]诸如此类的见解在提要中比比皆是。

《抗战参考书目录暨论文索引》。抗战军兴,举国一致,抱着"抗战必胜""建国必成"的观念,以图实现国家复兴,民族生存。为了促进抗战进行,广西省政府图书馆于1938年1月专门出版了《抗战参考书目录暨论文索引》,所辑书目及论文索引从"九一八"到"七七"事变,分为:1.抗战论丛;2.国际关系;3.政治;4.经济交通;5.教育;6.军事;7.边疆地理;8.国难史;9.国难文艺;10.日本研究;等类。每类开头列专书,次载论文。所收

---

① 吕绍虞:《战时问题论文提要》,《人文月刊》1937年第3期,第1页。
② 同前文,实为12类,但原文作"11类",故保留。
③ 吕绍虞:《战时问题论文提要》,《人文月刊》1937年第3期,第2页。

论文杂志约有 30 余种。每篇均详细记载了书名或篇名及出处，便于参考①。

《战时经济参考书目》。岭南大学图书馆 1938 年 4 月出版了《战时经济参考书目》，分中西文两部：中文部收杂志 88 种，专书 70 种，论文集 6 种，日报 4 种，共有题目 800 余条。西文部收专书 160 种，研究战时经济各问题者，可就本书求书及论文题目。②

《战时国民知识书目》。在各种有关抗战的参考书目中，以重庆中央图书馆筹备处编印的《战时国民知识书目》最具特色。该书目刊载了战时学术的研究，其要旨在供给后方民众及一般公务人员探求战时必备知识的资料。此书目每半个月发行一次，注重实际需要，所以每期以一问题为中心，就该问题目下所能见及的资料，略为排比，著录简明，编辑得体。如第四期，期刊论文选目；第五期，空军知识书目简目；第六期，军事工程书籍简目；第七期，东北问题书籍简目；第八期，战时教育书籍简目；第九期，日本国势书籍简目；第十期，太平洋问题书籍简目；第十一期，中日关系书籍简目；第十二期，国际公法及外交书籍简目；第十三期，日本侵略史书籍简目；第十四期，重庆各图书馆所藏西南问题联合书目初编；第十五期，国立中央图书馆所藏四川及闽广地图简目；第十六期，西南问题联合书目初编续编；第十七期，重庆各图书馆所藏西南问题期刊联合书目录；第十八期，国立中央图书馆所藏桂滇黔三省方志目录③。所有这些书目，针对性很强，对于一般民众查找相关图书提供了极大便利。

图书馆通过提供书刊，供读者阅读，以实现其基本职能。全面抗战爆发后，国家与社会的焦点都集中在战争上，关于战争爆发的原因、背景、进展、各方反映、趋势、战况等都是读者的关注所在。在读者迫切要求了解战争问题的情形下，图书馆界编制各种书目，无疑为读者了解战争提供了便利。通过书目或索引，图书馆界可以引导民众，间接实现社会动员等战时目标。因此，编制战时书目或索引，是战争初期图书馆界基本的工作内容之一。

此外，利用图书服务战争也有零星出现。如上海震旦大学公教进行会，鉴于伤兵在疗养期间，容易烦闷无聊，发起供给伤兵阅读之善书图书馆。经会员发起募捐相当经费，购置书籍刊物，规定相当章程，轮流借给各红十字会医院内伤兵阅读④。再如上海教育界陈鹤琴等，自上海沦陷以

---

① 《抗战参考书目录暨论文索引》，《图书季刊》1939 年第 1 期，第 41 页。
② 《战时经济参考书目》，《图书季刊》1939 年新 1 卷第 1 期，第 48 页。
③ 《战时国民知识书目》，同上，第 78 页。
④ 《上海伤兵图书馆之组织》，《福建公教周刊》1937 年第 26 期，第 12 页。

后，鉴于难民麇集，留难儿童逡巡街头，于 1937 年秋发起组织上海街童教育会，教育儿童 3 000 余人。为流浪街童充实精神食粮起见，该会特筹办街教巡回图书馆，巡回阅读。这项运动得到了上海市文化界教育界等赞助，中华儿童教育社、大夏大学等都竭力赞助。该市各小学学生也愿意捐赠书籍，以扶助街童。街教巡回图书馆的目的是使街童不致再向街头小书摊上租借不良刊物阅读 ①。

中日之间的战争是很突然的，当时双方没有宣战，没有划定战区，列强对中日态度又不明朗，图书馆界对军事行动也无法预测。在这种混沌形势下，战争初期，战区或战区附近图书馆措手不及，无法开展更为有效的工作。处于安全区域的图书馆界，他们密切关注军事进展，收集信息，编制战时图书目录等，以满足国人对战时信息的需求。无论战区或战区附近图书馆转移文献，或安全区域图书馆界编制战时书目，他们都是尽心尽力地做好本职工作。他们用实践或思考践行图书馆界的本位救国。

战争初期，社会动荡，交通困难，信息流通不畅，自创刊以来一直发行的图书馆界信息交流刊物《中华图书馆协会会报》也因战争而停刊，图书馆界处于一片混乱之中。然而，即使在彼此隔绝的状态中，中国图书馆界并没有放弃，他们在思考，他们在行动。他们支持政府的抗战政策，他们努力设想战时工作，他们力所能及地做好本职工作。图书馆界虽然彼此隔绝，他们的思考和行动却都有一个方向，那就是立足图书馆，服务抗战。战争初期七零八落的图书馆界在战争一年后，终于又团结在中华图书馆协会下，开始了新的征程。

第二节　协会的战时基本态度

一、支持抗战建国纲领

卢沟桥事变后，国民政府一改之前对日本的软弱态度，采取措施，调兵遣将，组织了淞沪、太原、徐州、武汉四大会战，积极反抗侵略。1938 年 4 月，公布了抗战建国纲领，宣示抗战决心，同时拟定了战时教育文化实施方案，以促进全面抗战的进行。

---

① 《上海街童教育会筹设街童教育巡回图书馆》，《浙江战时教育文化月刊》1938 年第 4 期，第 43 页。

　　国民政府的举动赢得了国人尊重，也得到了中华图书馆协会的积极支持。1938 年 7 月，受战争影响而停刊一年的《中华图书馆协会会报》复刊。复刊后的《会报》对中国反侵略的战争性质认识十分深刻，认为："此次是对外抵抗的战争，是为求生存而战争"，除全国一致长期抵抗外，没有第二条道路可走。同时对抗战最后取得胜利充满信心："我国文化机关，受剧烈之摧残，……吾人牺牲虽大，但最后胜利，必属于我，中华民族必能从大局转移，而收复失地，重奠邦基。"①在战争胜负未分、战场形势混沌时期，协会的必胜信心配合了国民政府抗战必胜的宣传，具有鼓舞人心的作用，相当可贵。

　　为表示对政府抗战政策的支持，《会报》在复刊后的第 1 期第 1 页，即第 13 卷第 1 期，专门辟出版面，节录了《抗战建国纲领》的教育部分："（庚）教育：（二九）改订教育制度及教材，推行战时教程，注重于国民道德之修养，提高科学的研究与扩充其设备。（三十）训练各种专门技术人员，与以适当之分配，以应抗战需要。（三一）训练青年，俾能服务于战区及农村。（三二）训练妇女，俾能服务于社会事业，以增加抗战力量。"自《会报》创刊至今，这是第一次以这种形式支持中央政府。此后，《会报》经常不定期地刊登政府或领袖有关抗战的重要言论。如《会报》第 13 卷第 3 期登载国民党军事委员会委员长蒋介石的语录："我之抗战，惟求我三民主义之实现，与国民革命之完成，故凭籍（藉）不在武力与军备，而在强毅不屈之革命精神，与坚韧不拔之民族意识。自今伊始，必须更哀戚，更坚忍，更踏实，更刻苦，更猛勇奋进，以致力于全面之战争，与抗战根据地之充实，而造成最后之胜利。"又如第 13 卷第 5 期节录了蒋介石在第三次全国教育会议上的训词："更望诸君确认中华民国此时之需要，把握住教育上的中心问题，以全副的热情和真诚，负起救国建国之责任，……要以革命救国的三民主义，为我国教育的最高标准，实施抗战建国纲领，创造现代国家的生命。"如此等等。

　　抗日战争全面展开后，教育部为统筹战区专科以上学校教员战时服务，及学生就学或训练起见，制定了员生登记办法，以维持战时教育需要。不过，该登记办法不包括图书馆员在内。中华图书馆协会为了团结图书馆界人士，群策群力，为抗战贡献力量，特地致函教育部，要求教育部准予登记战区图书馆人员。呈文内称："学术充实，图书是赖。战时学术界之恐慌，如何救济？现代科学刊物，如何传播？以及抗战期间如何启发民

---

① 《本会会报复刊感言》，《中华图书馆协会会报》1938 年第 1 期，第 1 页。

智? 指导社会? 战事结束以后, 如何复兴? 则图书馆之职责, 颇为重大。"
同时, 数十年来, 图书馆建设, 偏重沿海沿江一带, 而西南内地, 边疆各
省, 分布失衡。全面抗战期间, 惩前毖后, 应该调整图书馆畸形发展的形
态, 加强西南地区的图书馆建设。呈文表示:"窃以图书馆之地位与人员,
实不在学校及其他事业之下, 矧其为一种专门事业, ……似应援照战区专
科以上学校员生登记办法", 准予在教育部登记,"分别派遣西南及西北各
省继续服务, 以期人尽其才, 事尽其利, 俾能充实文化, 而受指臂之效"①。
尽管教育部没有批准协会的呈请, 但协会为抗战建国的一片良苦用心昭昭
在目。

为了配合政府的抗战, 协会向国民党中央党部呈报了会务进行概况。
其中"现在工作状况"为:"一、拟定战时工作大纲, 在各地设立通讯处, 集
中力量发展后方图书馆事业; 二、调查全国图书馆被毁状况, 以英文编成
报告, 作国际之宣传(已脱稿); 二、协助被毁之图书馆向国外征求书籍,
积极复兴。"协会确定的"以后工作方针"为:"一、协助中央及地方政府,
在西南西北各省发展图书馆事业, 指导各图书馆积极推进文化建设, 训练
专门人才, 并予以技术方面之合作, 俾能在抗战期间, 扫除文盲, 促进民
教, 唤醒民族意识, 激发抗战精神, 以增强抗战之力量。二、在国外继续作
有系统之宣传, 分请欧美各国学术界、出版界, 寄赠大批图书, 协助我国被
毁之图书馆从事复兴, 以符中央抗战建国之本旨, 而供给战时及战后全国
学术界之需要。"② 可以说, 协会支持政府抗战不遗余力。

协会积极支持国民政府的抗战, 得到了国民党中央的高度肯定。中国
国民党中央执行委员会社会部指令嘉勉协会, 指令称:"所拟以后工作计
划, 亦颇切合当前需要。……日寇之所以谋我者, 非特侵占我土地, 屠杀
我人民, 尤在摧残我文化, 灭亡我民族。仰该会凛然于国难之方殷, 与使
命之重大, 以不屈不挠之精神, 积极努力。"③ 国民政府教育部表示:"工作
事项, 除应照该会计划、'以后工作方针'二项切实办理外, 对于各地图书
馆被敌炸毁及劫掠情形, 尤应在意调查, 随时宣传并列报备查为要。"④ 同
时教育部和宣传部也恢复了对中华图书馆协会的微薄资助, 以示鼓励。面

---

① 《本会呈请教部准予登记战区图书馆人员》,《中华图书馆协会会报》1938 年第 1 期, 第
15 页。
② 《本会呈报中央党部会务进行概况》,《中华图书馆协会会报》1938 年第 3 期, 第 15~16 页。
③ 《中国国民党中央执行委员会社会部指令嘉勉本会》,《中华图书馆协会会报》1939 年第
5 期, 第 12 页。
④ 《教育部准于补助本会经费每月一百元》,《中华图书馆协会会报》1939 年第 1 期, 第 11 页。

对日本的侵略，在民族大义面前，作为中国文教团体的一分子，协会与政府建立了良好的关系，并为实现最终战胜日本、取得民族独立的伟大目标而奋斗。

协会支持政府抗战是长期的。1940年，协会向教育部呈报1939年度工作概况，其第一项为"协助西南各省筹设图书馆"、第二项为"积极向国外征募图书"、第三项为"香港办事处之工作"，① 此后各年的年度工作报告，也无一不以抗战为中心，无一不与抗战密切关联。抗战全面展开后，协会的主要工作就是配合政府的抗战建国纲领，推进西部地区的图书馆事业，有关图书馆专业事务，如编制联合书目、图书馆学理论研究等，均发展迟缓。

二、参与中国教育学术团体联合年会

作为支持国民政府抗战的一个重要组成部分，协会推派代表参加中国教育学术团体联合年会筹备委员会。1938年，中国教育学会、教育电影协会、中华儿童教育社、中华职业教育社、中国心理卫生协会、中国社会教育社、中华健康教育研究会、中华图书馆协会等教育学术团体，为在抗战建国期间，便于联合推进会务，在重庆设立联合办事处。该处议决在重庆举行中国教育学术团体联合会年会，借以讨论在抗战建国期中各种教育实施问题。中华图书馆协会对与其他教育学术团体的合作积极支持，大力配合。协会为此推派沈祖荣、蒋复璁和洪范五三人为筹备委员②，参与会务的实际筹备。协会的姿态，与国民政府建国纲领要求全国勠力同心共同抗战的基本宗旨完全一致。

1938年11月，12个教育学术团体在重庆举行第一届联合年会。联合年会通过了大会宣言，称：教育界同人"既愤于暴敌蔑弃国际信义，残略我土地人民，摧毁我经济文化之建设，复感于前后方军民，同德一心，奋发忠勇，慷慨杀贼，众志成城，更喜于抗战已入于争取主动之新阶段，新中国在孕育创建程途中迈进，益觉吾从事教育工作人士，际斯五十年来，中华民族历史，创演一大变局之交，其责任异常重大"③。各教育学术团体应该集思广益，共谋抗战建国纲领的普遍施行，提出四点内容：1. 教育必须适应

---

① 《本会呈请教部续予经费补助》，《中华图书馆协会会报》1940年第5期，第10～11页。

② 《本会推派代表参加中国教育学术团体联合年会筹备委员会》，《中华图书馆协会会报》1938年第3期，第16页。

③ 《中国教育学术团体联合年会大会宣言》，《中华图书馆协会会报》1939年第4期，第6～7页。

整个国策；2. 教育必须针对抗战建国的需要；3. 教育必须发挥其联系作用；4. 教育必须坚定抗战建国的信念，面向国际宣示，以阐扬我民族精神。年会宣言的基本宗旨就是支持国民政府的抗战建国纲领。中国教育学术团体联合年会的召开，实际上扩大了国民政府统治的社会基础，是文化教育界支持政府抗战的国际宣言。

中国教育学术团体联合年会是中国文教团体向世界释放的一个信号：中国的文教团体支持政府的抗战建国纲领。南京国民政府成立后，中国的文教组织如雨后春笋般发展起来。据统计，从 1928 年到 1936 年底，中国出现的文教组织团体就达 74 个①。这还不包括之前成立的各种文教团体。有研究表明：民国时期较有名的文教社会类社团就有 270 多个②。但这些团体大多独立性很强，与政府保持距离，也不一定认同国民政府的文教政策，更不必说全力支持。全国教育学术团体联合年会仅由 12 个教育学术团体组成，在整个文教社团中，客观地说，比例不是很大。这个比例显示了国民政府和教育学术团体的关系不太密切。然而，在这为数不多的文教组织中，中华图书馆协会能够以高姿态支持国民政府，也足见其对政府的信心和支持态度。1940 年，汪精卫等人在南京组织所谓国民政府，京沪地区不少文化团体表示支持。两相比较，更可以看出中华图书馆协会对国民政府的忠诚。中华图书馆协会虽然不大，爱国之心却很坚定。

1942 年 2 月 8 日，全国教育学术团体第二次联合年会在重庆国立中央图书馆召开。中华图书馆协会是主要成员之一。这次到会党政机关首长及各团体会员 200 余人，代表团体 13 个单位。协会方面，到会机关会员有国立中央图书馆等 6 单位，个人会员 34 人。协会理事蒋复璁由教育学术团体联合办事处推举为主席团主席。国民政府主席林森及军事委员会委员长蒋介石均特颁训词。中央宣传部长王世杰、教育部长陈立夫发表演讲。这次联合年会，是中华图书馆协会大放异彩的会议。协会不仅在主席团中占有重要一席，在全部出席人数中也占七分之一，而不是十三分之一。专业小团体在教育大舞台上发挥了积极作用。协会的积极支持对国民政府具有重要意义。要知道，1942 年初政府在抗战中正处于最艰难的时期：太平洋战争爆发后，1941 年 12 月，香港失陷，东南亚地区也相继落入日本政府的掌控之下，中国面临的国际情势空前严重；中国最重要的盟友美国此时也处于对日本的守势地位；协会理事长、国立北平图书馆馆长袁同礼在香港

---

① 郭双林主编：《中华民国史》第五册·志四，成都，四川人民出版社，2006 年，第 388 页。

② 同上，第 381 页。

失陷时，正在香港。此时音信全无，协会群龙无首，教育部不得已令蒋梦麟代理国立北平图书馆馆长职务。尽管如此，他却不能代理协会理事长一职。在此最艰难时期，协会能够在理事蒋复璁带领并组织下，参加全国教育学术团体联合年会，如果不是对政府充满信心，是难以做到的。

1944 年 5 月，中国教育学术团体第三届联合年会在重庆举行。年会通过的最重要的议决案为改组原设联合办事处为联合会，以加强教育学术研究，推进国际文化合作。经积极筹备，7 月 16 日在教育部礼堂召开各团体代表大会，共到代表 20 余人。协会由袁同礼、蒋复璁、沈祖荣三理事代表出席。大会除了通过联合会章程外，推选理事 27 人，监事 9 人。公推张伯苓为理事长，沈祖荣为常务监事，袁同礼、蒋复璁当选为理事。联合会确定的中心工作有四项：1. 积极分区举行学术讲演；2. 搜集并整理国内教育学术文化资料，加强国际宣传；3. 印行各团体专题研究报告及各团体工作概况（英文本），准备向世界教育学术团体交换刊物；4. 举行各团体研究工作会报，注重中国教育学术之综合的研究，以谋中国教育学术体系之确立①。协会站在全国教育学术的舞台上，放眼世界，支持政府的抗战政策。

中华图书馆协会是小众的专业团体，具有一定的独立性，也相对封闭，战前与其他教育学术团体交集很少，在全国文教社团中影响也很有限。"九一八"事变后，各种学术机关团体提出各式救国方案时，中华图书馆协会发出的声音不能传到神州大地的各个角落。然而，就是这样一个专业小团体，却是政府抗战政策的坚定支持者。现在，全国教育学术团体联合年会为中华图书馆协会提供了一个新的与国内文教机关合作的平台。通过联合年会，协会增进了对其他文教团体的了解，对中国图书馆事业在抗战中的地位也有了不同以往的认识。协会能够根据联合年会，随时调整工作内容，以适应抗日战争和世界反法西斯战争的需要，对促进战时图书馆事业的发展，意义重大。

1941 年，南京汪精卫"国民政府教育部"回顾一年来教育事业的进展时，有关社会教育方面，列举了包括督促学校兼办社教、提倡改良习俗、训练社教工作人员、推广国民体操等 15 项内容②，其中没有任何文字涉及图书馆方面。同样，汪精卫政权的宣传部总结一年来文化事业的进展时，提及包括东亚联盟中国总会、中日文化协会、中国教育建设协会等 24 个文化团体的活动③，也没有任何图书馆界的文化团体。而汪政权统治的核心区

---

① 《本会参加教育学术团体联合会》，《中华图书馆协会会报》1944 年第 4 期，第 16 页。

② 教育部：《缔约一年来教育事业之进展》，《中央导报》1941 年第 18 期，第 18～20 页。

③ 宣传部：《缔约一年来文化事业之进展》，同上，第 22～23 页。

域——南京、上海、广州——恰恰是中国图书馆事业较为发达的区域。这些事实表明图书馆界对汪伪政权态度非常消极。对汪伪政权的消极和对重庆国民政府的积极，显示了中国图书馆界强烈的民族意识和传承文化的决心。

三、参加第三次全国教育会议

全国教育会议是国民政府定都南京后规划全国文教事业而召开的一种会议形式，始于 1928 年 5 月，由时任大学院院长的蔡元培发起。此后这一形式得到延续，1930 年 4 月召开了第二次全国教育会议。为讨论抗战建国时期教育实施方案，教育部于 1939 年 3 月在重庆召开第三次全国教育会议。这次教育会议出席人员分为 10 类：一是教育部长和教育部相关部门负责人；二是国民党中央党部各部处代表；三是行政院各部会代表；四是军事委员会政治部代表；五是国立中央研究院和国立北平研究院代表；六是各省教育厅厅长；七是行政院直辖市社会局局长；八是各国立、省立、已立案私立大学校长（或常务委员会互推一人）；九是国立编译馆、国立北平图书馆、国立中央图书馆筹备处、国立中央博物院筹备处代表；十是教育部遴聘专家 40 人。列席人员包括各省教育厅指定的各该省内地方教育行政或中小学教育或民众教育人员每省一人。出席、列席人员总共 231 人。

此次会议出席代表人员广泛，包括党政军教、中央与地方、全国各区域等方方面面。第三次全国教育会议宣言称："本会议不特感觉自知本身使命的重大，而且深知本身责任的艰巨。在此交通不便的时期，而参加的会员，不仅来自西南，而且来自东北，不仅来自我军的前方，而且来自敌军的后方。这一次到会的人数，反较前两次教育会议为盛。这正是因为我们同受强烈民族意识的驱使。"[1] 应该说，这一评价并不夸张，较为符合实际情形。

图书馆界得到了这次会议的格外重视。出席人员第九类中，国立北平图书馆和国立中央图书馆筹备处各有一名代表名额。这是前两次全国教育会议所没有的现象。1928 年 5 月召开的第一次全国教育会议，出席代表 79 人[2]，能够称得上图书馆专家的仅商务印书馆、东方图书馆馆长王云五一人。不过，其时王云五的注意力集中在私立东方图书馆上，对全国图

---

① 教育部教育年鉴编撰委员会：《第二次中国教育年鉴》，上海，商务印书馆，1948 年，第56 页。

② 中华民国大学院主编：《全国教育会议报告》甲编，上海，商务印书馆，1928 年，第21～28 页。

书馆事业的关心远没有他对东方图书馆和商务印书馆的关心程度高。1930年召开的第二次全国教育会议，没有一名图书馆专家出席。而第三次全国会议，图书馆界能有两名正式代表名额，足以表明图书馆事业自1928年以来已经取得了巨大进步。北平图书馆和中央图书馆筹备处的"国立"地位，也间接体现了图书馆事业的发展程度。这次全国教育会议两大国立图书馆负责人袁同礼和蒋复璁联袂出席，无疑意味着图书馆在教育事业中的影响已经越来越大。袁同礼为中华图书馆协会理事长，某种意义上可以视为中国图书馆界的代表。

重庆国民政府对此次全国教育会议高度重视。3月1日开幕式时，教育部长陈立夫致开会辞，国民党总裁蒋介石、国民政府主席林森、行政院长孔祥熙先后训词，司法院长居正致辞；3月2日，行政院长孔祥熙、副院长张群宴请与会代表；3月4日，行政院长孔祥熙、监察院长于右任到会参加指导，国民政府主席林森在国民政府大礼堂招待全体会员茶会；3月5日，监察院长、行政院长、司法院长到会参加指导；3月6日，考试院长到会演讲，司法院、司法行政部、最高法院等机构宴请代表；3月7日，行政院长到会参加指导；3月8日，教育部长陈立夫宴请与会代表。从这一系列的会议安排来看，国民党和国民政府要员多次与会并宴请会议代表，这种高规格是此前教育会议所没有的。图书馆界代表躬与盛会，也是一种象征与荣耀。

图书馆界代表积极配合全国教育会议。这次会议发起目的是"教育部为讨论抗战建国时期教育实施方案"[1]，而主要内容之一，实为检讨过去。因此，蒋介石在训词中表示："这一次教育会议的任务，当然是要检讨教育界的现状，研究改进或补救的办法，解决教育上当前种种困难问题。"[2] 全面抗战以来，教育事业面临诸多迷惑与困难，暴露了诸多问题，迫切需要固结民心，从事社会动员，推进实施抗战救国宗旨。在这种大背景下，检讨成为会议的主旨之一。两大国立图书馆依照会议组织者的要求，就图书馆方面的问题提出了三件议案，分别是国立中央图书馆筹备处和国立北平图书馆联合提出了《请确定全国图书馆制度以广文教案》《请确定图书馆员教育制度以宏造就案》两案，国立中央图书馆筹备处单独提出了《请确定图书馆事业费在教育经费中之比率案》。

这三个提案，一方面配合了教育部检讨以往教育问题的开会宗旨，指

① 教育部教育年鉴编撰委员会：《第二次中国教育年鉴》，第41页。
② 蒋介石：《第三次全国教育会议训词》，《教育杂志》1939年第4号，第89页。

出图书馆事业发展中存在的问题，另一方面也反映了图书馆界长期以来对政府的期望，也试图借此机会，促进全国图书馆事业的发展。这些提案是关涉图书馆事业发展的政治层面和立法层面的问题，在全国教育会议上提出来，较为合适。

袁同礼、蒋复璁参加第三次全国教育会议，表明国立重要文化机关在教育中的地位得到了承认，这是图书馆界长期努力的结果；袁同礼和蒋复璁的出席，尤其袁同礼的出席（作为重要文化机关的领袖人物，袁同礼没有能够以代表身份参加前两次全国教育会议。第一次也许可以解释，毕竟当时南北还没有统一，但第二次也没有出席，那就难以解释了。只能说明国立北平图书馆不受重视），也表明图书馆界精英分子对国民政府抗战政策的支持。图书馆界在抗战救国和文化传承之间寻求平衡，在支持国民政府抗战政策的前提下，极力推动图书馆事业的建设。

第三节 协会工作重心的转移

一、图书的社会需求

全面抗战展开以后，中国社会各界对图书馆有了新的认识，他们不同程度地感觉到图书馆在战时的重要性。这种需要，对图书馆界来说，是一种巨大的鼓励，也是战时图书馆事业发展的动力所在。

教育部长陈立夫对战时图书馆界寄予了厚望。他从三个方面阐述了图书馆在战时的重要性：第一，图书馆可以坚定抗战必胜的信念。他表示，长期抗战，目的是争取民族的自由平等与世界的正义和平。在此期中，教育不仅不能松懈，反而必须更加努力。只有加强教育，才能促使意志集中，智识向上，收克敌制胜之功。第二，图书馆是抗战与建国取得成功的重要工具。他认为抗战和建国，两者并行不悖，同时进行，不容偏重其一。无论抗战与建国，都需要造就专门人材，以为基础，而后能依照预定方案，次第推进，乐观厥成。所以如果要完成抗战建国人业，图书即其重要工具之一，而图书馆又是此工具之大本营，其位置固不次于学校。第三，图书馆在传承文化方面地位独特。陈立夫认为，一民族有一民族的独立文化和固有精神，倘欲保存文化而大加发扬，舍图书馆之外，其道莫由。也因为图书馆重要，陈立夫对抗战以来一切公私藏书半被掠夺而深感痛惜，同时他对图书馆界提出两点要求："一则保护已有之书籍，使之勿再遗失；一则搜罗未有之书籍，使之日趋完备，更以良好之管理方法，便于读者，而是满足其要求，增进其智力。"① 陈立夫的观点，反映了国民政府高层对战时图书馆重要性的认识。

抗日救亡工作者需要图书馆。一个名叫苗敬的抗日救亡青年，1938年病倒在重庆，但他"时刻不能忘了我自己的责任，我不能忘了同志们对我的叮嘱"，虽在养病，但还是想利用时间来增加他的救亡智识，他向媒体《全民抗战》呼吁："我需要读书！"不过，他表示："我们以前的酬报是'穷'和'病'，剩下是一个光身，那还有钱来买书呢？杂志还可在店铺里立一会揩油看看，可是较厚的书，较有系统的书事实上很难这样揩油看，老是对着书铺里相相白眼，没有钱。"在致函媒体时，他说：在重庆有很多的青年是在追求智识，有很多的救亡同志想阅读最近的书，可是大部分都很穷，同我一样的对着书铺望洋兴叹。他称："书是青年的恩物，精神食粮对青年是不可缺少。现在的图书馆送的武侠小说以及一些陈旧的书是不能满足一般新的要求。因此我亟盼（媒体）先生能发起筹设一个救亡流通图书所，来解决一般穷朋友的求智问题。"为此，他提出了设立救亡流通图书馆的建议：第一，成立办法：1. 由本市各书店每家捐书若干；2. 向各界人士征募书籍；3. 私人或团体捐助现金；4. 议定一公共地方出借或请战时书报供应所加以扩大。第二，出借原则：1. 照流通图书馆办法交保证金；2. 或每相当日期扣租借费×分，或以折旧法借给（此等收入费用作再买新书）；3. 有救亡团体介绍、担保者，经借者请求无费者，可无费借书。他发出呼吁："我极诚盼有人起来响应，来负责筹设这个图书馆，来解决一般青年人的渴望。"②

《全民抗战》编辑对苗敬积极回应："我想这没有人会不赞同。今日各城市，各战区，甚至兵营都无不感到精神粮食的缺乏，设立各种大小不同的流通图书馆，是目前迫切的问题。我们除希望政府、各文化团体积极为此工作努力外，同时也从个人按照自己的经济力量和社会地位在各角落自动的创办起来。"③ 苗敬的例子是鲜活的，反映了救亡青年的一种心声。这种心声恰恰显示战时图书馆事业的必要性。

伤兵图书馆的成功范例。田常青曾参与青年会军人服务部举办的战时图书馆，颇有心得。他表示，在士兵中，识字的虽然不多，可是他们对于国事的关心却不甘落后，每日老是找我们服务人员了解时事："今天前方打得怎么样呀？"跑进俱乐部的图书馆开头就是这样问。如果听到好消息，那真

---

① 陈立夫：《抗建与图书馆》，《图书月刊》1941年第3期，第1页。
②③ 苗敬：《流通图书馆的需要》，《全民抗战》1938年第47号，第636页。

是高兴得像小孩子般的欢乐。"非把鬼子赶出去不可,我们伤好了马上到前线去,再杀掉几个鬼子,死也甘心。"有时听到我们游击队神出鬼没地给敌人以打击和运用运动战术给敌人以重大的歼灭,他们就更休会出这战术的重要和对抗战前途的影响。他说:根据统计,"凡是图书馆的读者,十分之八九都是伤好了再上前线的,他们时常从前线写信来说他们以前在图书馆所得的好处"。也就是说,这种战时图书馆非常必要。

为了能够推广战时图书馆,田常青提出了组织战时图书馆的原则及工作方式:

组织图书馆的原则:1.要有弹性——凡是能教育士兵,增加抗战认识,坚定最后胜利信念的,任何方式都可以应用,尽量利用一切工作机会,不轻于放过任何可与士兵或官长讨论的时间,不要呆板地做,应该因地制宜。2.是主动的——主办图书馆应积极主动地提供服务。譬如说图书馆的读者,不是坐着等他们来借还书籍,而是服务人员亲自去召集他们来。倘要等他们来,就会门市冷落,你自己前去鼓励士兵阅读,那就会应接不暇。环境是可以由人创造出来的,只要你肯努力,肯奋斗,肯前进。3.带机动性——工作的发展不能在几种死板的工作方式之下胜任的,新的工作方式是在不断的学习中才能创造出来的。突击也是机动性之一,这样才会使我们工作更有生气,更有意义,更有价值。4.置备书籍——宜注重"质"而不重"量",宜精不要滥,宜根据环境或对象的需要配制。过去我们书籍虽然只有二三百本,可总是宣告"客满"。书籍报章杂志可尽量征募以减轻经济负担。

工作方式:1.流通图书——出借书籍互相交换,这是图书馆最基本的形态。2.读报读书——书在不识字的人手中会失掉效用。一般士兵虽然不识字,但关心国事很殷切。我们应该每天报告时事,读报给他们听,使他们明白抗战的形势。还可用讲故事的方式来读书给他们听。这样一方面推进他们的求智(知)欲,另一方面灌输抗战的意识。试验下来,这方式对于不识字的士兵颇有效果。3.研究工作——战时图书馆并不是普通的图书馆,养成他们看书的习惯,同时也就把他们组织起来,用集体的方式来研究或讨论国际时事、社会科学、军事学及各种抗战胜利要素,打击敌人的重要问题,等等。这样使士兵自己有发抒意见的机会,互相切磋讨论、批评,他们自然而然地对于这次抗战就有更深刻的了解,最后胜利的信心也像钢铁一般坚定起来。田常青表示:"我们要使前方战事胜利,就得努力推进及发展前线文化工作,而最好的方式是多多设立战时图书馆。"①

---

① 田常青:《我们办伤兵图书馆的经验》,《全民抗战三日刊》1938年第2号,第23~24页。

需求决定发展。无论是对图书馆与抗战建国关系有着深刻认识的陈立夫，还是苗敬这样从事救亡运动的热血青年，或有伤兵图书馆经验的田常青，这些人处于社会的不同层面，所发或高屋建瓴，或切身体会，或办馆心得，对图书馆界来说，都是可贵的财富。时代的发展，需要图书馆界及时转型，以适应新形势下图书馆事业的发展需要。

二、协会的抗战动员

抗日战争全面展开后，中华图书馆协会的工作一时陷于停顿。1938 年4、5 月份起，逐渐恢复，开始正常运作。工作重心由此前推动图书馆事业进步，一变而为支持国民政府的抗战政策。协会提请会员探讨战时工作。《会报》复刊时即希望会员"如有关于图书馆战时之工作，行政之兴革，被难之状况，文物之损失"，不吝惠赐，以便发表。其用意很明显，就是引导会员讨论图书馆与抗战的关系，便于战时图书馆工作的展开。此后《会报》一直将图书馆与抗战关系的论题作为重点内容，刊登在期刊的显要位置，即"论著"一栏。这一宗旨贯穿抗日战争始终，没有改变。

现将《会报》"论著"一栏刊载的有关图书馆与抗战的文章，列表如表 2-1：

表 2-1 《中华图书馆协会会报》"论著"栏有关抗战篇目

	论 著 名 称	发表刊期
1	抗战建国期中的图书馆事业	13 卷第 1 期
2	抗战期中图书馆应做些什么工作	13 卷第 2 期
3	抗战期中江西省立图书馆的动态	13 卷第 3 期
4	抗战建国时期中之图书馆	13 卷第 4 期
5	图书馆教育的战时需要与实际	13 卷第 4 期
6	建国教育中之图书馆事业	13 卷第 5 期
7	抗战时期之政府机关图书馆	13 卷第 5 期
8	战时军民图书流通计划	13 卷第 6 期
9	江西省立图书馆的战时工作	13 卷第 6 期
10	图书馆征集西南俗文学文献之重要	14 卷第 2～3 期合刊
11	中国国际图书馆与抗战	14 卷第 4 期
12	抗战建国时期一个政府机关图书馆的实例 ——交通部图书馆概述	14 卷第 4 期
13	图书馆的时代使命	15 卷第 3～4 期合刊

	论　著　名　称	发表刊期
14	图书馆界对于我国抗战建国之任务及其推进	16 卷第 1～2 期合刊
15	图书馆与文化建设	16 卷第 1～2 期合刊
16	开展社教以普及文化建设运动	16 卷第 1～2 期合刊
17	图书馆与政治	16 卷第 3～4 期合刊
18	图书馆防空	16 卷第 5～6 期合刊
19	香港沦陷后与我国文献之巨厄	16 卷第 5～6 期合刊
20	英国战时书报景色	18 卷第 1 期
21	战后中国图书馆复兴计划书	18 卷第 3 期
22	中华图书馆协会之过去现在与将来	18 卷第 4 期
23	战后我国图书馆事业之瞻望	18 卷第 4 期
24	战后图书馆发展之途径	18 卷第 4 期

这些与抗战有关的文章透露出来的信息是丰富的：

从数量看，图书馆与抗战的文章占"论著"栏目篇数的一半以上。"论著"一般每期刊研讨文章 2～3 篇，平均起来，每期至少有 1 篇，或全部是图书馆与抗战的文章。其他文章或调查报告的数量加起来不及这一类的题材。这表明抗战已经压倒一切，成为协会关注的焦点所在。这与协会在抗日战争全面展开后，工作重点的转移完全一致，也表明协会支持国民政府的抗战建国纲领，不只是口头上的，而是有实际讨论，是实实在在地化为会员的内在动力。反过来，其他论著少，又证明抗战期间中国的图书馆学研究进展不大，或者说处于停滞状态。

从内容看，图书馆与抗战的文章既有高屋建瓴式的论述，如《开展社教以普及文化建设运动》《图书馆的时代使命》，也有具体而微的细致工作，如《战后中国图书馆复兴计划书》《江西省立图书馆的战时工作》等；既有中国战时图书馆的价值、问题与发展的研究，也有对英国战时书报景色的介绍；既有图书馆学理论的阐述，如《图书馆与政治》《抗战建国期中的图书馆事业》，也有图书馆实践的例证，如《中国国际图书馆与抗战》《抗战建国时期一个政府机关图书馆的实例——交通部图书馆概述》等；既有战时图书馆的发展，也有战后图书馆的展望。内容丰富多彩，均与战争时期的图书馆紧密联系。

从作者看，24 篇论著，只有 1 人发了 2 篇，如果加上一篇译文，计有

24 名作者。作者数量众多，意味着中国图书馆界许多有心人士都在思考战时或战后的图书馆问题。他们身处战争年代，生活、工作、学术无不受到冲击，然而他们并没有忘记图书馆事业，仍然心系之。图书馆人如果没有执著的爱国精神，那是很难做到的。尤其值得一提的是，《战后中国图书馆复兴计划书》的作者萧彩瑜博士，其时身在美国，却挂念大洋彼岸祖国的图书馆事业，东奔西走，为祖国图书馆事业的复兴出谋划策，实属难能可贵。该篇文章刊登在美国图书馆期刊上，引起了美国图书馆协会远东及西南太平洋委员会的注意。该委员会表示："萧彩瑜博士曾经提出关于中国需要摄影器具和图书阅读器的一个广泛的报告。在战争终结后可能购买与载运摄影设备的时候，这个建议需经过慎重的考虑。"①

从纵向看，图书馆抗战文章呈现阶段性特征。1938～1940 年，多讨论战时图书馆的发展，主题宽泛。此时中国在战场上处于守势，协会会员也刚刚适应战时的生活状态，形势发展相当不明朗，因而战时图书馆建设的思考也是全方位的，图书馆界的思考切合了抗战建国纲领的需要。1941～1942 年，侧重于图书馆与文化建设，相对明确。此时陈立夫掌教育部，他注重中国传统文化，对以美国为代表的西方价值观念有戒备之心。《会报》刊发的文章也适应了教育部提出的文化建设要求。1942～1943 年，世界反法西斯战争扭转了战场上的形势，美国在太平洋战场上取得主动，逐渐朝日本本土进发；英美盟军在北非取得了胜利，驱逐了德国部队；苏联在苏德战场上进行了反攻。欧美大国乐观地看待战争形势的发展。他们的自信也影响了国人的情绪，协会主要领导相信战争结束已经为期不远，讨论战后图书馆复兴已然成为必要。1943～1945 年，开始声势浩大地讨论图书馆复兴事业。

《中华图书馆协会会报》是会员通讯交流的机关，其刊载大量有关图书馆与抗战的文章，反映了中国图书馆界在战争年代的思考，也是引导协会会员为战时图书馆的发展建言献策的良好平台。这些文章显示了图书馆人对战争必胜的信心，对图书馆界无疑具有社会动员的作用。

三、中国教育学术团体联合年会的议决案

中华图书馆协会的基本宗旨是研究图书馆学术，促进图书馆事业的发展，推动图书馆间的协作。在不同的历史时期，协会的工作内容并不相同。

---

① 美国图书馆协会远东及西南太平洋委员会拟：《中美文化关系中关于图书馆事业的计划草案》，蓝乾章译，《图书馆学报》1945 年创刊号，第 64 页。

协会成立之初，集中精力建设中国式的图书馆学，围绕图书分类、编目等图书馆学基本问题而展开广泛讨论。国民政府奠都南京后，协会根据形势发展的需要，及时调整工作方针，以适应训政时期教育文化的发展。1928年底至1929年初，协会在南京召开了第一次年会。在此次年会上，协会通过了设立中央图书馆等众多与训政关系密切的议案。宗旨不变、方针灵活成为协会推进图书馆事业发展的基本原则。

抗日战争展开后，中华民族处于存亡绝续关头，中国文教事业遭受空前厄运。在战争胜负形势十分混沌的情况下，中华图书馆协会没有犹豫，没有离开国民政府，而是毅然决然地随着大批文教机关，颠沛流离，不断迁移，为保存中华文化、复兴中华民族而不懈努力。到1938年11月全国教育学术团体联合年会召开时，协会在上海、香港、昆明、重庆，到处都有联络机关，实际上已经无力集中力量开展如战前那样有效的工作。尽管如此，协会没有放弃，在困难中集聚力量，在逆境中继续前进，极力联络会员，在中华民族最艰难的时候，选择站在国民政府一边，支持政府的抗战政策。协会的工作重心也为之转移。

图书馆界对战时图书馆工作的设想首先体现在1938年召开的中国教育文化团体联合年会上。联合年会召开期间，协会及其参会人员积极提案，大会通过了多件有关图书馆事业的议决案，简单整理如下[①]：

《全国各文化机关征购图书应集中办理案》，由中华图书馆协会提出。大会议决与魏学仁、孙明经、段天育三人所提《呈请指令中航及欧亚两公司尽量运入欧美文化读物以利学术研究输出国内抗战宣传文籍以利国际宣传案》，及《呈请教育部主持购置国外出版书籍杂志以期及时取得新知裨补抗战而利平准外汇案》，合并整理通过。该案认为集中征购图书的优点有：便利换购外汇；避免重复；易于编制新书联合目录；减省手续费用；减除交通困难等。具体的解决办法为：1. 呈请教育部主持购置国外出版书籍杂志；2. 在国内及各文化发达的国家分别成立图书征集总机关一处，国外机关应注意搜集最新文化书籍，国内机关应注意征集抗战建国书籍；3. 由协会呈请交通部指令中航及欧亚两公司，增加班次，飞行于越南及国内后方文化中心，尽量早点运入国外最近的文化读物，以利学术研究，并运出国内的抗战宣传文籍，以利国际宣传。

这一提案针对性较强。抗日战争爆发后，北平、南京、上海等地文教

---

① 《中国教育学术团体联合年会有关图书馆事业议决案汇录》，《中华图书馆协会会报》1939年第4期，第9～10页。

机关大量内迁，他们随身携带的书刊有限，到了西部地区后，因缺乏必要的书刊，特别是西方最新科学刊物，这些文教机关的科学研究受到极大影响。另一方面，从1937年底开始，袁同礼已经以中华图书馆协会理事长名义向国际社会展开募集书刊活动，这一活动也需要政府支持。该案的目的很简单，就是希望政府重视图书征购，提高征购效率，降低征购成本，统一征购管理，以最大限度地满足国内文化机关对西方书刊的需求，同时向国外提供宣传品，寻求国际社会对中国抗战的支持。这一议决案对不久后战时征集图书委员会的设立不无影响。

《分区编制联合目录案》，由中华图书馆协会提出。大会议决与严文郁、万斯年、毛宗荫、徐家璧所提本会编制各省市各级图书馆善本与科学书籍杂志联合目录以利互借案，合并整理通过。该案提出的理由为：1. 便利互相借用；2. 明了图书种类及数量；3. 节省购书经费。议决办法为：1. 区域，可分成成都、重庆、昆明等区；2. 担任机关，由各区内主要图书馆（如国立图书馆、大学图书馆）协商办理；3. 经费由各图书馆斟酌情形分担并得请求有关之机关图书馆补助；4. 各地图书馆应与主要机关合作将所藏图书杂志迅速报明；5. 中西文可分别编印，如以工作过紧，应择要先编某一部门的联合目录，如善本科学书籍、民众读物等；6. 如果知道有私人汇藏家愿意自动编入的，也可以通知。

编制国内图书馆的联合目录，提高图书馆的运用效率，加强馆际合作是中国图书馆界的夙愿。中华图书馆协会在全国教育会议上提出这一议案，意在推动这一工作迅速展开。中央图书馆成立后，承担了编制联合目录的重任。追本溯源，与这次会议不无关联。

《请教育部咨军事委员会政治部设立专门机关办理军营图书馆及战区内公私藏书之安全事项案》，中华图书馆协会提出。大会议决与徐家璧、毛宗荫所提抗战期间各地图书馆有关文化之文献古籍应积极设法保存以免损失案，合并整理通过。主要理由为：1. 前方将士对于文化食粮甚感需要，必须设法供给；2. 战区或准战区内公私书藏失陷可惜，亟应设法运出。解决办法：1. 由军事委员会政治部设专门机关，在各战区内办理军营图书馆；2. 各战区内或准战区内公私书藏由军营图书馆会同地方教育机关负责帮助其迁移；3. 派员在各战区内尽量汇集珍本图书设法寄出或整理保藏，由教育部通知地方政府尽量予以便利；4. 将各地文献古籍暂时托国立图书馆保藏，妥筹防空设备。

创办军营图书馆自1932年来就是中国图书馆界的主张，并进行了详细规划。这次在全国教育学术团体联合年会上提出，看似老调重弹，实则不然。此前讨论在图书馆界内部展开，没有引起教育学术团体的关注，没有形成文教界的共识。这次在联合年会上通过，意味着得到了其他教育学术团体的支持，这对促进该案的实施显然是有帮助的。需要注意的是，该案中的军营图书馆强调的是图书馆的宣传动员价值，而不是社会教育价值，所以建议教育部咨军事委员会政治部办理，而不是由教育部主持，图书馆界是协助军方从事战时宣传和动员。

这个建议某种程度上配合了国民政府和中国共产党的抗日工作。1938年初，国民党中央宣传部、国际宣传处、政治部第三厅、中央通讯社、军令部第二厅、武汉卫戍司令部等 13 个机关组织了战地文化服务处，其主要目的是宣传抗日、鼓舞士气。郭沫若任厅长的政治部第三厅把宣传品输送到前线，输送到国民党军队，输送到中小县城。这些宣传品有单张的，也有小册子，64 开，薄薄的几页。主要内容是揭露日军暴行、描述国土沦陷、家破人亡的痛苦，形式多样，通俗易懂[1]。

创办军营图书馆对中央文化驿站的设立也不无启示价值。第一次教育学术团体联合年会不久，1939 年 1 月，国民党中央决定成立中央文化驿站，以向各地迅速传递各类书刊，加强政治宣传。驿站直属于国民党中央执行委员会秘书处，目的是"承中央宣传部及中央社会部、中央调查统计局、军事委员会、后方勤务部、委员长行营交通处、行政院、交通部、教育部、四川省公路管理局、中国文化服务社之指导，办理关于阐扬本党理论及有利抗战建国书刊之传递与散布事宜"[2]。这些印刷品直接供应阵地。为此还规定了《战地书报供应办法》，主要内容包括战地书报由中央文化驿站总管理处负责统筹办理、每一战区内设一分站负责办理该战区内书报供应事宜，每一游击区设一支站负责办理该游击区内书报供应事宜，战地每县设立办事处负责办理该县内书报供应事宜，县以下各乡镇中心小学、乡镇以下每保国民学校兼办区域内文化食粮供应事宜，等等。这些设计与朱焕尧《战时军民图书流通计划》颇为相似。抗战期间，国民党政府形成了一整套类似军营图书馆的举措。奇怪的是，图书馆界没有能够参与其中。

战区内公私藏书的安全问题也为国民政府所重视。中央图书馆、北平图书馆到沦陷区秘密收购珍贵文献即得到了教育部的大力支持。

《设立难童及难民图书馆阅览室案》。该案提出的理由为：1. 各地难民

---

① 阳翰笙：《第三厅——国统区抗日民族统一战线的一个战斗堡垒（三）》，《新文学史料》1981 年第 2 期，第 29 页。

② 袁风华、林宇梅选编：《抗战时期国民党政府设立"中央文化驿站"有关史料选》，《民国档案》1987 年第 1 期，第 38 页。

收容所应借助图书馆力量,对于不识字的人予以识字教育;对于已识字的人予以政治教育及职业教育。2.无论正在受教育还是没有接受教育的难童,对于书报供给,实有必要。解决办法为:请教育部会同赈济委员会、战时儿童保育会及中华图书馆协会,组织专门机关,统筹办理。战时公益机构有所行动,国民政府没有系统的设立难童及难民图书馆阅览室的通盘计划。军营图书馆的相关内容涉及这类图书馆。

《请开办西南及西北各省图书馆服务人员讲习会案》。该案提出理由为:1.现时西南及西北各省图书馆教育缺点很多,应予改进;2.过去图书馆畸形发展,专门人材未能进入内地;3.将来西南及西北各省教育的推进,有赖图书馆界努力。解决办法为:选择一处或分区开办讲习会,由教育厅令各县图书馆酌派现任工作人员一二人,授以6个星期至10个星期的新式图书馆学训练。教育部对战时图书馆人员培训有所举措,较为积极的省份为四川省教育厅。厅长为郭有守,原供职于教育部。

《请筹设文化机关及图书馆旧书复本交换处案》提出统制各文化机关及图书馆交换复本事宜,以有易无,互相调济,以省人力财力。这个建议未见有下文。

《拟请建议中央拨款补助内地各省普设县市乡镇图书馆案》。该案表示:图书馆事业为供给民众增进智识的机会,利用闲散场所,提高文化水准事业,对于抗战建国尤其有密切的关系,但内地各省教育经费困难,此项事业多付阙如,以致民众义教的进行也少助力,实为当前教育的极大缺陷。解决办法为:由年会建议政府及各文化基金机关,拨款补助各省,以能从速普设,以固建国基础。

这个建议在抗战进入战略相持阶段后为教育部所接受,1943年教育部还特地拟定了补助各省市县民众教育馆图书馆设备费办法,主要内容有:补助上年度办理成效最优者;各省立民众教育馆图书馆每省补助1~2所,补助费5 000~10 000元;各省县立民众教育馆图书馆每省补助1~10所,补助费1 000~2 000元;各省市经呈准立案的私立图书馆共补助5~10所,补助费比照县立图书馆办理;各省市教育厅局应依据视察结果将上年度实施成效最优之馆工作计划及办理成绩照表呈部核查并得由部令派视察人员实地视察以为审核根据①,等等。

《请教育部筹设国立图书馆专科学校在未成立前先于各师范学院添设

---

① 《三十二年度教育部补助各省市县民众教育馆图书馆设备费办法》,《教育通讯》1943年第19期,第16页。

图书馆学系并指定目录学及参考书使用法为大学一年级必修课程案》。该案认为：图书馆为文化食粮的供给场所，战时急要迫切，平时更是如此。如果要发展图书馆事业，非培植专门人材不可，至今公立图书馆学校尚付阙如，应请教育部从速筹设。在未成立之前，先在各师范学院设图书馆学系，以资救济。何况大学学生不知利用图书馆及参考书的人，大有人在，应该在大学入学之初予以相当训练，以使学生能充分利用治学之工具，所以有以目录学及参考书使用法为一年级必修课程的必要。这个建议没有得到立刻实行。

大会对有关图书馆的提案很重视，讨论结果如表 2-2：

表 2-2　中国教育学术团体联合年会图书馆案的议决结果

提　案　名　称	提案者	议决结果
全国各文化机关征购图书应集中办理案	中华图书馆协会	与魏学仁等提案合并整理通过
分区编制联合目录案	中华图书馆协会	与严文郁等提案合并整理通过
请教育部咨军事委员会政治部设立专门机关办理军营图书馆及战区内公私藏书之安全事项案	中华图书馆协会	与徐家璧等提案合并整理通过
设立难童及难民图书馆阅览室案	中华图书馆协会	原案通过
请开办西南及西北各省图书馆服务人员讲习会案	中华图书馆协会	修正通过
请筹设文化机关及图书馆旧书复本交换处案	中华图书馆协会	照审查意见修正通过
拟请建议中央拨款补助内地各省普设县市乡镇图书馆案	杨廉	照审查意见修正通过
请教育部筹设国立图书馆专科学校在未成立前先于各师范学院添设图书馆学系并指定目录学及参考书使用法为大学一年级必修课程案	严文郁	原案通过

在上述 8 个议决案中，6 个由协会提出，占全部议决案的四分之三；协会提出的议案，或照原案通过，或修正通过，或与他案合并整理通过，或照审查意见修正通过，通过率很高；协会的 6 个提案，全部围绕抗战而提，体现了协会的时代关怀。

通过分析全国教育学术团体第一届联合年会通过的议决案，不难发现，服务抗战已经成为包括图书馆界在内中国教育学术机关的基本共识，其有关图书馆的议案，又突出了图书馆在教育学术中的独特作用和地位。这些议案也标志着中华图书馆协会的工作重心已经从平时状态转入到战时状态，为抗日战争的最后胜利而努力奋进。

图书馆界提出的战时图书馆事业议决案得到了国民政府的重视，尽管教育部等相关单位没有以明文形式答复，但实际上有众多采纳。国民政府与图书馆的配合更加默契。

协会在全国教育学术团体联合年会上的提案，体现了专业组织协会对国民政府的信心，对抗战建国事业的支持，对中国图书馆事业的执著。协会通过联合年会，让其他文教团体了解中国图书馆，让国人了解图书馆，让世界了解中国图书馆。这次联合年会加强了文教界的联系与合作。原南开大学校长张伯苓在出席中华图书馆协会第四次年会时表示：此次 12 个教育学术团体联合举行年会，"具此（协作）精神，绝无亡国灭种现象，精诚团结，一致图强，可信抗战必胜，建国必成"。听众反应是"一致鼓掌"①，这也正表明文教界赞同此说，全国文教界在践行精诚团结，推动战时文教事业的发展。

四、中华图书馆协会年会议案

协会工作重心的转移，其次表现在协会第四、六次年会上②。1938 年 11 月底，中华图书馆协会第四次年会在重庆召开。出席年会会员共 63 人，其中新会员约 30 人，代表图书馆 20 处，图书馆专科学校 1 处，地方图书馆协会 1 处。与此前几次年会比较，参加这次年会的会员数量也许并不能令人满意，但考虑到当时正处于战争紧张时刻，交通阻隔，会员分散四处，甚至颠沛流离，开会实属不易。年会能够顺利召开，这本身就是一个奇迹，是一件鼓舞人心的事。当时交通的困难状况，举例为证。1939 年 3 月，第三次全国教育会议在重庆召开。福建教育厅厅长郑贞文参加会议，他于 2 月 2 日出发，经过邵武、光泽、江西南昌、湖南衡阳、广西桂林转贵州贵阳，然后直达重庆。行程一共 15 天，在南昌、桂林和贵阳各住了 1 天，走路 12 天，走了 6 000 余公里③。不要说旅途费用如何，仅仅在路上的时间，如果没有充分闲暇和明确目标，一般会员也不会参加纯属学术兴趣的会议。加之图书馆界生活水平因战争而普遍下降，有的生活都出现了困难，哪里有能力千里迢迢地参加会议？所以，协会能够召开年会，就已经相当鼓舞人心了。

---

① 《本会第四次年会会员联谊会纪事》，《中华图书馆协会会报》1939 年第 4 期，第 13 页。
② 第五次年会因战事紧张、召开突然，提案不是很多，影响有限，标志性意义不甚明显，此处从略。
③ 郑贞文：《全国教育会议经过及目前抗战的形势》，《闽政月刊（教育辑）》1939 年第 3 期，第 58 页。

第四次年会通过的议决案主要有 6 件, 分别略述如下 [1]:

《在西南及西北各主要县市成立中小学巡回文库及民众图书馆以提高一般教育水准案》。该案提出的主要理由为: 中国县市小学一向因为经费困难, 对于图书设备方面甚少注意, 影响教育前途甚巨。当此抗战建国期间, 后方教育最关重要, 为补救目前缺点, 而又节省教育经费计, 可就西南及西北各主要县市区域成立 "中小学巡回文库"。办法: 1. 中华图书馆协会函请各教育厅转令各县教育局办理; 2. 经费由教育局呈请教育厅拨付。

议决: 1. 与第 560 案合并讨论。2. 主文修改为: "在西南及西北各主要县市成立中小学巡回文库及民众图书站" 以提高一般教育水准案。3. 办法修正为: (1) 由中华图书馆协会函请各教育厅转令各县指定该县负责图书馆办理或 (2) 由县教育当局自身主持或 (3) 责成县内各中小学组织委员会共同办理。关于经费, 由地方筹措或由主办机关共同凑资办理 (如中小学组织委员会办理时), 并由省教育厅以经济或书报补助之。

《在西南及西北各主要市成立图书馆站, 教育农民灌输民族意识, 发扬抗敌情绪案》。理由: 中国此次抗战, 西南与西北所负责任全重且大, 不过因为地方民智不开, 所以还不能达到全国总动员的目的, 亟宜就农村方面成立 "农村图书站", 以便提高民智, 巩固后方。办法: 1. 由县市图书馆或民众教育馆组织巡回文库, 推行各村镇。中华图书馆协会可征集同志往各处协助工作。2. 此项农村图书站的工作人员及经费即由各县市图书馆或民众教育馆担任。

《请协会负责编订标准抗战书目案》。理由: 欲充实抗战力量, 必先使全国民众明了抗战之意义与实况。现在出版地点不甚集中, 加以交通不畅, 偏僻区域即不知有何刊物发行问世, 应由本会编辑一完备的抗战书目以广流传。议决: 1. 主文改为: 请协会负责编订抗战文献目录案。2. 原提案未列办法, 补充为: (1) 请协会自行负责或与其他有关机关合办按期编制; (2) 目录内容包括中西文书籍杂志报章照片等项, 务须汇编完备。如果不能整个编制, 得分别部门办理。

《以国产材料代制抗战期中所缺乏之图书馆用品案》。理由: 1. 价廉可以省费; 2. 来源较便, 不易缺之。办法: 1. 请协会指定人员拟定何种缺乏之用品, 应以何种国产材料代制, 并详述代制之方式及办法; 2. 经协会审核, 认为可行时, 通函介绍各图书馆, 请采用试行。议决: 1. 主文改为: 以国产材料制造图书馆用品案。2. 办法修正为: "由协会指定人员专门研究何种缺

---

① 《本会第四次年会讨论会记录》,《中华图书馆协会会报》1939 年第 4 期, 第 11～13 页。

乏之用品应以何种国产材料制造，并详述代制方式及办法，同时由协会函请各图书馆将已采用之国产代替品，连同价值、来源、改造方式通知协会，经审查认为可用时，即由协会接洽厂所制造，介绍给各图书馆采用，介绍时应多多列举品种以备选择。……由协会函请上海商务印刷所、中国图书馆服务社等公司，尽量以国产制造用品，并请其于西南设分公司，以便购运。"

《抗战时期中图书馆藏书方法应行改革案》。理由：现时图书受损，人人知之。欲谋安全须：1. 使其藏于安全地方，不易遭受摧毁；2. 同时又须便于应用；3. 遇危险时用极简单之手续即可迁避。办法：1. 尽可能力量建造地洞以藏罕用图书；2. 书籍可以装成书架；3. 书籍之大小重量以便于移运及一人之力可以移运一箱者为度；4. 书籍应具便于携运之装置；5. 书籍面上粘贴该箱内书之目录及书箱号数。决议：办法改正为：1. 由协会通知各图书馆尽可能力量建造地洞以藏图书；2. 藏书应采分散制以免集中一处被毁；3. 书箱可以装成书架，其大小重量以一人之力可以移运者为度。书箱应具便于携运之装置，书箱面上粘贴该箱内书之目录及书箱号数。此项办法请协会先行试验认为可行时即介绍给各图书馆采用。

《请中央党部令饬各省市县党部追认地方图书馆协会案》。理由：圕协会为领导圕之团体，当此国难严重，非唤醒民众共救国难不为功。办法：中华圕协会民国二十一年据安徽圕协会请求，分函各省、市、县圕成立各省市县地方圕协会。已成立者，由大会呈请中央党部令饬各省市县党部追认，发给许可证书；未成立者，函请继续成立，并请由党部扶助，以利进行。讨论结果：办法修正为：由各地协会分别具文，请由协会协助交涉。

这次年会在战争期间举行，其议案内容直接体现了会员的关注焦点。现将年会提出的议案名称及议决结果列表如表 2-3：①

表 2-3　中华图书馆协会第四次年会提案概况

提案编号	提案者	提案名称	讨论结果
第 559 案	胡绍声、马万里	在西南及西北各主要县市成立"中小学巡回文库"以提高一般教育水准案	两案合并讨论，主文修改为：在西南及西北各主要县市成立中小学巡回文库及民众图书站以提高一般教育水准案。修正通过
第 560 案	胡绍声、马万里	在西南及西北各主要市成立图书馆站，教育农民灌输民族意识，发扬抗敌情绪案	

---

① 《本会第四次年会讨论会记录》，《中华图书馆协会会报》1939 年第 4 期，第 11~13 页。

提案编号	提案者	提案名称	讨论结果
第 561 案		（参阅中教学联年会有关图书馆事业议决案严文郁原案）	本案已经大会通过不再讨论
第 562 案	严文郁	请协会负责编订标准抗战书目案	主文改为：请协会负责编订抗战文献目录案。修正通过
第 563 案	毛坤	以国产材料代制抗战期中所缺乏之图书馆用品案	主文改为：以国产材料制造图书馆用品案。修正通过
第 564 案	汪长柄	抗战时期中图书馆藏书方法应行改革案	修正通过
第 569 案	大会秘书处临时交议案	请中央党部令饬各省市县党部追认地方图书馆协会案	办法修正为：由各地协会分别具文，请由协会协助交涉。修正通过

与前三次年会比，第四次年会议案数量显得稀少，甚至不及中国教育学术团体第一届联合年会。不过，这次年会讨论通过的议案却更有针对性，易于操作。从内容看，无论《在西南及西北各主要市成立中小学巡回文库及民众图书站以提高一般教育水准案》，还是《以国产材料代制抗战期中所缺乏之图书馆用品案》，还是《抗战时期中图书馆藏书方法应行改革案》，都是围绕抗战而展开。这些议决案一方面服务于抗战的基本国策，另一方面有利于图书馆事业的发展，表明中国的图书馆事业，不仅在理论上，而且在实践中也真正实现了转型。战争摧毁了新图书馆运动的成效，但没有摧毁中国图书馆人的意志，反而激发了他们的斗志，在逆境中求得发展。对图书馆界来说，关于图书馆事业的议决案，分别在不同层次提出。协会年会只是解决力所能及的议决案。牵涉到文教其他单位，可提交全国教育学术团体联合年会，全国性的提案，则可提交全国教育会议。因此，从提案的层次看，年会的提案内容与联合年会和全国教育会议又有所区别。

协会的这个建议没有得到教育部的明确答复。1941 年，教育部公布了《县（市）立图书馆设置巡回文库办法》，内容有：县（市）立图书馆应设置巡回文库，巡回本馆施教区内各地，以便民众阅览；县（市）立图书馆应将本施教区内划分为若干区域，各设一巡回文库；各文库巡回区境内，应指定乡镇中心学校、保国民学校或其他公共场所为巡回站，由各学校场所指派相当人员负责；文库巡回区域的划分，及巡回站之指定，由县（市）立图书馆呈请主管教育行政机关以命令行之；巡回文库的图书，由县（市）立图书馆斟酌地方实际需用，妥为配备，并每季度更换一次①，等等。教育部的这个办法与协会的建议精神一致。各省对此反应也较为积极。如湖南通过了《湖南省各县图书馆民众教育馆巡回文库设置指南》②，以配合教育部的设置巡回文库办法。其他提案则未见有相关回应。

如果说第四次年会标志着中国图书馆事业发展的转型，那么，这种转型印记在第六次年会上也得到了体现，并有进一步的发展。1944 年 5 月，第六次年会召开。会员提交的议案共 10 件，其中前三号提交全国教育学术团体联合年会③，后七号为协会年会提出案。具体内容列表如表 2-4④：

表 2-4   中华图书馆协会第六次年会提案概况

	案　由	提出单位	办　法	议决情形
第四号	充实原有训练图书馆人员机构积极培养人材以应战后复兴之需要案	中山大学图书馆、厦门大学图书馆、广西南宁图书馆等	呈请教育部：1. 积极提倡图书馆学教育，在师范学院添设图书馆课程；2. 对于原有图书馆学校暨图书馆学系增加补助费，充实设备；3. 在公费留学额内增设图书馆学名额。	沈祖荣向联合年会提交了类似议案。两案合并通过
第五号	增加各省图书馆图书经费案	浙江、福建、甘肃等省立图书馆	呈请教育部转咨各省政府在下年酌量增加省立图书馆购书经费，并转令各县政府增拨县立图书馆购书经费藉可充实藏书发扬文化。	案由《增加各省图书经费案》，"省"下加"市县"两字
第六号	提高社会教育人员待遇增加效能案	交通图书馆、中政校图书馆、燕大图书馆、江西省立图书馆等	呈请教育部修正社会教育人员待遇规程，按照下列标准提高待遇增进效能：省立图书馆长之待遇应同于省立大学校长或省立专科学校校长，各组主任应同于大学教授副教授或讲师，组主任以下人员应同于助教。	蒋复璁提出将案由改为《呈请教育部修改图书馆工作人员待遇规程，提高待遇，以增进其效能案》。议决依照修正意见通过
第七号	省立图书馆采编组应分为采购、编目两组案	浙江省立图书馆	呈请教育部于将来修正图书馆规程时将省立图书馆采编组分为采购、编目两组。	姜文锦提出将办法中"将来"两字取消。议决照其意见修正通过

---

① 《县（市）立图书馆设置巡回文库办法》，《教育通讯》1941 年第 49～50 期合刊，第 5～6 页。

② 《湖南省各县图书馆民众教育馆巡回文库设置指南》，《湖南教育》1942 年第 28 期，第 62～68 页。

③ 前三号提案分别为《关于抗战期间全国图书文物损失责成敌人赔偿，本会应如何准备案》《充实中小学图书馆设备案》《大学图书馆应直接隶属校长以利实施案》。

④ 《中华图书馆协会第六次年会第一次会议记录》，《中华图书馆协会会报》1944 年第 4 期，第 6～8 页。

	案　由	提出单位	办　法	议决情形
第八号	政府视察教育人员应多注意图书馆事业以促进其发展案	陈训慈	呈请教育部,1.转令各省市教育行政当局对教育视察人员于视察各地教育时多注意图书馆事业;2.制定视察各级图书馆教育纲要,通令各级教育行政当局遵照训导。	陆华深提出于办法中增加"呈请教育部增设图书馆督学"一项。议决照其修正意见通过
第九号	确定图书馆节案	杜定友	1.确定每年11月11日为图书馆节日;2.由协会拟定宣传大纲分发各省县图书馆依期推行;3.请教育部津贴宣传费用。	保留
第十号	成立地方图书馆协会以资联络案	蔡光聆、鲍益清等	由本会分函各地图书馆,凡已成立地方图书馆协会而陷于停顿者,促其恢复;未成立者,请其早日成立,以资联络。	陈训慈提出案由改为《促进各地方图书馆协会之成立或恢复,以加强联系推进事业案》。议决照此修正意见通过

第六次年会提交的议案,共7件,其中除了杜定友提出的设立图书馆节案没有通过外,其他6件均通过或修改通过。在通过的6件中,属协会内部事务的议案有1件,即《成立地方图书馆协会以资联络案》,其他5件或与战争有关,或与图书馆建设有关。这5件议案全部呈请教育部予以支持,也就是说,协会更注重通过行政力量来促进图书馆的发展或完善。这是图书馆界对国民政府的信任,对战争必胜的信念,对图书馆事业发展的信心,是对国民政府表示支持的另一种表达方式。抗战期间,大后方文化团体发展迅速,但大都旋起旋灭,影响有限。中华图书馆协会能够自始至终地支持国民政府,在文化社团中,实为罕见。

不管作为中国教育学术团体之一向各国文化教育团体宣言,还是在第四次年会上讨论通过支持全面抗战的具体内容,抑或向国民党中央党部呈报会务概况,所有这一切都标志着中华图书馆协会的工作重心已经转移,毫无保留地支持国民政府的全面抗战政策,并在抗战中发挥协会独特的社会教育和宣传职能,积极争取胜利早日到来。这种支持是长久的,全面的。在国家处于危难时刻,中国图书馆界的爱国情怀得到了淋漓尽致的展现。

五、第三次全国教育会议的图书馆议案

第三次全国教育会议,一方面固然检讨此前教育发展过程中存在的问题,另一方面花费更多时间讨论抗战时期教育的实施问题。图书馆界提出

的检讨问题,体现在三个提案上,分别为《请确定全国图书馆制度以广文教案》《请确定图书馆员教育制度以宏造就案》《请确定图书馆事业费在教育经费中之比率案》。有关战时图书馆事业的提案不是很多,主要有两件,一件是《请在西北较安全地区筹设大规模科学馆及图书馆案》,一件是《社会教育改进案》。

《请确定全国图书馆制度以广文教案》。民国建立以来,图书馆在教育行政中一向没有明确的地位,图书馆各自为政,以致机构不灵,发展不利,没有能够充分展示图书馆在教育上的功用。刘国钧于1928年5月向全国教育会议提交了《请规定全国图书馆发展步骤大纲案》,其中包括完成全国图书馆系统和完成图书馆行政系统①。该案虽经大会和审查会议决通过,但会议结束后大学院却没有能够将其付诸实施。此后不断有人呼吁确立全国图书馆制度,均无疾而终。在第三次全国教育会议上,两大国立图书馆联袂提出《请确定全国图书馆制度以广文教案》,表示:"今后国省县市所立图书馆应配合相当需要,分级联成整体,各接受其上级之辅导,同时负责督促改善之主管官署,应组织专门委员会,考察图书馆之实况,设计图书馆事业之种种标准及施政方针,另设置学识充足之督导员,与国立、省立图书馆联络,认真视察,层层节制,严施奖惩,以观成效。"②该案提出的解决办法为:行政方面,包括教育部设置图书馆教育委员会,以设计全国图书馆各项标准及应行步骤;各省教育厅设置全省图书馆教育委员会,设计各省图书馆事业如何逐步进展;教育部设置图书馆督学,分区视察全国各省立图书馆及专科以上学校图书馆;各省教育厅设置图书馆督导员,分区视察全省县立图书馆及中小学图书馆;省立图书馆辅导全省县立及中小学图书馆;等等。建设方面,包括每县必须设立图书馆一所、每省应在省会设省立图书馆一所,每省应依照现行行政督察区,添设若干省立图书馆或其分馆,等等。该案比1928年刘国钧提出的议案要详细,职权划分也更为明确,不过,两者在精神上是完全一致的。

《请确定图书馆员教育制度以宏造就案》。图书馆界对图书馆教育比较重视,1922年中华教育改进社设立图书馆教育组时,即已提出图书馆员教育问题。中华图书馆协会于1925年成立后,即在中华教育文化基金董事会资助下,招收图书馆学免费生。这一时期,各种图书馆短期培训等教育方式也陆续出现。比较而言,图书馆界更希望中央政府能在图书馆教育方面发

---

① 中华民国大学院编:《全国教育会议报告》甲编,第611~614页。
② 《第三次全教会通过有关图书馆之议案》,《中华图书馆协会会报》1939年第6期,第14页。

挥作用。李小缘在其名著《全国图书馆计划书》第二章中列举"国民政府对于中国图书馆发展之责任"第 1 条即为"国民政府应搜罗图书馆专门人才，并先筹备专门款项与稳固基金，设立大规模国立中山图书馆，及其附设图书馆学校"①。1928 年全国教育会议上，刘国钧等也提出希望国民政府在图书馆教育方面发挥作用的议案。20 世纪 30 年代，随着图书馆普遍设立，图书馆人才短缺问题日益严重，以致对图书馆事业的进一步发展产生了不利影响。零星的分散的图书馆教育远远不能满足图书馆事业的发展需要。鉴于图书馆教育的重要性，在这次全国教育会议上，图书馆界代表提出该案。该案认为，图书馆为专门事业，需要专门人才管理。现在图书馆事业亟待发展，但曾受专门训练人才太少，深感供不应求；晚近专习图书馆学的少数人员，均为数处大图书馆所吸引，而一般民众图书馆无由延致；世界各主要国家的图书馆，已发展至相当程度，中国宜急起直追，需要基础知识充足的高级图书馆员。为此，该案提出分设图书馆学院及图书馆学专科学校：图书馆学院目的在造就各大图书馆之高级馆员，招收大学毕业生（不拘科系），修学一年，派往各大图书馆实习一年，然后考试毕业，呈请分发各馆录用。此学院最好为国立，或由现有之专科学校改组，全国可有一所或二所，每年按照需要情形，决定招生名额。图书馆学专科学校，目的在造就一般普通图书馆员，招收高级中学毕业生，分二部教授，一部训练大图书馆中之助理人员，一部训练为民众图书馆之管理员，修学二年，在各图书馆实习一年，然后考试毕业；各大学及师范学院添设图书馆学科系，其教育目的及训练方法比照前两项办理。该案经会议修改后，表决通过。

《请确定图书馆事业费在教育经费中之比率案》。民国图书馆事业发展缓慢，原因之一在于经费缺乏和没有保障。就政府方面而言，因经费拮据，难以拨出大笔款项，以推动图书馆事业的发展。清末以来，各届政府都公布了《捐资兴学褒奖条例》，以鼓励民间力量从事图书馆事业建设，但从总体上看，收效甚微。因而推动政府保障图书馆经费成为图书馆界努力的主要方向。1925 年，中华教育改进社图书馆教育委员会甚至向中华教育基金董事会提出美国退还庚款三分之一用于建设图书馆的提议，希望中基会采纳。1928 年全国教育会议上，有关图书馆经费问题的提案也不少，如王云五提出的《请大学院通令全国各学校均须设置图书馆并于每年全校经常费中百分之五以上为购书费案》，大会讨论通过。不过，该案形同具文，没有得到教育部支持并执行。中华图书馆协会历次年会上，也大多有要求政府

---

① 李小缘：《全国图书馆计划书》，《图书馆学季刊》1928 年第 2 期，第 212 页。

规定图书馆经费在教育经费中所占比率的提案,同样没有结果。此次会议上,中央图书馆筹备处再次提出经费问题,表示:"夫御侮图强必先求民智之开,国力之进,故灌输新知旧识发扬民族精神之图书馆实不可或缺。图书馆事业不但关系于学理技术上之研究,兼为推行社会教育得力之设施,除独立者外,亦(抑)或附属于机关学校等,宣传与诱导,斯为利器。无论如何必尽量保障其经费之安定及独立,使与其他事业有相当之对比,以利进展,而宏效用。"①1929 年教育部公布了改进高等教育计划,其中规定图书费不得少于经常费的百分之二十,偏重仪器标本的学院,也不得少于百分之十。同时中华图书馆协会也有"各省教育厅各特别市应于每年经常费中规定百分之二十,为办理图书馆事业费"拟议。该案援引这两个机构的数据,提出图书馆事业在一般教育中所理想的经费比率为"至少在百分之十五以上"②。第三次全国教育会议审查的结果是送教育部参考,无异于否决了"百分之十五以上"的提议。

《请在西北较安全地区筹设大规模科学馆及图书馆案》,由陕西省教育厅厅长王捷三提。该案表示,军兴以来,后方各地经常被敌机轰炸,尤以各大都市为甚,所有各该地的科学仪器与珍贵图书,和具有文化历史价值的古物古迹,均择地移藏,闭而不用。而其他较安全地区,不但没有受到敌机轰炸,而且因为教育机关及其他团体大量集中,人烟稠密,学校林立,科学仪器与图书的需要,最为急切,因此他提出"请筹设大规模科学馆与图书馆,以应抗战建国之需"③。具体办法为:在西北较安全地区,如汉中、天水等地,筹设大规模科学馆与图书馆;将各地移藏的科学仪器与图书古物,收集一处,不必另行增置,既便于保存,又免靡费。经审查,案由改为《请在西北较安全地区筹设大规模科学馆、图书馆及古物保存所案》,原办法送请教育部酌量办理。该案虽然当时没有受到重视,但对此后国立西北图书馆的建设,不无积极作用。

《社会教育改进案》是这次会议的一件重要议决案,由教育部提出,内容广泛,其中"分期增设民众学校及其他社会教育机关"第 4 条为"未设省市立图书馆及体育场之省市,应即开始筹设省立图书馆及体育场"。与图书密切联系的还有第 2 条"各县市应设县市立民众教育馆一所",第 3 条"各省应按照现分行政督察区,或地理及交通形势划分民众教育辅导区,每

---

①② 《第三次全教会通过有关图书馆之议案》,《中华图书馆协会会报》1939 年第 6 期,第 15 页。

③ 同上,第 16 页。

区设省立民众教育馆一所"①。该案虽然对图书馆事业的发展并无系统而有效的规划，但毕竟有所注意。这大概是图书馆界得以聊以自慰的地方。

值得注意的是，该案虽然没有过多关注图书馆事业的发展，却注意到了社会教育人员的保障问题。《社会教育改进案》第6项为"保障社会教育服务人员"，称："社会教育人员与学校教职员同为国家服务，在平时无问寒暑，深入乡村；在战时或身临前方，或驰驱万里，殷勤施教，辛苦备尝，故因公殒命或因公受伤致成残废者，无论平时战时事实屡见，但养老抚恤尚无法规可资援引，兹为昭国家待遇之公允，与激励服务热忱计，应使社教机关服务人员与学校教职员同受养老金及抚恤金待遇。"② 具体办法为：由教育部呈行政院咨立法院请修改学校教职员养老金及抚恤金条例，使同样适用于社会教育机关服务人员，或另订社会机关服务人员养老金及抚恤金法规。该案将图书馆员列入了社会服务人员名单之中，对抚慰图书馆员，不能说没有积极意义。

第三次全国教育会议关于战时图书馆事业的提案不是很多，仅此寥寥几件。之所以出现这种现象，影响因素很多，如图书馆界代表不多，战时交通不便，图书馆事业不受教育主管部门和社会各界重视，等等。其中一个重要因素与蒋介石的态度有关。抗战全面展开后，教育界就战时教育与平时教育进行了热烈辩论，即，应该打破所有正常的教育制度，还是保持正常的教育系统，而参以非常时期的方法。蒋介石对此讨论不以为然，在会议开幕训词中，重申他的"平时要当战时看，战时要当平时看"论。他表示："战时生活，就是现代生活。现在时代，无论个人或社会，若不是实行战时生活，就不能存在，就要被人淘汰灭亡。"他反对两种观点：一是，不是所有的教育，都可以遗世独立于国家需要之外，关起门户，不管外面环境，甚至外敌压境下，还可以安常蹈故；二是，也不能说，因为在战时，一切的学制课程和教育法令，都可以搁在一边。他提出，最基本的一点，这就是"要坚定我们全国抗战的意志，建立我们建国的精神，尤其要时时刻刻提高我们民族固有的道德"③，蒋的训词，为会议定下了讨论基调，对各项提案，也不无影响。

图书馆界的战时转型，是对日本侵略行为的积极反应，又是抗日救国思潮赋予图书馆界的时代要求。内容极为广泛：

首先，图书馆的工作性质发生了变化。战前，图书馆围绕书刊流通而

① 《第三次全国教育会议决议案提要》，《教育通讯》1939年第44～45期合刊，第17页。
② 同上，第19～20页。
③ 蒋介石：《第三次全国教育会议训词》，《教育杂志》第29卷第4号，第90页。

展开工作；现在，图书馆以救国为宗旨，流通变成了手段。工作性质的变化直接改变了图书馆的工作方式，转移和保存珍贵文献成为重中之重，民众获取知识的需求为获取战争信息的需求所代替，书刊流通的地位明显下降。客观上，出版事业因战争影响而不能正常生产，图书馆也无法获得更多的书刊，加上经费缺乏、交通困难等问题，图书馆书刊大量减少，更新速度变慢，也间接影响了书刊流通。在中日交战区域或附近地区，图书馆一般闭馆大吉。战时图书馆的工作因陋就简，极为简单。

其次，图书馆的区域分布发生了变化。战前，图书馆事业较为发达的地区为华北、华东、华南地区。现在这些地区为日军占领，众多图书馆被摧毁或书籍被迁出，大量文教人员和机关内迁，转移到西部大后方，西部地区成为新的文化中心。图书馆界精英分子在西部地区集结。西部地区民族众多，文化水平不高，巨量文教人口涌入，促进了东西部文化交流。区域文化差异，促使图书馆的工作内容随之改变，加强对西部地区的文化了解，将西部地区发展成为新的文化基地，成为图书馆建设的重要内容。

最后，图书馆界的本位救国理念进一步增强。文教机关内迁，是以空间换时间，积蓄力量，争取外援，以求抗日战争的最后胜利，因此抗战救国是图书馆界的时代使命。抗战救国，对图书馆界来说，就是做好本职工作，在文化战线为救国创造良好条件。这是图书馆界的共识，无论个人还是中华图书馆协会都是如此。在协会层面，尤为明显。协会组织年会，参与全国教育学术团体联合年会，参加第三次全国教育会议，在不同场合，通过不同形式阐述图书馆在抗战中的价值和战时图书馆的工作设想。个人会员和机关会员则尽量做好书刊保存和流通工作，以满足读者的战时需要。全面抗战爆发后，图书馆界无论在理论探讨还是工作实践方面，都做出了巨大贡献。图书馆界的本位救国理念得到了进一步增强。图书馆界的战时转型，完美地诠释了图书馆界的爱国情怀。

第三章　图书馆界的图书馆损毁调查

图书馆界从事战时图书馆损毁调查，一是搜集各方关于图书馆损毁的调查报告，二是中华图书馆协会直接从事调查。战时图书馆损毁调查的结果，显示日军有组织地摧毁中国的图书馆，劫掠文献古物。战时图书馆损毁调查，具有证据价值、政治意义和警示作用。

第一节　搜集图书馆的损毁资料

一、汇集新闻界的调查报道

以中华图书馆协会为代表的图书馆界较为重视社会各界关于战时图书馆损毁情况的调查报告，并尽量搜集，转载于《中华图书馆协会会报》，供图书馆界参考。

《会报》转载的第一篇关于战时图书馆损毁的调查报告是新闻界所从事的调查报告，由夏颂明采写。夏颂明，当时供职于《重庆时事新报》。抗战全面爆发后，鉴于中国图书馆损毁严重，但却没有比较确切的数据，于是展开了图书馆损毁情况调查。根据夏的调查统计，全面抗战一年来中国图书馆所受的损失如下：

图书馆损失状况。南京特别市53所，上海特别市173所，江苏300所，浙江377所，安徽111所，北平96所，天津26所，河北176所（冀东22县系一年前所失，故未计入），青岛12所，山东276所，威海卫5所，山西127所，河南392所，察哈尔13所（察北6县系一年前所失，故未计入），绥远19所，南京中央图书馆及各机关图书馆曾搬出一小部分书来。①

夏颂明对中国图书馆的总体损失进行了估算。他认为，以藏书数量而

---

① 《抗战一年来我国图书馆的损失》，《中华图书馆协会会报》1938年第3期，第21～22页。

论，南京 53 所图书馆，除去 10 所不详外，其余 43 所共藏 1 712 238 册，平均每馆约藏 4 万册。上面所列为中国一年来损失的图书馆，计共 2 156 所。即使每馆藏书平均数仅及南京每馆藏书平均数的十分之一——4 000 册计算，2 156 所图书馆损失的图书即达 8 664 000 之巨。

夏颂明在给出调查数据的同时，有两点说明。一是浙江省立图书馆和北平故宫博物院图书馆的《四库全书》已经全部运出，南京方面全馆图书悉数迁出的只有南京中央大学图书馆。此次各学校图书馆随校迁出的以清华大学迁出图书的数量最大，其他学校有的一本都没带出来。夏颂明表示，在上面调查统计的图书馆损失中并没有减去它们的数字。因为迁出的馆数既然很少，而馆中的书完全迁出的又仅一所，数量很小，所以不必减去。二是上海租界的图书馆，和敌人没有到达的各省各县，其图书馆也没有除去。事实上，这些图书馆也必然在停顿状态之中，其命运不可卜知。而且敌军所到之处多为交通便利的地方，图书馆设立最多的也正是交通便利的地方，所以即便将敌人没到达的各县的图书馆减去，数字降低也很有限。何况此处所计算的损失数量，并没有加入私人藏书楼损失，故可以将应减去的数字，作为私人藏书楼损失的假设的数字，大致可以保持平衡。

夏颂明调查统计的参考数据是重庆青年会蟾秋图书馆所藏的《全国机关公团名录》一书的第 12 卷。这一卷专门记录全国各个图书馆的状况。该书系 1937 年 4 月出版，早于卢沟桥事变仅 3 个月，所以可以视为抗战前夜较为准确的记载，但该书未列入东四省及冀东 22 县、察北 6 县的图书馆，所举图书馆共 3 744 所，而现在损失竟达 2 156 所之多，从这一点上，已足证明日本帝国主义摧毁文化机关不遗余力，是世界文化的罪人！

夏颂明的损毁调查是有缺陷的。第一，调查对象方面。夏颂明的图书馆及图书损失调查限于公立图书馆，不包括私立图书馆和私人藏书。从理论上来说，这一调查对象的选取是合理的。按照当时教育部公布的《图书馆规程》的规定，图书馆每年需要上交工作报告，即年报，其内容之一即为藏书的数量。据此，公立图书馆的藏书数量易于统计。不过，夏没有采取这种理想的统计模式，而是以南京平均每馆数量的十分之一来计算。这种概略式计算方式只能从总体上得出一个推测性数字，而无法得出科学而确切的数目。这是其调查统计的一大缺陷。第二，中国私立图书馆和私人藏书也不能忽略。中国藏书历史悠久，尤其在江浙一带，私立图书馆和私人藏书向来量大惊人。"一·二八"事变前的东方图书馆藏书 46 万余册，且质量较优，可以与当时国内最大的图书馆——国立北平图书馆媲美。江浙地区的私人藏书也是量大质高，闻名遐迩，特别是有许多珍本秘籍，甚至不是一般省立公共图书馆所能比拟。从这个角度看，夏颂明的调查数字欠缺不少。此外，有的调查显然没有经过核实，例如他说清华大学迁移时，其图书馆迁出书籍最多，也是含糊不清的。清华大学究竟迁出多少？当时迁出书籍较多的大学有中央大学、中山大学（200多箱）等，数量非常庞大。夏究竟以什么为依据说清华大学图书馆迁出书籍最多？

夏的调查无论在调查技术还是调查对象方面，都存在不足。但这并不影响其调查的开创性意义：1. 夏的调查是关于图书馆损毁的最早调查。卢沟桥事变后，中华图书馆协会和教育部也着手进行图书馆的损毁调查工作，但结果最早公布出来的，却是夏的调查结论。夏颂明的调查报告在1938年11月被转载，教育部的调查报告在1938年底公布，而中华图书馆协会一直在不断地公布损毁调查，但没有确切的损毁数据。2. 夏的调查是新闻从业者的调查。新闻从业者激于民族义愤，追求新闻效应，因而注重时效性，重在揭露日本的文化侵略。这种新闻调查对一般民众而言，价值也在于此。当然，因追求新闻价值而忽视调查技术，缺点也在所难免。3. 夏的调查是独立调查。独立调查，不受政府机关或团体影响，具有较大的自主性。不过，因为不够专业，也有可能存在不太科学等问题。尽管如此，《中华图书馆协会会报》转载夏的损毁调查，足以表明其价值。该调查也成为战后国民政府准备向日本索赔的依据之一。

《会报》大篇幅转载上海媒体关于江浙私家藏书遭劫情形的报道。1938年5月2日，《文汇报》对上海的图书馆损失有深度报道。报道称：日本对文化机关的轰炸摧毁，报纸记载已经比较详细，但典籍被劫夺，却少有记载。如姚石子先生，收藏中国典籍极为丰富。松江沦陷后，典籍全部为日本人运去。在江浙方面，平湖为藏书中心区，一家藏书，往往价值数十万、百万，此番也全未迁出，在被占后，全部被运走。苏常一带，私家藏书损失，更不能计。报道援引了逃难到上海的人的话：沿途时有帆船，满载典籍，向上海驶来。报道甚至指出了日本劫夺典籍的原因：中国绝不肯赔款，将以物质抵偿。

报道指出，因为日本对图籍的劫掠，甚至造成了死亡悲剧。报道说，杭州有一个还没有落成的东南藏书楼，系上海王绶珊所建。王氏为盐商，所藏典籍，价值百万。所藏的地方志，达三千数百种，值50万金，为中国地方志收藏第二位。王氏为了建立个人不朽地位，以十数万金单独建设藏书楼，以公诸社会。不料布置刚刚就绪，战事突起，一开始以为战事不至于蔓延到浙江，这些地方志没有搬走。直到战火逼近杭州，才开始转移重要部分到乡下。杭州失陷后，日本人侦知该楼藏地方志极多，将其存留者全部运走，随后又得知移出部分所在地，于是一网打尽。王氏居于上海。当此不幸消息传来，一愤而绝，"其枢今犹在堂也"。诸如此类的事，不在少数。《文汇报》的报道是准确的。王体仁，字绥珊，浙江绍兴人，藏书甚富，尤以方志见长。日本外交档案中记载了劫掠王氏的方志文献 3 000 余件。《文汇报》表示："自去年八一三淞沪战争爆发，以迄于今日，我国之损失最大而又最不能计算者，厥唯文化典籍。"① 这一评价是中肯的。在转载图书馆损毁方面，《会报》不惜版面，予以详细转载，这又是一例。

《会报》也有重要的漏载。如全民通讯社也进行图书馆的损毁报道。根据全民通讯社的调查结果，卢沟桥事变后，中国公共图书馆为敌劫运者，北平约 20 万册，上海约 40 万册，天津、济南、杭州等处各约 10 万册。其他各处虽然没有列出来，但也不会少。私家藏书，如海盐、南浔、镇江、苏州等地，或被捆载而去，或散失无踪，同罹浩劫。根据研究人员的调查研究，估计中国损失书籍当在 1 500 万册以上，内含不少珍稀古籍②。全民通讯社的调查数据为学者韩启桐所注意，并被用于推测战时中国图书馆的损毁研究。这样一个重要的调查，《会报》只字未提，不无遗憾。

国内新闻界的图书损毁调查报道，角度各不相同。全民通讯社注意的是公共图书馆的损毁数量，夏颂明的调查范围则侧重于大学及公立图书馆的损毁，而《文汇报》关心的是江浙地区私家藏书的损失。尽管侧重点不同，但揭露日本侵华造成的中国文化浩劫，是一致的。这些数据互相补充，构成了一幅中国图书馆损失的完整画面。《会报》将这些消息一一刊载，其关心图书馆损毁之情也由此可见。

《会报》用很大版面转载日本杂志关于中国书劫的报道。该报道列举了首都南京及附近各地藏书被劫状况：

南京。保管于珠江路地质调查所地质矿产陈列所之国学图书馆，其中善本，早为中国方面搬走，现所接受者，共为 15 万余册。中央图书馆筹备处的藏书，也已经搬出。外交部图书馆，多外交国际关系书籍，计汉籍 3 万余册，其他 2 万余册。国民政府文官处图书馆，方志丛书等共有 7 万余册。内政部图书馆，大部分为风俗物产报告，闻大部分已散失。中央大学图书馆的藏书已不复存在，大概已经转移。南京的市立图书馆，已与夫子庙同毁于火。京中接受之图书，共 60 余万册，不及事变前之半也。

上海。市立图书馆及暨南大学，已经散失。南洋中学，于事前已搬出。

---

① 《江浙私家藏书遭浩劫》，《中华图书馆协会会报》1938 年第 3 期，第 22 页。
② 韩启桐：《中国对日战事损失之估计》，上海，中华书局，1946 年，第 56～57 页。

大夏大学,闻多数藏于某要人之私宅地下室中。

杭州。浙江省立图书馆之书,已全部搬出。新民分馆及孤山分馆之文澜阁本,及其他善本,亦然。西湖博物馆之浙江方志等,现仍在原处。

苏州。江苏省立图书馆之善本已经搬出,其他仍存在。

镇江。绍宗国学图书楼,善本均已搬出,存留者多丛书。省立镇江图书馆,间为中国兵所烧(?)。金山寺之藏经,则完全保留。

昆山。昆山县立图书馆之藏书,事前由中国处置。(译者按:昆山图书馆有顾亭林手写《天下郡国利病书》稿本,至堪宝贵。)

嘉定。嘉定县立图书馆,纷乱散失。

常熟。常熟县立图书馆之藏书,中有瞿氏铁琴铜剑楼之一部分,亦由中国方面搬出。

太仓。太仓县立图书馆,为中国方面放火全烧(?)。①

日本杂志的图书损毁调查,有这样几个特点。一是非常了解中国图书馆藏书数量,因而有"京中接受之图书,共60余万册,不及事变前之半也"之说。二是非常了解中国图书馆的馆藏特色及图书价值。如国民政府内政部图书馆的风俗物产报告等,对浙江省立图书馆的藏书更是了如指掌。三是对中国大小图书馆一网打尽,连嘉定、太仓等县立图书馆也不放过。这表明日本对中国的图书馆,特别是江南地区藏书十分熟悉,他们掠夺中国图书,是有计划、有组织的行为。征诸抗战时期中国图书馆界转移珍贵文献等情形,发现日本媒体的报道极为准确,也间接证实图书馆界转移珍贵文献的必要性。图书馆界的文化抗争,不是空话,而是实实在在地反抗日本文化劫掠的爱国创举。

《会报》转载的关于新闻界对战时图书损毁调查报道远不止上述几例。如1937年日军轰炸南开大学时,《大公报》对南开大学的损失进行了详细报道,《申报》等上海新闻界对战时上海的图书损毁也都有报道。本处节选的几例报道,是协会向各会员及图书馆爱好者传达的图书损毁信息。这些转载具有典型性,容易引起协会会员和图书馆爱好者对保存中国文献的共鸣,激发会员对日本文化暴行的公愤,也为日后索赔创造了条件。

二、转载教育部的调查报告

作为图书馆事业的行政管理机关,教育部调查图书馆的损毁状况,责无旁贷。实际上也确实如此。1939年3月17日,教育部通过上海《申报》

---

① 《江南藏书被敌焚劫数十万册》,《中华图书馆协会会报》1938年第2期,第20页。

重庆通讯,发表了全国高等文化机关受日军摧残之下所蒙受的损失统计①,《会报》进行了摘要转载。根据该报告,中国在战争初期教育文化损失为:

　　截至 1938 年 12 月底,各大学的设备、图书、仪器,或焚或劫,或遭轰炸,损失大半。战前大学及专科以上学校,全国共 118 所。18 个月以来,14 所学校受极大破坏,18 所学校无法续办,73 所学校迁移他处勉强上课,但不能利用其原有的设备。以财产估计,国立学校损失达 3 650 余万元,省立大学 610 余万元,私立大学 2 260 余万元。国立学校中,如北京大学,为中国创办最早的大学,其损失几乎无法统计。其次如清华大学,虽然图书、仪器稍有携出,但损失也达 605 万元之巨。私立岭南大学图书、仪器的损失,达 380 余万元,南开大学达 375 万元。这些财产还可以以数字估计,至于其他不可以金钱估计价值的,则有清华大学关于中国近代史档案所搜集的材料,北京大学关于明清两代档案、名家所藏金石拓片,以及中国地质研究历年所搜集的资料,南开大学关于华北经济的研究资料,都无法恢复,在学术上的损失尤为重大。

　　在各大学损失中,以图书为最高。以国立学校而言,损失 1 191 447 册,省立学校,104 950 册;私立学校,1 533 989 册。总计达 2 830 386 册之多。但此仅就在沦陷区内的 40 所学校计算所得,其损失数量已经如此之巨。那些在战区内的高等学校,因迁移过迟来不及运出的,损失也大,例如国立山东大学图书、仪器 800 箱,其中有藏书 76 724 册,全部在浦口车站损失。如果加上这些损失,则各校损失的总数还要增加。这些数据表明中国大学图书馆损失数量庞大。

　　至于文化机关,损失也重。沦陷区及战区内的图书馆,总共 2 500 余所。损失的最低限度,以平均每馆 5 000 册估计,全部损失当在 1 000 万册以上。但事实上沿海各重要都市的精美大图书馆,均陷入敌手,例如南京的国立中央图书馆,以及江苏省立国学图书馆,北平的国立北平图书馆、国立北京大学图书馆及清华大学图书馆,杭州的浙江省立图书馆,都收藏丰富,且多善本名抄,全部遭毁损劫夺。特别痛惜的是私家藏书,此次也几乎尽数毁失,如吴兴嘉业堂刘氏,常熟铁琴铜剑楼瞿氏,苏州滂喜斋潘氏,天津木犀轩李氏,藏本之精善,为全国之冠,且有为公家图书馆所不及者,尽数为敌寇强掠而去。不但书籍,即使昔日刻书的木板板片,也遭劫掠。中央图书馆损失木板 7 万余片,浙江省立图书馆损失 10 万余片,广东、

---

① 《教部发表全国高等文化机关受敌军摧毁之下所蒙损失统计》,《中华图书馆协会会报》1939 年第 6 期,第 13~14 页。

湖北所有者，也都尽数损失。全国所藏木板几乎损失十分之七八。中国建立新式公共图书馆，仅 30 年间的事。此次遭遭打击，不仅精华尽失，且即使普通书籍，也差不多损失殆尽。现在仅存的川桂陕甘四省图书馆藏书达 5 万册者，不过 5 所，而滇黔等边区，超过 1 万册的，都不容易有。读物来源问题十分严重。至于西文书籍，则以中国财力，以及购藏之晚，最大图书馆所藏，不过 10 万册，也尽数毁失，搬出的不及十分之一。所以此次中国图书馆损失之大，遭劫之重，在本国历史上，当然为空前，即使世界任何国家因战事所遭损失，也无如中国所感受之重大。

古物可供学术研究者，当属北平故宫博物院，以及内政部古物陈列所所收藏的名贵古物，但这两处共计损失 2 900 余箱。私人收藏，苏州潘氏所藏的周秦铜器，与怡园顾氏所藏名画，也悉数与前面的吴兴嘉业堂刘氏藏书一样，为敌寇劫去。这大概可以证明日本方面为有计划的摧残。上海的中华书局、世界书局两大书局储存教科图书千余万册，也悉数被劫，以至于已经损失的书籍无法补充，可补充的书籍也无从购得。教育部调查的结论是："故敌寇之目的实在整个消灭我国之文化机关，使之无书籍可读，无材料可资研究。"①

教育部的调查结果，代表了国民政府对图书馆损毁的一种认知，其政治价值远非图书馆协会组织和新闻等各界所能比拟。教育部的调查数据和结论，为中国文教机关广泛采纳。1939 年 1 月，由教育部、外交部、财政部主导设立的战时征集图书委员会，向欧美国际征集书籍时，发布了《战时征集图书委员会征书缘起》，其数据和评价，与教育部公布的数据和评价完全一致②。

教育部的调查，新闻界的调查，以及图书馆界的调查，采用的方式和得出的结论不一致，差异很大。不过，不同的调查可以互相补充、互相印证，以使损失的数字越来越接近于实际损失。对中华图书馆协会来说，尽量收集战时图书馆损毁情况报告，是其一贯做法。当然，教育部的调查也只是 1939 年以前的数据。随着战争的深入进行，图书馆损毁的数据也在不断地增加。战后，教育部公布了战时中国图书馆的损毁状况，其数据也包含了中华图书馆协会的努力，《会报》没有转载。为了说明战时图书馆损毁的实际状况，本书将一并介绍。

---

① 《教部发表全国高等文化机关受敌军摧毁之下所蒙损失统计》，《中华图书馆协会会报》1939 年第 6 期，第 14 页。
② 参见中国社会科学院近代史研究所中华民国史组编：《胡适来往书信选》(中)，第 401～404 页。

教育部的战后报告，主要体现在教育部教育年鉴编撰委员会编写的《第二次中华民国教育年鉴》①中。根据该年鉴，战时损失如下：

国立中央图书馆。战事发生后，选择重要书籍封存 263 箱，因事急时促，仅携带出 130 箱，所有国学书局版 150 种全部遗失。该馆为防止战时古籍善本流出国外，募集款项，购得 3 000 余种古籍善本。这些善本除孤本及最珍贵的以航空运输至重庆外，其余因香港沦陷而被日本劫去。战争胜利后被追回运还南京，共计 170 箱。

南京其他图书馆。南京市立图书馆与夫子庙同毁于火，国民政府文官处、教育部、内政部、外交部及其他机关、学校图书馆被敌人运走不下 60 万册。中央大学图书馆随校西迁时，舟行川江不慎，沉没 10 余箱；抵达重庆后，又遭轰炸，损失一部分。原有图书 40 余万册，战争结束后，仅存 18 万余册。

上海东方图书馆毁于 1932 年"一·二八"事变，1937 年"八一三"淞沪会战发生，上海市中心区图书馆又牺牲于敌人炸弹之下，这是上海损失最严重的图书馆。南市文庙市立图书馆、鸿英图书馆，同济、暨南、大夏等大学图书馆，也散失很多。

南浔嘉业楼善本遭敌劫夺，战后虽然归还原主，但散失不少。江阴南菁中学所藏宋版书及创办南菁书院的王先谦珍藏的名本，全遭焚毁。浙江云间姚石子收藏中国典籍极为丰富，沦陷后，被敌人全部运去；上海王绶珊所建藏书楼，收藏地方志达三千数百种，也先后被敌人捆载而去。

前北平女子师范大学图书馆被封存，前女子文理学院图书 249 册封存，封存东北大学图书 1 548 册（以上送缴伪教育部）。中法大学图书馆损失 1 996 册，朝阳学院 25 110 册，中国大学图书馆 19 535 册，故宫博物院太庙图书损失 611 种，11 022 册，北平政治学会图书馆所有图书被伪"新民会"全部劫走，天津河北省立女师学院图书馆计 65 000 余册，全部损失。南开损失也很重，战后追回 190 箱。

国立中山大学图书馆散失图书 10 余万册，战后追回 147 箱。岭南大学损失较少，但寄存香港中国文化研究室的图书杂志约 11 000 册，内有大清实录 1 120 册，全部散失。该校寄存香港岭南分校的善本图书 12 箱，也失去 6 箱，内藏《通报》(*Tung Pao*) 全份、《中国丛报》(*Chinese Repository*) 两整套、影印明本《金瓶梅词话》及四种罕传广东县志。广州大学图书全部遗失，保存在省里及香港的，被人盗卖。另有一部分万余册在曲江沦陷时散失。广

---

① 教育部教育年鉴编撰委员会：《第二次中华民国教育年鉴》，第 29～30 页。

州市立中山图书馆图书 40 余万册，全毁于劫。广东省立图书馆 1945 年 7 月第二批运出图书 15 639 册、报纸 33 种，被敌焚毁。广雅典籍，全部被敌运走。广西省立桂林图书馆遭敌焚毁。1940 年 7 月 4 日，重庆大学图书馆被炸。1941 年 7 月 6 日，文华校舍遭敌机轰炸。同年 8 月 4 日，西南联大图书馆大部分被炸。

湖南大学图书馆于 1938 年 4 月 1 日被炸，全部图书被焚毁。河南大学图书馆损失图书 15 000 多册。1939 年春甘肃省立图书馆被炸，毁坏楼房 7 间，图书 8 000 余册，期刊 22 000 余册，报章 67 000 余册，器具 263 件。

年鉴中对国学图书馆、浙江省立图书馆、国立北平图书馆、国立清华大学图书馆、北平师大图书馆等损失也有概略介绍，因与中华图书馆协会在《会报》上公布的调查重复，且没有后者详细，此处从略。年鉴中公布的图书馆损毁情形，是战后初步调查的结果。资料相对来说较为齐全，只是过于简略。

《中华图书馆协会会报》转载了战争初期教育部公布的文教机关损毁报告，而《第二次中华民国教育年鉴》中的图书馆损失，相当大部分采取了中华图书馆协会提供的材料。在战争后期，中华图书馆协会发出图书馆复兴倡议，其中一项重要内容是要求会员从事战时图书馆的损毁调查。这种调查不仅为中华图书馆协会的复兴工作提供了坚实基础，也适应了战后教育部统计战时文化损失的需要，甚至也为国民政府战后向日本的索赔工作创造了良好条件。从这个意义上说，中华图书馆协会从事的图书馆损毁调查非常重要，意义深远。

第二节　中华图书馆协会的损毁调查

一、协会的调查准备

作为图书馆界唯一的全国性专业协会组织，中华图书馆协会在抗日战争全面展开后，十分重视图书馆损毁情况的调查。1938 年 7 月，《中华图书馆协会会报》复刊。其复刊启事表示，希望会员"如有关于图书馆战时之工作，行政之兴革，被难之状况，文物之损失，以及个人在学术上之工作，各馆复兴之计划"① 等，及时刊载《会报》，以便于消息传播。其中第四

---

① 《复刊启事二》，《中华图书馆协会会报》1938 年第 1 期，首页。

项就是文物损毁。实际上，在抗战军兴之初，袁同礼就致函各战区各图书馆，希望各图书馆能提供图书馆损失情形及照片。

《会报》复刊第1期付印后，各地图书馆被焚毁的消息陆续公布，协会随即委托相关人员，就近调查。同时发布通启，调查各地图书馆实际被毁情况："倭寇侵略，城郭为墟，文化机关，被毁尤甚。同人等谊切同舟，弥增愤恨！本会自移滇办公以来，对于全国图书馆摧毁惨状，曾作国际之宣传，俾得同情之助，早日复兴。惟是开来继往，经纬万端，非群策群力，无由达此宏愿。兹为征求事实，俾作宣传根据起见，特制就表格，请予填注。"①

协会调查图书馆损毁状况，以做国际宣传，并为复兴基础，是图书馆界的共同需求。早在1937年11月份，陈训慈就致函袁同礼，询问国际宣传事宜。12月，袁同礼复函，表示协会已经去电英、法、美、比、瑞各国学术团体，现在"正征集各地图书文化被损毁之照片"，托陈在浙江留意②。显然，即使战况激烈，协会与各大图书馆之间依然保持着沟通，以共同应付民族危机。

为了征求全国图书馆被毁事实及照片，中华图书馆协会于1938年4月在全国14个地方设立了通讯处，分别是武昌的文华公书林、成都的金大图书馆、城固的西北联大图书馆、广州的岭南大学图书馆、福州的省立图书馆、昆明的西南联大图书馆、上海的震旦大学图书馆、长沙的湖大图书馆、重庆的中央图书馆、鸡公山的河大图书馆、桂林的广西省政府图书馆、贵阳的省立图书馆、永康的浙江省立图书馆、香港的北平图书馆香港通讯处。这些通讯处分布在全国各地，或处于战区，或毗邻战区，或在大后方，对图书馆的损毁调查起到了积极作用，尤其照片一项，能够更加直观地展示日本文化侵略的残暴。这是这次损毁调查的主要特点。

不仅发布通启，协会根据战争进展，还具体致函各受害机关，进行切实调查。1938年初，敌机轰炸了广西梧州，广西大学理工学院及梧州高级中学均遭投弹，损失严重。协会为明了两校被毁实况，当即去函调查："敝会现在调查全国教育文化机关被毁状况，俾作国际之宣传，拟请贵校将被毁情形，详细见告，并盼以此项照片及记载此事之日报，一并检寄。"③ 之前，汕头也遭轰炸，协会同样也单独去函，了解情况。协会的调查得到了被毁坏机关的大力支持。广西大学复函："本年八月二十五日十二时三十分，敌机空

---

① 《继续调查全国圕被毁状况》，《中华图书馆协会会报》1938年第2期，第17页。
② 陈训慈：《运书日记》，第36页。
③ 《继续调查全国教育文化机关被毁状况》，《中华图书馆协会会报》1938年第3期，第16页。

袭梧州，在梧州本校校区内共投弹 16 枚，本校理工学院第一学生宿舍炸塌三楼及二楼，第二学生宿舍炸塌三楼二楼及地面房间一部分，其余门窗被震坏者颇多，留校学生之衣物书籍损失亦巨。饭厅正中中一弹，掀去瓦面，穴地成巨孔。"至为详细，是控诉日本摧残中国文教机关的明确证据。汕头市政府复函："嘱寄敝市公立图书馆被炸影片，俾作国际宣传等由……查该馆于本年七月一日被敌机轰炸，东座中弹，全部倒塌，损失图书杂志八千余册，报纸四百余本，其他器物悉数被毁，总计损失约值国币一万七千余元，而市立第四小学中弹三枚，全校荡然，损失尤属不资……相应检同炸后影片二张，函送查收，并希广为宣传，用张暴敌残酷为荷。"①

协会的调查工作得到了会员的积极支持。《会报》上不断登载的损毁消息，就是最好的证明。实际上，各大图书馆确实在努力配合协会的调查工作。如，陈训慈 1937 年 12 月收到袁同礼请求协助图书馆调查损毁的函件后，随即复函，告知浙江馆藏迁移情形，并对南浔嘉业楼传闻珍籍被敌劫掠，也一并述及。1938 年 2 月初，陈训慈函浙江省党部："函省党部索抗敌图片，……为抗敌照片五十张编缮说明。"② 可以说，正是在各图书馆的积极配合下，协会的损毁调查工作才得以顺利展开。

教育部对中华图书馆协会的图书馆损毁调查高度肯定，特令协会继续注意调查。协会为此再次致函全国图书馆，并附表格，希望调查能得到各图书馆的支持："本会前奉教育部令，嘱对于各地图书馆被敌轰炸与劫掠情形及各馆工作概况，注意调查，按期呈报备查在案。除被炸毁之图书馆，随时由本会派人调查具保外，兹特函请贵馆自二十九年一月起，将贵馆工作概况，每两月择要报告本会一次，俾能汇集此项资料，按期呈报教育部备案，藉资稽考，事关图书馆事业之改进与发展"，随函附了调查内容的表格设计。报告书格式：第一次报告应附：1. 沿革 2. 职员录 3. 经费来源及预算。每月报告仅列以下各项：1. 新增设备及职员；2. 购书统计（新书、期刊、日报分别统计之，期刊、日报仅记总数，重要入藏或捐赠书籍，可另附详章）；3. 增书及交换统计（同上）；4. 编目统计（按中西文分别统计）；5. 阅览统计；6. 出版物种数及内容（凡铅印油印者均附样本）；7. 最近计划；8. 其他改进事项。③

中华图书馆协会承担了抗战损失调查委员会的部分调查工作。国民政府为调查自 1931 年 "九一八" 以后因敌人侵略直接或间接所受的损失，向

---

①　《继续调查全国教育文化机关被毁状况》，《中华图书馆协会会报》1938 年第 3 期，第 17 页。
②　陈训慈：《运书日记》，第 107 页。
③　《本会调查全国圕战后工作概况》，《中华图书馆协会会报》1940 年第 5 期，第 12～13 页。

敌人要求赔偿起见，特地设立抗战损失调查委员会，调查公私各项事业所受损失，其中教育文化事业所受损失为重要一项，关于图书馆的损失，由中华图书馆协会继续调查，以备日后向敌人要求赔偿①。

要求日本赔偿，一直是中国图书馆界的愿望。"一·二八"事变后，陈训慈强烈谴责日本的文化暴行，倡议文化复兴，提出文化复兴的第一条措施即为"加害文化者之抵偿"。他征之公法，按之往事，提出："日本赔偿为当然之要求。"陈训慈说，1907年《海牙公约》规定交战国损毁敌人之方法，应有限制，"以不造成对方无关军事之非必要损失为要点"。《海牙公约》第四章更有详细的规定。日本此次进攻上海，系"不宣而战"，应不适用战事之办法，但战时公法于保障文化事业，也有切实之规定，这是征之公法。如果征之事实，则一战中德军损害鲁文大学，战争结束后比利时得到了同样赔偿。《凡尔赛和约》第247条规定："在三个月内，德国担保以同量同质之古籍、稿本、书籍、地图，与其他贵重物品，供给鲁文大学，由赔偿委员会转交，以偿还大战时德军所焚毁鲁文图书馆之损失。其详细办法，由赔偿委员会决定之。"这项规定得到了迅速执行。陈训慈表示，迄今鲁文图书馆虽不能复见其原有之珍本，但已恢复其藏书之美丰。德国学者对这一规定，即使近年来那些主张修改条约者，也都没有异议。陈的解释是："良以非战事必要而有损文物之行为，为世界文化之公敌，不论胜负，应负赔偿之全责。"有人或许说，德国此时为战败国，所以不能不受赔偿之处置。陈训慈表示："殊不知赔偿为一事，何时赔偿亦别为一事。吾人理直气壮，必尽力以争，求其及早为一切损失之赔偿。纵以实力之不济，不能遽科日本以德国同样之罚则，然此项公正之办法，不能不大声疾呼，引据成例，以提出于世界，使成为世界之公论。必使有一日，移东京图书馆所藏书之一部分，以抵偿我淞沪文化上之损失也。"②

中华图书馆协会重视图书馆损毁调查，原因很多，主要有四：一是向欧美大国宣传的需要。文化是全人类的财富，超越国界、民族等界限。日军摧残中国文化，是对中国文化的摧残，也是对世界文化的摧残，当然要受到世界各国文化界的谴责。协会在揭露日本的文化暴行上积极主动，发挥了国民政府不能发挥的作用，在世界范围内也激起了强烈反响。二是确立战时图书馆工作的需要。国家处于战争状态后，图书馆的工作也随之一变。而战时工作的基础，首先要调查图书馆被毁情形。在充分调查的基础

---

① 《抗战文物损失之调查》，《中华图书馆协会会报》1944年第3期，第10页。
② 陈训慈：《中国文化之劫运与其复兴问题》，《浙江省立图书馆月刊》1932年第2期，第7～8页。

上，提出相应的战时工作目标。三是战后向日本索取赔偿的需要。形势发展显示，日本发动的疯狂战争已经走向没落，接近失败。为了求得赔偿，中国图书馆界必须事先有所准备，追回被日本劫夺的图书文献，同时要求适当的赔偿。协会在战争期间调查所得材料在战后得到了重视。四是战后图书馆事业复兴的需要。抗战爆发后，虽然中国处于劣势，节节败退，但图书馆界认为这是一场持久战，中国必将取得最后的胜利。现在的失败是暂时的。为了民族复兴大业，他们未雨绸缪，需要调查图书馆损毁情形，以为将来的复兴事业奠定基础。这些设想后来一一实现。

中华图书馆协会对战时图书馆损毁进行了细致调查，为了叙述方便，现将调查分苏沪浙地区、平津地区、粤港地区和其他地区四个区域，逐一列举调查结果。

二、苏沪浙地区损毁情况

苏沪浙地区向来文教事业发达，私家藏书尤其闻名遐迩。抗战初期，这一带是主要战场，特别是淞沪会战，战事惨烈，各项事业也随之受到影响，图书馆损毁异常严重。根据中华图书馆协会的调查，苏沪浙地区图书损毁情况大致如下：

（一）江苏图书损毁情况

南京地区。南京地区图书馆的损毁以江苏省立国学图书馆为最。江苏省立国学图书馆创办于清末，多历年所，荟萃文物，享誉东南。国难发生后，内外损失，不可计数。除大宗书籍封存伪中央图书馆、伪文物保管委员会、陈群的泽存书库，以及伪前师长马幼铭劫去寄存兴化各书、梁鸿志劫取馆中密室各书，这些不能确定的外，已经损毁的，有：

1. 寄存兴化北门外观音阁被焚的书籍 6 000 余册。1937 年国民政府西迁以后，该馆奉江苏省教育厅令移运馆中存书若干部册，寄存苏北兴化县，以防兵燹。岂料 1940 年 5 月，兴化县也被敌军攻陷。日军所到之处，四处焚劫。馆中寄存兴化北门观音阁的书籍，也与该庙一起成为灰烬。此项书籍多系木刻丛书及各省方志，已经难以购求，总共被毁书籍 6 803 册。

2. 龙蟠里该馆所存清季江南各公署档案若干件又 60 余大篓。该馆积存前清咸丰、同治、光绪、宣统年间江南各公署档案，共 6 486 宗，还有没来得及清理存储文物 60 余大篓。这些档案均有历史价值，如操江轮船档案、吴淞炮台档案等。不料 1938 年敌伪劫夺馆中文物，将以上各种档案，全部运走，片纸不留，多被焚毁及售卖作还魂纸，比之书籍，连找回的办法都没有。这些文物在海内外不可能有复本，价值无法估计。

3. 逐年印布及存售各局印刻、各家印刻的书籍。该馆逐年印布馆藏稿本、名著，以及该馆小史、宋元书影、概况、年刊、各种目录，多则千部，少则几百部。除发售及赠送外，截至 1937 年底，还有数万册。又，自清季淮南书局、江楚书局并入该馆后，其书籍由该馆印售，又有江阴缪氏、大兴王氏、江宁许氏各种书板，或售归该馆，或寄赠该馆，都由该馆印刷发售，每种少或存数十部，多则数百部，该馆经历印售，向来刊目公布。以上各项书籍，也被敌伪劫掠一空。

4. 日报若干册。该馆自 1927 年以来，购置各种日报，都装订成册，以备学者研究近世史料及政俗流转。截至 1937 年底，共有 1 894 大册又 19 束，也被敌伪劫去焚烧变卖。

此外，该馆器具 1 200 余种都被敌伪劫夺损毁。至于前清江楚书局存有印书机器及印书石，1937 年后也被敌伪劫去①。

江苏省立国学图书馆损失的不仅是书籍，实际上也是不可复制的文物，代表了中国传统文化的精髓，其价值无法估量。当然，国学图书馆的损失远不止如此，还包括普通书籍。《中华图书馆协会会报》记载：1938 年 4 月 1 日，忽来日人四五十人，汽车两辆，自行开箱移书。经保管人婉词恳求，该日人声言，书为逆产，今东亚和平，文化大同，应汇集一处。乃于 4 月 1～5 日将该馆前后楼所藏之书，一律运尽。该馆竟毁于敌人之手，实为中国文献之一大劫！此次被劫普通书籍 10 余万册②。

除了江苏省立国学图书馆外，南京其他图书馆也遭受劫难。当时日本杂志对日军占领当局"接管"的南京书籍有相关记载，京中"接管"的图书，共 60 余万册，不及事变前的一半③。日本人做事以严谨著称，调查的图书馆更为具体，"接管"数字也更为确切。

这 60 余万册书籍只是在战争全面爆发后不到一年内的损失。有学者调查了日本外交部档案，在 1937 年至 1945 年 8 月间，日本在南京劫夺的书籍大致为公家 886 461 册，私人 53 118 册④。这个数字也不会准确，因为它的来源只是出自日本外交部档案，而不包括军部等其他部门。日本在中国的行动，是一个国家行为，许多部门参与其中，外交部只是其中之一而已。由此可以推断，抗战期间，南京的图书损失相当巨大。

镇江地区。镇江在沦陷前，藏书虽不及常熟等处，但也素来发达。其

---

①　柳诒徵：《江苏省立国学图书馆损失概况》，《中华图书馆协会会报》1946 年第 4～6 期合刊，第 9 页。

②③　《江浙藏书被敌焚劫数十万册》，《中华图书馆协会会报》1938 年第 2 期，第 20 页。

④　严绍璗：《汉籍在日本的流布研究》，南京，江苏古籍出版社，1992 年，第 201 页。

世代书香之家，如陈氏、赵氏、吴氏等，所藏古籍，均极可观。江苏省立镇江图书馆、江苏私立流通图书馆等设立，图书数量，更见增加。此外，已故上海大生纱厂总办事处经理吴寄尘，更出其珍藏书籍，公诸梓里，设绍宗藏书楼。该楼所藏，颇多佳本，如贝叶经，及雍正朱批上谕等类，可窥其一斑。1939 年冬，国军由沪西撤退，镇江随后沦陷。学校中附设图书馆规模较大的，为江苏省立镇江师范图书馆，数量相当宏富，但因事前没有运往他地，致归散失。有一部分为敌军运去，其余则为贾民盗窃，售诸书贾。镇江师范外，中等以上学校，有江苏省立医政学院、镇江中学等校。医政学院为新办学校，所藏多系专门书籍，其损失也限于有关医学及生理卫生等书。镇江中学藏书次于镇江师范，也因没能运走而遭损失。图书馆方面，有一所省立图书馆、一所私立流通图书馆、一所县立五三图书馆，其中以省立图书馆为最富，凡西文原版、珍本旧籍，新铅、石印本，不下 10 万卷。自事变破坏后，屡经敌军驻军，取作燃料，散佚不少，但也遭到贫民抢窃，还有不少残余，数目不详。五三图书馆命运较劣，损失已尽，空余四壁。肆上印有该馆图记的书籍，时可入目[①]。

距离镇江不远的江阴，自 1937 年冬沦陷后，公私藏书，损毁颇重，其中尤以南菁中学藏书楼书籍损失为最大，所有名贵的宋版书，及首创南菁书院王先谦珍藏各本，均遭敌毁坏。他如江阴新旧县志，也遭到焚毁。

（二）上海图书馆损毁情况调查

上海是全国新文化中心，图书馆事业相当发达。就其数量而言，为全国各大都市之冠。规模较大、设备完善的专门及大学图书馆，超过 20 所。"八一三"淞沪之战拉开后，上海地区的文化事业即遭日军摧残，尤其各重要图书馆，均位于上海四郊，成为日军炮火摧残的目标。郊外各大学及文化机关，无一不在轰炸范围之内，大学图书馆损失更多。具体损毁情形分以下几种：

一是被毁各馆调查。上海市图书馆。该馆位于市中心区，为大上海计划中的文化事业之一。于 1933 年开始筹备，1935 年落成。馆舍巍峨，设备完善，是一座现代化的公共图书馆。总共建筑经费 30 万元，设备费 45 000 元。大战发生时，藏书七八万册，购置及各界捐赠的图书约值 10 万元以上。在淞沪会战中，市中心区各种巨大工程均遭炮火损毁，图书馆破坏的程度相对较轻。上海失陷后，图书馆被修竣，为伪机关占用办公。藏书除一部分善本及伍连德、丁福宝赠书于事前转移到安全地方保存外，其余几乎全部散

① 《镇江公私藏书被毁殆尽》,《中华图书馆协会会报》1939 年第 5 期,第 21 页。

失,书库中的钢铁架板都被盗窃一空。估计全部损失达 445 000 元。

国立暨南大学图书馆。该馆位于沪西真茹,馆舍为二楼建筑,藏书 5 万余册。淞沪会战时,馆舍一部分被炸毁,图书在事前被迁移出一部分,一部分被毁。计中日文部分损失 32 527 册,占十分之七以上;西文损失 3 331 册,占十分之三。

国立同济大学图书馆。该馆位于吴淞镇北,为淞沪会战的中心地带。在"一·二八"时该校曾也受损失,"八一三"淞沪之战时又遭到严重打击,馆舍全部被毁,在各校中损失最为严重。该馆藏书 2 万余册,以德文医工书籍为主。战时虽然有一部分书籍已经转移到内地,但损失数目依然不小。

国立上海商学院图书馆。该馆 1935 年落成,藏书 2 万余册。在淞沪会战中,校址为重要军事据点,致巍峨大厦成为炮火集中目标,全部被毁。不过,重要图书 15 074 册均于事前全部迁出,其次要的与卷帙不全的杂志、公报、小册子等暨 1938 年装订成册的日报,则因为时间仓促,来不及运出,悉成灰烬。

复旦大学仙舟图书馆。该校与商学院同在江湾,图书馆为工字形二层钢骨水泥宫殿式建筑(建筑费 5 万元),藏书约 4 万册。在淞沪会战中,馆舍为炮火所毁,损失严重。图书馆大部分迁出,少数来不及迁出的,全部受损。

光华大学图书馆。藏书 34 475 册,会战前迁出 18 512 册(内中文 13 108 册,西文 5 404 册),总计损失 15 963 册,约占原来藏书的一半。

大夏大学图书馆。藏书总共 46 120 册(内中文 34 054 册,日文 2 261 册,西文 980 册),自战事发动,一部分即随校内迁,其余的毁于炮火。

大同大学图书馆。藏书中文约 2 万册,西文约 1 万册,日文 1 000 册。该馆位于大上海最后沦陷区,图书一部分迁出,藏于明复图书馆。

沪江大学图书馆。该馆位于沪东杨树浦军工路,馆舍为二层长方形建筑(建筑费 5 万元),原藏中文书籍 5 万余册,西文书籍 2 万余册,日文 1 000 册,杂志约 300 余种。淞沪会战突起,馆中所藏书籍全部没有运出,所幸馆舍没有被毁,但为日军占据,驻扎馆内,所以图书散失污损,在所不免,但具体数字不详。

东吴大学法学院图书馆。该馆所藏中外法学书籍至为丰富,约有中、西、日文万余册,杂志 800 种。因苏州方面图书全没迁移,损失很大。苏州文理学院迁移到上海后,该馆开放,以满足读者需求。

二是被占图书馆调查。上海被占的图书馆为国立交通大学图书馆。该馆为上海最完备的工程图书馆,建筑宽宏(建筑费约合 6 万元),所藏中西文图书约 10 万册,而工程及科学方面的图书杂志收藏尤其丰富。该馆位于沪西,淞沪会战爆发后,校舍即改辟为国际救济会的难民收容所,所以校舍侥幸免于炮火,馆中的藏书也陆续迁移到安全地点。其一部分藏书在震旦大学图书馆内公开阅览,损失很少。但自大上海沦陷后,校舍馆舍全部被日人所设的同文书院占用上课,一部分家具设备也遭劫夺。

三是停顿各馆消息。停顿图书馆有两所。1. 中国国际图书馆。该馆为李石曾等人创办,总馆在日内瓦,上海为其分馆。淞沪会战后,该馆因环境关系,告以停顿。2. 量才流通图书馆。该馆原名为申报流通图书馆,为《申报》创办的社会事业。后加以改组,设董事会,改为量才流通图书馆,藏书数万册,有长期读者 1 万余人,为上海著名的流通图书馆。淞沪会战后,该馆宣告停顿,后来迁到重庆恢复工作。

四是未受损害各馆现况。根据调查,震旦大学图书馆、圣约翰大学罗氏图书馆、明复图书馆、鸿英图书馆、海关图书馆,都是几乎没有受到损毁的图书馆。不仅如此,有的图书馆(如震旦大学图书馆)为保存文化而做出了巨大贡献。值得欣慰的是,在上海这一"孤岛"上,淞沪会战后不到一年时间还建立了新的图书馆,如中国流通图书馆、丁香图书馆等。这真是一道奇异的风景。

上海特别市图书馆损毁情况调查由中华图书馆协会会员、国立北平图书馆驻上海办事处人员钱存训负责。该员调查上海一处图书馆损毁情况的基本结论为:"各重要图书馆直接遭受破坏或损失者约有十所,被占据者一所,因战事而停顿者两所,原在安全区域未受损害者,亦不过四五所而已。"① 日本对中国图书馆事业摧毁,由此可见一斑。当然,从实际损毁的图书数量看,上海地区不是很多,这主要得益于各图书馆负责当局多于事前将图书尽力设法迁移到安全地点,所以得以保存于万一。

钱存训的调查止于 1938 年 8 月 31 日,也就是说,上述损失截至该日,不包括之后的毁损情形。实际上,此后上海地区的文化事业损毁依然严重。典型事例是上海世界书局图书被敌劫走 500 万册。上海世界书局是国内三大书局之一,出版各项图书,颇受社会欢迎。但自 1937 年冬该局虹口大连湾路印刷总厂被敌人占领后,该局遭受文化史上空前浩劫。所有厂内已经装订完成的书籍,由敌方先后运出两批,总数达 400 万册,一起运驶

---

① 钱存训:《上海各图书馆被毁及现况调查》,《中华图书馆协会会报》1938 年第 3 期,第 5~8 页。

回国,用途不明。1938 年 11 月 20 日上午 6 点,又有第三批图书装入麻袋,约共 1 000 余袋,总数有百万册上下,由运货汽车运到码头,装上运输轮船安特劳夫号,运回日本[1]。所以上海世界书局损失书籍在 500 万册以上,受损特别严重。这一数据在教育部公布的图书馆损失中也被证实。

随着战争进行,上海图书馆的损失继续增加。限于篇幅,此处不再一一列举。

(三) 浙江图书馆的损失

浙江是教育文化大省,图书馆事业发达。抗日战争以前,浙江省立图书馆藏书 27 万余册,全年总经费 54 000 余元,购书经费 13 000 余元[2]。其藏书总量位于省立图书馆之首,比第二位的江苏国学图书馆多约 7 万册,全年总经费和购书经费均在全国前列。战火延烧到浙江后,省立图书馆虽然采取了应对措施,转移了绝大部分藏书,但依然损失严重。具体数据见表 3-1(见下页)。

根据表 3-1,抗日战争期间,浙江省立图书馆的损失主要是设施与设备,其次是中外图书,再次是木刻书板和石刻帖石。然而,有些东西不是价格所能衡量的,如木刻书板和石刻帖石,失去了就失去了,以后就再也没有了。浙江省立图书馆的损失,充分暴露了日本侵略的反文化性质。

省立英士大学图书馆的损失。截至 1942 年 4 月 30 日止,英士大学图书馆藏书共计 16 007 册,其中图书类有 5 467 册,杂志日报类有 10 540 册。1941 年,日军对华中根据地加大军事攻势,实行蚕食,浙江受到影响。该馆决定将图书运送松阳,运送途中饱经战火威胁。4 月 22 日运送队伍在水门遭遇敌机轰炸,部分图书被炸毁,总计损失图书 411 册。受浙赣战事影响,1942 年该馆不得不将总分馆图书一再进行搬移,而在转移过程中图书资料亦是损失惨重:"总馆所有杂志日报及小册,亦均未及与图书一并自丽水运出,全部牺牲,疏属愧惜。"[3]在松阳农学院图书馆第一分馆、三岩寺工学院图书馆第二分馆、圉山医学院图书馆第三分馆三个分馆之中,又以直接遭受过战争洗礼的松阳农学院图书馆损失最大。

以上是具体而微的图书馆损失。孟锦华于 1939 年发布了战时浙江省图书馆数量损失情况,从宏观上勾勒了浙江省图书馆损失的大致情形。根据《申报年鉴》1935 年公布的数字,当时浙江全省各种类型的图书馆有 325

---

① 《上海世界书局图书被敌劫走五百万册》,《中华图书馆协会会报》1939 年第 4 期,第 19 页。

② 陈训慈:《全国省立图书馆现状之鸟览》,《浙江省立图书馆馆刊》1935 年第 3 期,第 9 页。

③ 吕绍虞:《浙江省立英士大学图书馆概况》,《中华图书馆协会会报》1943 年第 5~6 期合刊,第 2 页。

表3-1 浙江省立图书馆战时文物损失表①

文物名称及重要性	损失时间	损失地点	损失情形	损失时价值	敌伪负责人姓名或机关部队名称
馆舍（民国十九年建）	二十七年	杭市大学路	书库四层及钢铁书架全毁，屋顶及地下室均损坏渗漏，四围门窗五间全毁，又平屋五间全毁，全馆木电表修全毁	一四七、二一九元	柳川部队
馆舍（民国元年时建）	同上	杭市孤山	藏书之白洋房与小洋房及宿舍之屋基样柱门窗墙壁地板多有损坏，又平屋五间全被折毁	四、五〇〇元	同上
中外图书（历年购置）	同上	杭州市大学路	馆藏之石印图书集成与四部丛刊，四部备要，万有文库，以及各种中外图书及杂志日报合订本损失约十万册。本馆印刷所已印成之国学图书数千部全部损失	七五、三三三元	同上
木刻书板（历年购置）	同上	杭州市孤山	馆藏之张氏医通，算法大成，大学衍义，揣季丛书，近思录、洗冤录、入幕须知、素同集注、先政遗规、裘氏重编、家政学、善本书室藏木刻书板、共计缺少约二千片	二六、四五〇元	同上
石刻帖石（民国二十三年购置）	同上	同上	淳化阁石刻帖石共损失一六三块	九、七〇三元	同上
器具（民国十九、二十年置办）	同上	杭州市大学路	馆内阅览桌椅及办公用具七百余件全部损失	二九、四〇六元	同上
机件铜模铅字（民国十七、八年购置）	同上	杭州市水陆寺巷	本馆附设印刷所内之对开机三架，四开机一架，打样机一架，脚踏机三架，切纸机一架，铸字机三架，铜模六副，铅字三四万斤均损失	二五、九四〇元	同上
总计				三一八、六七二元	

① 《浙江省立图书馆最近概况》，《中华图书馆协会会报》1946年第1～3期合刊，第7页。

所。战争爆发后,浙江省战时教育文化事业委员会为明了浙江战时图书馆事业情况起见,特制定调查表分请各县政府或各县抗日自卫委员会或直接函送各中等以上学校调查,根据各地报送的数据,到1938年底,全省公私立及学校图书馆仅74所,较战前减少三分之二①。这一数字或许有所遗漏,但不会很多。另外,图书馆的隐形损失(即虽为图书馆,但因种种原因而不能供众阅览,形同虚设)不在少数。这74所图书馆,其中学校图书馆为25所,专供学校师生使用;单设图书馆为9所,加上民众教育馆图书馆40所,仅此而已。况且这49所图书馆有的因图书转移保存在安全地密藏,不啻与世隔绝,战时不能供众阅览;有图书馆因遭敌机轰炸,不幸而化为灰烬(如分水民众教育馆图书馆);有的私立图书馆因接近战区,战时迁移而停顿,有的因经费缺乏而停顿。图书馆的隐形损失无疑是中国图书馆事业遭受日本侵略冲击而形成的损失,应予考虑。

三、平津地区的损毁情况

平津地区是中国文化重镇,公共图书馆和大学图书馆均极具规模。"七七"事变后,其图书馆受损情况如下:

(一)南开大学图书馆

南开大学图书馆是"七七"事变后中国第一个被日军摧毁的大学图书馆。然而,不知何故,1938年《中华图书馆协会会报》复刊后,不见对该图书馆的损毁有任何报道或调查。直到战争结束后,1948年,协会才简单地报道了南开大学图书馆在战时的损失:"南开大学南迁时在河内被日军掳去的图书现已得外交部和教育部的协助,从日本国内找回,全部共八十多箱,其中不少珍贵书籍,如《中国海关全书》,从一八六二年第一卷起全部保存,这一套书国内只有三部。"②肯定了该图书馆藏书的价值。

南开大学图书馆损毁不多吗?也不是。1947年,《国立南开大学概况》介绍了该校图书馆的损毁情形:"抗战前,本校图书馆藏书,计西文六万余册,中文二十余万册。抗战军兴,本校首遭轰炸,除事先移出一小部分外,其余完全散失。劫余书籍,二十九年由津运出,经沪港海防而达川滇,其三分之一以上留滞海防,未及内运。海防沦陷,悉数失去。现由重庆昆明迁天津者,西文二万余册,中文一万余册。"③也就是说,仅书籍一项,该图

---

① 孟锦华:《浙江战时图书馆事业总检讨》,《浙江战时教育文化月刊》1939年第4期,第5～9页。
② 《南开大学图书馆》,《中华图书馆协会会报》1948年第3～4期合刊,第14页。
③ 《国立南开大学概况》,《南开周刊》1947年第5期,第2页。

书馆即损失达 23 万册以上，就当时国内大学图书馆来说，这个数字不能说不多。

南开大学是中国被日军摧毁的第一所大学，在当时引起高度关注。新闻媒体对南开大学被摧毁的经过进行了全程报道。《申报》1937 年 7 月 30 日援引中央社消息："二十九日下午津战甚烈，飞机四出到处轰炸，声震屋瓦，以市府警察局、南开大学、东总两站等处为尤甚。现二十九日下午一时许，有轰炸机四架，飞河北在市府上空任意投弹，甚有炸弹八枚同时下降者，办公房舍多被炸毁，同时有两架到八里台南开大学投弹。该校秀山堂及图书馆已成灰烬。"① 该报 31 日报道："三十日下午三时，日机四架，续向南开中学投燃烧弹，现火甚至炽。同时日炮队，亦自海光寺向南开大学射击，共中四弹，该图书馆后，刻亦起火"，"两日来日机在津投弹，惨炸各处，而全城视线，尤注视于八里台南开大学之烟火。缘日方因廿九日之轰炸，仅及二三处大楼。为全部毁灭计，乃于三十日下午三时许，日方派骑兵百余名、汽车数辆，满载煤油，到处放火，秀山堂、思源堂（上为__大厦，均系该校之课堂）、图书馆、教授宿舍，及邻近民房，盖在烟火之中"。②

南开大学被毁，社会各界深表痛惜。30 日晨，教育部长王世杰往访在南京的南开大学校长张伯苓，致惋惜慰问之意。当天，该校留京的校友也纷纷前往张伯苓处，表示对母校关切之意，张伯苓一一接待。南开大学被炸，也引起国际社会的关注。媒体报道："有若干美国人士，拟进行募捐，复兴南开大学。"③

南开毕业生表示：张伯苓对一般冲动的爱国主张，向抱沉着持重的态度，"今日（南开大学——引者注）不为强暴所顾念，是敌人之坚欲根本摧残我国文化，不难于此可证"④。此种观点，成为媒体共识。《申报》刊载了很多这样的观点，如有人认为："敌人此次轰炸南开大学，破坏我文化机关，是其用心，果然毒辣而残忍。"⑤《战事画刊》以《敌故意摧残我文化机关》为题，刊登了南开大学图书馆被摧毁后的残垣断壁，图下的说明文字为："天津南开大学为我国著名学府，敌人进攻天津时，故意派机前往轰

① 《南开大学损失奇重》，《申报》1937 年 7 月 30 日，第 4 版。

② 《日机继续轰炸南开》，《申报》1937 年 7 月 31 日，第 4 版。

③ 《美国人士拟募捐恢复南开大学》，《外论通讯稿》1937 年第 1918 期，第 4 页。

④ 《南开大学被炸毁各方深表痛愤日人有意摧残我文化张伯苓决拟继续努力》，《申报》1937 年 7 月 31 日，第 4 版。

⑤ 钦：《要求从速收复平津失地》，《申报》1937 年 8 月 2 日，第 5 版。

炸,图为敌机首次炸毁之该校图书馆。"①不难看出,南开大学被毁,实际上是中日两国在文化领域内的战斗,具有标志性意义。然而,就是这样一个重要事件,中华图书馆协会竟然在战争初期只字不提,令人殊为不解。

(二)国立北平图书馆

"七七"事变后,袁同礼馆长离平。不久,平馆成立国立北平图书馆行政委员会,其职权为对内掌管内部行政事务,对外则由燕京大学校长、中基会美方委员司徒雷登代负其责。北平图书馆表面上有行政委员会,而实际一切措施,则仍系秉持袁同礼意旨而行。伪政权曾试图影响平馆运作,因经费来源牵涉美国,背景复杂,情形特殊,最终放弃,故平馆在太平洋战争爆发前在管理上相对独立,没有受到过多干涉,基本上维持运作状态。

伪政权时代,当局采取文化管制政策。平馆因历年汇藏,甚为浩博,馆中不乏"有碍邦交"的书籍。1937年冬,该馆审慎检查,总共提出中文新书2 245册,中文旧书220册,中文官书1 270册,中文教科书368册,万有文库6册,中文连环图书等53册,西文书311册,总计4 473册,全部装箱封存。1938年6月,这些书全部为北平"新民会"提去。该馆为慎重起见,后来又经人详查一次,凡是疑似禁书,又挑出若干册,其中以期刊为多,封存在一房间,名为禁书库,一概禁止阅览。

伪政权华北教育总署对查禁禁书极为重视,限期平馆清理出四类图书:抗日、共产主义、社会主义、马克思主义。此要求对平馆来说,不免又有损失。经过几次检查,平馆内部凌乱,尤其是零本期刊,所以在利用上,十分不便。馆务推行因环境变化而有改变,其荦荦大端者包括由从前的积极进行变为消极进行、业务逐渐缩减、图书不外借,等等。总体上看,平馆图书损失不大。

(三)清华大学图书馆

1937年7月,二十九军撤出北平后,清华大学成立了"国立清华大学保管委员会",12月,伪临时政府成立,伪教育部同时成立。清华保管会于是归伪教育部管辖,改名为"国立清华大学保管处"。保管会先是设在校园内,10月间,校园为日本华北陆军病院分院占用,不久保管会退出清华校园,名存实亡。

清华大学图书馆被日军占用为病院本部,除新扩充的书库外,其他部分,全部被利用:楼上大阅览室改为普通病室,研究室为将校病室,办公室

---

① 《敌故意摧残我文化机关》,《战事画刊》1937年第7期,第16页。

改为诊疗室、药房之类。各阅览室、研究室、办公室内的参考书籍及用品，以及由各处移来的教职员及学生衣物图书等，多被移到一处，有的移到书库，有的被焚毁，也有很多不知下落的，如《大英百科全书》《韦氏大字典》及打字机之类，无一幸存。1940年底，满铁北支经济调查所及华北株式交通会社即有整理清华图书的倡议，1941年5月中旬，日本华北军司令部多田部队本部又提出整理清华图书、标本、模型。在这种情形下，清华大学图书馆开始被肢解。

参与瓜分清华大学图书馆的机关进行了分工：多田部队本部，挑选的书籍包括总计、辞典、卫生、建筑；兴亚院华北联络部，挑选的书籍包括政治、外交、法制、移殖民、文化；"新民会"负责禁书；满铁北支经济调查所及北支那开发株式会社负责地志、一般经济及产业、财政、金融、社会关系方面的书籍；华北交通株式会社挑选交通、治水、运输方面的书籍，等等。此次参与整理清华图书馆的日的及参与各机关，原先设想是各取所需，扫归私有，所以挑选时争先恐后，不遗余力。后经变动，各机关所挑选的书籍寄存在近代科学图书馆，其余的交国立北京大学图书馆。除关于军事书籍、禁书（抗日、共产、马克思、社会主义、国民党及国民政府宣传品及反新民主义图书）约1万册，各机关所挑选书（其中以方志和科学图书为多，方志一本未留）约4万册（内中多有以一函为一册者，所以准确数字当不止4万册），由军部、"新民会"及近代科学图书馆分别运走外，其余拨交北大，共约20万册。

到1941年9月初，清华大学图书馆拨到北大的书籍大致情况是①：已经清点的，164 741册又1 356函，其中西文书编目的有35 618册，没有编目的296册。西文杂志已经编目的有1 363册，没有编目的有9 521册。西文字典21册，合计西文图书杂志等共46 819册。中文书籍已经编目的平装37 117册，线装72 420册，旧编平装书4 520册，线装45册；没有编目的，平装1 412册，洋装604册，线装1 204函。平装讲义503册，丛书子目索引268册，大学丛书102册，学校年鉴284册，字典29册，小册子152函，书目204册，杂志414册。合计中文图书杂志讲义小册子等共117 922册又1 356函。没有清点的2万余册，多系孤本、残本、小册子及零本杂志等。

清华大学图书馆是当时国内大学图书馆发展的典范，经多年努力，建

---

① 《七七事变后平市图书馆状况调查》，《中华图书馆协会会报》1941年第1～2期合刊，第9页。

筑宏大，藏书丰富。根据《国立清华大学图书馆概况》记载，到 1934 年，建筑方面，该馆书库占地面积为 34 313 平方英尺，全馆第一、二、三、四层楼及新旧三层书库，占地总面积共为 85 404 平方英尺；藏书方面，中日文书，203 614 册，西文图书 50 550 册，装订本中日文杂志 3 694 册，装订本西文杂志 18 269 册，中西文装订报章 2 538 册①。然而，这样一座精美图书馆，一夜之间即遭肢解，这不能不说是日本对中国文化事业的疯狂摧残。

（四）北平师范大学图书馆

北平陷落后不久，日本宪兵队、"新民会"及北平公署等合办兴亚纪念周，组织消灭抗日图书检查团，对于各图书馆书籍进行了大量封存。当时师大图书馆主任钱稻孙于 1938 年 5 月请日人米谷荣一为检查长，野村武雄等为检查员，对师大图书馆进行检查。凡违禁书籍，一律送交"新民会"。到 10 月底，全部图书检查完毕。其中可供阅览的中外文书籍共 95 000 余册、特藏书籍 4 600 余册（所谓特藏即不准阅览），送交"新民会"书籍 3 000 余册，装订好的杂志 7 000 余册，装订好的报纸 300 余本。

师大附属儿童图书馆损失。师大附属儿童图书馆及第一附小图书馆，收集的全国出版儿童读物及儿童杂志报章，为全国入藏儿童读物最完备的图书馆。一切设备，也完全按照科学方法管理，为美国图书馆学家 Ruth A. Hill 所极力赞扬。事变后，学校驻军，图书馆先后被日本宪兵检查了十余次，遇到了很大困难。因为中国新兴儿童读物，多为爱国思想结晶品，所以损失的书籍占十之六七。

当然，平津的图书馆损失并不止于此，如师大附属单位很多图书馆都有损失，北京大学图书馆也被盗窃过。《中华图书馆协会会报》载："北平自沦陷以后，敌对该市所存吾国一切具有历史文化价值之宝物图书等，即时起觊觎强夺之念，八月二日竟强迫伪组织将平市古物陈列所全部珍贵宝物图书交出，用大批特制铁箱装配，由火车运往关外，约有三四列车，其余市内公私各方所藏各种宝物图书等，闻敌亦拟最近广事搜集，继续劫运出关。"② 这一说法是可信的。

在上述各种损失中，伪组织"新民会"收缴的违禁图书屡屡被提及。中华图书馆协会对"新民会"收缴的书籍没有系统的数据。日本学者鞋谷纯一研究了"新民会"收缴抗日图书情形。根据该学者的研究，"新民会"

---

① 《国立清华大学图书馆概况》，《清华周刊》1934 年第 13～14 期合刊，第 50～64 页。
② 《北平名贵古物图书被倭劫运出关》，《中华图书馆协会会报》1938 年第 3 期，第 19 页。

从国立北平图书馆、松坡图书馆、北京大学图书馆等 59 个单位收缴的抗日书籍共 61 964 册，杂志 13 820 部，新闻纸 549 部，教科书 5 万册①。日本学者的这一数据大大低于中华图书馆协会的调查，但补充了协会调查所遗漏的部分。"新民会"收缴的禁书，就是抗日书籍，其目的就是削弱中国民众的抗日意志，以维护日伪政权的稳定。

四、粤港地区的损毁调查

（一）广州图书馆的损失

百粤文化，久著于世。自从图书馆制兴起后，过去藏书家以其所藏，公之于众。广州收藏最丰富的图书馆当属中大、市立、仲元、广雅四所图书馆。四馆各有所长：中大以学府关系，所藏达数十万册，雄视华南，而且多海内孤本，为公认珍品。自"八一三"战事发动后，该校为预防空袭起见，曾将一部分珍贵图籍移地存放。重要的图书，则因为学校照常上课，没能装箱。至于其他图书，本想全部装箱移存，但为经费所限，未能如愿以偿。及至事变突起，市面上已经买不到木箱，且当时交通工具，都被统制，无法运输，所以虽然经过该馆职员尽力抢救，也不过运出 78 403 册。

根据国立中山大学图书馆主任杜定友的统计，截至 1939 年 6 月，中山大学图书馆的损失为：总馆方面图书损失为 134 358 册，价值 421 136 元，杂志日报损失 66 025 册，价值 46 574 元，家具损失 952 件，价值 11 223 元，总计损失 201 335 件，价值 478 933 元；分馆方面，约计损失图书 35 006 册，价值 132 050 元，杂志 10 522 册，价值 12 524 元。连同总馆全部损失 246 863 件，价值 623 507 元②。

市立图书馆所藏也达 40 万册，且大多属近代典籍，不可多得，但因事起仓促，负责不够明确，全部毁于劫难。仲元图书馆虽然建立时间不久，但建筑优美，环境适宜，虽然所藏不多，不过已享誉一时，藏书大部分为史类，碑帖尤多。此次损失，也与该市立图书馆同出一辙。所幸海内孤本，事先外运，所以损失有限。广雅地处城西，清末张之洞总督两广时，曾选集粤地诸家藏书，刻板印行，即世人所谓广雅选本，粤人称道。1938 年秋

---

① 本数据根据鞍谷纯一的研究而得。见〔日〕鞍谷纯一：《日中戦争下・北京における抗日図書の接收—中華民国新民会の活動を中心に》，《図書館史—中国》2005 年第 5 期，第 318～319 页。

② 杜定友：《国立中山大学图书馆民国二十七年度工作报告》（1938 年 7 月至 1939 年 6 月），《中华图书馆协会会报》1939 年第 2～3 期合刊，第 8 页。

敌人陷落广州,肆意于文化毁灭,中大、仲元以及粤省市立诸大图书馆藏书,多随国难而牺牲,即使私人所藏,也无一幸免。一开始以为广雅地处郊外,声名无闻,故未加注意。一般关心粤垣典籍者,私心窃慰,以为此批文物,或免于劫。不料 1939 年已经被全部运走,广雅典籍损失,反较其他各馆为甚①。

(二) 香港大学图书馆的损失

香港大学图书馆分为二部:一是中文图书馆,即冯平山图书馆,一是西文图书馆。战时港大西文图书馆所藏西文图书有 46 800 余册,其中以自然科学工学、医学图书为多。此外有特藏两种:一为马礼逊(Dr. Robert Morrison)藏书 1 112 种,2 800 册,其中颇有珍本。一为汉口书楼特藏(Hankow Collection)。此为汉口大波楼所藏研究中国问题的西文书籍 1 708 种,约 3 000 册,其中颇多罕传本。此项图书于 1933 年由港大从汉口购得。

冯平山图书馆所藏中文图书有 5 682 种,共 48 877 册。抗战时期中国文化机关团体及私人寄存图书于该馆者,有国立中央图书馆善本图书 111 箱,国立北平图书馆及美国图书馆协会捐赠中华图书馆协会的图书 300 箱又 27 000 册,岭南大学图书馆 18 000 余册,私人书斋寄存有 37 630 册,个人寄存有 20 066 册。太平洋战争爆发后不久,1941 年 12 月 25 日,香港沦陷。香港大学为日军占据,该校图书馆由日敌调查班接管。日军调查班结束后,改称香港图书馆,并向各方搜集图书。香港各公私机关团体个人所藏图书被搬进香港图书馆者有学海书楼、圣书公会、军事调查团、香港高等法院、香港总督府仓库、李仙根、伍朝枢等 34 个,近 9 万册,从各方搜集图书为 4 582 册。战后接管香港大学,经清理,发现港大及汉口书楼藏书被日敌掠去 4 000 余册。日敌掠自广东省图书馆、市立中山图书馆等藏书 100 箱。永源货仓存有国立中山大学图书馆所藏善本图书碑帖,德文医学杂志 171 箱②。

值得一提的是,中华图书馆协会通过美国图书馆协会征集的图书、岭南大学图书馆的一部分图书,共 300 余箱,并有北平图书馆馆员王重民寄存图书 3 箱,馆员曾宪三寄存图书 1 箱,中华教育文化基金董事会编译委员会寄存稿件及图书 5 箱,均在冯平山图书馆被日方掠去。香港沦陷,实为中国图书文献一大厄运。

---

① 《广州图书损失情况》,《中华图书馆协会会报》1939 年第 2～3 期合刊,第 19～20 页。
② 《广州香港各图书馆近况》,《中华图书馆协会会报》1946 年第 4～6 期合刊,第 5～7 页。

五、其他地区的损毁调查

湖南大学图书馆被炸。湖南大学继承岳麓书院，有千年历史。文人学士题咏记载留遗于附近山岳屋壁，满目皆是，寸瓦片石都与文化有关。图书馆藏有宋元旧本，名人手泽，以及各种孤籍，还包括近年来各处出版的专籍、调查报告，德国文化协会捐赠的珍籍，及本国学者所捐赠及寄存的专门书籍等。科学馆所藏的仪器、标本、设备，也是创办现制学校以来40年继续不断收藏的结果，前后师生制造、搜集，尤其最新式的精确器具等，都不是一时一地所能制备的，也不是全部可以数十万元金钱所能重购的。1938年4月14日，日军轰炸湖南大学，图书馆在20分钟内全部被毁 [1]，损失惨重。

私立武昌文华图书馆学专科学校被炸。文华图专是民国时期唯一的图书馆学专科教育机构，在图书馆事业发展过程中发挥了重要作用。日本发动侵华战争后，进展迅速，很快逼近武汉。国民政府积极备战，武汉上空一时风起云涌。文华图专被迫内迁重庆。然而，尽管如此，文华图专依然没有能够逃脱日军炮火的厄运。1941年5月9日，日军空袭重庆，数枚炸弹落在文华图专办公处侧后方，房屋全部被震坏。7月7日，日军再次袭击了文华图专所在地求精中学，其中有两枚炸弹直接命中该校主要校舍康宁楼。康宁楼分两层，楼上住教员眷属，楼下有大礼堂、女生寝室、客堂及员生餐厅、厨房等，共20间。设备如电灯、自来水以及一切用具，相当完备。这次轰炸，使该楼全部倾毁，总计建筑费与设备费，以时价计算，6万元以上；教员与学生的衣物损失，至少1万元。学校办公处因5月9日被炸，正在修葺，又值"七七"轰炸，异常痛愤！文华图专的独特地位，使其被炸引起社会各界的高度关注，正如中华图书馆协会的慰问词说的那样，文华图专的损失，不只是学校师生的物质损失，"实亦影响我国图书馆界人材教育及前途发展者甚为深大" [2]。

西南联合大学图书馆被炸。国立西南联合大学由原国立北京大学、国立清华大学及私立南开大学合组而成，集北方三所高校之精华。1941年8月14日午后，日军重轰炸机27架，由昆明北郊窜入西南联大上空，对图书馆从容投弹四五十枚，但都未击中目标，仅仅书库东南和西北两个角中弹

---

[1] 《湖南大学图书馆被炸》，《中华图书馆协会会报》1938年第1期，第19页。

[2] 《本会慰问文华图专校及西南联大图》，《中华图书馆协会会报》1941年第1～2期合刊，第12页。

爆炸，房馆倒塌，阅览室房顶门窗震坏。不过，对联大图书馆来说，这次轰炸是不幸中之大幸。1940 年底，日军企图南进，联大因而有迁川之议。图书馆所藏图书杂志，全部装箱。后因时势变化，北迁之议取消，于是将必要的参考书开箱取用，其余仍然避战乡间。书库既然已腾空，于是把期刊和办公室移到书库。因此"八一四"轰炸，只是阅览室有少数参考书，办公室里有新到还没有编目的图书以及期刊室的杂志报纸，被掩埋在瓦砾中，而重要文件物品，因预先放置在防空洞中，没有被殃及。轰炸现场的大火也被及时扑灭。日军连续轰炸到 18 日，联大图书馆的抢救工作在间隔中紧张进行。因此轰炸造成的损失，除杂志报纸因遭土掩水浸无法保存外，书籍受损仅二三百册，不过，家具荡然无存①。

集美学校图书馆惨遭敌人炮轰坍塌。集美学校为华侨陈嘉庚捐建而成。1938 年 5 月 22 日，集美学校遭到日军飞机轰炸，全部校舍，大小数十座，满目疮痍。损失最大的为小学，中 30 余弹，其三楼图书馆也中弹坍塌，损失严重。科学馆、幼稚园也被波及②。

以上各地的图书馆损毁情形，是中华图书馆协会调查结果的一部分，而不是全部，如协会《会报》对重庆大学图书馆等图书馆的损毁也都有报道。限于篇幅，不再一一列举。

六、协会损毁调查的特点

与教育部、新闻界等调查比较，中华图书馆协会的损毁调查专业特征相当明显。

一是调查的对象比较典型。与教育部、新闻界等调查不同，协会的调查较为具体，逐个图书馆调查，如国立北平图书馆的调查、国立清华大学图书馆的调查、上海市图书馆的调查、国立中山图书馆的调查等。这些调查，集中在战区的大规模公共图书馆和大学图书馆。这些图书馆无论在馆舍建设、藏书规模、馆藏质量、运营管理等方面，都代表了中国图书馆事业发展的最新成就。在缺乏全面调查条件的情形下，典型调查具有代表意义，同样可以说明问题。当然，大规模公共图书馆和大学图书馆也是图书馆人才集中的地方，调查起来也得心应手，较为专业。其他如中小学图书馆、专业图书馆、民众图书馆、民众教育馆图书馆等沦陷区或战区图书馆

---

① 《抗战四年来之西南联合大学图书馆》，《中华图书馆协会会报》1942 年第 3～4 期合刊，第 6 页。
② 《集美学校图惨遭敌人炮轰坍塌》，《中华图书馆协会会报》1938 年第 1 期，第 20 页。

之所以没有成为调查对象，规模小固然是一方面因素，更主要的是不具备进行调查的条件，如这些地区交通不便、调查人员缺乏等，实际困难制约了图书馆的损毁调查，加之中华图书馆协会只是行业协会，不具有行政执行的权力，无法要求各图书馆配合调查。浙江省教育行政机构调查图书馆损毁情形尚不能得到各图书馆的积极配合，何况图书馆行业协会呢？

二是调查的结果比较准确。以国立北平图书馆为例。截至 1938 年 6 月，该馆损失图书仅 2 000 多册，与数十万册藏书总量相比，显得微不足道。此后《会报》上也陆续刊载各地图书馆损毁情况，但对国立北平图书馆，一直没有损毁报告。这表明该馆应该没有遭受更大损失。实际也确实如此，这在战后审讯汉奸时得到了体现。1946 年首都高等法院检察官起诉曾任伪华北政务委员会常务委员兼教育总署督办周作人时，不少社会名流为周提供了有利证据，其中一项为维持文教。如前辅仁大学教授沈兼士、辅仁大学名誉教授董洗凡、前清华大学教授俞平伯等 15 人、北平临时大学补习班教授徐祖正等 54 人在《周作人服务伪组织之经过》称："周氏接长教署后，仍本书生特色，首先设法恢复北平图书馆，因是时日军已霸占其左邻之静生生物调查所，周氏深恐波及其右邻图书馆，立即派人与日方交涉，筹备恢复，结果于是年五月开馆阅览，旧有职员一仍其旧，自兼馆长，经营数月，华北唯一不用日籍顾问之机关，不能擅借书籍出馆，基础于此奠定。"① 国立北平图书馆也出具了证明，表示该馆从 1941 年 12 月 8 日为敌宪兵队查封，至 1942 年 1 月 2 日交由前伪教育总署保管，当时周作人适任伪教育督办，旋于同年 4 月 14 日该伪教育总署令周兼代国立北平图书馆馆长，至 1943 年 1 月离职。证明称："周某于保管及兼代馆长，为期恰一周年。在此期间，本馆旧藏中西文善本图书及普通图书、杂志、报纸等尚无损失，均称完好。"② 此后两任馆长期间也没有损毁。该证据得到法院采信。无论社会名流，当事师生，或国立图书馆本身的法庭证据，都表明协会对国立北平图书馆的损毁调查是准确的。调查之所以准确，大多因为这些调查都是出自中华图书馆协会专业会员之手，他们当时服务于该馆。因为专业，所以调查史为准确。当然，必须明确，这个准确是各个具体图书馆损毁情形的准确，属微观调查，而不是全国图书馆宏观上的数据准确。

---

① 《周作人服务伪组织之经过（1946 年 6 月 18 日）》，收入《审汪伪汉奸笔录》（下），凤凰出版社 2004 年版，第 1395 页。

② 《首都高等法院特种刑事判决（三十五年度特字第一○四号）（1946 年 11 月 16 日）》，收入《审汪伪汉奸笔录》（下），第 1432 页。

那是教育部的事情，不是中华图书馆协会所能解决的。

三是调查具有阶段性特征。从《会报》上刊载的损毁调查看，多集中在两个时间段，分别是 1938 年底到次年上半年和 1945 年。这一阶段性特征，有其特定的历史背景。协会的图书馆损毁调查开始于 1937 年下半年，《会报》复刊于 1938 年下半年，调查汇总、邮寄通信、刊物编排都需要时间，而在战争期间，这些时间花费更长。在这种情况下，1938 年《会报》复刊后，开始大量刊发调查报告。这是出版原因。1937 年 7 月到 1938 年底，是日军全面进攻的阶段，因而也是中国图书馆损毁密集的时间段。1939 年开始，中日间大规模的激烈对抗几乎没有发生，图书馆损毁数量也随之减少。这是军事原因。这一阶段的损毁调查，基于统计中国图书馆损失的规模，确定战时图书馆的发展方向，揭露日本的文化野心，向国际社会宣传日本的文化暴行，其政治意义非常明显。1945 年后，日本战争的败象已经十分明显，我国的图书馆复兴事业也提上了议事日程。基于向日本索赔和战后复兴的需要，图书馆损毁调查再次出现。这一阶段的调查，属索赔和重建性质，因此调查相当密集。调查的阶段性特征，还表现在调查技术越来越成熟。第一阶段的调查，大多注重图书的数量损失和质量估计，对图书馆损失的种类和造成损失的责任者缺乏足够的重视。到了第二阶段，因为包含索赔因素在内，调查更为专业，主要表现在浙江省立图书馆的损毁调查上。该调查不仅有图书馆损失的种类，如书籍、版片、家具，也列举了造成损失的责任人或单位。这一调查技术的改进，无疑适应了战后向日本索赔的需要。

四是调查对象偏重于大学图书馆和公共图书馆，对于私人藏书楼或私立图书馆，很少涉及。民国时期是中国公共图书馆繁荣和私人藏书楼衰落的交会期。交会期的特点是公共图书馆藏书量不多，而私人藏书楼数量不少，尤其江浙地区，一向是中国私人藏书家集中的区域，藏书数量和质量，冠于全国。有学者研究了 1912～1949 年间的近代藏书家，共列出 31 家，笔者经过详细统计，这 31 家中，江浙地区即占了 18 家 ①，为藏书家的近三分之二。而这 18 位藏书家中，因日本侵略而衰败的即达 7 家以上，如宗舜年的咫园、邓邦述的群碧楼、丁祖荫的湘素楼、吴梅的奢摩他室、潘承厚潘承弼兄弟的宝山楼、张钧衡的适园、刘承干的嘉业堂等。这些藏书家，或

---

① 这 18 家分别是江苏有盛宣怀、叶昌炽、章钰、宗舜年、邓邦述、丁祖荫、陶湘、丁福保、吴梅、潘承厚潘承弼兄弟共 10 家，浙江有张元济、王克敏、叶景葵、张寿镛、朱希祖、张钧衡、蒋汝藻、刘承干等 8 家。上述数据依据苏精所著《近代藏书三十家》（增订本）编制而成。该书认可的藏书家也许有很大的讨论空间，但其代表性是不容置疑的。

以收藏宋元版本著名，或以汇集方志见长，或以网罗乡贤文献取胜，各有特色。他们收藏的珍贵典籍，代表了中国文化的阶段性特征，其价值是无法衡量的。不过，这些藏书家收藏的损毁情况，却很少在《会报》上刊载，不能为世人所知，是非常可惜的。造成这种状况的原因，不外是协会主要成员与这些私人藏书家或后代接触不多，《会报》不了解这些藏书家的具体情况，这些藏书家因各种原因也不会或不能通过媒体宣扬。这是协会图书馆损毁调查的一大缺陷。就实际情形而言，不仅协会没有能力调查私人藏书损失，即使教育主管部门也没有获知其损毁情形。孟锦华调查战时浙江图书馆损毁情形时即深有感触。

五是调查对象集中在北平、江浙和广东地区，对其他区域关注较少，即使毗邻北平的天津，《会报》也鲜有关注。如 1937 年 7 月，南开大学木斋图书馆全部建筑被炸毁，遗失图书约 224 000 册[①]，数量如此庞大，然而《会报》上并没有详细的报道。再如，根据学者研究，广西省立桂林图书馆到 1944 年时，藏书已经达到 30 万册。7 月，桂林沦陷。1945 年底桂林光复时，只有 7 万余册，其余 20 多万册书刊均被烧毁[②]。20 多万册，在当时绝对是大型图书馆的藏书数量。同样，《会报》也没有详细报道。又如，战时湖北被劫夺到日本图书超过了 10 万册[③]，比江苏、浙江都多，《会报》同样也没有有分量的报道。这一缺陷比较明显。造成这一现象的原因，推测起来，不外是这些地区的图书馆并没有重要的活跃的协会会员，加上馆长或主要职员不是图书馆专业出身，因而对协会的损毁调查并不重视；并且没有确切的新闻报道或无法获知准确的新闻报道，《会报》也无法转载。图书馆自身不重视，社会不关注，或者没有条件没有能力关注，是造成调查集中的主要因素所在。

中华图书馆协会的损毁调查，除了这些特点外，还有其他特点，如没有战时图书馆损毁总量推测。无论新闻界还是教育部，对图书馆损毁都有总量估计，如图书损毁总量、图书馆损毁总量等。不过，协会的损毁调查，没有这些总量估计，但却尽量突出每所图书馆损失的具体数据，强调具体图书馆损失的具体数量，尤其指明损毁的珍贵文献的价值。这是其他图书馆损毁调查所不具备的优点。如果从政治宣传、战后索赔等角度看，中华图书馆协会的损毁调查更具宣传和索赔价值。

---

① 严文郁：《中国图书馆发展史——自清末至抗战胜利》，新竹，枫城出版社，1983 年，第 144 页。

② 麦群忠：《抗战时期的广西图书馆事业》，《图书馆界》1995 年第 3 期，第 48 页。

③ 严绍璗：《汉籍在日本的流布研究》，第 201～202 页。

第三节　战时图书损毁调查的思考

一、调查结果的比对

根据中华图书馆协会所收集的材料，或协会从事的调查，可以发现，无论新闻界、教育部或中华图书馆协会的调查，它们各有特色，取长补短，但这些调查都是来自中国，数据不免片面。在各种调查中，来自日本方面的材料更能说明问题。抗战期间，《会报》也转载了日本媒体关于中国南方江浙地区图书馆的损毁情况，但仅此一条消息，且为 1938 年之前的情况，远远不能说明整个战争期间日本方面劫掠规模。当然，在战争期间，中国方面似乎也没有人在日本搜集相关消息。直到 20 世纪末，文献学家严绍璗详细调查日本外交档案和远东国际军事法庭档案，大致查清了全国除西藏、云南、贵州、青海、四川等省外，全国文献与文物被日本劫夺的总况，弥补了战时中国图书损毁的调查。照录如下：

> 中国文献典籍被劫往日本的共计二万三千六百七十五种，合二百七十四万二千一百八册，另有二百九箱，内装不知其数。其中属中国国家所有者为五千三百六十种，合二百二十五万三千二百五十二册，另四十一箱；属中国私人所有者为一万八千三百十五种，合四万八千八百五十六册，另一百六十八箱。
>
> 中国历代字画被劫往日本的共计一万五千一百六十六幅，另有十六箱，内装不知其数。其中属中国国家所有者为一千五百五十四幅；属中国私人所有者为一万三千六百十二幅，另十六箱。
>
> 中国历代碑帖被劫往日本的共计九千三百七十七件。其中属于中国国家所有者为四百五十五件；属于中国私人所有者为八千九百二十三件。
>
> 中国历代古物为劫往日本的共计二万八千八百九十一件，另有二箱，内装不知其数。其中属中国国家所有者为一万七千七百十八件；属中国私人所有者为一万一千七十三件，另二箱。
>
> 中国历代地图为劫往日本的共计五万六千一百二十八幅。其中属中国国家所有者为一百二十五幅；属中国私人所有者为五万六千三幅。①

---

① 严绍璗：《汉籍在日本的流布研究》，第 202～203 页。

　　以上是抗日战争期间中国文化典籍被日本劫夺的总体情况。这些数据实际上是中国政府向日本政府提交的战时中国文教事业损失状况，是中国人的调查，包括中华图书馆协会的调查在内。关键在于，这个调查结果是由中国政府正式提供，为远东国际军事法庭所接受，为日本政府所接受，是证实日本战时在华文化暴行的坚强证据，是远东国际军事法庭裁决的事实基础。中华图书馆协会的图书馆损毁调查的法律价值得到完美呈现。

　　根据中华图书馆协会的调查，中国战时图书文物被日本劫夺，主要分布在江浙、北平和广东三个地区。严绍璗的调查也有类似结果。以南京、北平和上海三个特别市为例，列表 3-2 如下：

表 3-2　南京、北平、上海被劫夺文献文物一览 ①

		南京	北平	上海
书籍	公家	886 461 册	448 957 册	264 715 册
	私人	53 118 册	137 471 册	25 726 册
字画	公家	464 幅	5 幅	19 幅
	私人	7 256 幅	131 幅	459 幅
碑帖	公家			2 件
	私人	3 851 件	2 127 件	5 件
古物	公家	24 491 件	2 471 件	7 426 件
	私人	2 093 件	411 件	186 件
标本	公家	13 414 件		
	私人	7 200 件		

　　以省份为单位，江苏、浙江、湖南、湖北、福建、广东被劫夺的文献文物如表 3-3：

表 3-3　江苏、广东等六省被劫夺文献文物一览 ②

		江苏	浙江	湖南	湖北	福建	广东
书籍	公家	61 851 册	39 400 册	22 276 册	104 867 册	96 833 册	624 008 册
	私人	70 419 册	31 213 册	9 077 册	93 917 册	576 册	13 865 册

---

① 转引自严绍璗:《汉籍在日本的流布研究》，第 201 页。
② 同上，第 201～202 页。

续表

		江苏	浙江	湖南	湖北	福建	广东
字画	公家	74 幅	160 幅	24 幅	1 幅	99 幅	
	私人	914 幅	1 480 幅	100 幅	145 幅	218 幅	2 383 幅
碑帖	公家	17 件	163 件	233 件	1 件	31 件	
	私人	625 件	463 件	106 件	521 件	47 件	33 件
古物	公家	1 件	340 件	39 件	1 件	4 650 件	1 件
	私人	1 332 件	1 193 件		2 203 件	218 件	100 件
标本	公家		201 件			964 件	
	私人		5 000 件				

同时，严绍璗在档案中还注意到日本对中国私人文献文物进行了大量劫夺。列举如下：

1938 年 3 月，济南日军宪兵营接日本国内函信，查抄陈名豫家，搜走宋版《淮南子》一部、元版《蔡中郎集》一部等中国宋元古版书 13 种。

1938 年 6 月，日军土肥原贤二所属合井部队在开封查抄冯翰飞宅，劫走《吴道子山水》立轴一幅、宋画《儿童戏水图》立轴一幅、《王石谷山水》立轴一幅、《戴淳土山水》立轴一幅。

1938 年 12 月，日军南支那派遣军司令部从广州沙面黎氏家劫走《十三经注疏》《韩昌黎文集》《欧阳文忠公文集》《王安石集》等宋版书 11 种。

1940 年 5 月，日军中支那派遣军胜字第 4218 部队长田清清陆军少佐驻江苏省嘉定县外冈镇，于当地劫地方志 535 种、《图书集成》及殿版《二十四史》各一部。

1945 年 5 月，日军中支那派遣军镜字第 6806 部队楼井信二，从原教育部官员王鲲楚宅，劫走郑板桥书屏四幅，郑板桥中堂花卉一幅及曾国藩书对联二副①。

上述记载价值极高，有时间，有地点，有劫掠者，有被劫掠文献名称及数量，有被劫掠者，甚至有劫掠原因。这些记载，揭露了日军侵华的掠夺性质，具有不可辩驳的证据价值。日本政府承认这些材料真实可信。当然，上述记载只是日军掠夺中国典籍的极微小部分，与中国私人藏书的损失比较，微不足道。中华图书馆协会对这些私人藏书损失的调查贡献有

---

① 严绍璗：《汉籍在日本的流布研究》，第 198～199 页。

限,但也不能说没有助益。

那么,如何认识日本外交部和远东国际军事法庭关于日本劫夺中国书籍的数据呢?

首先,日本政府接受的材料表明劫往日本的书籍总量为 274 万册,而中国教育部 1939 年初公布的数字就已经达到 1 000 万册以上。战争结束后,学者研究提出中国至少损毁 1 500 万册以上。为什么数据上会有如此巨大的差异呢? 其实,这是两个不同的概念:一个是日本劫夺的数量,一个是中国损毁的数量。日本劫夺的书籍,一定是日本方面认为有价值的书籍。日本在劫夺时,有专家参与,自然不会将一般书籍劫夺而去。那些被劫往日本的私人书籍甚至都标明了版本、类型等主要信息。这种信息不是一般士兵所能鉴别的。也因为如此,日本方面不可能将占领区所有中国书籍运回日本,只会劫夺他们认为重要的书籍,所以数量不会太大。

而且,可以肯定,这 274 万册一定低于日本实际从中国劫夺的书籍数量。因为这 274 万的数据来自日本外交部和远东国际军事法庭,是中国政府提交的图书损失报告,但中国政府从事战时损失调查时间较识,不像美国等国从 1943 年起就开始大规模地展开损毁调查,国民政府从 1945 年才开始调查,真正的调查在 8 月 15 日日本宣布终战后才着手进行;国民政府的战时损毁调查机构全部为兼职人员,且缺失熟悉法律事务者,有时不是很清楚收集的证据是否具有价值,而远东国际军事法庭又迫切需要材料,也就是说,时间紧、任务重、人手有限,所以国民政府提交的图书损毁数据一定远低于实际数据。此外,战时日本在华机构众多,仅文化机构赫赫有名者就包括满铁株式会社、东亚同文书院等,如果说它们没有不法从中国带走一本书籍,估计没有人会相信。所以,这 274 万册一定远低于劫到日本的中国实际书籍数量。

其次,274 万册是劫到日本的数据,不包括日本劫夺书籍后没有运走、依然滞留中国的书籍。这些书籍数量也不少。战后中国政府接管了日本方面或日本支持者遗留下来的大量文教机关,如战后国民政府接收了伪南京国民政府设立的"中央图书馆"。这个"中央图书馆"的书籍有多少呢? 根据 1944 年的《申报年鉴》记载,1943 年时,"中央图书馆"图书类为 943 500 册,分为中日文图书馆、中国古书、中国公报、日文杂志、西文杂志 5 类;其他文献类 3 万多件(箱),分别为地质图 24 900 件、一般地图 2 000 件、书画 239 件、档案 3 660 件、故宫博物院文献 1 935 箱、其他 72 箱[①]。百万册数量

---

① 《图书馆事业概况》,收入《申报年鉴》,上海,申报年鉴社,1944 年,第 1012 页。

不可谓不庞大。而"中央图书馆"书籍来源之一即为日本在战争初期劫夺所得。抗日战争爆发不久,日本于 1937 年在南京组织了"学术资料保存汇集委员会",后更名为"华中建设资料整备委员会",延聘专家为该委员会委员,汇集的大量珍贵图书资料,这些图书后来部分移交"中央图书馆"。其中最典型的原江苏省立国学图书馆,早在 1938 年梁鸿志为"中华民国维新政府"行政院长时,即将国学图书馆收归"国有",以作为将来设立国立图书馆的基础 ①。"中央图书馆"即来源于此。陈群的泽存书库也有 80 万册之巨。仅此两例即可表明日本或日本支持者劫夺了巨量书籍,这些书籍除了运往日本外,一部分滞留在中国,或为相关机关拥有,或移交各种形式的伪当局。这些书籍为日方劫夺,但没有运走,又没有损毁。对国民政府教育部来说,这些书籍不在政府操控之中,没有所有权,自然被划在损毁之中。也就是说,中国方面公布的数据是损毁数据。所谓损毁,即以前的藏书,现在或损或毁,而不完整。在劫夺与损毁之间,是灰色地带。如日军占领一些地区后,用书籍取暖,或占据图书馆,将书籍抛弃,或其他非阅读用途,其中不乏中国民众参与盗毁。这是损毁的含义。所以,损毁一定远远多于劫夺。中华图书馆协会公布的损毁数据具有较强的证据价值,因此多包括在 274 万册以内,而不属于类似政治宣传的推测性数据。

复次,中华图书馆协会收集的图书馆损毁材料忽略了学者的研究成果。战时图书的损毁调查,当然不只是新闻界、教育部和日本方面的记载,学者对战时文化损失也有系统的研究。韩启桐著《桂南沦陷十九县灾情统计》一文在《新经济半月刊》1942 年第 8 期发表。这是学者关于战时损毁研究的最早著作。不久,韩又在《新经济半月刊》1943 年第 5 期发表了《调查抗战损失的几个技术问题》,首次系统地论述损毁调查的方法问题。在已有的研究基础上,韩启桐于 1946 年出版了《中国对日战事损失之估计——1937～1943》一书。这是目前为止最早系统论述中国在战争期间损失的著作,其中包含了图书馆的损失估计。尽管该书关于图书的损毁,借用的是郭沫若的材料,没有对图书馆损毁进行实地调查,也没有关于图书馆损毁情形的特定内容,但至少可以表明图书馆界的损毁调查不全面,依然还有很多方面可以继续完善。中华图书馆协会从事的损毁调查,是逐个调查,方式简单,但最准确,最有说服力,难度也最大。这种主义的调查方式其实是一种最好的调查方式,不过,在战争年代,不可能实现。

---

① 《为南京国学图书馆拟先由部接管整理作为国立图书馆基础请察核备案由》,《教育公报》1939 年第 7 期,第 1～2 页。

二、日本的文化政策

以中华图书馆协会的调查为核心，结合其他各种调查，辅之以战时图书馆界的观察，证之以日方供词，不难发现，日本损毁中国图书馆是有组织的。

中国社会各界对日本战时有组织地劫夺珍贵文献是有觉察的。《文汇报》报道了日本劫夺江浙地区私家藏书情形时，明白地表示：除了书籍而外，古董字画，也在掠去之列，且"其辨别真伪之力极清"。如果是赝品，即使落款署名为历史上著名人物，也弃之于地，精品则虽小而不遗。为了携带方便，往往用刀割去四周的镶纸，而仅携去中心的画幅。该报表示，八国联军侵华时，为避免笨重，整捆的都弃之于地，而现在，"其高明实愈趋于进步"。该报一针见血地指出："日本对我国进攻，在军事上，有极充分的准备；在文化典籍上，也极有计划，故随军皆有摧毁劫掠我国文化典籍之有体系的组织。"[1]普通日军能有鉴别中国字画的能力？大概是不会有人相信的。日军配备了中国问题专家，才会有如此精细的劫掠工作，实际上，也正如《文汇报》所言，日本对中国的文化劫掠活动是有组织的。孟锦华高度关注日本在苏沪浙地区的文化暴行，指出："敌寇除在军事政治上尽其残杀与欺骗阴谋之外，复在文化上竭其摧残与奴化之能事，于我国图书馆之搜劫与毁灭，要为必然之行径。"[2]这话虽有激愤之情，但不无道理。

日本有计划地摧毁中国图书馆设施，在江西也有体现。1937年8月15日，也就是距离"八一三"淞沪大战爆发仅两天，日军飞机首次袭击江西省会南昌。按照江西省立图书馆工作人员熊洪薇的说法："敌机轰炸的目标，并非是什么军事机关，或设防要地，却是我们的文化机关和商业中心区域。这，可拿许多事实来证明：自抗战发生后，我们许多文化机关——尤其是学校和图书馆，大多数的不是毁于敌人的炮火和炸弹下面吗？我们的江西省立图书馆，当然免不了要受敌人特别的嫉视，所以当敌机首次袭击南昌时，便在我们图书馆的四周，丢下了好几枚炸弹，不知道是敌机驾驶员故意和我们开玩笑，还是他们的技术不大熟练，许多掉下来的炸弹，都落在紧靠图书馆旁边的湖中，只打得水花四溅，蔚为奇观！这种情形，不知表演了多少次。"[3]

湖南大学图书馆于1938年4月14日被炸，图书馆全部被毁，损失惨

---

① 《江浙私家藏书遭浩劫》，《中华图书馆协会会报》1938年第3期，第22页。
② 孟锦华：《浙江战时图书馆事业总检讨》，《浙江战时教育文化月刊》1939年第4期，第4页。
③ 《抗战期中江西省立圕的动态》，《中华图书馆协会会报》1938年第3期，第8页。

重，与江西省立图书馆的遭遇类似。根据该大学正告文化界宣言：敌机"利用文化风景区域之无防空设备，尽量低飞择准目标而炸毁，一度轰炸之不足，复再度投以燃烧弹；少数弹偶中之不足，复继以密集投弹，一图书馆一科学馆之本身与附近，共投百余弹。处心积虑之集恨于文化，明眼者自能辨之。同人等痛定思痛，不敢以人类之损失，私为一地方及少数人之损失，故缕陈本末，正告中外文化界"①，强烈谴责了日本故意破坏中国文化机关的险恶用心。

1942年，杜定友指出：敌人每进据一城一市，在一个星期内，即有所谓科学调查团派到。该团的组织，有各科专家，其中有图书馆学及版本名家一二人也参加工作，到处搜刮，捆载而东。香港沦陷的第二天，即有报章特电："敌寇尤假惺惺作态，谓须积极保护岛内文化设施及文献，以免报复及湮沉，而实则搜刮一切，暗运回国。……其最忙工作，将决定按户检查，籍（藉）名防范爱国分子潜藏，而实则欲择肥囊括。"② 由此可见，日本对中国文献的搜刮，无孔不入！

无论华东江浙沦陷地区，或内地南昌、长沙，抑或华南香港，也无论新闻界，或教育当局，抑或图书馆界，尽管所处区域不同，观察问题的立足点各异，或观察到日本摧毁中国文化的时间有先后，但对日本的文化侵略政策认识是一致的，那就是，日本对中国的文化摧毁和劫掠是有组织、有计划的，是其侵华总政策的重要组成部分。证之"学术资料保存汇集委员会"及改名后的"华中建设资料整备委员会"的工作，他们的认识符合实际情形，并非臆测之词。

日本系统的有组织的文化摧毁或劫夺政策也得到了参与摧毁或劫夺的日方人士的证实。1937年12月南京失陷后，日本军事当局组织了占领地区图书文献接受委员会，从事搜劫图书活动。同时从大连调来南满洲铁路株式会社大连图书馆的专业人员前往南京，还有东亚同文书院与日本上海自然科学研究所的汉籍专家。学者研究显示，当时南京集中了日本专业人员330人、士兵367人、中国搬运苦力830人，对南京的中国文献进行了有计划的扫荡③。扫荡的结果，根据《中华图书馆协会会报》记载，到1938年7月，南京贵重图书，已被敌方搜去70余万册④。

满铁大连图书馆专业人员青木实在也证实了这一行动计划："我们奉日

① 《湖大图书馆被炸》，《中华图书馆协会会报》1938年第1期，第19页。
② 转引自《中华图书馆协会会报》1942年第5~6期合刊，第6页。
③ 严绍璗：《汉籍在日本的流布研究》，第201页。
④ 《南京贵重图书七十万册均被敌军劫去》，《中华图书馆协会会报》1938年第1期，第19页。

本特务部之命，于（1938年）6月底赶赴南京。当时天气闷热，即使一动不动，浑身也都是汗涔涔的。我们在南京城里的地质调查所工作，从这里可以清楚地望到紫金山。在这座石砌的三层大楼里，每个房间都堆放着大量的图书和杂志。据说总共有七十万册，我们的工作是对这些图书进行分类，但由于数量太大，工作不可能做得那么细致。我们根据十进法的规则，用粉笔在图书的封面上写上'00''03'等，然后由苦力们搬到指定的地方去。这个工作干了两个来月，好不容易到9月初才结束。……其中有些书非常珍贵，如三千多册《清朝历代皇帝实录》等。"① 两相比对，可知《中华图书馆协会会报》刊载的消息属实：日本确实对中国文化进行了系统的劫夺。

图书馆界揭露日本的文化侵略政策，最具说服力的是对沦陷区北平图书馆损毁情况的调查。平津在维持会时代，曾由该会迫令各图书馆将所藏抗日书籍及俄文书一律封存。1938年5月间，伪教育部派员视察各中学时，在弘达中学图书室内，发现有一种关于"九一八"事件的书籍，于是认为是反日事情，当即通令转饬各校图书馆一体检查毁弃。伪教育部人员虽然一意逢迎敌寇以求得其欢心，但敌寇仍不能认为满意，不久"新民会"即派该会指导科科长日人松尾，到伪教育部质问各校对封存书籍还有没销毁的原因，并令该部即刻饬令各校迅速将各图书馆或图书室内关于旧存抗日书籍彻底检查，立即封存，送交"新民会"代为保管，并作为调查资料。如果遵照前令毁弃在先，以后不得再行发现。否则一经查出，应由各校图书馆主任负责②。这则消息指明了劫掠文化机关的责任者，即"新民会"和该会指导科科长日人松尾，极具价值。事实上，"新民会"确为文化劫掠机关。

日本占领当局的文化管制政策得到了严格执行。1938年6月18日，有敌寇检查队多人，武装而来，时有伪警一队，以便衣日人二名为先导，前往北平协和医学院，要求搜查该院图书馆是否藏有社会科学著作。该院当局因为图书馆中没有关于社会科学的书籍，所以当即表示可以准许他们入内检查。于是由该院外籍职员引导，日人在该图书馆做极严密的察看后，始行离去。

肢解清华大学图书馆是日本占领当局有组织有系统地摧毁中国文化机关的典型事件。1940年5月，确定肢解清华大学图书馆后，日本占领当局提出了整理清华大学图书馆的规程四条：1. 押收图书、标本、模型整理中央委员会会则；2. 北京清华大学押收图书、标本、模型整理实施要领；3. 押

---

① 转引自严绍璗：《汉籍在日本的流布研究》，第196~197页。
② 《平津圈之遭劫》，《中华图书馆协会会报》1938年第2期，第19页。

收图书、标本、模型整理要纲;4.押收图书、标本、模型整理实施要领。

在整理规程的基础上确定了参与整理机关、委员及整理员,名单分列如下 ①:

 1. 参与整理清华押收图书、标本、模型机关名单:
  多田部队本部
  兴亚院华北联络部
  华北政务委员会
  新民会
  满铁北支经济调查所
  华北交通株式会社
  北支那发展株式会社
 2. 押收图书、标本、模型整理中央委员会委员名簿:
  委员长
  多田部队　田边盛武
  委员
  多田部队　宫本悦雄、神泽正人、安部勋等4人
  兴亚院华北联络部　别所幸太郎
  华北政务委员会　梁亚平
  新民会　松尾清秀
  满铁北支经济调查所　五十子宇平
  华北交通株式会社　香取桂一
  北支那发展株式会社　大佐三四五
 3. 押收图书、标本、模型整理中央委员会整理员名簿:
  多田部队本部　下野修　安部勋　长泽诚　佐中敦生
  　　　　　　　木村环　结城文治　柴沼界
  兴亚院华北联络部　原三七　佐藤果　中川公海
  华北政务委员会　李绳其　尤炳圻　秦正之　施廷镛
  　　　　　　　毕树棠　陆震平　姚坚
  新民会　饭冢期　堂胁俊盛　稻叶诚一　井上音松
  满铁北支经济调查所　若城父治郎　千田英二

---

① 《七七事变后平市图书馆状况调查(三十年元月)》,《中华图书馆协会会报》1941年第1～2期合刊,第7页。

藤井一郎　　竹内义典　　旗田巍

华北交通株式会社　德冈尚　田代省吾　中平亮等 3 人

北支那发展株式会社　大佐三四五　撙崎丰市

木间不二男　古藤悌一　玉木福太郎

荻野正太郎　山本长藏

　　上述调查包括整理规程、整理内容、整理机构、整理人员等详细信息，足以显示图书馆界损毁调查的严谨态度和求实精神。由此不难看出，清华大学图书馆藏书的消散，是日本占领当局有计划有组织系统地摧毁中国文化事业的结果。这是不容置疑的。

　　日本战犯的供词是证实中国图书馆界对日本文化侵略的组织性的推测的最佳方式。以中华图书馆协会追查寄存在香港大学冯平山图书馆文献为例。太平洋战争发生后，日本将中华图书馆协会寄存在该图书馆的西文图书 300 余箱，中华教育文化基金董事会编译委员会寄存稿件及图书 5 箱等掠往日本。1946 年 2 月，中华图书馆协会电请陆军司令部协助追查。陆军司令部审讯了时任香港占领军总司令的酒井隆。根据该犯供词，1942 年 12 月 25 日日军占领香港后，"日本参谋本部遂即派调查班来港。当时曾奉参谋本部之命令，以该班来港任务为汇集中西文有关地图及地理历史等书，以为南方作战之资材，并饬予该班以食宿等便利等语。当时该班来港曾往香港大学冯平山图书馆搜索书籍则确有其事"①。从酒井隆的供词看，日本对华的文化侵略确实是有组织的行为。

　　综合新闻界的报道、图书馆界的观察、日军参与人员的回忆、日本战犯的供词等各种线索及当代学者的研究成果，可以确切得知日本对中国文化机关进行了有组织有计划的摧毁或劫掠。日本对中国的文化政策，原因复杂，或为取得作战之资，或为确立东亚文化领袖地位，或为摧毁中国文化，不管何种原因，均表现出配合日本占领中国的需要，这是基本倾向。

三、中国民众的打劫

　　日本的侵略，没有能够使中国民众同仇敌忾，共同应对亡国危机。不少民众趁火打劫，助纣为虐，以各种方式损毁图书馆，摧残文化机关。《中华图书馆协会会报》对此也不讳言，经常有所披露。

　　上海松江地区向来人文荟萃，所设图书馆、民众教育馆规模都相当宏

① 《本会继续追查香港被劫存书》，《中华图书馆协会会报》1946 年第 1～3 期合刊，第 15 页。

大，藏书也称丰富。自沦陷后，图书馆和民众教育馆所藏中西书籍，焚于火者，不在少数。还有一大部分流落到氓痞手中，搬出城外，沿街设摊，公开销售。所有完全无恙的经史子集，暨各种书籍碑帖，被曹姓、庄姓收罗的不少。英文理化等书，以及杂志周刊，损失无遗。至于私家珍藏，铜庐袁爽秋所购买图书，如世间罕有之经史方舆志籍，无不珍罗，但因无人看守，被氓痞捆载盗卖，并将藏书楼六大间，放火烧毁。西门外韩姓祖传珍秘书籍，并有大理石插屏，上面有苏东坡书赤壁赋，为当时姚令仪川藩任上所得，后来归诸韩氏，也为稀世珍品。此次敌军进后，任意糟蹋，不特将古书珍籍弃置马厩中，更将插屏一架，装载出国。时人感慨："淞地经此浩劫，所有公私学校书籍，全部毁尽。"① 这些"氓痞"，就是地地道道的中国人，他们在助纣为虐。

苏州也上演了同样情形。苏州为东南文化都会，教育发达，学校林立，中学程度以上学校，达 20 所以上。这些学校分三种：一种是省立学校，一种是教会学校，一种是私立学校。1937 年底苏州沦陷后，遭遇文化厄运。自伪维持会成立后，他们深知文化机关不为敌寇所喜悦，便听任奸民窃盗，不事维护。所以各校校产，损失颇重。敌军驻占各校后，声言省立机关所有物，为其"战利品"，即使伪组织也不得接管。图书馆中的重要仪器，均被拆卸，装运返国，其余仪器图书，则任意弃置。木器则作烤火燃料，摧残破坏，任意行事。常有当地贫民，用卷烟火柴与敌军交换此种仪器图书，因此苏州市场上廉价的中外图书，到处可见。玄妙观的旧书摊，以每斤五分出售，购者云集。这些图书，有刚经编号而没有无批阅者，深为可惜②。除了日军损毁外，中国奸民混迹其中，趁火打劫。

图书馆遭遇盗毁事例在江苏比较突出。日本杂志调查江南地区图书馆状况时，有两处值得注意：一是镇江，"绍宗国学图书楼，善本均已搬出，存留者多丛书，省立镇江图书馆，间为中国兵所烧（？）"；二是太仓，"太仓县立图书馆，为中国方面放火全烧（？）"。《中华图书馆协会会报》在转载这条消息时，在这两个地区后面加注了"（？）"③，也许是一种疑问，表示不理解：中国兵或中国方面怎么会焚烧图书馆？日本占领当局焚烧中国图书馆的事例想来是理所当然的事。日军焚毁书籍，也多为取暖或其他用途，

---

① 《淞（松）江沦陷后公私图书被盗窃一空》，《中华图书馆协会会报》1939 年第 4 期，第 20 页。

② 《苏州文化机关厄运抛弃图书每斤五分》，《中华图书馆协会会报》1939 年第 5 期，第 21～22 页。

③ 《江南藏书被劫数十万册》，《中华图书馆协会会报》1938 年第 2 期，第 20 页。

专门焚书的事例不多见，嫁祸于中国方面的记载也不多。从淞江、苏州地区图书的损毁情况看，有一种现象值得注意，那就是有中国人在日军占领这些地区后，对这些图书馆或藏书处落井下石，进行了盗窃。为了掩人耳目，盗窃后，他们放火焚烧了图书馆或藏书处，以掩盖自己的丑恶行径。也因为如此，这些地区在大火后，往往有廉价书籍大量出现。镇江地区图书馆损失严重时，恰恰又是图书价值奇廉的时候。有中国的宵小之徒一直盯着这些文化典籍，相机而动。

镇江图书馆被盗毁的现象也很严重。抗战初期镇江图书馆损毁严重，一个重要原因是为贾民盗窃，售诸书贾。五三图书馆损失已尽，空余四壁。市面上印有该馆图记的书籍，时可入目。私家藏书楼损失最多，为尹氏、赵氏两家，市上频有发现，最珍贵的为明本《二十四史》。曾氏天籁楼的藏书，也寥布各肆，东鳞西爪。劫后贩售图书的，随处可见，开始价多奇廉，四部丛刊贵的每册不过二三分钱，普通书籍以斤计，大概每斤几分钱。购书的顾客，不仅为读书藏书之人，常有买书焚烧而为造纸需要的。往往残书之余，更有书贾愿以较大代价收买而得其断简残编。《中华图书馆协会会报》对镇江地区图书馆损失的评价是"我国若干年来璀璨丰富之文化，摧折殊巨"①。贾民盗卖难辞其咎。

图书被盗现象不只是出现在江浙地区，其他地方也较为普遍。现代材料记载：1938 年，安庆失守，出现了藏书家被大量盗窃的现象。当时住在湖北会馆路口的安庆教育界名流邓大成，沦陷时家里无人看守，所留下来的整房间书籍、家具等，全部被盗贼抢劫一空。半年后，市面恢复。邓家的东西又一批批在市面上出卖。歹徒盗窃的书籍也有人收购："那时余矮子在司下坡开了个旧书店，专收古籍，不几年便成为小康人家。韩世忠开了个'韩世忠书店'，收进了几万册小说、古籍，也成了个小'富翁'。"②他们的古籍从何而来？其中不乏被盗窃的古籍，即赃物。

抗日战争期间，图书被盗现象极为普遍。谢兴尧对战时书籍聚散极有注意，其中有些记载值得玩味。他说："民国二十五年，余就教大梁，兼任文史研究所，代开书目，代购图籍，皆藏于河大图书馆，因系亲历，故多记忆。乱后其书复散出，余在北京曾收得数种，如《军兴本末纪略》《乱后记所记》等，强皆普通之书，睹物伤怀，不啻故友重逢也。"又如："山东图书馆所藏，在省立中可称巨擘。方（卢沟桥）事变后即闻最先散出，并闻隆福

---

①　《镇江公私藏书被毁殆尽》，《中华图书馆协会会报》1939 年第 5 期，第 21 页。

②　郑克勤：《沦陷时期的安庆》，《安徽文史资料》第 18 辑，合肥，安徽人民出版社，1983年，第 155 页。

寺某书店派人至鲁坐收，所获甚夥。乃亲至某书店欲选购，讵彼坚不承认，且藏之极秘，即同行人也弗得见。后余开一书目，悬之书室，愿出大价征求。不数日书样遂至，中如张兆栋《剿办回匪奏议》，及《潍县方言考》等，果有'齐鲁先哲遗书'印章，足征所言非虚。"①广东图书馆散出的书籍更是惊人，他曾购买一些书籍，上面盖有广雅书局印章，前后是避虫红纸。如果说私人藏书流出，多为其后人不珍惜或本人因种种原因导致，那么，如何解释这些图书馆的书籍流出？无论河南大学图书馆、山东省立图书馆或广东图书馆，都是公立性质，有一定的规章制度，书籍不应轻易流出，尤其古籍，不可能被轻易淘汰。那么，地方上为什么会出现这些珍贵典籍？可能的解释是，这些图书馆的书籍被人盗窃或劫夺后出售。正常情况下，这些盗窃或劫夺的人没被指明是日本人时，则多数应该是中国民众。

当然，也有犯罪未遂的。南京萃文书局的老板朱甸清在日军占领南京前夕，为避战火，将该书局的古籍图书打包雇船，运往苏北农村老家李典镇（今属扬州邗江）。南京、扬州失陷后，日军经常对农村进行扫荡。萃文书局藏于乡下的古籍图书的安全受到了冲击，"当地的土匪也对萃文书局的古籍图书起了觊觎之心。朱甸清先生在形势十分危机的情形下，多次利用夜色的掩护，将图书分散到江南、江北分藏。时值江面日夜都有日舰巡江，稍一失意，生命就要受到威胁。朱甸清与萃文的伙计，心惊肉跳，吃尽千辛万苦。刚刚将书籍安置妥当，乡下的土匪后脚扑上李典镇的老家，所幸图书已转移到安全地段"②。这里同时提到日军和土匪，但实施抢劫行为的是土匪，也就是说，是中国人。该事例虽然为当代学者发现，但佐证了中国民众参与了盗毁图书。这是不争的事实。

现在已经无法确知有多少中国民众以何种方式参与了盗毁图书馆。战争结束后，北平图书馆协会鉴于沦陷期内各图书馆被敌伪劫去的藏书颇多流入书肆或私人手中，曾拟订各图书馆书籍收回办法，请北平市政府协助办理，其主要内容为："凡持有各图书馆盖有章记及留有暗记或遗有章记痕迹之图书，统限于民国三十五年一月底以前办理之"，"图书经审查后估定价值，通知各图书馆备款赎回，其无力赎回或不拟赎回者则加盖查讫字样仍行发还，听其自由售卖或保藏"。③ 这一回收散失图书办法表明：北平书肆或私人手里有大量各图书馆书籍；北平图书馆协会要对这些书籍进行登

---

① 谢兴尧：《堪隐斋随笔》，沈阳，辽宁教育出版社，1995 年，第 34 页。
② 转引自徐雁：《中国旧书业百年》，北京，科学出版社，2005 年，第 223 页。
③ 《北平圕协会拟订收回散失图书办法》，《中华图书馆协会会报》1946 年第 4～6 期合刊，第 13 页。

记；允许各图书馆赎回原属本馆书籍。回收散失书籍办法针对中国民众，也就是说，大量图书馆散失的书籍流落到了书肆和民众手里。如何解释这个现象？只能说明有大量中国民众非法参与了各图书馆书籍的散失过程。

战时中国公私图书馆或藏书楼损毁的责任者，首在日本。如果没有日本的侵略行为，虽然盗毁图书行为或许发生，但不会那么严重。而日本的侵略行为直接导致了两个结果：一是日本对我国的图书馆进行了有计划有组织的劫掠与摧毁，二是刺激了中国的不法之徒，以非法方式损毁图书馆。部分中国民众扮演了极不光彩的趁火打劫的角色。这是一个事实，没有必要讳言。

四、损毁调查的价值

调查是工作展开的前提，没有调查就没有发言权。以中华图书馆协会为代表的中国图书馆界，一向重视有关图书馆事业的各项调查。1925 年协会成立后，随即开展了全国图书馆调查、大城市书店调查、相关期刊调查等极富价值的各类调查。卢沟桥事变后，日本对中国图书馆进行了大规模有计划有组织的摧毁和劫夺，几十年来图书馆运动所取得的成绩毁于一旦！中华图书馆协会有责任也有义务在国难时期指导图书馆事业的发展，鼓舞士气，谋求复兴。这一目的构成了协会第一阶段（1937～1939 年）图书馆损毁调查的主要动力所在。1943 年后，日军在太平洋战场上颓势明显，抗战胜利已经距离中国不远。盟军在战场上的高歌猛进，使图书馆界放眼未来成为可能，协会开始规划战后图书馆的复兴事业，同时为战后向日本索赔提供支持。复兴和索赔成为协会在 1945 年后从事图书馆调查的主要工作目的。

从效果看，图书馆损毁调查至少有三种含义值得注意：

一是损毁调查的政治意义。日本侵略中国，给中国造成了巨大损失，这是不争的事实。然而，日本政府在国际社会开动宣传机器，对中日之间的冲突进行歪曲解释，部分国际人士不明就里，听信宣传，对中国的正义呼吁反应冷淡，甚至不予理睬，这对中国的抗战来说，极为不利。中华图书馆协会则在充分调查的基础上，图文并茂，将教育文化机关被毁实况，以英文撰成报告，先后撰成《中国图书馆被毁经过》及《中国教育文化机关被毁纪实》，分寄各国。这对揭露日本暴行，戳穿日本宣传的假象，争取各国同情和支持，发挥了极其重要的作用。《中国教育文化机关被毁纪实》等调查的价值不在于中国图书馆损毁的数量，而在于揭露了日本摧毁中国文化机关的事实，是铁一般的证据，在国际上有着广泛影响，有力地配合了国民政府的抗战活动。这种损毁调查，不一定在于其数量多寡，更主要的是鲜活的事实陈列。用事实来揭露日本侵略的残暴，用事实来争取国际社会的支持，这才是其意义所在。这种调查的价值，体现在争取国际援助上，更多的是政治宣示，政治含义才是核心价值。

二是损毁调查的法律价值。中国图书馆的损毁，直接原因是日本的侵略行为。根据当时认可的国际法，即《海牙陆战法规和惯例公约》第 27 条规定：一切有关文化方面，如宗教、美术、学术，及古物的机关与其财产，如不作为军事用途，交战国必须力求保全，不得实施破坏①，否则必须承担赔偿责任。当时很多损毁调查，从法律上看，价值有限。如"八一三"事变后，报章称上海市图书馆损失 40 万册图书。这一数据被广泛转载。问题在于，40 万册在法律上有证据价值吗？能不能用这条简略消息作为向日本政府索赔的依据？也许可以，但难度很大，必须有更为具体的事实来支撑。但协会提供的众多损毁调查却具有较强的证据价值，可以作为直接向日本政府索赔的依据，如清华大学图书馆的损毁调查。这类调查体现了犯罪动机、犯罪事实、犯罪过程，人证物证俱在，事实清楚，证据确凿，证据价值明显。前文对北京大学图书馆的损失等记载，具有较高的证据价值，尤其清华大学图书馆被肢解。这些记载包括了占领当局提出的整理清华图书馆规程、参与整理清华大学押收图书标本模型机关名单、押收图书标本模型整理中央委员会委员名簿、押收图书标本模型整理中央委员会整理员名簿等，人证、物证俱在，犯罪事实清楚，不容有任何狡辩。同样，满铁大连图书馆专业人员青木实在对日本对南京地区图书馆等文化事业进行劫夺的记载也有较高的证据价值，可以按图索骥，完善证据，控诉日本政府。所以，这种调查的法律意义值得重视。

三是损毁调查的激励作用。夏颂明的调查，数据模糊，多推测之词，在法律上的价值不是很大，但可以激励国人，教育民众，知耻而后勇，奋勇抗战，这是不容抹杀的。教育部的调查，由教育行政机关主导，比较权威，具有较强的教育价值，有一定的证据力。不过，空泛的数据本身并不会发生作用，需要大量的配套工作支撑，如学校图书损失情形，该数据强调损失巨大，而没有关注造成损毁的责任人或责任机关，即谁对这些损毁负责。这些损毁，或毁于日军，或毁于迁移，或毁于自身，都说不定。既然不能确定损毁的责任人或责任机关，证据力自然就大为下降，而难以作为起诉日本政府、进行战争索赔的直接依据。然而，这些调查又是确切的、权威的，

① 转引自韩启桐：《中国对日战事损失之估计》，第 54 页。

可以作为资料，对国民进行国难教育，以团结人心，为抗战服务。这个价值是其他调查无法比拟的。

　　尽管中华图书馆协会提供的图书馆损毁调查较为翔实，有相当说服力，不过一旦进入司法程序，这些调查报告也面临着诸多难以预料的问题，而不一定能达到索赔或追回图书文献的目的。同样以协会追查寄存在香港大学冯平山图书馆的文献为例。1942 年 2 月，日本将协会寄存在该图书馆的西文图书 300 余箱等文献掠往日本。在起运之前，每箱上均由日方写明"东京参谋本部御中"字样，证明上列图书均将运往东京。这一线索对追查书籍去向、追回被劫书籍十分有利。1946 年 2 月，协会电请陆军司令部协助追查。陆军司令部审讯了时任香港占领军总司令的酒井隆。根据该犯供词，1942 年 12 月 25 日日军占领香港后，"日本参谋本部遂即派调查班来港。当时曾奉参谋本部之命令，以该班来港任务为汇集中西文有关地图及地理历史等书，以为南方作战之资材，并饬予该班以食宿等便利等语。当时该班来港曾往香港大学冯平山图书馆搜索书籍则确有其事。至所取何种书籍，本人则不甚详悉。因个人于民国三十一年（昭和十七年）一月八日即奉命先调回广东，所有该地行政交香港总督矶谷廉介接收，但本军部队则于二月二十四日始全部离港，故该班离港系在本人之后，惟该班取书情形，曾对本军之参谋长栗林忠道少将有所报告。但该参谋长不久即调升塞班岛中将守备司令官，在该地阵亡。现在无法追询，但本军之联络连长矢崎勘十少将对于此案亦能知其经过情形。现矢崎勘十在日本投降前，已调升国内中将师团长，但番号不明。现该矢崎仍在日本。现本人因被押在所，无法与之联络。依本人之见，该矢崎勘十及原经办人宫本博二人现均在日本。如向日本陆军当局调查，当能明悉该二人之住址，然后径向该二人查询本案之经过，当可明悉该书是否携往日本及目前之下落何在"[1]。应该说，酒井隆的交代不可谓不清楚。然而，案件中牵涉到酒井隆、矶谷廉介、参谋本部调查班、栗林忠道、矢崎勘十、宫本博等，当事人有的甚至已经死亡，而当时经办人远在日本，调查取证不无困难。如果不计司法费用，从理论上说一定可以追查到相关责任人。而对于普通书籍，是否值得进一步追究，则需要仔细评估。就当时国内外形势而言，联合国战后秩序重建、惩治日本战犯、国内和平谈判等，均极为重要，调查普通书籍是否兴师动众，尚需深入评估。

---

① 《本会继续追查香港被劫存书》，《中华图书馆协会会报》1946 年第 1～3 期合刊，第 15 页。

　　图书馆的损毁调查，对于复兴或追回贵重文献来说，是必要的。对于私人藏书损毁者来说，调查还具有民事诉讼价值。私人可以通过司法途径，向日本提出赔偿要求，维护自身权利。尽管难度很大，但不是没有可能。如果从国家赔偿角度来说，调查也不一定需要十分准确。近代中国有过赔偿经历，如甲午战争时期对日本的巨量赔款。战败国必须对战争承担责任。中国是战胜国，当然有权要求赔偿。这种索赔，既可以对战争损失要求索赔，也可以对战败国进行惩罚性索赔。不过，这些都是图书馆事业以外的话题，不在本书讨论范围之内。

第四章　向国外征集书籍运动

日本的文化暴行,使中国的外文收藏损毁严重。为补充外文书籍的损失,中国图书馆界向国际社会征集书籍。先是商务印书馆因复兴东方图书馆而展开征集活动,继之以中华图书馆协会的书籍征集,再之以战时征集图书委员会的书籍征集,中国国际图书馆则在欧洲展开书籍征集活动。书籍征集活动,充实了馆藏,加强了国际文化交流与合作。

第一节　复兴东方图书馆的征集活动

一、商务印书馆的复兴规划

商务印书馆是沟通中外文化的重要机构,国际闻名。在 1932 年"一·二八"事变中,商务印书馆附设的东方图书馆毁于一旦,其中包括大量外文书刊。根据 1932 年出版的《东方图书馆纪略》载,该馆损失的外文书刊有:馆长王云五游历欧美时购买的公元 15 世纪前所印西洋古籍(Incunabula)珍品多卷;荷兰出版的《通报》(Tung Bao)、英国亚洲文会出版的《皇家亚洲文会华北地区分会学报》(Journal of the North China Branch of the Royal Asiatic Society)、德国出版的《大亚洲》(Asia Major) 及《中国》(Sinica) 等杂志,为研究中国国故必读书籍,无不备有全份;福州及上海出版的《教务杂志》(Chinese Recorder) 及 1832~1851 年间香港出版的久已绝版的《中国汇报》(Chinese Repository)、英国出版的《哲学评论》(Philosophical Review) 与《爱丁堡评论》(Edinburgh Review) 等杂志全份,尤为难得珍本;东方图书馆所藏各种科学杂志很多,而以出版已经 100 多年的《德国李比希化学杂志》(Liebig's Annalen der Chemie Und Pharmacie) 出版全套,为远东唯一孤本,最为名贵。1933 年设立的东方图书馆复兴委员会称：该馆损失"外国文书东西文合计八万余册"①。这 8 万余册是什么概念呢？以时人公认藏书最为丰富的国立北平图书馆为例，到 1932 年 6 月时，该馆外文书籍为 87 436 册②。也就是说，私立东方图书馆与国立北平图书馆的外文书籍藏量相差无几。由此可见东方图书馆损失何其巨大！

商务印书馆是民国时期最大的出版企业，遇此灾难后，没有一蹶不振，而是积极谋求复兴。仅一年后，复兴已经取得相当明显的成效，企业已有盈余。1933 年 4 月 29 日，商务印书馆董事会通过了《东方图书馆复兴委员会章程》，决心重新建设东方图书馆。该《章程》第二条规定复兴委员会的职权为"计划及筹备东方图书馆之复兴""使用东方图书馆基金复兴东方图书馆""为东方图书馆募捐书籍财物""为东方图书馆规定适当办法以其藏书供公众之阅览""为商务印书馆保管东方图书馆财产"③。

根据该章程，1933 年 6 月 17 日，复兴委员会通过了《东方图书馆各地赞助委员会章程》14 条、《东方图书馆募集图书章程》16 条，以促进复兴工作的展开。复兴委员会主席为张元济，常务委员王云五、蔡元培，委员陈光甫、胡适、〔法〕高博爱、〔英〕盖乐、〔美〕张雪楼、〔德〕嘉璧罗④。1933 年 8 月 31 日，商务印书馆董事会又通过了《东方图书馆之组织及捐助书籍之保管原则》8 条，以监管、规范捐助事宜。东方图书馆的复兴工作有条不紊地展开。

商务印书馆为什么要复兴东方图书馆？原因很多，诸如为该馆编译出版创造条件等。其中主要原因之一为爱国情怀所驱使。该馆董事长张元济向胡适表示："平地尚可为山，况所覆者犹不止于一篑。设竟从此渐灭，

---

① 东方图书馆复兴委员会编：《东方图书馆纪略》，第 2 页。
② 这一数据是这样来的。根据 1934 年《国立北平图书馆概况》载，1929 年 8 月国立北平图书馆西文书籍为 27 672 册，西文小册子共 33 082 册；日文书籍 5 700 余册（第 9 页），计外文书籍 66 454 册。1929 年 7 月至 1930 年 6 月购入西文书籍 3 367 册，地图 536 张（见《国立北平图书馆馆务报告（十八年七月至十九年六月）》，第 47 页）；1930 年 7 月至 1931 年 6 月，购入西文书 6 021 册，捐赠的书及小册子分别为 878 册和 1 837 册（以上三个数据分别见《国立北平图书馆馆务报告（十九年七月至二十一年六月）》第一册，第 25、40 页）；1931 年 7 月至 1932 年 6 月，购入西文书 7 350 册，日文书 993 册（以上数据分别见《国立北平图书馆馆务报告（十九年七月至二十一年六月）》第二册，第 10、12 页）。因此，到 1932 年 6 月，该馆外文书籍总计为 87 436 册。这个数据不是太准确。该馆馆务报告先后经常有出入，本统计根据最大值计算。
③ 东方图书馆复兴委员会编：《东方图书馆纪略》，第 16 页。
④ 1933 年时，德籍委员为欧特曼，但该委员于 1934 年 1 月去世。2 月，复兴委员会推定嘉璧罗继任。参见张人凤编：《张元济与中国近现代图书馆事业》，上海，上海科学技术文献出版社，2014 年，第 98 页。

未免太为日本人所轻。兄作乐观,弟亦不敢作悲观也。"①商务印书馆总经理王云五则认为:"敌人把我打倒,我不力图再起,这是一个怯弱者。……一倒便不会翻身,适足以暴露民族的弱点。自命为文化事业的机关尚且如此,更可为民族之耻! ……这个机关三十几年来对于文化教育的贡献不为不大,如果一旦消灭,而且继起者无人,将陷读书界于饥馑。凡此种种想念,都使他的决心益加巩固。他明知前途很危险,但是他被战场的血兴奋了,而不觉其危险;他明知前途很艰难,但是他平昔认为应付困难便是最大的兴趣,解决困难也就是最优的奖励。"②

　　东方图书馆被焚后,欧美各国人士及学术团体纷纷表示愿意赞助复兴之情。不过商务印书馆秉持能自助者始可接受他人之助的观念,谢却了众多美意。一年后,商务印书馆实力逐渐恢复,复兴东方图书馆也提上了议事日程。鉴于编译所工作的需要以及外文书籍在"一·二八"事变中为大火焚毁殆尽,东方图书馆复兴委员会对征集外文书籍格外重视。截至1934年10月,复兴委员会共设立赞助委员会11处,其中国外有4处。在复兴委员会中,有外籍委员4人,他们分别来自法、德、美、英四国,在东方图书馆复兴过程中发挥了积极作用。

二、德国的书籍援助

　　各国对复兴东方图书馆的援助中,德国文化界行动较早,并取得了显著成效。1934年,德国文化团体捐赠的3 000余种图书抵达上海,交付东方图书馆复兴委员会。1934年10月8日,商务印书馆在上海青年会举行赠受典礼。这次捐赠获得成功,除了德国各文化团体积极支持外,特别归功于东方图书馆复兴委员会德国委员嘉璧罗博士。嘉璧罗在1933年秋天回国后,极力为东方图书馆复兴活动进行宣传。他的宣传得到了德国外交部以及德国科学界实业界的赞助,所以有这么良好的结果。另外,德国的Dr. Lifida、Dr. Waibeb等人士在德国国内大力提倡,也产生了广泛的社会影响。

　　德国方面赠送的书籍多为科学书籍。德国学术互助会主席 Schnilt Ott 博士搜集了各种科学书籍,借以补充已毁灭的藏书,为东方图书馆复兴德文书籍部分奠定了基础;Munchen 地方的德国学会格外赞助,捐助 500 册;Frankfort 地方的中国学会以及远东学会的 Linde 博士也不落后,有相当捐

---

①　张人凤编:《张元济与中国近现代图书馆事业》,第61～62页。
②　王云五:《两年中的苦斗》,《东方杂志》1934年第1期,第24页。

赠；I. G. 颜料公司由其董事 Waibel 捐赠巨款购买了著名的 *Liebig's* 化学年刊的大部分。此外，他们还赠送科学书籍 120 册；德国科学团体赠送了有关气象考察团的报告书，对没有出版的部分，将在以后赠送；对于科学的各部分，以及经济学、公法学方面，也得到了基本书籍；关于德国城市生活书籍多部，可以了解德国城市风景、生活及工作情形以及文化机关。这些书籍 3 000 多本，编制有目录，并附带系统的依照字母顺序排列的小目录。这份目录与书册号码相同，便于图书馆检索。不过这份目录没有翻译成中文，有点美中不足。

德国各界赠送商务印书馆书籍，是中德之间的文化交流和互助。不过，德国驻上海总领事 Kriebel 也表达了赠送书籍的政治含义：一是感谢一战期间及战后中国政府的友好态度。该总领事表示："我们对于贵国在欧战（即第一次世界大战）的时候，对于我们表示贵国古代之优美文化的态度，德国并未忘记贵国对于诽谤德国的宣传，贵国始终未曾参加；德国也未忘记贵国对于德国军士如宾客的待遇，德国亦未忘记贵国欧战后对放逐德国男女童孩一事，亦未曾参加。"二是向中国展现德国的精神面貌。针对捐赠书籍中有关于国家社会主义书籍的现象，该总领事表示：国家社会主义为德国的领袖希特勒引以为根本的原则，"但是那批书籍，并不含有宣传的性质。不过可明了德国最近的发展，以及国家社会主义之最早基本的思想" [①]。德国学术互助会致函东方图书馆复兴委员会时，一方面希望"此次捐赠之图书，能使中德两民族增加精神上之团结"，另一方面也强调："捐赠图书中之最重要部分，为关于第三帝国之各种论著，此为国家社会主义书籍中之精粹，……此种书籍当能将目前激励新德意志之思想昭示世人。" [②] 国家社会主义的影响已深入德国科学界。

张元济对德国方面捐赠的大量名贵书籍，"颇有悲喜交集之感"。悲的是，他自从进入商务印书馆 30 年来所搜集的全部藏书付之一炬，"当时不但本国的人士，同感痛心，就是欧美各国的友人，亦莫不同深惋惜"；喜的是，Kriebel 代表德国各著名学术团体捐赠大量名贵书籍。在受赠典礼上，张元济高度肯定德国捐赠之举："现在德国的学术界，始终能以同情的态度，捐赠这大量名贵的书籍于东方图书馆。这件事，不但足以增进中德两国历来文化上的沟通，就在世界和平的前途上，亦因有这一类同情互助和

---

① 东方图书馆复兴委员会编：《德国捐赠东方图书馆书籍展览纪要》，上海，商务印书馆，1935 年印，第 6～7 页。

② 同上，第 17 页。

知识合作的美德，要发生很良好的结果。"①东方图书馆被焚后，商务印书馆并没有发表过激的批评日本侵略的言论，甚至依然保持着与日本文教界的合作，但这并不表示商务印书馆就逆来顺受。相反，日本的暴行激发了商务印书馆强烈的爱国之心。1932年8月1日，商务印书馆发表复兴启事，其标题即为"为国难而牺牲，为文化而奋斗"！决心在文化战线上发挥更大的作用。在这种历史责任感的激励下，张元济在受赠典礼上致感谢辞时表示："商务印书馆的当局以为东方图书馆关系我国文化很大，非尽力恢复不可。"②

德国文化团体的图书捐赠，对东方图书馆的复兴意义极大。一是捐赠书籍数量众多，达3 000册。在知识产权执行严格、图书价格昂贵的德国，这不是一个小数目。德国文化团体捐赠书籍的数量甚至超过了同一时期国内各界的捐赠数量。在收到德国这些捐赠图书时，东方图书馆收到国内捐赠的图书为2 000册，仅为德国捐赠的三分之二。德国文教团体捐赠的书籍补充了东方图书馆外文书籍的损失。二是具有示范作用。德国向东方图书馆捐赠图书，这是东方图书馆复兴过程中收到的第一笔国外大规模的文化捐赠。德国文化团体的慷慨捐赠对其他国家的文化团体产生示范作用，促进其他国家模仿跟进。次年，法国捐赠东方图书馆1 500余册图书。

东方图书馆复兴委员会对德国捐赠的图书也租借地方进行公开展览。书籍分文学、哲学、历史、地理、技术、经济、词典等类，内有大德颜料厂捐赠的化学与医学通鉴。东方图书馆在没有被焚毁前曾藏有自1801年至1930年发行的全部通鉴，这次德国仅能捐赠其中一部分，跨度约数十年，其他部分已经绝版，无法捐赠。侵略战争对文化的浩劫，令人扼腕叹息。德国舆论对这次捐赠也进行了报道。德国出版的《东方舆论》1934年第23号对捐赠事宜进行了详细报道，德国国际文化宣传杂志《大学与外国》也加以摘录③。德国方面的态度表明德国对中国的文化事业较为注意。

三、法国的书籍援助

继德国之后，上海法租界公益慈善会捐赠了1 500余种法文名著给东方图书馆。这是东方图书馆复兴委员会接受的第二笔大宗国外书籍捐赠，也是东方图书馆复兴委员会委员法国人李荣一年多来努力的结果，同时得到了法国著名汉学家伯希和的赞助。1935年6月6日，该书籍捐赠仪式在

---

① 东方图书馆复兴委员会编：《德国捐赠东方图书馆书籍展览纪要》，第3页。
② 同上，第2页。
③ 《德意志赠书东方图书馆》，《中央时事周报》1935年第6期，第59页。

法租界公董局举行。法国驻沪总领事博德斯代表主赠，东方图书馆复兴委员会主席张元济主受，场面十分隆重。

商务印书馆对这次捐赠较为重视，邀请国民政府要员参加捐赠仪式。参加捐赠典礼的有国民政府行政院院长汪精卫的代表褚民谊、上海市长吴铁城的代表洪芰龄，以及蔡元培、李石曾、伯希和等，与各国驻沪学术团体代表、公益慈善会会员、东方图书馆复兴委员会委员、中外报馆通讯社记者等 300 余人。该捐赠书籍于 7、8 两日在法租界公董局公开展览。商务印书馆回赠以影印《四库全书》一部。

法国总领事代表致辞时，没有像德国代表一样，注重政治倾向，只是表示：“法租界公益慈善会致赠图书于东方图书馆，深引为幸，中法文化之沟通，将因此更得一进境，而两国友谊，亦籍（藉）此益显其密切。法国人士对于商务印书馆恢复之迅速，及其对于东方图书馆复兴工作之努力，深为钦佩。”①

张元济在致辞中高度赞扬法国在中西交往过程中所发挥的积极作用。他说：在中西文化沟通的过程中，“要以法国耶稣会的学者和现代法国的汉学家为最有功”，他特别指名沙畹（Chavannes）和伯希和（Pelliot）等尤其值得敬佩，指出：“沟通中西文化，要以法国人为最努力；使得中西文化互相发生影响，亦要以法国人为最有功。今天法国公益慈善会捐赠书籍给东方图书馆，极足表示法国国民对于中西文化的交换继续的努力。”②

褚民谊表示，东方图书馆在东南各省公私藏书中未有能及之者，“一旦横遭浩劫，实为我国文化上莫大之损失”。他以鲁文大学图书馆复兴为例，对东方图书馆的复兴充满信心，称：“鲁文地方，有一大图书馆罹于兵火，后经修复，各国皆竞赠图籍，不数载仍蔚然成为大观，诚以文化为推进人类之工具，而图书又实为文化所寄托，各文明国家无不重视之故。故关于此类事业，多愿出为赞助。我东方图书馆今日接受我友邦人士盛意，顿增无数文明国家专门学者之著作，我人知其他友邦人士必更有抱同一之感情，而继起赞助者。此由我人征诸鲁文图书馆之往事，而可予以确信者也。”③

褚民谊再三提及鲁文大学图书馆的复兴，是有依据的。鲁文大学创建于 1426 年，是比利时，乃至于欧洲一所著名的老大学。1914 年 8 月 25 日，德军侵入比利时，将鲁文大学图书馆付之一炬。第一次世界大战结束

---

① 《法赠东方图书馆书籍赠受典礼纪要》，《同行月刊》1935 年第 6 期，第 9 页。
②③　同上，第 10 页。

后，比利时十年生聚，力图恢复，但因长期遭受战争灾难，进展缓慢。在此情形下，美国伸出援助之手，独立募捐，建筑了鲁文大学图书馆。起先，募集此项基金的委员会由哥伦比亚大学校长白德勒发起，继而卡耐基基金也捐了 10 万金元，不久美国共和党总统候选人华伦出面组织了比利时救济委员会，最终解决了图书馆建设的资金问题。该大学图书馆建筑费用为50 万金元，工程设计也由美国人担任，因此媒体称："此图书馆建筑之得成就，完全出于美国资助的努力"[1]，是完全切合实际的。1928 年 7 月，鲁文大学图书馆重新开幕。其时藏书为 75 万卷，较之战前增加 2 倍有半。新书在不断地增加。受捐书本均附有一书签，记录捐助者姓名，或附以"由德国赔偿"字样。根据《凡尔赛条约》规定，德国负责赔偿鲁文大学图书馆旧有图书。德国一直在履行这一规定。到开幕时，已送还 30 万卷书籍，其中有手抄珍本及 15 世纪印刷本。该图书馆的日文部分，价值达 60 万金元，系日本天皇所赠 9 世纪的书籍。英国捐赠了 55 000 卷，中国也有私人捐赠。

　　鲁文大学图书馆的复兴在世界图书馆史上都有着重要影响。但众所周知，鲁文大学图书馆毁于德国入侵。尽管在该图书馆建筑过程中校方对德军入侵力主淡忘，不过这场大火不是说忘就能忘的。褚民谊反复提及鲁文大学图书馆，固然强调世界范围内文化合作的重要意义，有无谴责日本侵略之意，也未可知。实际上，当时国际关系极为复杂，对"一·二八"事变性质的认知也未必一致。既然不能将"一·二八"事变定性为侵略性质，欧美各国对东方图书馆的文化请援也都相当谨慎，并非如鲁文复兴一样大张旗鼓。

　　在受赠典礼上，强调沟通与合作是主基调，李石曾的发言最为典型。他表示，人类与生物有两个现象：一是斗争，二是互助。比利时鲁文大学图书馆与东方图书馆被毁坏，是人类因斗争而牺牲的不幸现象，而它们恢复很快，却又显示人类最好合作互助。李石曾进而表示："今天的集会是完全表现互助合作，而且不是局部的表现，是综合人类的很大的表现。人类不幸的斗争，将来一定随互助合作精神之发展而改变。今天的会，是表现中法两国文化互助文化合作。此种表现很可乐观。东方图书馆虽受牺牲，但今天的互助胜过牺牲"，[2] 对东方图书馆复兴抱有很大信心。

　　在捐赠仪式上，法国代表小心翼翼，不涉及政治倾向，中方虽有提及，

---

① 哲生：《比利时鲁文大学劫后复兴的图书馆》，《东方杂志》1928 年第 15 期，第 96 页。
② 《法赠东方图书馆书籍赠受典礼纪要》，《同行月刊》1935 年第 6 期，第 11 页。

但没有发挥。"一·二八"事变已经过去了两年，中日矛盾不但没有解决，在东北、华北地区反而益形险恶，日本对中国的态度越来越强硬。同时，希特勒掌握德国大权后，德国发展迅速，引起了法国等部分欧洲国家的不安，日本也退出了国联。国内外形势的变化，使法国方面，无论领事代表，或出席捐赠的学者，都较为低调，强调捐赠的文化意义。这是法国捐赠东方图书馆书籍仪式上显著的特点。

与德国相比，法国的捐赠时间较迟，数量也少，书籍价值没有体现，法国驻上海总领事也没有出席典礼。所有这些，都不能与德国比较。然而，中国方面不仅商务印书馆主要领导张元济、王云五出席，行政院院长汪精卫和上海市长还特派代表致辞，仪式相当隆重。张元济对中法之间的文化交流更是给予较高评价，这都是德国受赠仪式上不曾有的现象。法方的低调和中方的高调，形成了鲜明对比。为什么会厚此薄彼呢？从出席典礼的代表看，张元济与法国学者熟识，蔡元培、李石曾等国民党元老更是促进中法文化交流的主要推手。或许可以从这方面进行解释。法国捐赠东方图书馆书籍，象征意义多于实际价值。

四、征集活动的后续

德法之后，媒体也报道了英国方面的动态。1936 年，国立中央图书馆创办的《学觚》刊载了一则消息：伦敦人士李奇特、史环埃、罗克锡比 3 人联名代表中国大学委员会，函请参观中国美术展览会者，捐助金钱书籍，协助复兴上海东方图书馆，以表示欣赏中国美术之意；并称上海已成立了国际委员会，征集欧美书籍，中国大学委员会担任英国方面的征集事宜，希望能够运出真正具有代表性质的英国图书①。其后续如何，不得而知。

1940 年，《中华图书馆协会会报》也有关于东方图书馆复兴的消息。报称：上海商务印书馆的东方图书馆，在"一·二八"事变中被炸毁后，由中外热心文化人士组织复兴委员会，馆址勘定南京路，暂时设书库于静安别墅 174 号，计三楼洋房四幢，已经筹集基金 10 余万，系商务印书馆历年盈余项下拨付，及中华教育文化基金会所补助。该会收到的赠书，截至目前为止，已有 90 000 余册，其中德国 10 000 余册，法国 4 000 余册，英美 3 000 余册，中文七八万册②。

有关东方图书馆复兴的文化请援报道不多。上述两则消息可以看出：

① 《伦敦人士协助上海东方图书馆》，《学觚》1936 年第 2 期，第 15 页。
② 《东方圕复兴委员会近讯》，《中华图书馆协会会报》1940 年第 5 期，第 16 页。

其一，东方图书馆的复兴工作一直在进行，没有停止；其二，征集国际书籍的工作也在继续；其三，英国方面也有征集活动，但没有关于美国方面的详细报道；其四，征集国际书籍是一个漫长过程。从总体上看，复兴东方图书馆的文化请援活动成效不是很大。尽管复兴工作有条不紊地进行，但卢沟桥事变后，复兴工作几乎暂告停顿。虽说该馆于抗战期间在重庆公开阅览，但其规模与影响已经远远不能与"一·二八"事变以前相比拟。

东方图书馆复兴过程中大宗国际捐赠来自德、法两国，而不是英、美，值得深思。美国是新兴大国，对国际公益事业较为热心。1923 年日本关东大地震，东京帝国大学图书馆全部毁失，成为灰烬。美国社会各界立刻行动，积极捐赠图书或巨款，协助其复兴。因为美国贡献最多，以至于帝国大学图书馆 1926 年重新建成后，馆长姊崎正治在公开谈话中表示："余平素希望，在使国际关系之改善以日美之间为尤关重要"[①]；比利时鲁文大学图书馆遭德军焚毁，美国募集基金 50 万金元，独立建设了精美图书馆。对中国的图书馆事业，美国方面也极为关注。美国政府退还多余庚款，指定部分用于发展中国永久性文化事业——图书馆，这些都彰彰在日。但在复兴东方图书馆上，美国方面，无论民间或政府，却没有任何大宗书籍或款项捐赠，似难解释。中华教育文化基金董事会对复兴东方图书馆有所资助，但那是中国人的资金，而不是美国民间或政府出资。同样，英国长期以来与中国保持密切的关系：从 1861 年以来，到卢沟桥事变为止，英国在中国都具有明显的优势地位。《中华图书馆协会会报》经常大篇幅地刊载有关英国图书馆界的消息。然而，就是这样一个在中国有广泛影响的世界大国，其文化团体对东方图书馆的复兴却没有任何有较大影响的捐赠。1933 年，中英庚款董事会决定资助 150 万元，用于建设国立中央图书馆，手笔不可谓不大。即便如此，英国社会各界对东方图书馆复兴依然没有任何实质性表示。

相反，德、法两国在中国的影响不能和英国比较，但两国都有大量捐赠，尤其德国，首开欧美捐赠先河，不能不令人注意。德国文教界与中国的交往不是很多。1929 年 1 月中华图书馆协会在南京召开第一次年会时，德国图书馆协会代表莱斯米博士（Dr. G. Reismuller）参加大会。这是唯一一名欧美图书馆协会的代表。不过，此外中德两国图书馆界并没有深入交往。沈祖荣参加第一次国际图书馆大会时，与普鲁士邦立图书馆馆长

---

① 〔日〕姊崎正治：《重修帝国大学图书馆之经过》，《中华图书馆协会会报》1926 年第 3 期，第 5 页。

顾柔可、德国书库馆长乌南德交流频繁，并希望双方能有进一步的合作。1930 年蒋复璁由浙江省教育厅委派，赴德国从事图书馆学研究与工作，为时约 2 年。1932 年，国立北平图书馆与普鲁士邦立图书馆签订交换馆员协议。德国派西蒙博士（Dr. Walter Simon）到北平图书馆；中方派严文郁赴德，为期 1 年。此外，在抗战前中德图书馆界几乎没有可圈可点的交流。从这些事例看，中德图书馆界交流不是很多，合作内容也不深入，大致处于交流的浅层次层面。然而，就是这样一个和中国文教关系不深的国家，却对东方图书馆的复兴做了良好表率。就法国而言，中国文教界与其交往相当密切。张元济曾驻足法国，与法人交往密切；蔡元培经常去法国；李石曾与法国政客交往频繁，还共同创立了中国国际图书馆；中法之间在两国文教领袖倡导下分别在两国创办中法大学。总体上看，中法交流远比中德交流要多。虽然法国方面捐赠的书籍不如德国多，但就东方图书馆复兴而言，也是大宗捐赠。

美英文教界对东方图书馆复兴不是很热心，没有突出表现，根据现有材料，无法做出令人信服的解释。然而有几个因素值得思考：

一是欧美人士对中日关系的认识。东方图书馆损毁于"一·二八"事变。该事变是中日矛盾爆发的重要标志，然而对欧美人来说，他们并不了解事情的真相，或者说对于中国方面的解释并不能完全接受。在对事情不是十分明了的情况下，他们宁愿保持中立，与他们各自中央政府对中日冲突的外交政策一样。德法两国虽然援助东方图书馆复兴，然而，他们并没有对图书馆损毁事件的本身进行定性判断，而是基于国际文化合作与交流而行。这种态度颇能说明问题。东方图书馆的损毁与鲁文大学图书馆不一样。该大学图书馆毁于德军侵略，其性质在凡尔赛会议上得到了国际社会的认可。因此美国的大力支持，实际上是一种国际慈善行为。而中日矛盾的性质并不清晰，不能和鲁文图书馆比较。也正因为有这样的认识，德、法两国代表在捐赠典礼上绝口不提鲁文图书馆。而褚民谊将这两者进行比拟，不无含有谴责日本文化侵略之意。

二是关于东方图书馆损毁的报道重点问题。东方图书馆被焚，是中国文化事业的一大浩劫，是世界文化的一大损失。东方图书馆是为世界保存中国文化。因此，从文化保存的角度，损毁东方图书馆的行为就是摧毁世界文化的野蛮行为。不过，当时中国舆论界和政府大多从政治角度看该图书馆被焚。将文化损失与政治联系起来宣传，对欧美人士来说，不太容易接受。这种宣传，不是化解冲突，而会加深矛盾。以鲁文图书馆为例，其校方在建筑图书馆过程中极力淡化德国的侵略色彩。在 1928 年 7 月的开幕典礼上,大主教致辞:"祝此屋和平。"(Peace be to this house.)无论是校方淡化德军侵略的努力,还是大主教的和平祈愿,鲁文图书馆的建成,在当时留给各国的印象就是一种和平的象征。东方图书馆损毁宣传的政治化色彩似乎并不有利于争取欧美援助。

三是复兴委员会外籍委员的影响。东方图书馆的复兴请援活动通过复兴委员会中的外籍委员进行,联系对象为欧美教育界、文化界及实业界。这种请援方式具有较强的针对性,然而,也正因为如此,其征集对象显得窄小,征集宣传影响不是太大。仅仅四个人的外籍委员,而且长期定居在中国,他们在国内的影响难免有限;教育界和实业界固然不乏同情和支持中国文化者,但因其数量有限,而无法获得更为广泛的征集效果。反观鲁文图书馆或东京帝国大学图书馆,在重建过程中,都得到了美国强有力的人物或文化基金的支持,如鲁文图书馆得到了哥伦比亚大学校长、共和党总统候选人等的支持,东京帝国大学图书馆得到了洛克菲勒基金会的巨额资助。不能说复兴委员会的外籍委员没有努力,也不是没有影响,不过在舆论动员这一方面,他们的成效不是很明显。这种状况,无疑影响了图书征集成效。

四是中华图书馆协会的角色问题。在东方图书馆复兴过程中,中华图书馆协会的态度也值得注意。《中华图书馆协会会报》和《图书馆学季刊》在欧美都有一定的发行量,是欧美各国了解中国图书馆事业的一个窗口。《会报》和《季刊》也都对"一·二八"事变中东方图书馆的焚毁进行了报道。不过,相关报道被置于相当不明显的位置,并不容易给读者留下深刻印象。而且相关报道也都从新闻角度进行报道,而不是从人类文化的角度处理损毁事件。这种审慎的态度也不利于扩大中国文化损失的世界认识。东方图书馆馆长王云五是协会的重要会员,对图书馆学也颇有研究,但对协会工作较少积极主动参与,也没有能够为协会提供适合欧美各国需要的报道。可以说,无论《会报》还是《季刊》,在为东方图书馆争取援助方面,都没有能够发挥积极主动的作用。

影响国际援助东方图书馆复兴的因素很多,如中德两国关系正在加强,英国在远东及世界范围内的影响日渐式微,等等。以上只是简单列举几条,对认识东方图书馆的复兴或许有某些参考作用。

东方图书馆的图书征集活动发生在抗日战争全面展开之前、"九一八"事变之后。这一时期,日本采取扶植逊帝溥仪在东北地区设立满洲国、策动所谓华北自治运动等形式,分化中国中央与地方之间的关系。中日矛盾不断发展,日益恶化。从世界范围内看,英国在世界上依然处于领导地位,但其实力不断下降；美国、德国、苏联、日本、意大利等国发展迅速，德意日国逐渐接近，缔结了各种条约，形成了轴心国集团，与英法等国矛盾越来越多。欧洲是各大国角逐的主要场所，日本在东亚地区的势力日益强大。动荡的世界形势转移了时人视线，东方图书馆的文化请援难免不受混沌形势的影响。另一方面，强烈的民族意识激励着中国最大的文化企业，他们不畏艰难，自觉负起民族复兴之责，在有限的国际空间中寻求发展。尽管国际文化请援成效不甚如意，但其努力代表了国人的一种心态：在逆境中前行，在困难中发展，促进中国文化事业的发展。

第二节　中华图书馆协会的征集活动

一、美国文教界的反应

中国图书馆发展呈现区域性特征，华北、东南、华南等地图书馆数量众多，藏书丰富，西部地区图书馆数量较少，且馆藏有限，尤其自然科学书籍不多。抗日战争爆发后，日军主要在华北、华东、华南和华中展开军事行动，而这些地区恰恰是中国图书馆事业发达地区。日军对这些地区的图书馆进行了大规模摧毁行动，中国图书馆馆藏总量直线下降。随着大批文教机关内迁，特别是文教事业发达地区的高校和科研机构内迁，对书籍，尤其对最新科技书籍需求强烈。馆藏减少与刚性阅读需求增加构成尖锐矛盾。战争时代充实馆藏的办法之一，就是向国际社会征集书籍。

卢沟桥事变后不久，中华图书馆协会理事长袁同礼即致函美国图书馆协会的国际关系委员会主席 Savord，请求书刊援助。11 月 19 日，又分别致函美国图书馆协会会长和美国图书馆协会总干事 Milam，向美国图书馆界报告战时中国图书馆的损失，请求美国同行援助中国图书馆复兴。12月 27 日，袁同礼再次致函 Milam，报告中国已经有 35 个国立及私立大学惨遭毁坏，希望在美国能有一个中心负责替中国征集书籍，然后运送至 Smithsonian Institution（即美国出版品国际交换处），由美国出版品国际交换处转到中国。

美国图书馆界对袁同礼的吁请反应积极。1937 年 12 月 29 日，Savord 女士在美国图书馆协会冬季会议时，提出了袁同礼的吁请。与会的美国各图书馆员对中国深表同情，并愿意捐赠书籍，只是对书籍集中于 Smithsonian Institution 有不同意见。因为该处用作保存医药品，而不是用来保存书籍的。美国图书馆协会国际委员会副主席复袁同礼函，表示他愿意接受袁同礼的要求，于1938年6月16日美国图书馆协会在康城（Kansas City）举行年会时讨论参考。Milam复函袁同礼，也表达了大致相同的意思，即在康城图书馆年会时，决定进行方针，开始募集书籍，预料将有积极援助①。果然，康城年会讨论了中华图书馆协会的吁请，美国的征集书籍援华运动随即启动。

美国图书馆协会的积极态度极大地鼓励了袁同礼，使其看到了中国图书馆事业的复兴希望，也进一步激发了扩大在美国征集书籍的愿望。1937年12月22日，袁同礼致函美国专门图书馆协会，请求捐赠书籍。该协会对中国文化机关遭受巨大浩劫，"深表痛惜"，"深表同情"，表示，将会办一个扩大运动，"以恢复中国图书馆之损失。本协会自当与之合作，积极赞助"②。经过扩大宣传，越来越多的美国图书馆或个人纷纷对中国图书馆界的遭遇表示同情，对中华图书馆协会的图书征集请求予以支持。

Utah图书馆协会复函："Utah图书馆协会年会，将于（1938年）九月十七日举行，余敢确信，届时余等将以允分时间讨论贵会之需要，并以此项问题提出全体会员之前，俾所有图书馆员易于研究一完善方法，以进行贵会所需书籍之汇集也。以余所知，各图书馆所藏良好书籍，多有副本，余等将以此举列为州立图书馆事务之一部，加以考虑。倘余等对于贵会有所协助，实衷心所愿也。"纽约图书馆科专门学校图书馆复函："余等闻中国图书馆界请求协助，极愿尽力赞襄。余等欲以他人捐赠本馆之书籍，陆续转赠。此类书籍，虽稍过时，而大多数仍属极有用之刊物也。阁下如知有意接受此类书籍者，倘承见示，诚为幸甚。"③

美国国会图书馆馆长H. Putnam致函《美国图书馆协会会报》编辑，希望能将袁同礼的请求书广为刊布，扩大影响范围："中国图书馆因受损失重大，请求赠送任何书籍以充实其收藏，想阁下定已知悉。国立北平图书馆馆长袁同礼氏（1938年）四月二十三日由香港来函，内称中国需要书籍至急。凡吾人赠送之书，均愿接受分配，并立即编目应用。袁氏又谓，倘各地能将刊物寄交美京华盛顿 Smithsonian Institution，则此类刊物当由国际交换处转寄中国也。"④此文原载《美国图书馆协会会报》32卷第6号，1938年6月出版，又载《美国图书馆杂志》6月号。H. Putnam的做法，无疑扩大了中华图书馆协会在美国征集图书的影响力，对动员美国文教界从事书

　　① 《各国图书馆协会复函》，《中华图书馆协会会报》1938年第1期，第16页。
　　②③④ 《各国复函》，《中华图书馆协会会报》1938年第2期，第17~18页。

籍捐赠,是有积极意义的。

耶鲁大学图书馆复函:"兹有敝馆书籍小册多种,共计五百册,分装三箱,业于昨日送交华盛顿国际交换处转寄贵会。该项书籍内有岂欧博士私人收藏之复本书,深望寄递尊处时,全部依然完好。"美国东南图书馆协会前理事长斯藤复函协会理事长:"敝会对于阁下之爱护文化事业,努力从事图书馆复兴运动,所处之境遇,极表同情与羡慕。并拟由各州图书馆协会,分别尽力予以援助。鄙意以为征募图书一事,与其由一较大之图书馆单独进行,不若由各州分别组织团体进行之易收成效也。未审尊意以为然否?敝会同仁对于贵国图书馆之横遭浩劫,莫不表深深之惋惜与同情。"①美国北达科他州图书馆协会复函:"敝会于(1938 年)五月年会中,曾将华翰宣读,并经大会公决捐赠美金五元,聊充复兴贵国图书馆之用。……敝会谨以至诚,献此区区,略表微忱。"②

现在不知道袁同礼当时发出多少份征集函件,但从《会报》上刊登的复函看,成效还是相当明显的。第一,复函主体类型多样,既包括图书馆协会,如美国图书馆协会、东南图书馆协会等,也包括国立图书馆,即美国国会图书馆;既有大学图书馆,如耶鲁大学图书馆,也有专业图书馆,如美国专门图书馆,甚至包括图书馆专门学校。第二,复函均对中国图书馆事业遭此浩劫表示惋惜或同情。这也许是礼节性语言,但对于亟待复兴的中国图书馆、对日后美国图书馆界对华的积极援助,不无长远作用。毕竟美国文教界已经正视中国图书馆事业遭受的巨大灾难。第三,此后不久,美国图书馆界随即展开了大规模的书籍征集活动。这一活动,增强了中国图书馆界复兴的信心,也加深了中美两国图书馆的了解与交流,对中国图书馆事业的复兴,及扩大美国一般民众对中国的了解,影响至巨。

当然,这些复函也暴露了许多问题。第一,协会征求书籍的目标并不明确,没有一个详细的书目清单和数量,没有一个切实可行的计划。整个吁请显得盲目和随意,无法激起美国民众或重要基金的捐赠热情。第二,捐赠吁请缺乏一个强有力的协调机构。协会发出的捐赠申请过于分散,而美国各文教单位也各行其是。这种散漫状况不利于捐赠活动的深入进行。第三,多数复函属礼节性函件,在道义上支持中华图书馆协会的复兴工作,并无实质性举措或切实可行的计划。某图书馆协会仅捐赠 5 美元,实属可笑。

---

① 《各国复函》,《中华图书馆协会会报》1938 年第 2 期,第 15~16 页。
② 《各国复函》,《中华图书馆协会会报》1938 年第 3 期,第 18 页。

协会向美国发出的征求书籍吁请，一方面固然为补充外文书籍不足，为复兴中国图书馆事业奠定基础，另一方面则向美国社会各界宣传日军暴行，以争取美国文教界对中国问题的关注和支持。书籍，尤其自然科学书籍，跨越国界，无政治蕴意。对美国文教界而言，他们大多对中国不甚了解，对中国文教事业所遭受的厄运虽然深表同情，但因牵涉中日纷争，难免保持谨慎态度。孤立主义弥漫在美国的社会各界，包括图书馆界，这不是中华图书馆协会一纸吁请可以改变的。尽管如此，作为国际社会慈善大国，美国图书馆界对中华图书馆协会的征集图书活动还是展现了积极支持态度。

二、捐赠活动的展开

与大多数抱持同情态度而无实质举动的图书馆或图书馆协会不同，美国图书馆协会对中华图书馆协会的征书请求进行了慎重而严密的考虑。该协会国际委员会副主席复袁同礼函时提出了三个问题：一是"关于何种书籍是最需要的"。他为此专门咨询了前燕京大学教授博晨光，后者认为中国"需要科学杂志（装订与否皆可）"，其他的书籍，包括适合美国各大学图书馆所收藏的书籍都需要，同时不赞同"捐送小说和儿童读物以及未装订的无科学价值的普通杂志"。他们询问："这是不是符合你的意见与需要？"二是书籍集中地点。该副主席认为，假如那些书由 Smithsonian Institution 转寄，一切征集刊物及书籍最好集中在华盛顿，以便于装运。三是复本问题。他表示复本多也不要紧，因为既然有 35 个大学被毁，即使同样的书籍有 50 本，也是受欢迎的 ①。显然，该协会没有对中华图书馆协会的吁请做礼节性的回复，而是探讨具体的操作问题，并愿意为之付诸实施。这种援助态度不仅完善了袁同礼发起征集图书活动目的的模糊性，也正是在美国图书馆协会国际委员会协助之下，美国图书馆协会发起了捐书赠华活动。

为了扩大影响，经中华图书馆协会和美国图书馆协会协商，美国方面成立了一个赞助委员会，由美国图书馆协会国际关系委员会主席 J. Periam Dantou 负责主持。会员除了中国驻美大使胡适、副使王正廷外，其余均为美国文化教育界的知名之士。他们的姓名和简介如表 4-1②：

---

① 《各国图书馆协会复函》，《中华图书馆协会会报》1938 年第 1 期，第 16 页。
② 《美国援助中国之一般》，《中华图书馆协会会报》1938 年第 3 期，第 17～18 页。

表 4-1　赞助委员会名单

姓　名	简　介
Mrs. John Alden Carpenter	音乐家
Mr. Paul D. Cravath	法律家
Dr. Stephen Duggan	教育家，国际教育会会长
Dr. Harry Emerson Freeman	宗教家
Bishop James Edward Fosdick	华盛顿大主教
Pearl S. Buck	著作家，赛珍珠女士
胡适	中国驻美大使
Dr. Robert Maynard Hutchins	教育家，芝加哥大学校长
Mr. Owen Lattimore	远东问题专家，《太平洋杂志》主任编辑
Dr. Paul Monrce	教育家，前哥伦比亚大学师范学院院长
Mr. Silas Strawn	法律家，前关税会议美国全权代表
王正廷	中国驻美副使
Dr. Frederick M. Hunter	教育家，前斯丹佛［斯坦福，下同］大学校长
Dr. Robert Millikan	物理学家，加省工业大学教授
Dr. Ray Lyman Wilbur	教育家，斯丹佛大学校长，曾任内政部长
Mr. Henry R. Luce	著作家，美国《时报》主任编辑

　　在这 14 名美国社会贤达中①，教育家人数最多，有 5 名，占全部会员的 36% 左右；法律家、著作家、与宗教关联者各 2 名；音乐家、物理学家、远东问题专家各 1 名。会员结构的基本特点为：1. 教育家占主要地位，且均为教育管理者。他们在教育实践中，深知图书馆对于教育学术的重要性，因而也愿意支持中国的图书馆复兴事业。2. 学者（包括著作家、物理学家、宗教家等）在整个会员中地位突出。学者以书籍为基本资料，对图书馆的认识较之常人更有切身体会。3. 华盛顿大主教列名会员是会员结构的一大特色。基督教是上帝福音的传播者，对中国所受灾难表示同情大概

---

　　① 对这个赞助委员会的名单，有不同记载。《国立北平图书馆廿八年度馆务报告（昆明之部）》也详细列举了名单，但是 19 人，其中美国方面多了 Mortimer J. Graves（学术团体协会副干事）和 Mark Hopkins Ward，中国方面多了林语堂。转引自李致忠主编：《中国国家图书馆史资料长编》（上），北京，国家图书馆出版社，2009 年，第 323 页。具体名单，待考。

是理所当然的事。韦棣华女士就是传教士，武昌文华图书馆学专科学校实为基督教学校。值得一提的是 Pearl S. Buck，即赛珍珠女士。她长期生活在中国，对中国社会感受最深，1934 年返回美国，是 1938 年诺贝尔文学奖的获得者。她称中国是她的第二祖国，对中国的深厚感情不是一般美国人能体会的。袁同礼和她多有联系。

赞助委员会成立后，1938 年 9 月底，捐赠图书援华活动拉开了帷幕。首先，由美国图书馆协会印刷了大量申请书，标题为"请国人捐书运华"，分发各教育文化机关或团体。委员会总共发出申请书 351 件，其中大学图书馆 128 件，公立图书馆 98 件，学术机关 81 件，教科书出版业机构 39 件，大学出版处 5 件，希望这些机构能对捐赠活动大力支持。其次，赞助委员会结合美国和中国方面的意见，拟定了征书范围："注重自然科学、应用科学、医学、文学，以及普通参考，包括期刊小册子，学术团体之刊物，以及政府出版品。凡于专科学校或大学之教授及学生有所裨益之书，均在征集之列，且美国大学认为有用之书，中国谅皆乐于接受也。"① 再次，委员会通过不同方式进行了广泛宣传。征集消息由联合通讯社、合众通讯社、国际新闻服务社及十大杂志分别担任发布，以尽量扩大征集活动的影响范围。同时在图书馆学半月刊及威尔逊书业公司月报上进行长篇专论报道，在美国图书馆协会 10 月份会报上大篇幅报道。

经过周密的组织和广泛的宣传，美国图书馆协会发起的征集图书援华活动获得了强烈的社会反响，收效明显。在申请书发出后的两周内，截至 1938 年 10 月 12 日，即有 8 所大学图书馆，5 个学术机关，1 个出版社，3 个公立图书馆，详细报告捐送书籍情况。还有其他很多图书馆、机关等，也表示愿对此项活动实质捐输。这一结果较为圆满，令人兴奋。到 1939 年 2 月初，美国图书馆协会应中华图书馆协会发起的全国捐书活动，已得到图书 11 000 余册。除首批百余箱已由美国运到中国外，还有若干箱陆续来华。

袁同礼对美国图书馆协会的征书成效十分满意，特意致函该协会总干事及国际关系委员会，表示谢忱："吾人今以万分欣喜与感谢，开始点查国际出版品交换处送到第一批三十二箱书籍，除将各书之捐赠者，一一登记外，谨以此函向阁下及各捐书机关给予吾人之学术上的合作与赞助，表示十二分之谢意。"袁同礼认为，这些书籍"实于敝国教育界与文化界不少物质上之援助，在此国难时期，得此种同情赞助，当永志不忘"，并提出："贵

---

① 《美国援助中国之一般》，《中华图书馆协会会报》1938 年第 3 期，第 18 页。

国方面中国之友,应请明了中国在此抗战时期,并未间断其科学及教育工作,今后书籍杂志之迫切需要,仍望贵国继续予以协助。"[①]

截至 1940 年,美国图书馆协会发起的捐书援华活动所获捐赠图书25 000 多册[②],从数量上看,不是很多。尽管如此,这些书籍的获得,实在不易。第一,抗日战争发生后,一般美国民众不清楚中日冲突的来龙去脉,了解中国情况的美国人寥寥无几。加上之前中国排外事件层出不穷,所以一般美国民众对中国没有太好的印象,当然不会有极大的捐赠热情。第二,抗日战争爆发后,美国政府态度游移,虽然不满意日本侵略中国,但也不愿意过多介入到中日冲突中。美国政府的态度也影响了捐赠成效。第三,如前所述,中华图书馆协会向美国图书馆界发出吁请后,得到更多的是美国图书馆界道义上的支持,很少有图书馆或相关单位有实质行动。美国图书馆协会也遇到了同样问题。协会在康城举行年会时,有人提出发起全国捐书运动,但多数人认为应等中日冲突停止后再进行征集。美国图书馆协会与袁同礼多次协商后,最终赞成袁同礼的意见,立刻展开捐赠活动。所以,这次捐赠活动取得的成效实际上是袁同礼坚持而获得,实属不易。

三、捐书活动的意义

袁同礼在向美国文教界征集书籍的同时,也向其他国家或国际组织发出了征书吁请,请求支持中国图书馆事业的复兴运动。同时致函驻外各使领馆,请求协助。函云:"暴日侵华以来,叠陷名城,狂施轰炸,人民颠沛流离,百业咸遭蹂躏,内中以文化机关之摧毁,尤为空前未有之浩劫!迩来战区扩大,各省图书馆所藏之中西图书,秘笈珍本,多被毁于敌人炮火之下,文化精华,悉成灰烬。而东南半壁,向为吾国文化中心,私家藏书,尤称美富。自江浙沦陷,古今典籍,荡然无存,实为我国文献之重要损失。伏念文化事业,自有其永久性,必须联续迈进,方能继长增高,经此浩劫,亟宜群策群力,力图恢复。敝会奉令协助全国图书馆从事复兴,除已在国内积极征募外,兹分向欧美各国,征求书籍,俾赖国际同情之助,协助复兴。事关文化,用特函恳贵馆予以匡助,或代为征募,或代予接受。"[③]并附备忘录一件。

---

① 《本会致美国图协会总干事米兰博士谢函》,《中华图书馆协会会报》1939 年第 5 期,第15 页。

② 袁同礼:《中华图书馆协会之过去现在与将来》,《中华图书馆协会会报》1944 年第 4 期,第 2 页。

③ 《复兴事业》,《中华图书馆协会会报》1938 年第 2 期,第 17 页。

　　1937 年 12 月，袁同礼致函英国图书馆协会，该协会对中国图书馆横遭浩劫深表同情，但对袁同礼提出的积极援助，淡淡地表示："此时尚嫌过早，一俟战事停止，复兴工作开始之时，本会将尽其所能，协助贵会从事恢复"①，一如美国文教界之基本态度。

　　1938 年 1 月 21 日，袁同礼致函法国图书馆协会，请求积极援助。法国图书馆协会表示"无任悲愤与同情"。至于请求法国国立图书馆协助复兴一节，表示，法国国立图书馆馆长把袁同礼的提议提交了图书馆执行委员会。该会议决："一俟环境允许，敝国图书馆当局，经外交部之特许，自当尽量以所藏复本，全数赠与中国。"②与英国图书馆协会的态度如出一辙。

　　1937 年 12 月 6 日，袁同礼致函德国图书馆协会，请求德国图书馆协会协助中国各图书馆征集图书，以便早日恢复运作。德国图书馆协会表示："极端赞助"，并通知各图书馆，对于援助请求，积极援助。此外还请柏林书籍交换处（即出版品国际交换处）代为收集德国各图书馆的复本书，得到后者响应。德国图书馆协会还表示，对于中华图书馆协会所需要的书籍，"当可源源寄上"③。值得注意的是，德国图书馆协会并没有谴责日本的暴行，也没有深表悲愤和同情。不过对于征集书籍请求，不管程度如何，还是爽快地答应了。

　　1937 年 12 月 20 日，袁同礼致函新西兰图书馆协会，请求征集图书。该协会复函，表示："任何图书馆及书籍爱好者，对于珍贵书籍之横遭浩劫，莫不表示惋惜及同情。"同时将征集书籍请求转给专业期刊《新西兰图书馆界》（New Zealand Libraries），请该刊登载征书启事，广为征集。此外，还表示新西兰的出版品都是英文刊行，希望袁同礼能将中国图书馆所需要的材料性质与范围说得更清楚，以有助于热心人士进行④。

　　国际图书馆协会联合会 1939 年 2 月 24 日复函："尊处于上年六月六日来函，内述此次因战事被毁之图书馆复兴藏书一节，业经本联合会主席歌德特先生（M. Godet，瑞士国立图书馆馆长）在大会中代为陈述，其讲演词曾印于国际委员会记录等十卷第三三至三四页。"⑤此外，并没有实质行动。日内瓦世界文化合作会国际知识合作股复函："尊处于六月十一日寄交摩锐教授（Professor Gilbert Murray）大函，申述贵国图书馆因中日战事被毁情形，业已拜收……摩教授曾将来函转呈世界文化合作会执行委员会予以审议，并商救济办法。现该会已决定对中国图书馆复兴工作，加以考虑，将列为实

---

　　①②③　《各国复函》，《中华图书馆协会会报》1938 年第 1 期，第 16 页。
　　④　同上，第 16～17 页。
　　⑤　《各国复文》，《中华图书馆协会会报》1939 年第 6 期，第 12 页。

地技术协助方案之一，此后俟执委会决议具体办法后，当再函告。"①

各国图书馆协会或国际组织对中华图书馆协会的征书请求，其态度大致可分为三种类型：第一类是表示同情，但强调援助工作将在战事结束后进行，以英、法两国图书馆协会最为典型。这一附加条件不是中华图书馆协会所乐见，却也无可奈何，也不能说两国图书馆协会没有道理。第二类是不表示政治态度，但愿意援助中国图书馆事业的复兴，包括德国图书馆协会、国际图书馆协会联合会、日内瓦世界文化合作会等。这种纯乎中立的态度，不能达到协会宣传日本侵略的目的。第三类是既对中国表示同情，又愿意援助，但实际成效却微乎其微的，如新西兰图书馆协会。

以上仅就《会报》上刊登的各国或国际组织复函进行了简单分类，这种分类肯定不全面，不能完全概括各国对中国图书馆复兴事业的基本态度。首先，我们不清楚袁同礼向各国图书馆或国际组织究竟发出了多少件援助吁请。从20世纪20年代起，中国图书馆界与国际图书馆界交流日益频繁，如韦棣华女士多次代表中国图书馆界参加了美国、英国图书馆界的图书馆庆典或国际性活动，尤其沈祖荣于1929年参加了国际图书馆第一次大会，中国图书馆界在国际图书馆界是活跃的，有联系的国际图书馆界组织应该不止《会报》上刊登的寥寥几家，难道没向意大利或澳大利亚等国文教同行发出捐赠呼吁吗？似乎说不过去。《会报》上刊登的，或许只是支持中国图书馆界复兴的国家或国际组织。其次，如果袁同礼发出的捐赠呼吁远远不止《会报》上发表的数量，那么可以推测一定有国家或机构对中华图书馆协会的呼吁没有任何反应。没有反应也是一种态度，当然，也有可能有国家或机构不同意中华图书馆协会借征集图书之名宣扬日军侵略的做法。这种反对的可能性微乎其微，但不能排除。尽管上述三类态度不一定全面，不过大体上反映了各国图书馆界的基本态度。

比较出真知。通过比较美国图书馆界与其他国家或国际组织的态度，不难发现，美国对中国图书馆事业的复兴是积极支持的。这也是中华图书馆协会的真实感受："其中，以美国之态度尤为积极，其进行之办法亦较为切实。"②因此，不必苛责在美国征集图书的数量，但就其态度和成效看，也值得肯定。

中华图书馆协会对美国图书馆界的信心，其实在《中华图书馆协会会报》复刊时，即已有明白的宣示。《会报》复刊感言深信："吾人牺牲虽大，

① 《各国复函》，《中华图书馆协会会报》1938年第3期，第18页。
② 《美国援助中国之一般》，同上，第17页。

但最后胜利，必属于我，中华民族必能从大局转移，而收复失地，重奠邦基。"这种信心，固然来自国民政府的积极抗战，但更寄希望于国际社会的干涉，特别是美国，"试观国际联盟屡次谴责日本，美国始终维护不承认主义，以及各国舆论界之主张公道，及一班人民反侵略运动之积极提倡"①，其中真正有实力支持中国的，不是国联的谴责，不是舆论的公道，而是美国。尽管美国政府并未公开支持中国的抗日战争，但协会认为美国是支持中国的，只是"时机未至"，不能制裁侵略而已。事实发展证明这种推测是正确的。

　　中华图书馆协会对美国有亲近感，不是没有理由的。一是协会主要成员大多在美国接受图书馆学教育。20世纪10年代初，沈祖荣、胡毅生在韦棣华女士的支持和资助下，前往美国学习图书馆学。沈祖荣学成归国后，从1917年起，发起新图书馆运动，取得了良好的社会反响。20世纪20年代，袁同礼、戴志骞、李小缘、刘国钧等留美学成归来，他们在中国新图书馆运动中发挥了主导作用。袁同礼长期执掌国立北平图书馆，并担任中华图书馆协会理事长，在中国图书馆界的地位举足轻重。刘国钧为《图书馆学季刊》主编，对推动图书馆学研究，功不可没。沈祖荣则为民国时期最为著名的图书馆学教育家。留学生活，使中国图书馆界对美国深为了解。二是中美图书馆界向来关系良好。韦棣华女士于20世纪第一个十年在武汉创办了公书林，美国图书馆的发展模式开始在中国生根发芽。民国建立初期，克乃文博士在金陵大学开设了图书馆学课程，美国的图书馆学教育模式也进入了中国高等教育领域。1925年，美国决定退还多余庚款，并指定用于发展中国的永久性文化事业，如图书馆。这一决定极大地激发了中国图书馆界的建设热情。中华文化教育基金董事会（简称中基会②）对包括国立北平图书馆在内的中国图书馆事业进行了持续资助，从而保证了图书馆事业的健康发展③。这次美国图书馆协会发起的捐赠图书活动，应该说是

---

① 《本会会报复刊感言》，《中华图书馆协会会报》1938年第1期，第1页。
② 中基会是管理美国退还多余庚款的机构，成立于1925年。1901年，中国与列强签订《辛丑条约》，其中规定中国向各国总共赔款白银4.5亿两，史称庚子赔款。美国政府认为中国赔偿过多，几年后决定退还多余庚款。第一次世界大战期间，中国暂停赔付包括对美在内的庚款。战争结束后，1924年，美国政府决定继续退还多余庚款，史称续退庚款。美国政府没有把多余庚款直接归还中国政府，而是建议设立一个机构，由中美两国政府指定人员组成，专门管理该退款。中华文化教育基金会董事会由此而来。
③ 尤其中基会对国立北平图书馆的资助，成效特别明显。1925年，中基会与民国教育部签订协议，共同资助京师图书馆的建设。然而，民国教育部资金并没有到位，京师图书馆一直主要依靠中基会的资助维持运作，20年代末，中基会还专门拨款兴建国立北平图书馆新馆。由此可见，美国对中国图书馆事业的发展，助力颇多。

中美图书馆界友好关系深入发展的又一个美好注解。

中华图书馆协会向美国征集书籍，也配合了国民政府在美国的宣传策略。抗日战争初期，胡适等人作为国民政府的代表，在美国进行宣传活动，揭露日本的侵略行为，以争取美国社会各界对中国抗战的支持。胡适的言行颇受日本舆论关注。青年学者杨鸿烈当时正居留日本，在给胡适的信中，他表示："先生在美的一言一动，日本的报纸都详为揭载。日本人或以为先生故意诬蔑他们的皇军在我国施行武力的假'王道政治'；或以为先生们善于为有组织的宣传，而同时政府又肯拨给巨万的宣传费，不似日本代表宣传技术既已拙劣，政府又过于小气，故使美国排日的空气甚为浓厚。"① 美国对日本态度的变化，不是宣传所能改变的。正如赛珍珠曾向袁同礼说的那样："宣传性的戏剧和故事等体现出战时中国的真实的一幕，在美国没有市场。这种作品在俄国也虽已初具规模，但在美国是很不受欢迎的。美国人感到他们想要的不是宣传，对之没有任何兴趣。"② 真正影响美国对日本态度的，是日本在东亚地区的扩张趋势极大地影响了美国在太平洋地区的利益。中华图书馆协会向美国图书馆界提供的日本在华暴行的材料，真实地反映了中国图书馆遭受的灾难，是揭露日本侵略行径的最好证据。从这个意义上说，中华图书馆协会向美国征集图书，客观上配合了国民政府的国家宣传，对扭转美国社会各界对中国的冷淡态度具有积极意义。

四、影响捐赠的因素

美国图书馆界的征集图书援华活动取得了一定成效，然而，这些图书要运到中国，并在高等教育和学术研究中发挥作用，还有一个漫长的过程，困难重重。

其一，交通困难。按照中美图书馆协会之间的约定，美方负责征集图书，由指定机构转运到香港。香港方面，由中华图书馆协会驻港办事处接受捐赠书籍，并制定方案，分配到各需要美国书籍的大学或图书馆。在1941年12月7日珍珠港事件之前，美国到香港的运输路线基本上畅通，书籍运华没有问题。但太平洋战争爆发后，美国到香港的运输路线已经不能保证；同时，战争的激烈程度也不允许书籍占用有限的运输资源。在这种情形下，

---

① 中国社会科学院近代史研究所中华民国史组编：《胡适来往书信选》（中），第376页。

② Wilma Fairbank, *America's Cultural Experience in China 1942~1949*, Cultural Relations Program of the U.S. Department of State：Historical Studies：Number 1, Bureau of Educational and Cultural Affairs of U.S. Department of State, Washington, D.C., 1976, p.222.

书籍积压在美国势成必然。袁同礼对此深有体会。在回顾美国捐书援华时，他特别指出："在1941年底即太平洋战事发生以前，已收到之书共二万余册。及日寇发动太平洋战事后，国际交通梗阻，无法起运，但国际图书馆间之联系与合作，始终未尝间断。征集之书，则暂存美国。俟战事结束，设法运寄，更由本会商定分配于国内各大图书馆也。"①国际交通隔绝如此，国内交通也是如此。从香港到内地，几乎也没有合适的交通路线和工具提供运输书籍。交通阻隔成为影响中国图书馆复兴的一个主要问题。

其二，经费短缺。随着抗日战争朝纵深方向发展，中国脆弱的金融市场开始不稳，出现混乱，法币价格跌落，通货膨胀日益严重。通货膨胀使中华图书馆协会有限的经费根本无法运输书籍进入内地。1939年6月，日内瓦中国国际图书馆向欧美各大图书馆及各大书局征集图书195册，由转运公司运输到香港。该项书籍的运费及手续费共134.95瑞士法郎及港币2元。此费用由协会驻港办事处支付。中华图书馆协会对此笔费用十分痛心，在复日内瓦中国国际图书馆函中，委婉地表示："惟此次运费，共瑞士法郎134.95，折合国币，颇为不赀。以后如有重要书籍，拟请改为邮寄，较为节省。"②该文堂而皇之刊登在《中华图书馆协会会报》上，由此可见协会经费的拮据程度。

经费拮据直接影响了捐赠书籍运入内地。协会为此专门与教育部协商，征求其同意，委托香港九龙海关将协会存港图书设法运滇，运费则由教育部出版品国际交换处担负。但该海关以"海防仓库已无余地"为由，拒绝了协会和教育部的请求。在这种情况下，协会一方面继续交涉，另一方面提出："倘各大学目前急需参考，而能自行由港运到至各该校者，即请函会商洽，以期敏捷。"③《会报》上登载了1939年底香港岭南大学图书馆由协会赠予西文图书22种共28册和香港中山大学图书馆接受图书4箱的消息，此外并未见内地大学图书馆接受书籍的信息。可以设想，因为无法及时把书籍运至大后方，美国捐赠的图书在内地发挥的效用大打折扣。

其三，协会影响有限。交通紧张、经费拮据等因素只是影响中华图书馆协会战时图书馆复兴计划的客观条件之一。实际上，该计划并不是政府

---

① 袁同礼：《中华图书馆协会之过去现在与将来》，《中华图书馆协会会报》1944年第4期，第2页。

② 《中国国际图在欧征集图书运到本会香港办事处》，《中华图书馆协会会报》1939年第1期，第13页。

③ 《本会存港图书设法运滇》，《中华图书馆协会会报》1940年第4期，第11页。

极力推行的战时文化教育政策内容，甚至也不是内迁大学和科研机构首要关注的事情。我们没有在《会报》或其他重要期刊上看到有任何大学或科研机构向协会发出书籍申请书，或者说大学及科研机构根本就没想到通过协会来解决书籍短缺问题。难道大后方的大学或科研机构不需要外文图书吗？显然不是。以国立西南联合大学为例，其自然科学教育对外文书籍需求强烈。不过，中华图书馆协会从来就不是一个实体图书馆①，了解的人不是很多，大学和科研机构没有从协会获取资料的经验，他们一般从图书馆获得研究资料。协会没有编制一份书目，也没有能力编制一份书目，刊登在显眼地方，激发大学和科研机构索取英文书籍的强烈愿望。这应该是国立实体图书馆的事情，行业协会没有这个能力。没有政府的强力推行，没有大学和科研机构的强烈需要，战时图书馆复兴计划只是中国图书馆协会这个专业机构的公益活动，在战争时期的特定年代，其对中国图书馆事业的复兴事业来说，只能是一种美好愿景，难度很大。

当时有人认为"人谋不臧"也是影响征集成效的重要因素。汪应文表示，袁同礼以中华图书馆协会名义向欧美图书馆界发起征集书刊活动，征集结果圆满，但运回国内者为数有限。大部分寄存在海防等处待运。终以办事人缺乏手腕，不讲效率，等日军侵入越南，唯有坐视其丢掉，徒唤奈何。运回内地的一部分，因胡乱装箱，有整部书而越南与昆明各半者。所有这一切，都因为"人谋之不臧"。他愤愤地表示："此种结果，不独使发起者呼吁等诸白费气力，亦太辜负友邦教育文化界之苦心。"②

不仅如此，协会还要抵制其他方面对这批美国捐赠图书的觊觎之心。"七七"事变后，内地学校迁移香港的数量逐渐增加，对书籍需求甚殷。香港的图书馆数量有限，僧多粥少，在所难免。而各学校教师，工资甚微，购置课外参考书籍，自不容易。中国国民党驻港澳总支部有见于此，想设立一所图书馆，其功用在目前为救济中小学教育教材，在将来则为成立大规模图书馆的基础，除收藏党义书籍外，并拟专门汇集华侨资料，及为国民党在港澳工作的中心。中华图书馆协会在美国募集图书 2 万册，尚余部分寄存香港。该支部于 1939 年 12 月 28 日请求教育部将此项图书拨给华侨图书馆。接教育部转来函件后，协会立刻回复："职会前向国外征集图书，其主旨在对于因战争被毁之图书馆予以救济，且范围仅限于大学图书馆。至通俗性质之图书馆，与高深学术之研究无特殊之贡献者，不在职会救济

① 协会尽管有社会各界捐赠的图书，但均寄存在北平图书馆，而没有独立的实体图书馆。

② 莲只：《公藏损失多由人谋不臧》，《今文月刊》1942 年创刊号，第 36 页。

范围之内。此项办法，且在事前曾得捐书人之同意，似难变更。现此项书籍陆续由港运至昆明，一俟运到，拟请钧部指定专门人员，根据各大学之需要，作适当之分配"①，拒绝了转让要求。中华图书馆协会在维护学术机构独立方面，不遗余力。

尽管有着这样或那样的不足，中华图书馆协会向美国征集书籍，依然取得了显著成效：一是向美国社会与民众宣传了日本侵略的残暴，展示了中华民族复兴的坚强决心；二是征集了一大批书籍，为中国图书馆事业的复兴奠定了坚实基础；三是发挥了榜样的力量，对英国图书馆界的捐书援华活动产生了积极影响。这次捐书活动是中美图书馆界紧密合作的又一典范，也加强了中国与世界文化界的联系，成为世界反法西斯统一战线形成之前文化合作的先声，对中国与世界文化界的交流与合作影响深远。

第三节　战时征集图书委员会的征集活动

一、战时征集图书委员会的筹设

1938 年 12 月，战时征集图书委员会在重庆成立。这是继中华图书馆协会之后又一个向国际社会征集图书的组织。战时征集图书委员会是全国学术机关团体在宣传部、教育部和外交部指导下建立的，是一个具有官方性质的文教专业团体。

战时征集图书委员会的建立，主要解决两个问题：一个是大后方学术机关图书的短缺问题。日本的文化暴行，给中国学术机关造成了巨大损失。教育部发表的全国高等教育文化机关损失显示：截至 1938 年底，中国大学损失大半。在各大学损失中，以图书最甚。国立大学损失 1 191 447 册，省立学校损失 104 950 册，私立学校损失 1 533 980 册，总计达 2 830 377 册②。战前 118 所大学，此时 14 所受极大破坏，18 所无法续办，73 所勉强上课。而遭受损失最严重的，恰恰是从战区内迁到重庆、昆明、成都等地的大学，如北京大学、清华大学、南开大学等。这些学术机关聚集在大后方，图书短缺已经严重影响了其学术发展，不利于战时教育政策的推行。全国学术文化机关团体，因感于文化工作不可一日中断，已有损

---

① 《本行呈复教部存港图书救济范围》，《中华图书馆协会会报》1940 年第 5 期，第 12 页。

② 《教部发表全国高等文化机关受敌军摧毁之下所蒙损失统计》，《中华图书馆协会会报》1939 年第 6 期，第 13 页。

失也应该尽快弥补,于是组织战时征集图书委员会。

二是统一向国外征集图书活动。中华图书馆协会已经于 1937 年向欧美各国文教界展开征集图书活动,但这只是文化团体的一种自发活动,是在专业组织之间协调进行。这种社团对社团的征集活动方式,成效和影响难免因专业范围窄小而受到限制。为了将文化团体的意愿上升到政府层面,扩大向各国宣传的规模和力度,收取宏大效果,全国学术机关感觉有必要统一各个社会团体,由政府相关部门牵头,成立一个准官方机构,向国外进行有组织、有计划、系统的征集书籍活动。大学和科研机关对国外图书的需要与政府加强图书征集管理相结合,成为战时征集图书委员会设立的主要动因所在。

战时征集图书委员会的设立,也有宣传日本侵略之意。中日之间的军事冲突,或许国际社会不明就里,不愿轻易地表示态度,但日本摧毁中国图书馆事业,却是昭昭在目,不容否认。文化超越国界,是人类社会共同财产。日本摧毁图书馆及书籍,是其侵略行径在文化领域的大暴露。也因为如此,战时征集图书委员会在向各国散发的《战时征集图书委员会征书缘起》中称:在"七七"事变发生后一年半的时间里,"暴日之种种行动,已证明其不但有完全吞并中国领土之野心,抑且有奴隶中华民族、销(消)灭新兴中国文化之企图。故于残杀非战斗员以外,无论在战事之前方后方,日军以一贯的计划,摧残中国之教育文化机关!……而尤以高等教育及文化机关,蒙受损害为最大",而在各大学损失中,"当以图书为最甚"。沦陷区及战区内的图书馆,"全部损失至少在一千万册以上"。中国图书损失之大,遭劫之重,"即世界上任何国家因战事而遭损失,亦无如中国所感受者之重大"。《缘起》指出:"故日本之目的,实在整个销(消)灭中国之文化机构,使之无书籍可读,无材料可资研究。"《缘起》表示:"吾人深信中国文化生命之必须持续其生存,外来侵略之决不足以毁灭其民族之遗产。以此伟大之文化,不仅与一国家、一民族之存亡有关,抑其损失实为人类历史上之一大损失也。"中国政府的抗战,实为"维持其国家之独立主权,与民族之自由生存"[①],宣传日本侵略之意非常明显。

1938 年 12 月 6 日,战时征集图书委员会发起人会议在重庆川师教师休息室召开,出席人及代表机关分别为:罗家伦,中央大学,由唐诚代;梁希,中华农学会;胡焕庸,中国地理教育研究会;郭有守,教育部;翁文灏,

---

① 中国社会科学院近代史研究所中华民国史组编:《胡适来往书信选》(中),第401~404页。

地理学会，由吴景超代；邹鲁，中山大学，由沈昌焕代；孟目的，国立药专；魏元光，国立中央工校；沈祖荣，文华图专；朱仙舫，中国纺织学会；任泰，教育部；金家凤，中央党部图书馆；邓益光，工程师学会，贺树候代；蒋复璁，中央图书馆；张伯苓，南开大学；杭立武，中英庚款会；吴南轩，复旦大学；江康黎，中宣部；吴俊升，教育部；贺麟，哲学会；高显鉴，四川省立教育学院；汪少伦，国立编译馆；李迪俊，外交部①。发起会议决战时征集图书委员会的英文名称为 China's Culture Emergency Committee for the Solicitation of Books and Periodicals。

　　战时征集图书委员会发起阵容强大。其中大专院校 8 所，占总数约 35%；学会 6 个，占总数约 26%；教育部、中宣部、外交部等政府部门代表 5 人，占总数约 22%；图书馆或图书馆教育机构 3 个，研究机构 1 个。发起机关或团体的基本特点为：1. 大专院校和研究机构在委员会中比重最大。这表明战争对大学和学术研究机构破坏力较大，因而图书需求吐盛。2. 行政部门代表偏多。这意味着政府在委员会中发挥了重要作用。这个比例也恰好与委员会的发起目的相一致。3. 图书馆界所占比例一般。这个特点显示了大学和科研机构比国立或公共图书馆更需要图书。值得注意的是，中华图书馆协会和北平图书馆不在发起单位之列。发起单位或团体主要是聚集在重庆、成都和昆明附近的学术机关团体，至于其他地区的学术团体，则较为少见。战时征集图书委员会的发起单位，是中国文化学术界的精华。

　　战时征集图书委员会成立后，不断有文教机关或团体加入，截至 1939 年 1 月，参加该委员会的学术文化机关团体有：学校，国立中央大学、国立西南联合大学、国立西北联合大学、国立武汉大学、国立中山大学、中央政治学校、国立浙江大学、国立四川大学、国立东北大学、国立湖南大学、河南省立河南大学、广西省立广西大学、四川省立重庆大学、私立金陵大学、私立大夏大学、私立武昌中华大学、私立武昌华中大学、私立华西协和大学、国立贵阳医学院、国立师范学院、国立西北工学院、国立西北农学院、国立江苏医学院、四川省立教育学院、私立朝阳学院、私立金陵女子文理学院、私立湘雅医学院、国立艺术专科学校、国立药学专科学校、江西省立工业专科学校、河南省立水利工程专科学校、江苏省立银行专科学校、浙江省立医学专科学校、江西省立医学专科学校、私立武昌文华图书

_____

① 《全国学术机关团体组织战时征集图书委员会》，《中华图书馆协会会报》1939 年第 5 期，第 19 页。

馆学专科学校，共 35 所；学术机关有国立中央研究院、国立北平研究院、国立编译馆 3 所；学术团体，中国教育学术团体联合办事处、中国地理教育研究会、中国经济学社、中国社会学社、中国哲学会、新中国农学会、中国纺织学会、中华农学会、中国度量衡学会、中国地理学会、中国工程师学会、中国合作学社、中华职业教育社、中国地质学会、中国化学会、中国测验学会、中国会计学社，共 17 个 ①；合计数量为 55 个。这些文化机关和团体涵盖了国统区文教机关和团体的大部分，是中国文教界的精英，代表了中国文教界的最高水平，他们在国民政府指导下，向国际社会进行图书征集。

战时征集图书委员会推定了执行委员会，分别由中宣部、教育部、外交部、管理中英庚款董事会、出版品国际交换处、中华图书馆协会各派一人，及学术团体代表南开大学校长张伯苓。张伯苓被推选为正主任委员，教育部代表郭有守为副主任委员。有意思的是，中华图书馆协会虽然不是发起单位之一，却成为执行委员会成员。经费方面，中宣部、教育部、外交部各先拨 500 元，作为开办费，宣传品印刷费由中宣部国际宣传处担负，干事由教育部派充，其费用也由教育部担负。委员会分为昆明、重庆、成都、南郑四个区域，每个区域各就其最需要的图书仪器开列清单。重庆区域，由国立中央图书馆筹备处主任蒋复璁、私立文华图书馆学专科学校校长沈祖荣拟定；成都及南郑区域，由委员会请各学术团体自拟定。该执行委员会的构成和经费来源显示了其官方性质。《战时征集图书委员会征书缘起》规定："征集之图书，则交由教育部出版品国际交换处昆明办事处担任收掌与分发。"② 而此时交换处已由中央图书馆接管。换言之，中央图书馆具体负责图书征集和分发事宜。

战时征集图书委员会有明确的工作方案，包括：1. 编印宣传小册子，按期以函件形式分发国外各学术机关团体，使国外明了中国学术文化损失及现时需要援助情形；2. 在各国委任中心，组织办理征集事宜；3. 将中国各大学所需要的图书杂志开单分寄国外征集，声明此系暂时性质；4. 与已办理征集图书的机关团体联系。对于最后一条，战时征集图书委员会于 1939 年 1 月 14 日召开了第二次执行委员会会议，议决："凡在本会未成立以前已向国外征集图书的团体，均拟请其加入本会统一办理。对于已征集之图

---

① 中国社会科学院近代史研究所中华民国史组编：《胡适来往书信选》(中)，第 404～406 页。

② 同上，第 404 页。

书，均应集中本会，由教育部做最后分配。"①

显然，最后一条有较强的针对性。根据已有材料，在战时征集图书委员会成立之前，向国外征集图书的机关或团体，只有中华图书馆协会一家。该协会以文化团体名义向欧美各国图书馆界发出吁请，希望各国同行支持中国图书馆的复兴事业。战时征集图书委员会提出此条的目的是接管中华图书馆协会的征集图书工作，并以教育部的名义对征集图书进行分配。因涉及中华图书馆协会，该条内容如欲得到实施，必须征求中华图书馆协会的同意。为此，战时征集图书委员会致函袁同礼，表示："此项决议，一方面可使国际明了中国政府对于征集图书已有统一之组织，一方面可将已征集之图书，斟酌各方损失及需要情形，做适当之分配。"②并暗示，该委员会是在政府指导下建立的，意即代表政府的意图，不无有利用行政机关压制文化团体的蕴意。而其接管理由是："本会第二次执行委员会会议议决。"这是很可笑的理由。中华图书馆协会不是发起单位，也不是参加单位，不知该委员会的议决为何适用于中华图书馆协会？其法理何在？统一办理征集事宜固然必要，但应征求中华图书馆协会的意见，而不是把委员会的议决强加于协会。战时征集图书委员会的议决并不适用于非成员机构。

袁同礼对此解释当然不能满意，也不愿屈从于政府机关的压力，因此接到该会来函后，即以分请各理事签注意见为由，迟迟未予答复。战时征集图书委员会慎重考虑后，鉴于抗战以来，国内各学术团体为被毁各图书馆向国外尤其是美国征募图书已获有巨大效果，只有中华图书馆协会一处，所以为驾轻就熟便利起见，于3月7日该会正式议决："由政府委托中华图书馆协会继续办理在美征集图书事宜"③，并函告袁同礼。中华图书馆协会与战时征集图书委员会的图书征集之争终于尘埃落定，以双方分别负责画上句号。

如何认识战时征集图书委员会与中华图书馆协会之间的争议？战时征集图书委员会实际上由中央图书馆负责，中华图书馆协会的征集活动事实上为北平图书馆负责，征集书籍之争似可解释为两大国立图书馆之间的矛盾，或者说蒋复璁与袁同礼的矛盾。不过，如果把这个矛盾置于学术团体与国民政府之间的关系角度来看可能更为合适。抗战爆发后，国民政府以抗战之名，加紧对学术团体的控制，蒋介石在第三次全国教育会议上

① 《全国学术机关团体组织战时征集图书委员会》，《中华图书馆协会会报》1939年第5期，第19页。

② 《战时征集图书委员会致本会袁理事长函》，同上，第12页。

③ 《政府委托本会继续办理在美征集图书事宜》，同上，第12页。

甚至公开批评教育独立的观念，民国建立后确立的教育独立传统受到严重威胁。袁同礼一向注意学术机关的独立，谨慎处理与国民政府的关系。因此，当战时征集图书委员会试图把征集书籍活动纳入国民政府统一管理后，自然不悦。他抵制政府的控制行为，某种程度上是学术机关独立精神的展现。必须注意，战时征集图书委员会发起成员中，教育专业协会组织并不多见。为什么会这样？要知道，全国学术团体联合年会有 12 个学术团体。为什么不是发起单位？不乏维持学术机关独立的立场。再者，袁同礼保持独立的姿态也有利于征集活动进行。因为征集活动一旦纳入政治范围，势必会引起捐赠方警觉。殊不知，在很多西方国家，政治是政治，学术是学术，政治不能干涉学术独立与自由。如果征集活动是文化行为，自然会得到支持；如果征集活动掺入政治因素，捐赠者就会慎重考虑。文化是共通的，政治是自私的。所以，从这个角度上，保持征集活动的文教性质，无疑有利于征书活动，客观上推动了中国抗战的国际宣传。

二、牛津大学的捐赠活动

中华图书馆协会曾于 1937 年 12 月向英国图书馆协会发出捐赠书籍请求，但后者以抗日战争结束后协助中国复兴图书馆事业为由，委婉地拒绝了协会的请求 [①]。中国在英国的征集图书活动一时陷于停顿。战时征集图书委员会成立后，再次致函英国，请求援助。1938 年底至 1939 年初，英国方面因牛津大学教授石博鼎带头捐赠而出现转机，随后出现了声势浩大的援助活动。图书征集活动在英国开创了一个新局面。

H. N. Spalding，即石博鼎，牛津大学教授，远东问题专家，曾经到过中国，因此对中国教育学术机关在抗战中所受的灾难也格外关怀。20 世纪 20 年代，以罗素为代表的英国学者反思西方文明，认为第一次世界大战的灾难，是西方文明造成的。他们进而注意到以中国为中心的东方文明有很多值得西方借鉴的地方。这种反思思潮在英国学术界具有一定的影响。牛津大学很多教授对中国大哲学家深为敬佩，相信东方哲学对世界政治道德各方面问题的解决，都有启示意义。石博鼎的弟弟在青铜鼻学院（Brasenose College）担任哲学教席，对荀子、墨子、庄子就颇有研究。在这种良好氛围中，石博鼎对中国充满了感情。

获悉战时征集图书委员会请求时，石博鼎当即慷慨解囊，捐赠 2 000 英镑，用于购买中国大学所需的书籍仪器，以作为捐赠表率。为了鼓励捐

---

① 《各国图书馆协会复函》，《中华图书馆协会会报》1938 年第 1 期，第 16 页。

赠，他还向牛津大学评议会表示：如果牛津大学其他人员捐赠的数量达到
2 000 或超过 2 000 英镑，他将继续捐赠 3 000 英镑。更为可贵的是，石博
鼎丝毫不掩饰他对日本侵略的厌恶之情。在复中华图书馆协会感谢函中，
石博鼎表示："敝国对于贵国抵抗侵略之伟举，莫不予以极大深切之同情。
盖吾人深觉贵国不仅为自由而战，实为拥护全世界人类之自由与人道而战
也。倘吾人未能以实力表现吾人之同情，实因为今日欧洲局面之紧张，颇
阻碍吾人之进行也。"① 这种谴责侵略、同情中国的话语实在是中国学术界，
更是中国政府想听而没能听到的。虽然这种议论出自个人之口，但谁又能
说不是众多英国民众的心声？而争取各国，尤其大国的同情与支持，怎么
能说不是中国政府的渴望呢？

一石激起千层浪。石博鼎的热心和表率在牛津大学内外引起了强烈
反响。牛津大学积极回应石博鼎的建议，成立赞助委员会，由副校长主
持进行征募捐赠中国图书活动，All Souls 学院则答应每月捐赠 200 镑，共
捐 5 年。不过，大学当局对捐赠性质十分注意，强调此项援助，完全出于
文化同情，绝没有任何政治、经济、宗教意图在内，以免引起不必要的麻
烦。为此，他们提出在捐赠中国的书籍内，拟加一书签，除包括牛津的古
塔及校徽外，加注英文"在学术研究之友谊下，牛津大学，敬赠中国大学，
一九三八年"，希望中国方面能够理解。

赞助委员会不仅在牛津发起捐助活动，而且致函英国、印度、加拿大、
澳大利亚等英联邦各大学，把征集活动从英国本土延伸到自治领、海外殖
民地。在征集缘起措词上，赞助委员会相当谨慎，表示：英国大学对于一
战后比利时鲁文大学，1923 年地震后日本东京帝国大学，以及火灾后南非
洲大学，都先后参与援助。英国大学捐助世界各国入学已经成为 一种优良
的传统，各大学一定没有忘怀。现在中国的大学又遇到了同样困难，但此
次救济范围之广，已经远远超过了上面三所大学。据悉，中国 118 所文化
机关（其中包括大学 47 所），经过数百英里的长途跋涉，完成了西迁内地
的壮举。但这些机关对于图书及仪器设备均感十分缺乏。希望这些大学能
如同前三次一样，及时伸出援助之手。

赞助委员会向各大学列举了已有的募捐成绩：牛津大学校内各院系
各教授已经征集了适用图书，并广募现金，以备采购之用；石博鼎教授无
条件独力捐助 2 000 镑，并允如果牛津大学能募得同等捐款时，他会续捐
3 000 镑，"此种对于中国之同情，必能激起其他大学作同样之努力"；最近

---

① 《英国牛津大学石博鼎先生复函》，《中华图书馆协会会报》1939 年第 6 期，第 12 页。

伦敦各大学中国委员会，为赞助此项运动起见，业已认捐 100 镑，借以表示提倡微意；国际学生服务社，除于去年在英国募得 4 700 镑救济中国学生外，今年仍拟继续筹集此数，并根据中国方面的申请，发出征书通启，以援助该国学术机关。牛津大学的措词晓之以理，动之以情，无疑有助于各大学消除疑虑，有助于征集活动顺利展开。

赞助委员会强烈呼吁："中国今日之需要，至为迫切。如欲求其充实，非大英帝国、印度及各自治领所属各大学各学术机关，通力合作不为功，想尊处对此建议，必能赞助，……吾人深信如每一大学，能作单独之努力，从事于征募，则对于中国同情之扩大，与在该国所发生之影响，实较一次联合举办之效力为远大也。……盖其主旨基于纯粹学术之合作，而非出于政治的经济的或宗教的动机也。"① 因资料缺乏，我们无法获知各大学各学术机关的反应，但牛津大学的呼吁显然是得体的、合理的，正如其征集函件所说：征集活动是纯粹学术的，而非带有任何其他性质。

石博鼎致中华图书馆协会的函件与牛津大学的征书通启在措词方面大相径庭。石博鼎毫不掩饰地支持中国"抵抗侵略之伟举"，而牛津大学则小心翼翼地强调"非出于政治的经济的或宗教的动机"。他们态度的差异反映了英国方面对中国征集图书活动的不同认知。在欧洲局面紧张、东亚形势混沌之际，谨慎的态度无可厚非。无论措词如何，他们在支持中国的征书吁请上完全一致。

石博鼎的捐赠扭转了中国在英国征集图书受到冷落的尴尬局面，推动了牛津大学赞助委员会的成立。该委员会成立后，在强调纯粹学术合作的前提下，将征集图书活动伸展到大英帝国、印度及各自治领所属的各大学和各学术机关，声势极为浩大。中国大学遭受的浩劫顿时呈现在各国大学和学术机关面前，中国的文教界与大英帝国的文教界逐渐靠拢。不管征集成效如何，至少向各国文化界宣传了日本的文化暴行，展示了中国学术界在逆境中努力前进的进取精神。

三、英国图书馆协会的征书活动

榜样的作用是无穷的。石博鼎及牛津大学倡议捐赠图书援助中国学术机关后，英国图书馆界一改以前冷淡态度，予以跟进，表示愿意支持中国的学术机关复兴。1939 年 4 月 5 日，英国图书馆协会秘书卫尔斯福特（P. S. J. Welsford）致函中华图书馆协会，称："上周敝会举行执行委员会会议时，

---

① 《英美学术界积极援华》，《中华图书馆协会会报》1939 年第 1 期，第 11～12 页。

曾将援助贵国图书馆复兴事，复行提出讨论，经议决在本会会刊 *Library Association Record* 上先刊一贵国被毁图书馆急待援助之启事，以引起敝会全体会员之注意，同时并在该启事上，载明赠送书籍经收之地点。敝人甚望此次结果，定能助阁下得一完满之收获也。"①这是一个令人欣喜的信号。事实上，英国图书馆协会已放弃观望态度，准备实质性援助。

英国图书馆协会之所以改变态度，支持中国的征集图书活动，主要有这样几个因素发挥了作用：一是石博鼎的示范作用。石博鼎接受中国方面的申请，开始代中国各大学征集图书，尤其石氏本人先捐 2 000 英镑，购置图书，以为之倡，并愿继续捐赠 3 000 英镑，而以牛津大学其他人士也能凑成同样或更较大数额为条件。牛津大学为使征募图书活动正式起见，特意组织了一个委员会，总理其事，以牛津大学副校长任主席。牛津大学的做法对英国图书馆界是个激励。二是美国图书馆协会的影响。美国图书馆协会多次开会，克服了会员的反对声音，于 1938 年 10 月开始举行为中国图书馆征集图书活动，各地图书馆、出版界、学术团体以及私人均能纷起响应，所以不到一个月就募得 200 余箱图书杂志运往中国。美国图书馆协会的成效不能不对英国图书馆协会产生影响。在内而石博鼎与牛津大学、外而美国图书馆协会影响下，英国图书馆协会决定正式启动对中国的征集图书活动。这是英国图书馆协会形之于书面支持中国征书的原因。英国图书馆协会决不会因为一二个人或文化机构而改变其谨慎态度。真正推动英国图书馆协会态度转变的，是欧洲日益明朗的局势。欧洲大陆的德国与意大利结盟，它们与日本的关系也进一步加强，英法的绥靖政策遭到批评，两大阵营对峙的雏形已现。作为自由主义世界的重要成员，中国应该受到友好对待，否则世界的形势史为复杂。在这一背景下，英国政府加强与中国的合作。英国政府态度的变化是影响英国图书馆协会的最重要因素。

也因为如此，英国图书馆协会在征集图书的认识上，比美国图书馆协会和牛津大学赞助委员会走得都远。英国图书馆协会强烈谴责日本侵略给中国造成的文化浩劫："1938 年 5 月，接中华图书馆协会寄来之备忘录，申述该国自遭日本侵略以来，全国公私立图书馆所遭之损坏，异常重大。自该备忘录发表以后，中国战区范围，益形扩大，举凡华北全部及华中华南之大部，均被卷入。"到了 10 月，广州、汉口相继失守，中国文化遭受的损失，尤为空前浩劫！其中如国立中山大学所有的图书与科学仪器，均因仓促不及迁徙，而致大部丧失。"损失中之尤足珍惜者，莫若私人珍藏之图书

---

① 《各国复函》，《中华图书馆协会会报》1939 年第 1 期，第 14 页。

与艺术品，私人藏书中如南浔刘氏、苏州潘氏及顺德李氏，皆极负盛名。至私人收藏之美术品，亦与公家所有者，遭受同一之命运。如苏州顾氏及南浔庞氏两家所藏之历代名贵书画，扫数为侵略军队之官长掠为己有，日军蓄心破坏数千年遗传之中国文化，于此可见一斑。""尤有言者，日军破坏中国文化，非仅限于战区，有多数远处战区数百英里以外之中国文化机关，亦同样遭受日本空军之轰炸。此等学术机关，现虽时处于敌机威胁之下，然仍均能照常埋首工作，未尝中断，实堪钦佩！""截至一九三八年十二月止，中国学术机关所受之损失，据可统计者，已达一千万英镑，其中尚有大部之科学与历史上之珍贵资料，有非金钱所能估计者。"① 公开谴责日本的侵略行为。

　　对照《战时征集图书委员会征书缘起》，发现英国图书馆协会的措词几乎完全从《缘起》上获得。英国图书馆协会在为战时征集图书委员会背书，或者说是在为中国政府背书。这一态度是异常的。作为一个文化学术机构，英国图书馆协会似乎失去了应有的中立姿态。不要说美国图书馆协会、牛津大学赞助委员会没有这样激烈的明白无误的措词，即使石博鼎个人给中华图书馆协会的复函都没有这么激烈。牛津大学向其他大学征集图书时，措词尽量缓和，以不引起误解为原则。而英国图书馆协会竟然在几个月时间之内，彻底改变了对中国征集图书的态度，言词激烈，似非学术机关的应有态度。英国图书馆协会态度的变化，完全适应了形势，是欧洲形势，乃至于世界形势已经发生了巨大变化。果不其然，几个月后，第二次世界大战欧洲战场战争爆发。

　　与石博鼎等观念相同，英国图书馆协会也突出了"吾人对于中国文化之应保存，非尽为中国着想，实为发扬全世界文化之所必需"的基本观点，即，中国文化也是世界文化的一个部分。不过，仅此而已。英国图书馆协会没有进一步阐述该观点。相反，该协会却高度评价中国政府的文化教育政策："中国政府现已竭其所能，设法保存已有之教育与文化团体。战前中国大学之设立，以及文化机关之分布，大多偏重沿江沿海一带"，战事发生后，"此种学术团体，已先后迁徙于偏远之内地各省，使此等未曾开发之地，得受高等教育文化熏陶之机会。对其未来资源之开辟，实予以莫大之贡献。此种教育文化团体，得由沿江沿海一带，而迁至内地，实为中国政府抗战建国中早已预定之计划""中国现已采行抗战建国教育政策，以

---

① 《英国圕协会发起捐书援华运动》，《中华图书馆协会会报》1939 年第 2～3 期合刊，第12 页。

期适合其战时之需要。中国教育当局，刻正极力发展实用科学，并鼓励各种科学研究与扩大各种科学及文化团体之活动范围"，借此养成特别人才，"以为抗战建国及战后复兴所尽力。但此等大学校及各种科学团体，被迫迁至西部以后，因受图书仪器之缺乏，致于研究工作，极感困难。故现时中国对于是项设备之需求，最为迫切"。①1938 年，中华图书馆协会致函管理中英庚款董事会，请求拨款发展西南地区的图书馆事业，内云："我国以历史关系，文化建设，偏重沿江沿海一带，分布失均，积重难返。当兹全国抗战期间，惩前毖后，亟有整顿之必要。……此次暴日侵华，西南各省，已成国防重地，惟民智未开，文化落后，以致教育事业，推动甚难。敝会为协助发展西南文化起见，对于西南文化机关，曾作系统之调查，……组织委员会，先为设计，俾能根据实际情形，厘定方案，逐步推行，收效较易。"②比较两个协会的观点，几乎不谋而合，或者说一脉相承。英国图书馆协会在复述中国文化机关的话语，毫无保留地支持中国的文教机关。

英国图书馆协会对"中国横遭侵略，牺牲惨重，吾人实深同情！吾人为尽同舟之谊，应对中华图书馆协会征书运动之伟大工作，予以热烈同情赞助"。中国学术机关对图书仪器设备的需要，已经刻不容缓。针对有会员"战事结束复兴工作开始"的看法，英国图书馆协会表示："此种见解，现显已被美国图书馆协会代中华图书馆协会征募图书所获之美满结果而打破，故吾人不得不急起直追，立予进行，开始征募。"简直是迫不及待了！

英国图书馆协会表示：协会全体会员对于现时中国图书馆与各大学所急切需要的图书，予以尽力捐助。其捐赠书籍范围是："凡为本国各图书馆认为有用之书籍（除去现行通俗小说），谅必为中国所欢迎。尤其关于自然科学、应用科学、医学、文学，以及普通参考等书，更为中国所急切需要。各馆中如有复本或藏有为各该馆所不需要之书籍，均望能利用之以捐助中国。"③同时提请会员，凡是捐赠的图书杂志，请直接送到伦敦中国学院或牛津大学注册处经收，以便集中运往中国受书中心机关，然后再根据各大学及学术团体的需要，予以适当分配。

英国图书馆协会的征书启事刊布在该会会报《图书馆协会记录》（*Library Association Record*）第 41 期上。这是一份在世界范围内具有广泛影响的专业图书馆期刊。该启事旗帜鲜明地表明了英国图书馆协会谴责文化侵略、支持中国文化复兴的态度。英国图书馆协会征集图书的活动虽

---

①③　《英国圕协会发起捐书援华运动》，《中华图书馆协会会报》1939 年第 2～3 期合刊，第 12 页。

②　《发展西南圕计划》，《中华图书馆协会会报》1938 年第 2 期，第 17 页。

然起步晚于美国图书馆协会，也晚于牛津大学，但其推进之高度、态度之鲜明、动作之迅速，又是前两者不能比拟的，大有超越前者，后来居上的气势。这种积极态度，大概是中国图书馆界始料未及的。

四、征书成效及评价

因资料有限，英国方面征集图书的具体成效我们不是很清楚。零星的记载包括：石博鼎夫妇捐赠 2 000 英镑，在英国购买图书，寄送昆明西南联合大学。利物浦机关及个人 10 余单位，将西书杂志百余种，拟捐赠华西坝各大学，并将目录寄到该校。该校教务长接到目录后，以其中关于文、理、农三院书籍都有，当即将该书目送该校各科系主任传阅，并由借阅者签名，以便书籍到时分别发用①。费正清 1942 年写给美国国务院的信中称："英国至少连续不断地向这里提供书籍，1941 年 12 月 7 日（珍珠港事件）以前，他们也曾供应比我们更多的书。"②有学者表示："在英国卷入第二次世界大战以前，英国捐献的书刊，也有近万册运到后方，补充我国书籍的损失。"③数量并不重要，而支持中国的态度才是处于国难中中国社会各界的希望所在。

上海路透社 1939 年 8 月 8 日的一则通讯报道了征集活动："英国文化教育机关，顷响应中国政府'非常时文化委员会'（即战时征集图书委员会）之呼吁，将大批书籍刊物，从英国运往中国。希望此后更能扩大此种要求，以及于其友邦之各个单独社会。第一批书籍刊物，最近经已由英国取道海防运抵重庆，由该委员会分给各学术团体。该委员会曾不时将大学中最急切应用之英国出版课本、参考书及杂志之名单寄英。据称其请求印刷之数目，已经超过一万镑。"④可以看出，英国捐赠的书籍已经运到了重庆，战时征集图书委员会继续向英国提出申请。也就是说，征集成效还是比较显著的。通过路透社的报道，中英之间文化交流的消息传到了世界各地。

1939 年 9 月，第二次世界大战欧洲战场打响，英国自顾不暇，征集图书援助中国的活动因此戛然而止，战时征集图书委员会的工作也陷于停

---

① 《英国利物浦人士捐赠华西坝各大学大批书籍杂记》，《中华图书馆协会会报》1941 年第 1~2 期合刊，第 20 页。

② 〔美〕费正清：《费正清对华回忆录》，陆惠勤等译，北京，知识出版社，1991 年，第 224 页。

③ 徐家璧：《袁守和先生在抗战期间之贡献》，《传记文学——袁同礼先生逝世周年纪念特辑》1966 年第 2 期，第 41 页。

④ 《英国捐赠我国图书大批起运来华》，《中华图书馆协会会报》1939 年第 2~3 期合刊，第 14 页。

顿。此次英国文化学术机构援助中国学术团体的活动虽然为时短暂，仅有几个月，但在中英两国文化交流史上却意义非凡：首先，此次中英文化交流是两国文化界，尤其图书馆界，第一次大规模的图书交流，或者说是英国图书馆界第一次大规模援助中国。1917 年的新图书馆运动以来，美国图书馆模式一直是中国图书馆界模仿的榜样，影响至深。1932 年"一·二八"后，东方图书馆的复兴得到了德国和法国的积极援助。在这 20 年中，英国图书馆界在中国默默无闻，很少进入一般民众的视野。然而 1939 年后，英国图书馆界在中国声名鹊起，开始了中英文化交流的新纪元。其次，此次中英文化交流，其象征意义多于实际意义。向英国征集书籍，与其说是满足内迁高校学术活动的需要，倒不如说是配合国民政府，向英国宣传日本暴行的需要。英国在 1940 年前依然是世界大国，其影响力依然巨大。取得英国支持，对中国的抗战无疑是有益的。反过来，试想，在抗日战争紧张时期，能有多少学者能够静下心来从事学术活动？尤其科学试验类研究，更是因为条件缺乏而无法展开。相反，国民政府一直认为中国问题的解决是和世界问题的解决联系在一起的，所以获得英国同情和支持也一直是国民政府外交的重点内容。战时征集图书委员会在英国取得的成效，也就是国民政府需要的成效。如果说中英结盟发生在 1942 年，那么中英文化界的结盟从 1939 年就开始了。

向英国征集图书是由战时征集图书委员会主导的。战时征集图书委员会成立之初，设想负责全部对外征集图书事宜。遭到中华图书馆协会抵制后，委员会转而做出让步：中华图书馆协会继续负责在美国的征集活动，在其他国家的征集活动则由战时征集图书委员会负责。英国的征集活动则在该委员会主导下进行。根据现有材料，"其他国家"其实也只有英国。石博鼎的捐赠示范无疑点燃了英国学术界、图书馆界的捐赠热情，战时征集图书委员会和英国方面也进入了非常良好的互动状态。在中国方面的有效配合下，英国牛津大学和英国图书馆协会的征集活动如火如荼地展开。比较而言，英国的征集活动无论在活动的组织、活动的扩大、活动的反响等方面都比美国的征集活动更为系统、更为完善。

向英国征集图书不是一个专业组织的国际合作行为，而是代表了国民政府的基本态度，或者说是政治活动。与中华图书馆协会的征书不同，战时征集图书委员会带有浓厚的官方色彩，这不仅表现在发起时，宣传部、教育部、外交部等政府部门发挥了主导作用，而且委员会在英国的运作过程中，使领馆也积极参与其中。可以说，委员会只是挂了个全国学术机关团体的头衔，具体操作大多是由行政部门完成的。英国方面，特别是英国图书馆协会，对此也十分明了，因此在致函中华图书馆协会时，没有保持学术团体应有的中立态度，而是直接使用政治语言，强烈谴责日本的暴行，高调支持国民政府的战时教育文化政策，配合中国政府的对外宣传。

向英国征集图书得到了多方支持。不用说，中华图书馆协会是其中重要一员。协会最早向各国发起捐赠运动，而且在美国取得了巨大成功。战时征集图书委员会向英国发起捐赠时，中华图书馆协会也予以积极协助：袁同礼不仅对石博鼎的善举表示谢意，同时和英国图书馆协会等组织交流频繁，以促进征集活动的展开。驻英大使郭泰祺大力协助战时征集图书委员会在英国的征集活动。英伦中华协会张似旅积极参与征集活动，并及时报告活动的进展状况，等等。从中国到英国，战时征集图书委员会、中华图书馆协会、驻英大使馆、石博鼎、牛津大学、英伦中华协会等，整个运动形成了一个严密的体系，分工明确，效率极高。所有这些表明：日本摧毁中国文教机关的行为，不只是对中国文化的摧残，也是对世界文化的摧残，因而遭到了英国社会各界的强烈谴责；英国文教界的图书征集活动，一面是对中国文教事业发展的支持，一面是对国民政府抗战政策的支持。战时征集图书委员会不仅在文化请援方面取得了成就，更在国际宣传上发挥了独特作用。战时征集图书委员会及其向英国发动的征集书籍活动是后人不能也不应该忘却的。

第四节　中国国际图书馆的征书与抗战宣传

一、中国国际图书馆概况

中华图书馆协会向各国征集书籍的同时，于 1938 年 8 月又致函驻外各使馆和文化团体，请求协助征集图书。函称："暴日侵华以来，叠陷名城，狂施滥炸，人民颠沛流离，百业咸遭蹂躏，内中以文化机关之摧毁，尤为空前未有之浩劫！迩来战区扩大，各省图书馆所藏之中西图书，秘笈珍本，多被毁于敌人炮火之下，文化精华，悉成灰烬。而东南半壁，向为吾国文化中心，私家藏书，尤称美富。自江浙沦陷，古今典籍，荡然无存，实为我国文献之重大损失。伏念文化事业，自有其永久性，必须联续迈进，方能续长增高，经此浩劫，亟宜群策群力，力图恢复。敝会奉令协助全国图书馆从事复兴，除已在国内积极征募外，兹分向欧美各国，征求书籍，俾赖国际同情之助，协助复兴。事关文化，用特函恳贵馆予以匡助，或代为征募，或代予接受。"① 随函附备忘录一件，内中详细记载了国内图书馆被毁情形。战时征集图书委员会在向英美发起征集吁请时，也曾请求中国驻外各使领馆予以协助。

驻外使领馆对中华图书馆协会的征集请求反应积极。驻比大使馆随即复函："此事本馆亦派员与比国图书馆协会接洽，请为协助，并将前项节略分缮多份，转送比国关系各机关，俟得有具体答复再行奉达。"② 驻英大使郭泰祺复函："阁下前致敝人之备忘录，已在英获有良好之结果，牛津大学石博鼎先生，已开始发起为中国各大学募集图书，……现为此事已成立一委员会，专司选择图书事宜，其第一批捐募之书，并于本月内可以寄出。"③

中国驻外使领馆的答复固然爽快，但在大战初期，繁重的外交使命使他们不可能将协助国内图书馆事业复兴的计划排在议事日程的前面，他们至多起个转达作用，转给中华图书馆协会的对口单位，而无法直接参与或推动图书征集活动。但这其中有一个驻外机构对协会的请求却没有敷衍了事，而是认真对待，那就是中国国际图书馆。协会为在国外征集图书起见，希望中国国际图书馆为协会驻欧通讯处。中国国际图书馆表示："事关祖国文艺复兴，敝馆馆址适设海外，理应尽力襄助，以成盛举。"④

中国国际图书馆是由李石曾、吴稚晖、法国的赫理欧、德国的倍开尔等联合发起，于 1933 年在瑞士日内瓦设立总部，次年在上海设立分部。赫理欧，法国出席国际联盟代表，曾任法国内阁总理和外交部长；倍开尔，国际联盟中国教育考察团首席代表，曾任德国普鲁士教育部长，柏林大学教授。发起人都名冠一时。本书中的中国国际图书馆，指的是日内瓦中国国际图书馆，即中国国际图书馆的主要部分，不是上海中国国际图书馆。

中国国际图书馆的基本宗旨是："甲、介绍中国数千年之文化于世界，以期各国多数人士对于中国有真确之认识；乙、以中国出版及缮写之种种材料，供国际机关之咨询与参考；丙、供中西学者关于中国国际学术之研究，期得沟通中西文化较大之功率；丁、以国际机关或他项刊物，供中国人士阅览与研究。"⑤ 简言之，就是向世界介绍中国文化，便于世界了解中国，促进国际学术文化交流；向国人提供国际出版物，便于阅览与研究，为国人了解世界创造条件。该图书馆的任务除了供给普通阅览外，还包括：1. 与国际联盟图书馆合作；2. 每年 7 月在国联文化合作会开会时，举行中

---

① 《复兴事业》，《中华图书馆协会会报》1938 年第 2 期，第 17 页。
②④ 《驻比大使馆及中国国际图书馆复函》，《中华图书馆协会会报》1939 年第 5 期，第 16 页。
③ 《驻英郭大使复函》，《中华图书馆协会会报》1939 年第 6 期，第 12 页。
⑤ 《日内瓦中国国际图书馆概要》，《浙江省立图书馆馆刊》1933 年第 2 期，第 227 页。

国国际合作展览会。

中国国际图书馆具有强烈的官方色彩。其创办人临时主席团为：蔡元培、蒋中正、赫理欧、倍开尔及其夫人、张人杰、李石曾、吴稚晖、汪兆铭、宋子文、朱家骅，除了3名外国人外，全部为国民党元老或核心人物。《大公报》等媒体直接称："中委李石曾、吴稚晖，近在日内瓦办国际图书馆。"① 其经费来源，除创办理事捐资外②，另一主要来源为国民政府补助。根据《监察院公报》1934年第22期载：该图书馆"二十一年度（1932年）五六两月份八千元，二十二年度四万八千元"③。由此可知，日内瓦中国国际图书馆每月从国民政府获得补助费4000元。这一数目在当时非常巨大。1933年，中央图书馆开始筹备。教育部请交通部按月补助筹备费2000元。当年3～6月，共支8000元。从1933年7月起，一直到抗战军兴，每年经常费48000元④，平均每个月4000元。也就是说，中国国际图书馆的经常费与国立中央图书馆相同，完全是另外一个国立图书馆的待遇。

中国国际图书馆，创办于"九一八"事变以后，是让世界了解中国的窗口，也是国人了解世界的平台，是沟通中西文化的桥梁。李石曾、吴稚晖等人的官方背景，使该图书馆具有"国立"性质。因而该图书馆又是国民政府对外宣传的重要机构。也因为如此，协助中华图书馆协会的图书征集活动，也是中国国际图书馆义不容辞的责任和义务。

二、中国国际图书馆的抗战宣传

日内瓦是国际联盟的所在地，是世界文化交流与合作的中心之一。抗日战争全面展开后，作为世界了解中国的窗口，作为国民党的海外宣传机构，中国国际图书馆立刻行动起来，利用自身的优越位置和各种资源，揭露日本的残暴，展现中国政府的抗战决心，在国际舞台上发挥了独特的作用。中国国际图书馆的抗战宣传，主要包括：

举办抗战照片展览会。抗战初期，西方人对于中国长期抗战的政策、中国军民的英勇精神，大多表示怀疑。为了消除各国的疑虑，中国国际图书馆在其中厅开设了一个抗战照片展览会，命名为"中国自卫"，内容系若

---

① 《国际图书馆之筹设》，《浙江省立图书馆馆刊》1933年第2期，第157页。
② 根据《日内瓦中国国际图书馆概要》，其创办理事义务之一为：一次交付国币或瑞币4000元（或法国20000法郎）；每年交付国币或瑞币400元（或法币2000元）；捐书等于国币或瑞币4000元，一次交到或陆续交到均可。这一经费来源数量不是很清楚。
③ 《本院行审计部训令》，《监察院公报》1934年第22期，第219页。
④ 《国立中央图书馆概况》，《国立中央图书馆馆刊》1946年第3号，第49页。

干有关抗日的照片、广告、地图、书籍、外报评论等，陈列有序。其中将数百张各城市被轰炸的照片，加注西文说明，给参观者以深刻印象。展览会一部分材料系由国际和平促进会中国分会寄至总会，由总会借与该馆。展览会场同时举行自由捐款，不少参观者慷慨解囊，对中国军队英勇御侮的精神表示感佩。该馆应外界要求，曾将该展览延期三个月。展览会期间，当地报纸一致予以好评。展览后，该馆特意辟出地方，专门陈列这些珍贵照片，长期展览，游人不断。初步达到宣传目的。

宣传日军暴行真相。日本在西欧宣传的一贯政策，是颠倒是非，扰乱众听。战事发生后，更是变本加厉，一面宣传在华如何仁行德施，一面对中国军民大加侮辱。这种宣传，颠倒是非，混淆黑白。中国国际图书馆担心，长此以往，对中国抗战的舆论，必将以此而转移。该馆有鉴于此，除了以照片展览、刊登文字纠正外，并时常将日本暴行刊登在杂志上，以求读者有真正的认识，以扩大支持国民政府的抗战政策。法国"中国人民之友社"发行的《中国》月刊，瑞士的《星期周刊》，在法、比、瑞都是著名的期刊，它们关于中国抗战照片及材料来源，常常借助于中国国际图书馆。其他众多定期期刊，也常常由该馆借以照片铜板等，以利宣传。阅览室则陈列了各种抗战文字书报，便于读者随时浏览，还编印了中日问题书籍、杂志、剪报、中西文目录等，竭尽所能，宣传日军暴行。

著述日本摧残中国文化的各种文字。事变发生后，受日本摧残的中国各学校、博物院、图书馆等，几乎占了中国文教机关总数的十之八九，史无前例。这种残酷行为，外国人也深为中国痛恨。中国国际图书馆将此类消息、照片时常加以说明评论，将损失统计成数字在西方各报刊载，并与各通讯社联络，请其发稿。同时制作备忘录，交国际图书馆协会，或在国联世界文化合作会开会时，当场分发，揭露日本的侵略暴行。有时编印英文、法文文稿，分送各界人士，使日军的侵略暴露无遗，而使各国人士能有个确切的认识。该馆曾应瑞士国会议员 Meyer 之请，到瑞士中部各城市演讲，为中国文化呼吁，听众千余人。中国文化遭受的厄运引起了瑞士社会各界的普遍同情。

搜集各国对中国抗战的记载及论著。各国舆论对于此次中国抗战评论很多，或刊登在报章杂志，或印刷为单行书册，其中论文固然优劣间杂，不免时有偏袒，但仍然应该为中国所注意。中国国际图书馆自事变以来，即从事于战时论文、剪报工作，各国重要期刊报纸搜罗殆尽，将有关中日事件的新评论全部剪贴，编制成详细卡片、目录。专论书籍出版后，时有书评见诸报章，也一并贴入，作为选购参考。1937 年，设在法国里昂的中法大学①中国学生会编印了法文《中国日本与世界和平》一书，也经该馆经济上赞助。专论书籍很多，该馆准备了目录，选择重要书籍购备，或者选择有宣传价值的书籍，广泛赠送西方人士。英雄所见相同。日内瓦中国国际图书馆搜集此类资料时，1938 年，国内出版了国立西南联合大学图书馆编的《暴日侵华与国际舆论》一书，凡英美各国期刊发表关于中国抗战之论著，择其最重要者，选出 58 篇，共 9 节。内容注重三点："一、日本帝国主义侵华之背景，日军残暴事迹及日之危机；二、吾国抗战之决心与展望及战事节录；三、暴日侵华与国际制裁。"②各位执笔者，都是现代远东问题的权威，一字一句，足以代表各国人士对于中国人民抗战所怀的观感，而做同情呼吁。如果说中国国际图书馆搜集的资料是要向西方人宣传日军的暴行和中国抗战的决心的话，那么《暴日侵华与国际舆论》则可以使国人明了抗战期中国际的舆论，而增强国人抗战的信心。

　　日内瓦中国国际图书馆的抗战宣传，集中在两个方面：一是向世界各国揭露日本侵略中国的暴行，以及由此而给中国造成的巨大的包括文化在内的各种伤害，二是向世界各国展示中国政府的积极抗战态度。从 1931 年以来，中国在对待日本侵略问题上，节节退让，并没有强烈的抵抗决心，长期示弱于日本。然而这次不同，国民政府提出：地不分南北，人不分老幼，皆有守土抗战之责任，不仅如此，国民政府还组织了淞沪会战、太原会战、徐州会战、武汉会战等四大会战，坚决抗击日军的疯狂进攻。在宣传中国积极抗战政策上，中国国际图书馆发挥了积极作用。

三、中国国际图书馆的抗战工作

　　中国国际图书馆在进行抗战宣传的同时，也利用自身优势，为国内的抗战尽心尽力。该馆新址房屋宽大，办事便利，位置适中，是中国侨界各机关团体经常商借办公处的场所。其中影响较大的，包括瑞士华侨抗战后援会、中华图书馆协会驻欧通信处、国际反侵略会中国分会驻外代表团办事处、世界文化合作中国代表团办事处、伦敦援华委员会、国民外交协会、全国赈济委员会等。图书馆提供工作人员，且不收取任何费用。不仅如此，国际图书馆还组织或参与了很多实质性援助抗战工作，其荦荦大端者包括：

　　捐募西人书报协助复兴国内图书馆事业。日军摧毁中国文化机关，已

---

① 中法大学由法国退还中国的庚子赔款所建。学校分两所，一所在法国，一所在中国，学校名称相同，均为中法大学。吴稚晖、李石曾等国民党元老为中法大学主要人物。

② 《暴日侵华与国际舆论》，《中华图书馆协会会报》1938 年第 2 期，第 25 页。

经为欧洲各国所洞悉，该馆随即向各国图书馆当局、图书馆、大学及其他文化学术机关团体去函，声明中国图书馆正拟复兴，请予援助。各处得此通知后，相继寄赠书籍杂志很多，美法杂志曾将该馆的呼吁书全文刊载，瑞士图书馆协会派日内瓦大学图书馆馆长 Delarue 来该馆询问何种书籍为中国所最急需。当即由该协会通过议决，将瑞士各图书馆复本捐赠中国，并向全瑞士图书馆去函征集；国际劳工局图书馆馆长到馆访问，商定将该局复本寄香港中华图书馆协会。英国及瑞士各书局、图书馆所捐文学、科学、英法德文书籍，先后也有数箱运到该馆。短短一个月，寄到该馆书籍195册。该馆将各国捐赠书籍装箱，寄给中华图书馆协会香港办事处，并致函协会理事长袁同礼，对协会的海外征集表示理解："鉴于我国册籍之散失，内地学校书籍之不备，处此抗战建国时期，教育当不可忽视，而复兴重工业及一切有关军事之建设，西文书籍，似亦更较迫切。……去岁发起征集图书之举，向欧美各大图书馆，各大书局呼吁，请其捐赠。"① 这不只是支持中华图书馆协会的图书征集问题，而且是中国图书馆界同呼吸、共患难的最好说明。

从事筹募赈济工作。国际图书馆在揭露日本侵华方面取得成效后，从1940年开始致力于国内难民的救济事业。该馆利用其优越的地理地位，集中人力，本着国家兴亡、匹夫有责的精神，组织或协助组织各种形式的募捐，主要包括：1.举办历代皇家古装刺绣缂丝展览会。此会系陈列瑞士洛桑收藏家 Bernard Vuilieumier 的珍贵收藏，总计大小300余件。最初该馆于1938年9～11月先借其在馆内展览。因为成效甚佳，三个月中参观者数千人，媒体予以高度评价，在此鼓励下，该馆扩充计划，劝该收藏家并介绍其去伦敦与该地大学委员会合作，借该地中国学院重新举行展览，并编印英文目录及丝绸研究读本。伦敦城市大，人口众多，而展览物品尤为世上所罕见，门票及书目收入，除了会场开销，全部寄捐以救济难童，盛极一时。一面宣传文化，一面救济难童，一举两得。2.协助各处筹办游艺筹款会。1937、1938年冬，瑞士中国妇女会、瑞士华侨抗敌后援会先后在日内瓦等处举行游艺筹款会。该会得到中国国际图书馆的竭力赞助。特别以门票收入、彩票及节目三项，得到图书馆的大力协助。此外，如于1937年10月发动及赞助英国大学互助会在日内瓦举办音乐会，为中国被难大学生筹款，及分发英法文呼吁书，向中国学生捐款。所得款项数万，该馆出力很

① 《中国国际圕在欧征集图书运到本会香港办事处》，《中华图书馆协会会报》1939年第1期，第12页。

大。3. 代办现款及医疗器械药品寒衣的捐募。瑞士华侨抗敌后援会秘书处为办公及人员便利起见，借用该馆地方。其一切往来文件，都由该馆人员分担。平时登报通信募捐，对内对外募捐，获得现金为数甚巨，陆续汇寄全国赈济委员会及军事委员会。1940 年又向瑞士各药厂募捐得到医疗器械药品等数箱，并设法运回国内。每年年终该馆都会发行中国日历，精印中国古代名画及法译格言等，颇受外界欢迎。战事发生后，为高价出售起见，瑞士中国妇女文化会商得该馆同意，将发行名义让与该会，除了印刷费用本钱外，所获余利，全部寄国内救济难民。有瑞士名医翻译的中国诗集，也由该馆借与名画及诗人照片铜板，印成书籍，销售西方人士，所得书资，全部捐寄国内难民。

此外，中国国际图书馆有很多特色工作，如担任中国问题的咨询工作。该馆位于国际中心日内瓦，又以宣传文化为宗旨，抗战发生后，欧西人士对于远东问题极为关注。各地来函询问的人很多。无论其是否在该馆事业范围之内，该馆都一一答复，并特设咨询部，以便于答复工作进行。该馆不仅给西欧人了解东方提供便利，而且也将西欧的消息传递给国内。该馆接受中华图书馆协会之请，担任协会在欧洲的通讯机关，以利于书籍征集。1940 年 1 月 1 日，该馆正式成立中华图书馆协会通讯处。再如利用茶会联络外宾。日内瓦是国际联盟所在地、国际中心，每年都有不下百场国际会议在那里举行，世界文化合作会也是其中的会议之一。每年该会在日内瓦举行会议时，该馆都会乘机在馆中开茶会招待各国出席代表和来该地参观的著名学者、记者，以及当地或外来的外交界人士，以资联络。抗战开始后，该馆又扩大范围，除馆内举行茶会外，并将该馆会场借给中国国联代表办事处及中国出席国际劳工大会代表团等举行茶会，以利宣传[①]。

日内瓦中国国际图书馆，或为侨居瑞士的中国各机关团体提供办公场所，或协助中国图书馆协会在欧洲征集图书，或从事筹募赈济活动，或答复有关中国战争的相关问题，或为中华图书馆协会通讯机关，等等，采取一切可能的形式，利用一切可能的机会，最大限度地为中国抗战服务，体现了海外侨民的拳拳报国心。日内瓦是欧洲的一个中心，各国人士聚集于此，宣传工作，意义十分重大。对于抗战后援工作，也从来不曾中断过。他们的历史功绩应该被牢牢记住。

---

① 胡天石:《中国国际图书馆与抗战》,《中华图书馆协会会报》1940 年第 4 期,第 3～5 页。

四、中国国际图书馆的历史地位

日内瓦中国国际图书馆是一个图书馆，是向西方介绍中国文化，同时把中国文化推向世界的机构。抗战全面展开后，该馆充分利用书报信息中心的优势，搜集有关中国抗战的书籍、报纸、杂志等，通过展览会、茶会、演讲会、学术会等形式，揭露日本在华的暴行，特别是对中国文化的摧残；同时该馆应中华图书馆协会之请，向欧美国家征集各类书籍，为中国图书馆事业的复兴不懈努力。

日内瓦中国国际图书馆是个民间文化团体，虽然其发起人与国民政府关系极为密切，发起时也得到了蒋介石、汪精卫等赞助和支持，但该馆并不承担任何政治义务，中国的图书馆法规对其也没有约束力。然而，该馆在中华民族处于危机的时刻没有置身事外，而是积极支持国民政府的抗战建国政策，并竭尽所能地宣传中国政府的抗战态度，揭露日本侵略中国的实质，主动为抗战创造良好的外部舆论环境。这种作用不是其他机关团体能够取代的。

中国国际图书馆虽然只是一个图书馆，但在抗战期间主动承担了社会慈善救济活动。该馆一方面积极募捐善款，以救济国内需要，另一方面协助其他机关团体从事大规模的募捐活动。这对地处日内瓦的国际图书馆来说，是可以实现的。募捐所得，不管善款，或医疗器械药品等，均是对国内抗战活动的有力支持。作为图书馆，它从事社会救济事业是勉强的；作为中国的对外宣传机构，这又是该馆的义务。国际图书馆的救济活动已经超过了图书馆的性质定位。这又是国内图书馆无法做到的。

中国图书馆界，在抗战全面展开后，内而由中华图书馆协会发起，向欧美国家征集图书，为复兴中国被战争破坏的图书馆事业而奋斗，外而以日内瓦中国国际图书馆为代表，利用日内瓦优越的地位，努力宣传日本侵略中国的实质，为国内的抗战服务，向世界各国展现中国政府及军民奋勇抗战的勇气和决心。它们是中国图书馆界的典范，构成了中国图书馆界的核心，代表了中国文化在逆境中求生存的顽强的生命力。它们是中国图书馆界的希望，也是中华民族的希望。这种精神支持是中国抗战必胜的心理因素之一。

中国国际图书馆向各国发出征集吁请后，瑞士图书馆协会代表立刻询问中国图书馆需要何种书籍。中华图书馆协会发出征集申请后，新西兰图书馆协会等图书馆组织也问了同样问题。这是个很有意思的现象。对中国图书馆事业的复兴来说，外文书籍有那么急迫吗？这要看对什么样的读者。对于地质学、化学等应用性较强的学科来说，中国科学与欧美国家有差距，当然需要西文书籍。但他们对书籍的需求十分苛刻，如专业性强，系统性强，前沿性强，等等。而这些专业书籍不是普通募捐就可以获得，也不是一般公共图书馆，如中国国际图书馆，会予收藏；也不是一般的协会组织，如中华图书馆协会，多能征集而得。需要这些书籍的，往往是专家，往往是大学图书馆或科研机构图书馆。因此，中国国际图书馆的图书征集，或中华图书馆协会的图书征集，不太能满足大学或专业图书馆的需求。

其实，中国图书馆界的征集图书活动一方面是复兴图书馆事业的需要，另一方面是揭露日本暴行、宣传中国抗战政策的需要。中华图书馆协会作为专业组织，也许并不能堂而皇之地从事抗战宣传，失去其作为专业组织的相对独立性，但对中国国际图书馆来说，就没有了这种顾虑，完全可以放手宣传，充分暴露日本的侵略本质。也因为如此，在日内瓦中国国际图书馆的各种活动中，与图书馆专业有关的事情只占其日常事务的极小部分，而大部分时间和资源都用于抗战宣传。这也是其与中华图书馆协会的明显区别之一。

第五章　西部地区的图书馆建设

战时西部地区的图书馆建设包括四川省立图书馆、国立北平图书馆、国立中央图书馆、国立西北图书馆等。图书馆界在西部地区图书馆建设规划、图书馆筹备、图书馆维持等方面建言献策，贡献良多。西部地区的图书馆建设，形成了中国新的文化发展基地，促进了大后方文化事业的发展，在文化传承方面发挥了积极作用。

第一节　西部地区的图书馆发展规划

一、战前西部地区图书馆事业概况

西部地区，这里指的是西南和西北两个地区，包括四川、云南、广西、贵州、甘肃等国统区。战前社会各界关于图书馆事业的调查很多，调查机关包括教育部、中华图书馆协会、浙江省立图书馆、沈祖荣个人等。在各种调查中，西部地区的图书馆发展状况不容乐观。试以四川、甘肃、云南为代表，与江苏、浙江、广东三省比较，以窥西部地区图书馆的发展状况。

1936 年初，教育部公布了之前由各省教育厅局根据教育部要求填报的图书馆状况表格[1]。该调查很粗糙，问题不少，如提交表格的省区只有 25 个，而当时中国省区共有 36 个（30 个省、6 个直辖市区），与中国实际省区差距较大[2]；图书数量、图书馆经费等关键数据缺乏；图书馆分类模糊，可能存在重复或遗漏等问题。尽管如此，作为政府公布的数据，该调查统计还是具有一定的参考意义。根据该调查数据，现将有关西部三省和东部三

---

① 《最近全国图书馆调查统计》，《民众教育通讯》1936 年第 1 期，第 79 页。
② 上报图书馆情况的省份数量不全，主要原因有二：一是部分地区已经被日军占领（如东北）或实际上处于自治状态，教育部的命令没有效力；二是有的省份法治观念薄弱，没有按照要求上报。

省的数据制成表 5-1:

表 5-1 川、甘、滇、苏、浙、粤六省图书馆状况

	川	甘	滇	苏	浙	粤	提交省区	提交总数	平均数/省
普通类	44	12	4	27	23	49	25	358	14
专门类	1			5	1		11	34	3
学校类	64	26	14	110	103	55	25	1 526	61
民众类	37	19	13	76	119	49	25	864	35
流通类	1			8	2	4	10	37	4
机关类		4		1	20		14	100	7
私立类	1						3	6	2
总　数	148	61	31	227	268	157		2 925	126

　　根据该调查,四川、甘肃、云南图书馆平均数量为 80 所,江苏、浙江、广东平均为 217 所,全国平均为 126 所,西部三省远低于全国平均水平。四川在西部地区图书馆事业最为发达,该省普通类、学校类、民众类图书馆略微超过全国平均水平。尽管如此,四川省竟然一所机关类图书馆也没有。甘肃、云南两省的图书馆数量,无论何种分类,都远低于全国平均水平。因此,从总体上看,西部地区的图书馆事业落后于沿海和华中地区,略优于东北地区。但须注意,"九一八"事变后,中央政府丧失了对东北地区的管控,因而也无法指导该地区图书馆事业的发展。

　　再看看中华图书馆协会会员的分布状况。中华图书馆协会是近代中国规模最大,影响最为深远的图书馆专业协会,其会员多寡显示这一地区图书馆事业的发展程度。会员越集中,表明该地区图书馆事业越繁荣。反之,会员越少,图书馆事业的发展动力越弱。1926 年初,《中华图书馆协会会报》公布了会员名录。在第一批 118 个机关会员中,上述西部三个省区仅有 4 个:一个是甘肃天水县公立图书馆,另外 3 个均在四川,分别为重庆巴县教育会图书馆、四川富顺县图书馆、四川璧山县公立通俗图书馆。云南省第一批一个机关会员都没有。而东部三省江苏 23 个,浙江 4 个,广东 3 个。在公布的第一批个人会员 194 人中,西部三省共 7 人,其中四川 6 人,云南图书馆 1 人,东部三省分别为江苏 27 个,浙江和广东均为 7 个①。此次调查表明西部三省的图书馆数量低于全国平均水平。

---

① 《本会会员名录》,《中华图书馆协会会报》1926 年第 5 期,第 12~19 页。

　　1931 年 6 月，中华图书馆协会又公布了会员名录。此次公布的机关会员共 229 个，上述三省共 7 个，其中云南 2 个，分别为云南图书馆、云南省教育会图书馆；四川 5 个，分别为巴县图书馆、富顺县图书馆、璧山县公立通俗图书馆、四川中山图书馆和国立四川大学图书馆，甘肃一个也没有。个人会员为 417 个，上述三省仅两省有 5 个个人会员，其中云南 2 个、四川 3 个①，甘肃一个都没有。这三个省的个人会员全部加起来，刚刚超过协会外籍会员 9 人中的一半。如果说 1926 年协会会员的调查统计还不成熟，那么到了 1931 年，尤其在"九一八"事变前，会员调查应该说具有较高的代表性。但调查结论与第一次相似，没有大的改观。不仅如此，实际上，反而不如 1926 年活跃。协会会员是推动民国图书馆事业发展的动力之一。西部地区协会会员如星辰寥落，从一个侧面反映了西部地区图书馆事业还有相当漫长的路要走。

　　相反，沿海地区，尤其东南沿海，如上海、南京、天津、江苏、浙江、广东、福建、山东等省市，无论在图书馆数量还是协会会员方面，都明显高于西部地区。而这些地区又恰恰是遭受日本侵略的重点地区。当这些图书馆事业发达省份的图书馆人迁移到西部地区后，立刻感受到了西部地区图书馆事业的落后。强烈的反差也激励了图书馆人发展西部地区图书馆事业的愿望。

二、中华图书馆协会的推动

　　中华图书馆协会随国立北平图书馆内迁西南后，随即调查西南地区图书馆的现状，在此基础上，拟订发展西南地区图书馆计划，向各相关单位寻求支持。

　　协会致函管理中英庚款董事会，请求资助西南地区图书馆事业。之所以请求中英庚款董事会，是因为该会宗旨之一即为支持中国文教事业的发展。中英庚款董事会为管理英国退还多余庚款的机关。义和团运动兴起后，清政府不能保证外侨在中国的生命和财产安全。1900 年，英、美等国组成联军，入侵中国。清政府战败，随即与列强签订《辛丑条约》，支付巨额赔款，史称庚子赔款。中国政府赔款的数量远远超出了各国在华所受的损失和军费支出。因此，中国政府赔款不久，参与军事行动的美国政府即开始退还多余庚款行动。美国政府的举动也影响了其他各国。一战结束后

---

　　① 《中华图书馆协会会员（民国二十年六月）》，《中华图书馆协会会报》1932 年第 6 期，第 9～25 页。

不久，20 世纪 20 年代初，英国政府与中国政府商议，讨论退还多余庚款办法。中英庚款董事会就是两国协商的结果。该会成立于 20 世纪 30 年代初，由中方委员和英方委员组成，以本金支持发展中国的铁路等交通事业，以息金支持中国文教事业的发展。

中英庚款董事会支持中国文教事业的发展，成就之一为资助国立中央图书馆的馆舍建设，拟投入 150 万元。抗日战争全面爆发后，中央图书馆的馆舍建设无形中止，但这并不影响该董事会继续支持中国文教事业的发展。20 世纪 30 年代初兴起开发西北的热潮后，中英庚款董事会也顺应形势发展，对西北地区的文教事业给予了大力支持。据当时杂志记载，1936 年度中英庚款教育文化补助费支配情形，其中拨 20 万元办理甘肃、宁夏、青海、绥远四省中小学教育，指定甘肃 8 万元，其他三省各 4 万元①。20 万元仅为一个年度的资助数量，而实际上，全面抗战前，该董事会补助西部地区文教事业的金额远不止 20 万元。也因为有这样的先例，当图书馆界提出发展西部地区图书馆事业时，中英庚款董事会自然成为图书馆界的请款对象。

在致中英庚款董事会函件中，协会提出了两条发展西部地区图书馆事业的理由：一是解决图书馆分布不均衡的发展格局。协会表示，由于历史关系，中国的文化建设偏重沿江沿海一带，分布失均，积重难返。当全国抗战期间，惩前毖后，亟有整顿必要；二是推动西南地区的教育事业发展。协会指出，此次日本侵华，西南各省，已经成为国防重地，但该地区民智未开，文化落后，以致教育事业，推动甚难，"敝会为协助发展西南文化起见，对于西南文化机关，曾作系统之调查，深觉图书馆之设备，诸多简陋，以致社会教育，无由发展"。此前管理中英庚款董事会为发展西北文化，曾拨款 20 万元，协助绥、青、甘、宁等地，推进边疆教育。协会建议，请参照发展西北文化办法，拨付巨款，在西南各省，积极推进文化，"为处理便利起见，似宜组织委员会，先为设计，俾能根据实际情形，厘定方案，逐步推行，收效较易"②。大致内容为在西南各省，各设图书馆一所，以弘扬文化。应该说，协会提出的发展理由符合实际情况，较为合理，因而协会的建议受到了该董事会高度重视。

协会呈报国民党中央党部会务进行情况，在涉及将来工作方针时，第一条即为"协助中央及地方政府，在西南西北各省发展图书馆事业，指导

① 《二十五年度中英庚款教育文化补助费支配情形》，《教育杂志》1936 年第 8 号，第 144 页。
② 《发展西南圕计划》，《中华图书馆协会会报》1938 年第 2 期，第 17 页。

各图书馆积极推进文化建设，训练专门人才，并予以技术方面之合作，俾能在抗战期间，扫除文盲，促进民教，唤醒民族意识，激发抗战精神，以增强抗战之力量"①。中国国民党中央执行委员会社会部指令嘉勉协会，称："所拟以后工作计划，亦颇切合当前需要。……日寇之所以谋我者，非特侵占我土地，屠杀我人民，尤在摧残我文化，灭亡我民族。仰该会凛然于国难之方殷，与使命之重大，以不屈不挠之精神，积极努力。"②

　　为了促进西部地区图书馆的发展，协会呈请国民党中央执行委员会宣传部恢复每月补助费。其理由之一为"协助中央及地方政府在西南西北各省发展图书馆事业"。函称："西南西北各省，向因交通不便，文化事业，诸多简陋。当兹全面抗战时期，岂可再事迁延，一任偏枯！既成国防重地，亟须从速开发，努力建设。"并表示派人至各省实地调查，予以指导。为了协助西部地区图书馆事业的发展，协会已经寄赠图书，同时改善其组织，充实其内容，而"自强其抗战之情绪焉。惟复兴人业，必须统筹巨款，始可举办"，希望该部"本提倡文化之旨，赐以扶持，将每月之补助费，予以恢复，俾能推进文化，积极复兴"。中央宣传部批示："因本部月前经费异常困难，碍难按月津贴，兹准一次补助一百元。"③

　　中华图书馆协会促进西南地区图书馆事业发展的这一设想起源于1937年底。当时袁同礼遵照教育部指令，率领部分馆员南下。在长沙时，与北京大学、清华大学、南开大学联合组成的临时大学合作，组建图书馆。年底袁同礼等和临时大学一起迁往昆明，继续与临时大学（不久改为西南联合大学）合作，并萌发促进西南地区图书馆事业发展的想法。此前，袁同礼有意停止日本控制下的国立北平图书馆的运作。袁同礼的南下和停止北平图书馆运作的想法遭到了中基会的反对。1938年1月18日，中基会执委会在上海召开第122次会议："袁副馆长应回平服务，准其假至本年四月董事会年会为止。在此期间，袁君得赴昆明协助临时大学，并发展西南图书馆事业。"④不过，教育部支持袁同礼，曾指令北平图书馆："该馆应迁昆明继续工作，并应与西南各教育机关取得密切联络，以推进西南文化。"⑤撇开袁同礼与中基会的矛盾，单就发展西南地区的图书馆事业来说，袁同

① 《本会呈报中央党部会务进行概况》，《中华图书馆协会会报》1938年第3期，第16页。
② 《中国国民党中央执行委员会社会部指令嘉勉本会》，《中华图书馆协会会报》1939年第5期，第12页。
③ 《本会呈请中央执行委员会宣传部恢复每月补助费》，同上，第13页。
④ 北京图书馆业务研究委员会编：《北京图书馆馆史资料汇编》（1909～1949），第481页。
⑤ 同上，第601页。

礼的提议已经逐渐成为国民政府和文教界的一种共识。

三、中国教育学术团体联合会的议决案

1938 年 11 月，全国教育学术团体第一届联合年会在重庆召开。会上有关图书馆事业议决案共 8 件，其中 2 件与西部地区图书馆建设有关，分别是《请开办西南及西北各省图书馆服务人员讲习会案》和《拟请建议中央拨款补助内地各省普设县市乡镇图书馆案》[1]。

《请开办西南及西北各省图书馆服务人员讲习会案》，由中华图书馆协会提出。理由为：1. 现时西南及西北各省图书馆教育缺点甚多，应予改进；2. 过去图书馆畸形发展，专门人材未能深至内地；3. 将来西南及西北各省教育推进，有赖图书馆界努力。办法：选择一处或分区开办讲习会，由教育厅令各县已设图书馆者酌派现任工作人员一二人，授以 6～10 个星期的新式图书馆训练。

《拟请建议中央拨款补助内地各省普设县市乡镇图书馆案》，由杨廉原提出。理由：图书馆事业为供给民众增进智识的机会，也是利用闲暇场所提高文化水准的事业，对抗战建国尤有密切的关系。内地各省，教育经费困难，此项事业多付阙如，以致民教义教的进行也少助力，此种状况实为当前教育极大的缺陷。办法：由年会建议政府及各文化基金机关，拨款补助各省，以便从速普设，以固建国基础。内地各省，即为西部地区，因为东部地区已经沦陷，各种政权犬牙交错，无法执行重庆国民政府的教育政策。

关于西部地区图书馆的建设建议为教育部有选择地接受，并在国统区推行，如补助各省图书馆。此外，1939 年 7 月 22 日，教育部第 17054 号部令公布了《修正图书馆规程》，7 月 24 日，教育部第 17219 号部令公布了《图书馆工作大纲》，11 月 4 日教育部第 27647 号部令公布了《图书馆辅导社会各地社会教育机关图书教育办法大纲》等一系列法规。这些法规构成了战时国民政府图书馆法规体系，与联合年会议决案不无共通之处。

全国教育学术团体联合会，是内迁教育学术团体的一种合作形式。这些学术团体的基本政治目标一致，那就是支持政府抗战，在各自专业领域内为抗战服务。年会提出的议案，不仅仅是专业协会的倡议，在全国教育学术团体联合年会上提出后，也代表了全国教育学术团体的意志。由狭窄

---

[1] 《中国教育学术团体联合年会有关图书馆事业议决案汇录》，《中华图书馆协会会报》1939 年第 4 期，第 9～10 页。

的专业思考到广阔的全国教育学术层面的倡议,反映了战时教育发展的一种声音。简言之,在全国教育学术团体联合年会上提出的有关发展西部地区图书馆事业的议案,实际上是一种自发的社会愿望。这是其最大特点。

四、中华图书馆协会第四次年会的议决案

1938 年 11 月 30 日,中华图书馆协会在重庆召开第四次年会。此次年会正值抗战初期的四大会战之一——武汉会战,因各种因素影响,参加会议的人数不是很多,提出的议案也只有寥寥 6 件。这 6 件的前 2 件为《在西南及西北各主要县市成立中小学巡回文库以提高一般教育水准案》《在西南及西北各主要市成立图书馆站,教育农民灌输民族意识,发扬抗敌情绪案》,涉及西部地区图书馆的建设,均由胡绍声、马万里共同提出①,略述如下。

《在西南及西北各主要县市成立中小学巡回文库以提高一般教育水准案》的提出理由为:中国县市小学向来因为经费困难,对于图书馆设备方面甚少注重,影响教育前途很大。当此抗战建国期间,后方教育最关重要。为补救目前缺点而又节省教育经费计,可就西南及西北各主要县市区域成立"中小学巡回文库"。办法:1. 由中华图书馆协会函请各省教育厅转令各县教育局办理;2. 经费即由教育局呈请教育厅拨付。

《在西南及西北各主要市成立图书馆站,教育农民灌输民族意识,发扬抗敌情绪案》的提出理由为:中国此次抗战,西南与西北所负责任至重且大,但因地方民智未开,尚不能达到全国总动员的目的,亟宜就农村方面成立"农村图书站",以便提高民智,巩固后方。办法:1. 由县市图书馆或民众教育馆组织巡回文库,推行各村镇,本会可征集同志往各处协助工作;2. 此项农村图书站工作人员及经费,即由各县市图书馆或民众教育馆担任。

年会决定将这两案合并,并进行了修改。修改要点包括:1. 主文修改为:"在西南及西北各主要县市成立中小学巡回文库及民众图书站"以提高一般教育水准案。增加了"及民众图书站"6 个字;2. 办法修正为:(1)由中华图书馆协会函请各省教育厅转令各县指定该县负责图书馆办理或(2)由县教育当局自身主持或(3)责成县内各中小学组织委员会共同办理。关于经费,由地方筹措或由主办机关共同凑资办理(如中小学组织委员会办理时),并由省教育厅以经济或书报补助之。

这次会议,是在国民政府组织的正面战场作战处于劣势,形势极为混

---

① 《本会第四次年会讨论会记录》,《中华图书馆协会会报》1939 年第 4 期,第 11~12 页。

乱之时。协会能召开年会，实在不易。客观地说，与会代表对发展西南及西北地区的图书馆事业进行了认真讨论，使议案名称更加具有覆盖性，议案推行的办法也更加切实可行，不只是限于口头上的呼吁，而是希望能够实实在在地推行。中华图书馆协会是一个行业协会，是由会员自愿组织而成，其年会通过的议案，大致可分为两种类型：一种是协会自身可以解决的，如发起图书馆学术问题的讨论等，一种是协会不能解决而需要政府或相关职能部门协助解决的。促进西南地区图书馆的发展规划就属于后一种。协会本身并没有执行力，只能通过倡议、建议等形式向相关机关或机关会员提出，具体执行与否，以及执行到什么程度，协会无权过问。年会上提出的议案，表明了会员的关心所在，上升到了协会层面，对会员来说，具有凝聚共识的作用。

除了中华图书馆协会年会、中国教育学术团体联合年会对西部地区图书馆的发展有所建议外，第三次全国教育会议也有倡议发展西部地区的图书馆。1939年3月1~10日，第三次全国教育会议在重庆召开，国立中央图书馆筹备处主任蒋复璁和国立北平图书馆副馆长袁同礼①作为正式代表出席了会议。会上通过了有关图书馆事业的议案有5件，其中第四件为《请在西北较安全地区筹设大规模科学馆及图书馆案》②，由陕西省教育厅厅长王捷三提。此案表明西北地区的教育行政机关也意识到发展图书馆的必要性。本案在本章第五节有介绍，此处从略。

五、西部地区图书馆建设的主要原因

抗战初期，发展西部地区图书馆的思潮不断涌动，除了西部地区图书馆事业本来就很薄弱外，还有其特定的历史背景，主要有：

一是大量人员，尤其文教人员涌入，对图书的渴求非常强烈。战时西部地区形成了重庆、昆明、广西、甘肃等多个文化中心。这些区域接纳了沦陷区人员，特别是文教人员，如仅重庆就聚集了金陵大学、金陵女子文理学院、齐鲁大学、燕京大学等来自沦陷区的各类高校和科研院所数十所，1938年4月成立的国立西北联合大学包括来自平津地区的北平大学、北平

---

① 国立北平图书馆形成后，馆长一直是由蔡元培担任。但蔡并不参与馆务管理。为此，北平图书馆设立了副馆长一职，行使馆长职权，负责日常馆务管理，而副馆长一直由袁同礼担任，直到1940年蔡元培去世。北平图书馆委员会随即提名袁同礼担任馆长，1942年，经教育部任命，袁同礼正式担任馆长，同时副馆长一职撤销。因此此前尽管袁同礼是国立北平图书馆的实际管理者，其职位却是副馆长，而不是馆长。

② 《第三次全教会通过有关图书馆之议案》，《中华图书馆协会会报》1939年第6期，第16页。

师范大学、北洋大学、北平研究院、河北师范女子学院等高校和科研院所，国立西南联合大学由北京大学、清华大学、南开大学组成，等等。这些文教机关在内迁过程中，大多没有携带书籍，或仅携带一小部分。稳定下来后，发现仅有的书籍无法满足阅读需要。国立西南联合大学图书馆主任严文郁1939年表示："现在教员、学生无书，全仗着圕供给，大有书荒之势。每日未开馆之前，人已站满，开馆之后，座无虚席，向隅者仍然不少，惜以设备不够，所以不能人人有读书的地方。"西南联大的情形属于比较好的，那时新购图书中文有25 000多册、西文6 500多册，还有南开、清华、北大的旧书由联大图书馆保管，以供阅览。新建的大阅览室可以同时供600多人阅读，此外还有杂志期刊等小阅览室。严文郁称："在国难大学中，联大总算是很幸运的，至少图书馆设备比好多大学，除中央、武汉等外，好得多。"① 西南联大的图书尚且如此紧缺，其他地区的文教人员对图书的需求也由此可见。渴望阅读成为推动西部地区图书馆思潮形成的客观动力所在。

　　二是中华图书馆协会及其会员的积极推动。抗战全面展开后，中华图书馆协会对西部地区的图书馆建设十分在意，一方面，协会向教育部提出西部地区的图书馆发展规划，建议采纳实行，另一方面致函管理中英庚款董事会，寻求资金支持。与此同时，协会对西部地区的图书馆事业展开调查，以为科学决策提供支持。不仅如此，协会通过年会，集思广益，为西部地区图书馆的发展建言献策，并且通过中国教育学术团体联合年会，凝聚共识以推动西部地区的图书馆建设。图书馆界倡议建设西部地区的图书馆，一在于改善图书馆分布的格局，扭转侧重东南沿海和平津地区的畸形发展状态；二在于通过社会动员和社会教育，为争取全面抗战的胜利而努力，发挥图书馆的社会教育职能；三在于保存文献、传承文化。在中华图书馆协会的努力下，教育部、管理中英庚款董事会、协会会员、中国教育学术团体联合年会成员，以及四川省教育厅等各单位和个人，都增强了对西部地区图书馆建设的认识，增强了建设共识，其影响极为深远。客观地说，中华图书馆协会在推动西部地区图书馆的建设方面发挥了重要作用。这是西部地区图书馆建设思潮兴起的主观因素。

　　此外，还有其他因素也在发挥作用，如西部地区的教育行政机关为了满足阅读的需要，也积极提倡设立大规模的图书馆，四川省教育厅厅长郭有守、陕西省教育厅厅长王捷三就是其中的代表人物。建设西部地区图书

① 中国社会科学院近代史研究所中华民国史组编：《胡适来往书信选》(中)，第442页。

馆思潮的涌动，反映了一种社会阅读需求，而这种社会需求又促进了西部地区图书馆事业的发展，为该地区的图书馆建设奠定了坚实的理论基础。

第二节　四川省立图书馆

一、四川省立图书馆的创议

到 1938 年时，四川没有省立图书馆，在全国范围内为仅见。四川在民国初年曾开办省立图书馆，但规模不是很大，藏书也不是很多。后来因省款支绌，于 1927 年 8 月将省馆拨归成都市政府管理，馆的性质也随之改为市立。1936 年，四川省政府组织省立图书馆筹设委员会，以省主席为委员长，教育厅长为副委员长，聘请省内外学术界名流及本省军政长官 55 人为委员，于 1937 年 2 月召开了成立大会，议决开办经费为 30 万元，在省教育厅经费项下，分年筹拨。抗战爆发后，筹备工作遂告停止。至此，西部文教大省没有省立图书馆局面再次形成。

国民政府内迁后，文教机关也大量涌入西部地区，知识分子和学生对书籍的渴求成为推动四川省图书馆事业发展的动力之一。中华图书馆协会理事长袁同礼积极推动四川省立图书馆的建设。1939 年 3 月，袁同礼参加了第三次全国教育会议，之后考察了成都各地公私图书馆，深感川省图书馆设备，太过简陋，极应补充。为了推进四川省立图书馆的建设，袁同礼特地以协会理事长名义致函四川教育厅厅长郭有守，请其拟具设立四川省立图书馆计划，建议向中英庚款董事会申请补助。袁同礼表示，他在 1938 年管理中英庚款董事会举行年会时，建议在西南各省，各设一所图书馆，以弘扬文化。该会随即议决在昆明设立图书馆，在贵阳设立科学馆。对于四川，独付阙如，不无遗憾。他向郭有守提出，成都为后方重镇，此项文化建设，似不宜缓。刻下中英庚款董事会已决定 5 月份在香港召开年会，"除仍由中华图书馆协会继续建议，促其对于川省文化事业积极援助外，拟请贵厅拟具设立省立图书馆详细计划，正式申请，弟能力所及，自当从旁赞助"①。郭有守原任职于教育部社会教育司，后调任四川省教育厅。袁同礼私下对郭并不是很满意，尤其郭倾向于支持国立中央图书馆，更遭到袁的

---

① 《本会袁理事长为筹建成都图事致四川教育厅郭厅长函》，《中华图书馆协会会报》1939年第 6 期，第 11 页。

腹议。但袁同礼对事不对人，只要能促进西部地区图书馆事业的发展，他都愿极力推进，在促进四川省立图书馆的建设上，尤其如此。

同日，袁同礼致函中英庚款董事会，提出，在西南地区，中英庚款已经资助在昆明筹设一所大规模图书馆，在贵阳筹设科学馆，而成都却一无所有。函云："际兹第二期抗战开始，川省为政治文化中心，地位重要，毋待赘述。敝会为协助发展该省文化起见，曾派专家前往调查，深觉图书馆之设备，诸多简陋，以致社会教育之推动，不无困难，从速建设，似不容缓。"①建议在成都筹设一所大规模图书馆，以促进西南文化，增强后方建设。

管理中英庚款董事会有支持中国图书馆事业的传统。之前有斥资 150 万元支持中央图书馆馆舍建设的先例，之后有拨款 20 万元发展西北图书馆事业的承续。抗日战争爆发后，又资助在昆明设立一所大规模图书馆，在贵阳筹设科学馆，耗费十数万元。对中华图书馆协会的建议和四川省教育厅提出的建设四川省立图书馆的申请，该董事会于 1939 年举行年会时，认真讨论，议决以息金收入补助四川省立图书馆购书经费 3 万元②。与昆明图书馆、贵阳科学馆相比，3 万元显然不多。这是当时特殊的历史背景造成的。因为战争影响，基金会息金收入远不如以前，过去董事会议决应继续补助的各款，须优先拨付；董事会自办事业也不可能中止。此外，非常时期各项临时救济，如协助科学工作人员及设置研究助理之类，也不能不继续办理。如此一来，能够资助四川省立图书馆建设的经费就相当有限了。不过，就绝对数量而言，3 万元在当时也不是一个小数目，足够设立一座中型图书馆。管理中英庚款董事会支持四川省立图书馆，是中华图书馆协会努力的结果，是四川教育厅争取的结果，也成为西部地区图书馆建设的标志性文化建设工程之　。从中不难发现袁同礼及中华图书馆协会的种种努力。

二、四川省立图书馆的筹备

四川省立图书馆建设的重新启动离不开教育厅长郭有守的积极争取。郭有守原在教育部任职，负责处理社会教育事务。抗战初期，曾联合国立中央大学等教育学术团体，发起组织战时征集图书委员会，与袁同礼等中华图书馆协会主要成员极为熟识。转任四川省教育厅厅长后，郭有守鉴于

---

① 《本会致函管理中英庚款董事会请在成都筹设大规模之图书馆一所》，《中华图书馆协会会报》1939 年第 6 期，第 11 页。

② 《管理中英庚款董事会复函本会准予补助成都圆购书费三万元》，《中华图书馆协会会报》1939 年第 2～3 期合刊，第 11 页。

灌输抗战知识，提高文化水准，普及社会教育，图书馆至关重要，而以四川之大，与所负抗战使命之重，竟然没有一所省立图书馆，于情于理，难以成立，为此，他决定重新启动1936年提出的建设省立图书馆计划。所以，中华图书馆协会的省馆建设建议与其设想不谋而合。在图书馆界的大力支持下，四川省立图书馆的筹备工作有条不紊地逐步展开。

为了筹备工作能够顺利进行，郭有守重新组织了筹设委员会，聘请中央图书馆馆长蒋复璁、武昌文华图书馆专科学校校长沈祖荣、四川大学文学院院长向楚、四川大学图书馆馆长桂质柏、金陵大学文学院院长刘国钧、教授李小缘，以及蒙文通、顾颉刚、汤茂如、章柳泉、赖兴儒、薛钟泰、陈建恒、岳良木、曹祖彬等15人为委员，并指定了常务委员。从筹备委员会的人员结构看，中华图书馆协会会员占据绝对主导地位，与先前的行政人员占主导地位的筹委会人员结构迥然不同。

1939年10月，第一次常务会议召开，由郭有守主持。会议通过了几件重要议案：1.筹委会地点，暂设在成都市成属中学，并自即日起开始办公；2.阅览室定于1940年1月1日开放；3.筹备行政费，本年内三个月暂定每月400元；4.图书馆主要任务，照部颁规程办理；5.开办经费不得少于30万元，分配方法以20万元作建筑设备经费，10万元作购置图书经费；6.馆址拟提请省政府，拨川大旧址皇城内地皮20亩；7.本年先以储存省款3万元购买中文书籍，以中英庚款补助3万元购买西文书籍；8.关于档案图书管理人员的训练办法，推请蒋复璁、沈祖荣、刘国钧、李小缘四委员拟定，训练期间，暂定自1940年1月起至6月止；9.关于图书征集办法，请省政府通令全省各公私立机关团体，将各种出版刊物，每种赠送一份①。四川省政府函聘岳良木为筹备主任，曹祖彬为筹备副主任。在郭有守的积极推动下，四川省立图书馆的筹备工作不断向前推进。

筹备期间馆址暂设在城守街小学内。筹备处主要包括：报纸阅览室，可容读者50余人；杂志阅览室，可容读者40余人；第一书库，容量为2万余册；参考室，可容读者50余人。各室设备，力求整齐合用。凡书架、阅览桌椅、杂志陈列、报纸柜、借书柜、目录柜等，都参照欧美各大图书馆标准式样。筹备处设主任副主任各一名，下设总务、编目、采访、阅览四部，各设主任一人。每部设干事助理、干事书记等若干人。筹备中止后，增设特藏部、辅导部，及编撰人员编辑馆刊。四川省立图书馆的书籍状况：从

---

① 《川教厅加聘筹备员筹设省立图书馆》，《中华图书馆协会会报》1939年第2～3期合刊，第18页。

商务印书馆、中华书局等处购买新书 6 000 余册，旧本线装书 5 000 余册；从私人藏书处购 5 000 余册，多系旧刊精本；四川省地方志书 90 余种 700 余册，云南通志 100 册，金石拓片 100 余帧，西文书籍 200 余册，杂志 100 余种，日报 30 余种。中日文图书采用刘国钧的中国图书分类法，西文图书采用杜威的十进分类法。同时还制定了相应的阅览等规章制度，组织制度较为完善。

三、四川省立图书馆的成立

经过细致筹备，1940 年 4 月 10 日，四川省立图书馆在成都成守街该馆内举行成立典礼。国民政府考试院院长戴季陶、绥靖主任代表刘东文、中央图书馆筹备处主任蒋复璁、四川教育厅长郭有守、建设厅长陈筑山、金陵大学文学院院长刘国钧，以及各机关长官、学界名流、各界来宾，共 200 余人出席了典礼，济济一堂，仪式颇为隆重。戴季陶的致辞表达了对四川省立图书馆的愿望："以图书之可贵者，以有人读之故也。若弃而不读，何必藏书？观察所得，有一种认真办理之图书馆，极希望人阅读，而无无人不读，即使取阅，亦属闲书。有一种图书馆则将书籍捆藏，根本不与人读，甚可叹息。四川刻书虽较其他局刻为少，但校勘甚精，现在其他各局多遭损毁，甚望大家努力收藏，提倡刊刻，养成一种读书风气，四川人文向极称盛，且民多知巧，省馆成立后，当更促进文化，造福乡邦。"①

四川省立图书馆设馆长一人，由省政府委任。馆长下设总务、阅览、采编及辅导研究四部，各部设主任一人，商承馆长，分别办理辅导、研究阅览、购置、编目及文书等事宜。各部根据事情繁简，可设干事、助理干事、书记及练习生各若干人，襄理该部事宜。会计室除会计员外，设会计助理一人，办理该馆会计事项。此外设编撰一人，专办该馆一切编撰事项。到 1945 年，共有职员 39 人。该馆经费由四川省政府拨付。1940 年 1～4 月筹备期间，计共领 33 500 元，同年 4～12 月开馆期间经费为 50 000 元，1941 年度全年预算为 95 000 元，以后逐渐增加。但增加的部分为通货膨胀所消耗，没有大的发展。

四川省立图书馆的成立，固然得益于四川省政府的高瞻远瞩和社会各界的大力支持，但与中华图书馆协会的积极推动和协助密不可分。从发起来看，协会理事长袁同礼功不可没。他一方面向川教育厅长郭有守提出建议，另一方面努力说服中英庚款董事会给予资助。在其推动下，建设规

① 《四川省立图正式成立》，《中华图书馆协会会报》1940 年第 6 期，第 11 页。

划很快得到了后者同意，并予以资助；从筹备来看，中华图书馆协会会员更是发挥了不可替代的专业辅导作用。在筹备委员中，绝大多数是协会会员，筹备处主任岳良木、副主任曹祖彬均为协会活跃人员。前者为文华图专校友，又供职于中央图书馆筹备处，后者与金陵大学渊源深远，与刘国钧关系良好。规划中的人员培训，也完全由协会会员承担。如果没有协会的大力支持，四川省立图书馆能够在很短时间筹备成立，尤其运作走上正轨，初步形成现代化图书馆，那是不可想象的。

四川省立图书馆的建设，是抗日战争期间中国图书馆建设事业的一大成就，填补了四川没有省立图书馆的空白，推动了西南地区的文化发展，一定程度上缩短了与东部地区图书馆之间的差距，部分满足了内迁成都高校和科研院所的研究需要，促进了四川社会教育事业的发展，适应了抗战期间社会动员的需要，为大后方人民提供了精神食粮，有着极其重要而深远的影响。

四、四川省立图书馆的馆务

四川省立图书馆建成后，采取各种措施，吸引读者，扩大社会影响，促进西部地区文化事业的发展。概括起来，其成效主要体现在三个方面：

一是阅览人数众多。截至1944年11月底，四川省立图书馆共有书籍近5万册，内除去西文书籍877本及平装书近1万本外，其他都是线装书。应该说，数量不是很多。但该馆开放时间较长，每天从上午8点到晚上8点，星期日也不例外。除政府规定的假日外，从不停止开放；加上手续简便，阅览者也非常踊跃。根据该馆统计：1940年开馆时，每天阅览人数平均不到100人；1941年全年，增加到84 209人，1942年为91 244人。阅览书籍，以语言类为最多，宗教最少。到1943年时，阅览总数下降为88 999人，最多仍是语言，最少仍是宗教。到1944年11月底，共有阅览人数78 547人，阅览书籍的种类和以前一样。但在1942年中，阅览人的职业，以学界最多，军界次之，政界又次之，农工最少。在1943年时，学界依然最多，但政界上升为第二。到了1944年，政界第一，军界第二，商界第三，学界竟然降到第四位①。战时四川省立图书馆的阅览数据对分析战时阅览状况，乃至于图书馆建设，都具有价值。

作为一个藏书仅5万册左右的省立图书馆，川馆的阅览人数非常可

---

① 《四川省立图书馆四年半来的概况》，《中华图书馆协会会报》1945年第1～3期合刊，第3页。

观。中央图书馆刚开馆时，每天成人也不到百人，以后逐渐增加。到 1939
年底，每到星期天或节假日，成人常常超过 400 人①。除去计算方法上的差
异，应该说，两者在阅览人数上差不多。再以同一时期国立北平图书馆北
京馆为例。该馆 1940 年阅览人数为 256 044 人，1941 年为 44 937 人，1942
年为 102 445 人，1943 年为 154 741 人②。从绝对数量上，除了 1941 年外，
北京图书馆的阅览人数远远超过四川省立图书馆。但须知，北京图书馆藏
书 50 万册以上，还不包括各种期刊、舆图等，而且成都人口和高校总数也
没有北平多。通过比较，立刻发现四川省立图书馆的阅览人数比率远远超
过北京图书馆。四川省立图书馆的巨大阅览量，大概是创办者所始料未及
的，也表明该馆的设立，确实满足了民众的阅读需求。

　　二是开办图书管理员讲习班。四川省教育厅为了改进中等学校图书管
理，训练专门技术人员，特地委托省立图书馆办理第一期中等学校图书管
理员讲习班。经过筹备，于 1940 年 11 月 7 日正式上课。其学员由教育厅
调派。实际报到的，有省立教育学院、民政厅、建设厅、财政厅以及中等学
校图书管理员，共 25 人，训练时间为 2 个月。关于教务部分，由省立图书
馆馆长曹祖彬全权办理；训导部分，则由教育学院派员主持。所聘请的讲
师有刘国钧、李小缘、陈兴伟、戴安邦；省馆方面，有曹祖彬、陶述先、吕
洪年、陶吉庭等。关于图书馆学主要科目都开设无遗。每天除规定上午授
课外，下午为实习时间，商得华西协和大学、金陵大学、金陵女子大学各图
书馆的赞助，并指导实习，而以金陵大学图书馆作为主要实习场所，师资
设备，颇称完备，取得了良好的社会成效。

　　四川省立图书馆开办的这次图书管理员讲习班恰逢其时。1941 年 2
月 14 日，教育部以"图书馆教育旨在提高文化水平，培养健全公民，值此
抗战建国发动民众之时，亟应普及"③为由，公布了《普及全国图书馆教育
暂行办法》，以促进图书馆事业的发展。而川馆在此前即以推广图书馆事
业为己任，这不能不说图书管理员讲习班具有较强的现实意义。

　　三是文献整理工作。四川省立图书馆建设迟、起点低、基础薄弱，但
1945 年前，在整理古籍方面还是做了许多工作：1.已经完成的校勘古籍工作
有：(1)尔雅郭注校本；(2)唐才子传；(3)新语略校；(4)新序；(5)说苑；

　　①　彭道真：《国立中央图书馆白沙民众阅览室概况》，《中华图书馆协会会报》1940 年第 4
　　　　期，第 6 页。
　　②　北京图书馆业务研究委员会编：《北京图书馆史资料汇编(1909～1949)》，第 1122 页。
　　③　《教育部通令〈普及全国图书馆教育暂行办法〉》，《中华图书馆协会会报》1941 年第 3～4
　　　　期合刊，第 13 页。

（6）文心雕龙。2.研究中的校勘古籍工作有：（1）晋书校刊（勘）；（2）潜夫论校记；（3）法书要录；（4）南史；（5）北史。3.校辑佚书工作有：（1）尚书大传；（2）三国典略。4.学术研究工作有：（1）宋元学案前编；（2）浙东史学①。

蜀中文风，向来兴盛，成都又是西部地区的文教中心之一。从数量上看，四川省立图书馆整理的古籍数量不是很多，质量也非上乘。与四川大学图书馆比较，不可同日而语。不过，如果考虑到省立图书馆成立只有4年多，经费短缺，人才有限（到1945年，全馆总人数仅39人），以经费、人才、整理数量进行权衡，不能不说四川省立图书馆在整理古籍方面做出了积极贡献，对传承文化发挥了重要作用。

当然，四川省立图书馆的工作并不止上述内容，其他包括在馆长蒙文通主持下出版图书集刊等，都是重要工作。

四川省立图书馆的建成，是以中华图书馆协会为代表的中国图书馆界共同努力的结果。图书馆界不仅提出了创设构想，而且通过中英庚款董事会提供经费支持，尤其提供智力支持，在筹备工作中发挥了积极作用。川馆的运作成效，恰恰证明了大规模图书馆设立的必要性。四川省立图书馆的设立，是战时中国图书馆事业发展的典范之作。1939年初，中华图书馆协会会员舒纪维表示，自全面抗战以来，四川成为后方重地，"是中华民族复兴之根据地，比之革命前的武汉，其重要性尤大"②，因此他提出严密组织系统、慎重图书采购、举办巡回文库、培养良好学风、统一图书编制等5项四川图书馆教育发展目标。四川省立图书馆的建设，在某种程度上，是对民间发展图书馆事业呼吁的一种回应，顺应了社会发展的要求，在传承文化方面做出了积极贡献。

第三节　国立中央图书馆

一、重庆分馆的设立

国立中央图书馆是民国时期著名的国立图书馆，与国立北平图书馆齐名，为民国时期两大国立图书馆之一。中央图书馆创议于1928年5月

---

① 《四川省立图书馆四年半来的概况》，《中华图书馆协会会报》1945年第1～3期合刊，第3页。

② 舒纪维：《期望中四川之图书馆教育》，《新教育旬刊》1939年第5～6期合刊，新年特大号，第27页。

的全国教育会议，1933 年，筹备工作正式启动，由蒋复璁任筹备处主任。1937 年 11 月，筹备处奉命西迁，先至长沙，再迁宜昌，1938 年 5 月到达重庆，伴随国民政府一路向西。此间，中央图书馆的筹备工作已经无法正常进行，但国民政府依然予以经费维持。1937 年 10 月份起，维持费每月 1 500 元，1938 年度经常费 24 000 元。居留重庆后，中央图书馆的经常费逐年增加，1939 年度经常费 47 600 元，已经与战前 1934、1935、1936 年度 48 000 元相仿。1940 年度为 79 600 元①，较之以前接近翻倍。这种资助力度即使除去通货膨胀因素，也不可谓不多。持续增加的经费投入表明国民政府对中央图书馆筹备工作的重视。须知，战时国民政府支出空前增加，收入相对减少。在这一增一减中，中央图书馆的经常费能够急剧增加，这对图书馆界来说，无疑是一种意外收获。1940 年中央图书馆成立后，经常费继续增加：1941 年度为 174 788 元，1942 年度为 234 347 元，1943 年度为 636 977 元，1944 年度更是超越百万大关，达到 1 287 704 元。经费的持续增加，表明国民政府对中央图书馆的支持态度稳定增长，也与该馆工作得到认同不无关系。

为谋发展西南文化起见，教育部决定在重庆建筑中央图书馆重庆分馆。为此，中央图书馆筹备处每月的维持费从 1938 年 2 月起增加到 2 000 元。另外，由中英庚款董事会借拨 1 万元，为运输及补充藏书阅览设备等费用。中央图书馆出版品国际交换处每月由中英庚款补助 2 000 元②。在筹备过程中，中央图书馆也得到了四川地方政府的支持。1938 年，四川省政府会议议决，决定补助中央图书馆经费 5 000 元，在该馆建筑完成三分之二时，即行拨付③。

不仅如此，对筹备处的合理要求，教育部也是尽量予以满足。根据教育部的规划，中央图书馆的建筑，由四川教育厅厅长郭有守、重庆市市长吴国桢，教育部及管理中英庚款董事会所派代表共同筹备，筹备处主任蒋复璁为当然委员。开工以后，进展顺利。但 1939 年 9 月，该馆附近民房发生火灾，波及小部分馆舍。该馆提出：分馆附近烧毁后遗弃的地基，可以乘机购进，同时为了更好地完成馆内电气设备，请教育部补助经费④。教育部对此要求一一照准。1940 年 8 月，中央图书馆结束筹备工作，正式宣告成立。

中央图书馆的筹备工作，得到了教育部的大力支持，获得了中英庚款

---

① 《国立中央图书馆概况》，《国立中央图书馆馆刊》1947 年第 3 号，第 49 页。
② 《国立中央圕迁渝后近讯》，《中华图书馆协会会报》1938 年第 1 期，第 19 页。
③ 《中央圕渝分馆得川省府补助》，《中华图书馆协会会报》1938 年第 2 期，第 21 页。
④ 《教部增发经费建筑中央圕分馆》，《中华图书馆协会会报》1940 年第 6 期，第 10 页。

董事会的慷慨资助，取得了四川地方的积极协助。可以说，中央图书馆是在中央与地方、中国与英国相互合作的前提下，建设工作稳步推进。

二、创设民众阅览室

为了促进西南地区文化社会事业的发展，推广图书馆事业，提高人民知识水准，为抗战建国服务，1939 年 9 月 17 日，国立中央图书馆筹备处在重庆江津县白沙镇设立了民众阅览室，并附设儿童阅览室。中央图书馆创设民众阅览室，显示了其服务社会的办馆理念。该阅览室主要包括：

图表室和阅报室。图表室张挂有关抗战建国及民族伟人事迹的图表，每两周更换一次，不断更新，以保持读者对阅读的兴趣。阅报室陈列日报，计江津 1 份，重庆 3 份，成都 2 份，上海 2 份，云南、贵州、广西、福建、安徽、浙江、湖南、湖北、江西、河南、山西、陕西、甘肃、青海、新疆及香港各 1 份，共 24 份，每日更换。阅报室的设立，非常及时，有利于民众及时了解战时各地状况，这也是民众急切需要的。

儿童阅览室。儿童阅览室的书架桌椅都按照儿童标准尺寸制备。阅览室可容纳小读者 50 余人。书籍购置在战时特别困难，儿童书籍尤其如此。中央图书馆分别向重庆、成都、香港、上海出版儿童读物的各书局函购，虽经努力，但获得的书籍依然有限，寥寥无几。到 1939 年底，阅览室庋藏的儿童书籍共 1 500 余册，全部放在阅览室内，开架阅读。儿童阅览室门外设有衣镜、面盆、手巾、香皂、水桶等，并在旁边贴有醒目的"小朋友们请先洗手再进室看书"等标语，以培养儿童良好的生活习惯。儿童也可以借书回家阅读。阅览室有印好的儿童申请借书各种表格。儿童如果想借书，先填写《儿童借书申请书》。阅览室收到申请书后，再发给《请家长证明书》及《请学校介绍函》；没有入学的儿童，填写《请家长证明书》即可。根据该项证明函件，阅览室进行调查后发给借书证，凭证可以借书 3 册，期限 2 周。儿童阅览室是国立中央图书馆白沙民众阅览室的一大特色，其目的在于"期于儿童图书馆方面树立规模，以便抗战胜利时，留与白沙民众作中央图书馆在川之纪念"[1]。

阅览室和杂志室。民众阅览室大部分参考书开架陈列，到 1939 年底，共 674 册。杂志室陈列杂志 160 种，分类陈列，分公报、政治、经济、军事、法律、史地、合作、农业、教育、青年、妇女、儿童、科学、文艺、美术、时

---

① 彭道真：《国立中央图书馆白沙民众阅览室概况》，《中华图书馆协会会报》1940 年第 4 期，第 7 页。

论、医药卫生及读书辅导 18 种,读者自由取阅。民众阅览室的书籍注意通俗、普及,书库藏书并不丰富,截至 1939 年底,计 4 500 余册。不过,书籍随时有增加,不断得到补充。

中央图书馆设立民众阅览室,"期在推广图书馆事业并提高人民知识水准,以为抗战之助"。而对于儿童阅览室的设置、桌椅的购置以及图书的供应,尤事事合乎标准,"以为发展儿童图书馆事业之基础" ①。参考阅览室以西文图书为主,专为驻沙各文化机关参考西文书籍使用,采取开架制,以便利阅览。

国立中央图书馆民众阅览室取得的成效也相当明显。刚开馆时,每天成人不到百人,儿童不过二三十人,以后逐渐增加。到 1939 年底,每到星期天或节假日,成人常常超过 400 人,儿童读者也在 90～200 人之间。该阅览室僻居乡村,能有如此规模,在战时特定时代,已属不易。

国立中央图书馆是国家学术文化资料的最高机关,服务对象为学者专家,民众阅览室本非其分内之事。但该馆降低身段,满足抗战时期的社会需要,对西南图书馆事业的发展,不无促进作用;对民众教育,也起到了抗战建国的激励作用。国立中央图书馆民众阅览室的积极作用是十分明显的。

三、收购沦陷区古籍

中央图书馆负有传承文化的历史责任。中央图书馆创议于 1928 年 5 月在南京召开的第一次全国教育会议。作为代表之一,安徽教育厅代表韩安指出,近来外国人重视东方文化,纷纷来华收买古籍,致使中国"奇书秘籍流入异域,国人之讲国故者,竟有求于外国图书馆之事,可谓奇耻大辱"。因此,他提出"此种保存文献之重任,不得不属望于强有力之中央图书馆。"② 韩安的提案代表了中国传统文化保存论者的心声,得到了与会代表的热烈支持。其实,清末创设京师图书馆,一个主要因素就是为保存国粹,防止典籍外流,并规定了保存范围。1910 年学部颁布的《图书馆通行章程》第八条规定:"凡内府秘笈、海内孤本、宋元旧椠、精抄之本,皆在应保存之类。"在国家层面,通过法规形式保存国粹,足以表明传统典籍流失的严重程度。民国建立后,传统典籍流失现象非但没有缓解,反而更加严重,国人对此忧心忡忡。韩安的提案之所以能够被大会接受,其理由即在

---

①　《国立中央图书馆概况》,《国立中央图书馆馆刊》1947 年第 3 号,第 51 页。

②　中华民国大学院编:《全国教育会议报告》乙编,第 607 页。

于此。也因为有此自觉认识，在收集古籍方面，中央图书馆也不遗余力。当然，国民政府筹设中央图书馆，也不无重建文化中心的含义，即首都南京打造另外一个完全由中国政府管理的国立图书馆，以配合新都的文化建设。

1939年，华北、华东、华南先后失陷，私家珍贵古籍，尤其江浙一带私家藏书，大量流落到社会。沦陷区有识之士深以为忧，担心如不及时收集，文献散佚，影响中国文化甚远。1940年1月，叶恭绰等致电蒋介石、教育部长陈立夫等，表示："寇兵肆虐，华南公私文物扫地殆尽，重要图籍之散失者不可数计。敌方竭力搜集，此于文化菁英、国防秘要，均大有关系"，拟请政府密为收购①。1月5日，沪上国立暨南大学校长何炳松、私立光华大学校长张寿镛、商务印书馆董事长张元济、国立暨南大学教师郑振铎等也致电陈立夫和中英庚款董事会董事长朱家骅，建议在上海组织购书委员会，"从事搜访遗佚，保存文献，以免落入敌手，流出海外"②。收购沦陷区珍贵文献成为文化界的共识。朱家骅认为："非收购不可，否则流之国外，战后是无法买到的。"③他决定由中央图书馆负责收购。而中央图书馆有一笔建筑费留在中英庚款董事会，此时通货膨胀已经加剧，再不使用，将来也不值钱。教育部陈立夫等也主张收购，建议收购通过中央图书馆进行。这样，抢购珍贵文献的历史重任就落在了中央图书馆身上。

根据中英庚款董事会和教育部的建议，1940年元旦，蒋复璁从重庆出发，到沦陷区筹设机构，收购散佚图书。9日抵达香港后，他和中英庚款董事会董事叶恭绰进行了磋商，确定收购地点分别在两个地方：一个是香港，一个是上海。香港方面由叶恭绰负责，主要采购广东方面散出的书籍。两人暂定收购经费为40万元，以三分之二用于上海，三分之一用于香港。

1月中旬，蒋复璁到达上海，随即与何炳松、张寿镛、张元济等进行接洽，请他们主持收购，款项由中英庚款董事会提供。张元济并没有参加实际工作，后来由国立暨南大学文学院院长郑振铎加入。蒋复璁回去后不久，张元济、何炳松、张寿镛、郑振铎、中法大学教授张凤举便正式成立了"文献保存同志会"，随即展开工作。文献保存同志会的分工较为明确：郑振铎主要负责联系收购，张寿镛主要负责版本、价格的审定，张元济发挥咨询顾问作用，何炳松主要负责管理经费。故宫博物院古物馆馆长徐森玉

① 中国第二历史档案馆编：《中华民国史档案资料汇编》第五辑·第二编·文化（二），第596页。
② 沈津：《郑振铎和〈文献保存同志会〉》，《国家图书馆刊》1997年第1期，第99页。
③ 蒋复璁：《我与中国的图书馆事业》，《新时代》1967年第1卷第3期，第51页。

两次潜进上海，协助收购事宜，尤其在版本鉴定方面，发挥了不可替代的作用。文献保存同志会有办事细则，以保证收购工作有序进行。

这样，到了1940年2月，古籍收购工作正式启动：中央图书馆筹备处主任蒋复璁居重庆，负责总协调：一方面与教育部、中英庚款董事会保持密切联系，争取政府方面的大力支持，另一方面与香港的叶恭绰、上海的文献保存同志会诸先生通讯畅通，以随时指导收购工作。香港方面，随着收购工作展开，除了叶恭绰负责外，香港大学冯平山图书馆提供文献寄存处所，香港大学中文学院许地山主任和马鉴教授帮忙，派人协助保管。文献的整理装箱，由叶恭绰任指挥，对外接洽、打包、过秤等，则由徐森玉办理。王云五等人也参与到收购工作的具体环节中。上海方面，分工明确，成效显著。郑振铎等不断地向蒋复璁汇报收购工作，收购工作在恐怖的政治环境中顺利展开。

收购工作成效明显。根据学者的研究，香港方面，有《香港购书目录》十纸，约341种。这些文献包括顺德李文田收藏的元、明版书，如《辍耕录》《辩惑续编》等20种，以及所批校汗如《西域水道记》《柬埔寨以北探路记》等。莫氏五十万卷楼所藏，如元刊本《陈子昂集》及旧抄本《太白阴经》等；黄氏碧琅玕馆藏，如清梁松年《心远论余》手稿143册、清王敬亭编《辽金文存》稿本12册等；徐氏南州书楼所藏，如明嘉靖刊本《卢溪先生集》、旧抄本《靖康要录》等。此外，还有宋版《仪礼》等[①]，具有较高的学术价值。

上海方面的收购成效更为突出。学者研究显示，这次收购行为，从1940年到1941年不到两年的时间里，收购了大量价值连城的珍本、孤本、善本，而且有许多是完整的、承传有序的专藏。1948年底到1949年初，随着国民党撤退台湾，文献同志会抢救下来的精品及大部分图书被运往台湾，共计644箱，其中善本有121 368册另64散页，包括201部宋本、5部金本、230部元本、6 219部明本、1部嘉兴藏经、344部清本、483部稿本、446部批校本、2 586部抄本、273部高丽本、330部日本刊本、2部安南刊本及153卷敦煌音经等。学者表示："如今，台湾'国家图书馆'的善本书库所藏，基本上就是当年同志会抢救下来的那些图书珍宝！""他们短短两年间的所得，已经超过了当时苦心经营了几十年的北京图书馆的善本库。"[②]

文献保存同志会之所以成效卓著，原因很多，其中一个重要方面，就

①　卢锦堂：《抗战时期香港方面暨冯平山图书馆参与国立中央图书馆抢救我国东南沦陷区善本古籍初探》，《国家图书馆馆刊》2003年第2期，第128～129页。
②　陈福康：《郑振铎等人致旧中央图书馆的秘密报告》，《出版史料》2001年第1期，第88页。

是同志会成员有着强烈的民族意识，力图通过自己的努力，将中国文化传承下去。郑振铎就是这样一个典型。在收购文献过程中，徐森玉和何炳松看到郑四处奔波，相当辛苦，写信给蒋复璁，希望按月给予其报酬。郑得知消息后，立刻致函蒋复璁，表明自己的态度。此函虽长，但很有说服力，摘录如下："二公盛意，虽甚可感，然似未深知弟之为人。弟束发读书，尚明义利之辨，一腔热血，爱国不敢后人。一岁以来，弟之所以号呼，废寝忘食以从事于抢救文物者，纯是一番为国效劳之心。若一谈及报酬，则前功尽弃，大类居功邀赏矣。万万非弟所愿问闻也。尊处如亦允二公所请，竟欲付弟以报酬或任何名义，则弟只好拂袖而去，不再预闻斯事矣！弟自前年中，目睹平贾辈在此钻营故家藏书，捆载而北，尝有一日而付邮至千包以上者。目击心伤，截留无力，惟有付之浩叹耳！每中夜起立，彷徨吁叹，哀此民族文化，竟归沦陷，且复流亡海外，无复归来之望。我辈若不急起直追，收拾残余，则将来研究国史朝章者，必有远适海外留学之一日，此实我民族之奇耻大辱也！其重要似尤在丧一城、失一地之上，尝与菊、咏、柏 ① 诸公谈及，亦但有相顾踌躇，挽救无方也。姑电蒋、朱、陈、翁诸公 ② 陈述意见，幸赖诸公珍护民族文化，赐以援手，又得吾公主持其间，辛劳备至，乃得有此一岁来之微绩。虽古籍之多亡，幸'补牢'之尚早，江南文化之不至一扫而空者，皆诸公之功也。此不仅建国之盛业，亦子孙百代所应泥首感谢者。我辈得供奔走，略尽微劳，时读异书，多见秘籍，为幸亦已多矣！尚敢自诩其功乎？书生报国，仅能收拾残余，已有惭于前后方人士之喋血杀敌者矣。若竟复以此自诩，而贸然居功取酬，尚能自称为'人'乎？望吾公以'人'视我，不提报酬之事，实为撕幸！且政府功令，兼职者不能兼薪。弟任教国立大学，已得国家薪禄，更万无再支额外劳酬之理。如为采购事务，奔走市上，则尽可开支车资，实无按月支领巨额薪酬之必要也。国难未已，分金均宜爱惜，我辈书生至今尚得食国禄，感国恩已深，虽此间生活程度颇高，然量入为出，差足仰养俯育，更不宜乘机取利，肥己肥家。读书养气，所为何事！见利忘义，有类禽兽。良知未泯，国法俱在。务恳吾公成全弟之'私'志。感甚！感甚！" ③ 在文化传承和个人利益的权衡方

---

① "菊"指的是张元济；"咏"指的是张寿镛；"柏"指的是何炳松。

② "蒋、朱、陈、翁诸公"，沈津原注为："指蒋介石、朱家骅、陈立夫、翁文灏"。笔者认为此处"蒋"应该是蒋梦麟，而非蒋介石。他们几位直接致电蒋介石，似不太可能。蒋梦麟是原北京大学校长，国立西南联合大学校务委员会三大常委之一，与文化界关系密切，对文化事业颇为关注，且与张元济等素有往来（蒋梦麟应蔡元培之邀就职北京大学之前，任职于张元济主持的商务印书馆）。因此，此处的"蒋"极有可能是蒋梦麟。

③ 沈津：《郑振铎致蒋复璁信札（上）》，《文献》2001年第3期，第264～265页。

面，郑振铎分得清清楚楚。有大局观念的，不只是郑振铎一个人。文献同志会的收购过程中，私人藏书家、书商等方方面面，大多都有这种强烈的民族意识。这种民族意识，不仅是收购取得成功的保证，也是中华民族抗战最终取得胜利的精神支柱。

四、编制书籍目录

作为国民政府重点建设的国立图书馆，中央图书馆也力图积极发挥其中央图书馆应有的职能，其中之一为编制各种书目。

一是编制全国总书目。编制联合书目一直是中国图书馆界的理想，抗战爆发后，也没有放弃这一理想。抗战困难时期，后方图书缺乏，国立中央图书馆呈准教育部编辑全国图书总目录，得到批准。1941年6月，该馆收集的中西文图书目录达300余种，但体例不一，著录不详，兹事体大，不可速成。为应急切需要起见，该馆先编西文部分，但西文藏书又集中于大学、研究院等各重要学术机关，所以派员携带工具，就地编制。凡陪都附近各机关，如国立编译馆、中央大学、中央研究院、气象研究所、科学社、生物研究所、中国西部科学院、社会教育学院、中国乡村建设育才院、复旦大学、资源委员会、武昌文华图书馆学专科学校、中央政治学校及重庆郊区较大图书馆的西文书目，全部编制完成。书目曾在该馆重庆阅览室排比入柜，供众使用。

该馆为编制中文书目兼供全国图书馆采用起见，制定中文图书编目规则，分甲乙丙三编。甲编适用于普通图书，可为普通图书馆之需。乙编适用于善本图书及书之性质特殊，为甲编规则所不能范畴者。丙编有三种规则：一是拓片编目规则，二是期刊编目规则，三是舆图编目规则。从1935年着手编制，历时11年，几经审订，到1946年缮交商务印书馆出版。西文编目规则，采用英法德美各国之长而不囿于一国，可供各图书馆需用。编制全国总书目是各国中央图书馆的基本职能之一。中国中央图书馆创设较晚，却能在抗日战争艰苦卓绝的条件下完成编撰全国总书目，不能不说是中央图书馆对图书馆事业的一大贡献。

二是其他书目。1. 战时国民知识书目。从1937年9月开始，中央图书馆筹备处编订战时国民知识书目，至1939年8月，分期印行，赠送各界，印行了27期。2. 西南问题联合书目。自全面抗战开始后，西南各省的重要性日益突出。该馆为了便利社会人士搜求关于西南问题的知识，编印了《重庆各图书馆所藏西南问题联合书目》等，以满足社会各界的需要。3. 金石拓片目录。该馆所藏金石拓片，在南京时曾经编成目录，分期刊载于国立中央图书馆馆刊《学觚》上。到重庆后,该馆重新加以整理增订,将所藏金石拓片编成目录问世。4.影印古籍。为了促进文化传承,1942 年,中央图书馆将所藏善本图书,选择珍秘而又切于适用者委托商务印书馆影印为玄览堂丛书。第一集 120 册,计有:(1)张道宗著《纪古滇说集》,一卷;(2)许纶等编《旧编图说》,不分卷;(3)王在晋著《都督将军传》,一卷;(4)张乃鼎著《边筹》,二卷;(5)欧阳重著《交黎抚剿事略》,四卷;(6)苔上愚公著《考略》,不分卷;(7)无著《扰人安南节略》,三卷;(8)滇时宁著《三镇图说》,三卷;(9)梁锡天编《安南来或图》,三卷;(10)扬一蔡著《商业》,八卷。①

　　中央图书馆编制的各种书目,既有关系中国图书馆事业长久发展的全国图书总目录,也有切合抗战需要的战时国民知识书目,兼及区域文化的西南问题联合书目,以及期刊、金石拓片等目录。目录种类齐全,具有较强的实用性,体现该馆将战时工作与平时工作有机结合起来的创新意识,对促进文化传承、激励民众的抗战意识等方面,均不无积极作用。

五、其他重要工作

　　一是举办各种展览。中央图书馆通过各种展览促进地方人士对文化事业的关注。中央图书馆重庆分馆建筑在重庆市各项新建筑中,地点适宜,交通便利。因此除了日常开放外,该馆还经常举办各种文化教育活动,以增进社会对图书馆事业的了解。如,1939 年举办的活动有:10 月 10 日双十节下午举行儿童读物展览,并以茶点及纪念品招待前来参观的小朋友。当天所到儿童极为踊跃,半天之内签名的小朋友超过 500 人,成人及不能写自己姓名的小朋友还不包括在内。11 月 12 日孙中山诞辰纪念日举行日报杂志展览会,陈列中央图书馆本年度入藏的期刊及报章,计公报 118 种,杂志 329 种,日报 307 种。参观人数 1 400 多人。这两次活动之后,读者人数增加很快,儿童及成人平均每天阅览人数比以前增加一倍以上。图书馆工作人员都忙不过来,但很有成就感。此外,还举办了善本图书、金石拓片、儿童图书展览会等。陪都各机关团体也多借地集会,以展览会为多。如党史史料展览会、社会教育展览会、国防科学展览会、兵役史迹展览会及各种美术展览会,参观人数每每达到数万人,给陪都市民以极佳印象。蒋复璁对举办展览甚为得意。他晚年时曾表示,中央图书馆"可以说是一

---

① 教育部教育年鉴编撰委员会:《第二次中华民国教育年鉴》,第 1117 页。

个战时文化活动中心,用以增强战时的情绪,鼓舞民众的兴趣"①。

二是创办补习学校。社会各界对战时图书馆教育较为重视,中国教育学术团体第一届联合年会于 1938 年 11 月在重庆召开时,会上即有人提出《请开办西南及西北各省图书馆服务人员讲习会案》,四川省立图书馆也办理过中等学校图书管理员讲习班。教育部为此于 1941 年 2 月公布了《普及全国图书馆教育暂行办法》。在图书馆教育方面,中央图书馆也做出了表率。中央图书馆成立后不久,奉教育部令在该馆重庆分馆内设立补习学校,招收曾任图书馆职务人士及高中毕业学生入学进修。设有图书馆学通论、编目学(附实习)、分类法(附实习),图书征购、图书参考、目录学诸课程,报名学员 40 余名,其中以各机关图书室、资料室、档案室任事人员为最多,于 1941 年 7 月 15 日开课。全学程 10 个星期,每周授课 24 小时,星期日有专题演讲,分别邀请社会教育专家相菊潭、陈训慈、马宗荣、沈祖荣、王文山、汪长柄、钟灵秀等担任主讲。通过培训,战时西部地区图书馆人员素质有所提高。

此外,中央图书馆在图书阅览流通方面,也有不俗表现。据《中华图书馆协会会报》载:抗战时期书价日高,交通又很困难,私人购置图书,力不从心。公共图书馆事业的重要性,随环境的演变与日俱增。以国立中央图书馆阅览事务而论,正如《大公报》所谓:"时呈满坑满谷状态。"②该馆位于陪都新市区中心,开馆时间从早上 9 点到晚上 9 点,阅览人以公务人员及各种自由职业者居多,事务方面以每日晚间及假日特别繁忙。媒体报道充分肯定了中央图书馆的阅览工作。

根据 1940 年 10 月国民政府公布的《国立中央图书馆组织条例》第一条规定:国立中央图书馆"掌理关于图书之汇集、编藏、考订、展览及全国图书馆事业之辅导事宜"。揆诸事实,中央图书馆实实在在地履行了这些职能,取得了良好的社会反应。

六、中央图书馆的创设意义

中央图书馆的创设,一方面为大后方民众提供阅览,收集沦陷区珍贵文献,编制各种书目,出版珍稀文献,辅导全国图书馆事业等;另一方面也站在中国文化的制高点,与日伪政权在文化战线展开竞争,确保中国文化绵延传承。从某种程度上看,中央图书馆的创设也是与伪政权"中央图书

---

① 蒋复璁:《我与中国的图书馆事业》,《新时代》1967 年第 1 卷第 3 期,第 51 页。
② 《国立中央圕简讯一束》,《中华图书馆协会会报》1942 年第 1～2 期合刊,第 13～14 页。

馆"进行斗争的需要。

伪政权设立"中央图书馆"的构想，开始于1939年初。国民政府首都南京失陷后不久，伪政权陆续成立。1938年，伪江苏省政府提出将国学图书馆仍然归省办。不过，伪教育部对此提议并不赞同，指出："各地文献古物遭兹变乱，损失散佚，深滋痛惜。况值地方秩序初复教费困难时期，所有原属国粹之古物文献，应由中央统筹管理，并迅施有计划整理，藉以保存国粹。该前南京国学图书馆，久设南京，从前京畿设市时，省属机关均随迁省政府所在地，独该图书馆为议迁设，良以馆务虽由地方主办，而图书国粹系属国有，且该馆所藏储巨量图书，亦虞搬动损乱。今若仍归省办，而所在地又属市区，若移归市办，而该馆所有物又原系省有，两俱未当。现在本部正在酌设国立图书馆，为统一管理计，拟组织图书管理委员会，将从前分散各地之国粹图书文献，悉行接受整理，在首都设立国立图书馆一二所，各省市县普设图书分馆或图书流动阅览处，所需经费全部由中央支给。馆务由本部派员会同地方教育行政主管机关协同管理，以一事权。"①1939年3月，南京"维新政府行政院"院长梁鸿志表示认可"教育部"的处理。

"维新政权""行政院"接管南京国学图书馆得到了支持。刘云龙表示：南京国学图书馆虽然损失很多，但难民区内仍然保留不少，"倘能加以整理，不难恢复旧光。惟就其性质而论，仍以专重国学为是"②。该作者还提出充实国学图书馆的办法：公立图书馆散失的书籍，由"教育部"设法低价收购，归之"国立图书馆"。那些拥有公立图书馆书籍而不自行呈缴者，一经查获，即以盗卖官书论罪。各藏书家藏有的线装书籍，由"教育部"另筹专款，饬令"国立图书馆"访求。如果能以"国家"之力收购线装书籍，成绩必然可观。此外，刘云龙就国学图书馆的馆址、图书分类等问题也都有讨论，几乎完全支持"政府"通过各种方式汇集国学书籍。创设"国立图书馆"、收集珍贵文献成为伪政权文化政权的重要内容。

1940年，汪精卫"南京国民政府"成立。伪教育部长赵正平在行政院第四次会议上提出：拟请以江苏省立国学图书馆原址，改设为"中央图书馆"，附具组织大纲及经费概算。议决组织大纲改为组织规程，经费由前南京大学筹备费预算项下移拨。其余照原案通过。5月18日，赵兼任"国立中央图书馆"馆长，筹备工作启动。媒体对赵的筹备工作给予较高评价：

① 《行政院指令》，《教育公报》1939年第7期，第2页。
② 刘云龙：《对于行政院接受南京国学图书馆之意见》，《新命》1939年第5期，第32页。

"自赵部长兼任馆长以来,即从事积极扩充图书,整理馆务,历次购入各种图书达三万余册。"① 后赵因部务繁忙,由总务司长段庆平代理。1941 年 1 月 1 日起,正式对外开放。根据当时的报道,该馆开放后,"阅读者踊跃"②。

"中央图书馆"馆藏增加很快。按照 1944 年出版的《申报年鉴》记载,"中央图书馆"有中日文图书 269 100 册、中国古书 413 400 册、中文公报 140 500 册、日文杂志 5 000 册、西文杂志 48 700 册,合计 943 500 册(实为 876 700 册)。而根据 1941 年沦陷区出版的《江苏教育》载,"中央图书馆"开放时,"图书部分现有中外图书十余万册,……外国文杂志八十余种,中文杂志三百余种"③。三年左右时间,图书从 10 余万册增加到近百万册,速度不可谓不快。而其快速增加的原因之一为得到了日本的支持。《申报年鉴》称:"中央图书馆在中日协力之下,经数度运输,图书始克集中。"④

日本支持伪政权设立"中央图书馆",服务于其侵华的总体方针,力图从思想文化层面征服中国。伪中央图书馆的设立,有利于日方抚慰中国民众,削弱沦陷区中国民众的警戒甚或抗争心理,使其习惯于日本和伪政权的治理,心理上接受现状。这种状况显然不利于全面抗战政策的推行。重庆中央图书馆的存在及其采取的各种措施,昭示沦陷区民众:重庆中央图书馆才是中国文化机关的象征,中国传统文化的中心在重庆。从这个意义上说,中央图书馆的创设,是战时中国文化建设事业的丰碑,开辟了全面抗战的文化战场,在抗战中发挥了不可替代的作用。

第四节　国立北平图书馆

一、战时平馆困境

北平沦陷后,平馆副馆长袁同礼携部分职员奉命撤退。在 1935 年前后,为防时局不测,平馆已经将部分善本珍籍装箱南运,寄存在上海等安全地方。因此 1937 年 7 月底北平沦陷后,平馆没有携带书籍撤退。这样,战时的平馆就分成了两大部分: 一是平馆主体部分(后被伪政权改名为北京图书馆),在日伪控制下,继续维持馆务运作;二是平馆各办事处,在国

---

① 《国立中央图书馆开放》,《江苏教育》1941 年第 6 期,第 108 页。
② 《中央图书馆开幕后阅读者踊跃》,《江苏教育》1941 年第 1 期,第 103 页。
③ 《京国立中央图书馆概况》,《江苏教育》1941 年第 6 期,第 74 页。
④ 《申报年鉴》,第 1012 页。

统区继续发挥作用，以推动战时图书馆事业的发展。本文的战时国立北平图书馆，如没有特别说明，指的是各地办事处，而不是在北平的北京图书馆。

战时国立北平图书馆处境十分艰难：一是没有固定的馆舍。北平沦陷后，国立北平图书馆委员会部分委员（如蒋梦麟、傅斯年、袁同礼等）曾于1938年1月初向中基会执行事务长孙洪芬建议，主张停办平馆①。中基会没有同意，而是继续维持北平的平馆运作。袁同礼等又提出在国统区另设新馆或分馆，以便于开展工作。2月22日，孙洪芬致函袁同礼，表示："大抵于北平图书馆以外，添办新馆或分馆，（中基会）不易通过。"② 不同意增办新馆或分馆。然而，另一方面，教育部又支持平馆在国统区开展馆务，为此专门发文平馆："该馆应迁昆明继续工作，并应与西南各教育机关取得密切联络，以推进西南文化。"③1939年4月10日，教育部社会教育司甚至致函平馆，要求将平馆昆明办事处改组为馆本部，函云："该馆现已迁滇，如在滇仅设办事处，殊不足以正视听，亟应加以调整，将办事处改组为馆本部，并呈送组织法规候核。"④ 这样，中基会的决议与教育部的要求在平馆本部存废问题上产生了矛盾。平馆名义上由教育部与中基会合办，而实际上中基会对平馆影响更为直接（毕竟经费大部分来自中基会），加上战时经费拮据，平馆本部最终没有能够开工建设。其战时工作的展开，主要通过租借房屋或与其他文教机关合作的形式实现。如西南文献室设在昆明，西北文献室设在兰州，边地文献室与丽江国立师范学校合组，设在丽江，中日战事史料征辑会与西南联合大学合组，设在昆明，政治经济参考室设在重庆沙坪坝⑤。星罗棋布的办事处，使战时平馆工作呈现出独特风貌。

二是袁同礼与司徒雷登的矛盾。平馆的经费一向来自中基会。1937年7月底北平沦陷后，袁同礼愤于日寇暴行，不甘为傀儡，于8月离平南下。袁同礼鉴于"故都沦陷，平馆馆务势难进行"，提出善后办法，其中包括在长沙设立办事处、与长沙临时大学合组图书馆。长沙时期，随袁同礼南下的平馆职员仅数人，不敷使用。袁同礼一面在当地招聘了两人，一面催促馆员从速设法离平南下。12月初，邓衍林等四人抵达长沙。12月4

---

① 北京图书馆业务研究委员会编：《北京图书馆馆史资料汇编（1909～1949）》，第477～478页。
② 同上，第540页。
③ 同上，第601页。
④ 同上，第683页。
⑤ 同上，第1102页。

日，伪北京地方维持会请日本人桥川时雄为北京图书馆顾问。袁同礼与蒋
梦麟、傅斯年等商量后认为，如果接受日本顾问，则应该由国立北平图书
馆委员会函请教育部加以委派。这一做法"不啻承认该会为法定团体"，将
来难免滋生许多事端。他们商量后提出，一旦该顾问委员会接事，则停发
经费，停办平馆①。然而中基会美方委员、燕京大学校长司徒雷登对此持不
同看法。1938 年 1 月 18 日，中基会执委会在上海召开第 122 次会议，司徒
雷登认为，南下工作人员系私人行动，是盲动；北方安定，能继续工作。南
方工作不是必需的，甚至无事可做；南方工作人员太多，可以乘此大加裁
汰②。执委会做出六条决议，包括继续维持北平图书馆、长沙员工回平办公
或给资遣散、袁同礼回平服务、袁回平前由司徒雷登为驻平代表等，内容
与袁同礼等的建议大相径庭。这一决议，否认了平馆与临时大学合作的成
效，取消了袁同礼等人停办平馆的设想，甚至袁同礼的地位也为司徒雷登
所取代。在人和事两个方面，袁同礼和司徒雷登存在着尖锐矛盾。平馆与
中基会的矛盾，迫使袁同礼腾出大量精力，寻求包括蔡元培等在内的各有
关方面的支持，直接影响到平馆各项事务的充分展开。

　　三是经费缺乏。国立北平图书馆是教育部与中基会合办事业，但因教
育经费短缺，教育部并没有专项资金定期拨付平馆，平馆经费来源于中基
会的资助。抗日战争全面展开后，中基会的收入不见增加，而随着物价上
涨，平馆的维持费用却日益增长，平馆相当艰难。在这种情形下，袁同礼
多次向教育部请款，寻求经费资助。不过，教育部常常不能如其所请。袁
同礼对此颇有怨言。1941 年 10 月 30 日，他向胡适诉苦："平馆经费前以
中基会无力增加，曾向教育部请求列入国家预算，亦未能办到。近来物价
日昂，美金一元可换国币二十余元，同人星散，办事尤感棘手，倘不从速设
法，则后顾茫茫，真有不堪设想者，未识我公将何以教我？"③平馆驻美办事
处吴光清和王重民认为，平馆"万分窘迫"，"中央图书馆蒋复璁君处处来
作对，为其重要原因之一"。袁同礼告诉他们："向教部请款不成，乃为蒋
君所破坏。三年以来，教部及英庚款补助蒋君已逾一百五十余万元，而郭
任远先生（即郭有守）闻近又向罗氏基金会代蒋君请求三万美金。郭任远
奔走之事，于我北平图书馆有害无利。"但他们也表示："若于国家文化前
途有益，当望其能实现。惟吾人应预为设法，俾在美所得利益，不尽被一

---

①　北京图书馆业务研究委员会编：《北京图书馆馆史资料汇编（1909～1949）》，第 463～
　　464 页。
②　同上，第 498～499 页。
③　中国社会科学院近代史研究所中华民国史室：《胡适来往书信选》（中），第 334 页。

方面人所独吞，则幸甚矣。"① 袁同礼将平馆难获教育部经费资助归咎于蒋复璁，这个问题可以讨论。但从教育部方面来说，大批高等院校和科研机关内迁，优先支持高等院校却是事实。同时，在国立北平图书馆和国立中央图书馆发展上，教育部似乎也确实优先考虑中央图书馆，这大概也是事实。经费困难，严重制约了平馆业务的展开。

战时国立北平图书馆的工作，北平部分侧重编撰及整理，昆明部分侧重采购与出版。就西南部分而言，战时工作主要包括收集西南文献、征辑抗战史料、购买珍贵典籍、协助中华图书馆协会向欧美征集图书，等等。现就其重要部分，择要叙述。

二、征辑抗战史料

卢沟桥事变后中国的对日抗战，直接关系民族存亡，影响重大。平馆鉴于"历史陈迹，最易泯没，其资料苟不加搜集，转瞬即逝"，表示："今兹中华民族抗战之事迹，既系极可贵之史料，且可为后世之殷鉴，则其亟应从速搜集，加以整理，善为保存，传之方来，自不待言。本馆有鉴于此，爰将直接间接有关抗战之中外文献为大规模之搜集，……永久保存，以期造成一重要历史文献之宝藏焉。"② 为此设立"中日战事史料征辑会"，以从事搜集活动。这个创议体现了平馆敏锐的文献意识。

史料征辑活动得到了西南联合大学的大力支持。1938 年 12 月 10 日，国立西南联合大学三大常委蒋梦麟（原北京大学校长）、梅贻琦（原清华大学校长）、张伯苓（原南开大学校长）联名致函袁同礼，表示："关于征辑中日战事史料事宜，本校愿与贵馆合作，征辑范围之划分，其属于中日文之资料，拟由本校图书馆担任；属于欧美方面之资料，由贵馆担任。将来整理工作，则由本校历史社会学系姚从吾先生所拟计划负责办理。"③ 经费由两个机关分摊，平馆负责采访汇集，西南联合大学负责整理编撰④。袁同礼任征辑会主席，西南联大文学院院长冯友兰为副主席，委员分别为刘崇铉、姚从吾、钱端升、傅斯年、陈寅恪、顾颉刚。中日战事史料征辑会因而设在了昆明西南联大图书馆。平馆与西南联大的合作进一步深化。

① 中国社会科学院近代史研究所中华民国史室：《胡适来往书信选》(中)，第 534 页。
② 《国立北平圕近讯》，《中华图书馆协会会报》1939 年第 5 期，第 24 页。
③ 北京图书馆业务研究委员会编：《北京图书馆馆史资料汇编 (1909～1949)》，第 619～620 页。
④ 国立北平图书馆、国立西南联合大学合组中日战事史料征辑会：《国立北平图书馆、国立西南联合大学合组中日战事史料征辑会工作报告 (二十八年一月至四月)》，1939 年编印，第 1 页。

1939 年 1 月 1 日，中日战事史料征辑会正式成立，随即开展征辑活动。史料征辑不限于军事，社会、经济、政治、交通、教育各方面，也都在征辑范围之内。凡是"九一八"事变以后日本侵华的经过，抗战发动的缘起，国际关系的变迁，我军战斗的实绩，国内政治、经济、社会、交通、教育各方面的兴革，民众运动的发展，救济救护的设施，沦陷区域的情况，敌军的暴行，等等，与此有关的文字都在搜集范围之内。敌方及伪组织的报告、宣传品等记载，敌方因战争而发生的政治、经济、社会各种变动的一切撰述，以及中立的视察报告、政府官书、国际舆论等，也在搜罗之中。史料形式，包括新闻纸（即报纸）、期刊、学术团体及民众团体的刊物、私人记载信札及日记、政府公报及官书、各种情报、秘密军事报告、书籍及小册子、布告宣言及传单、地图及统计图表、照片及影片、各种宣传品（包括伪组织的公报日报等）、医药防疫赈灾等救护团体的文件及报告、战时前方后方各共同团体报告等 14 类。

平馆的史料征辑活动得到了中国共产党方面的积极响应。1939 年 2 月，延安解放社致函平馆昆明办事处，对征辑活动表示支持，同时寄赠《共产国际七次决议》2 册。对史料征辑会需要的《解放周刊》，建议平馆向重庆的《新华日报》去要，该报负责翻印《解放周刊》①。延安方面的积极态度激励了平馆。1939 年 3 月，袁同礼致函周恩来，征集八路军敌后游击区有关抗战的文献。4 月 3 日，延安的新华书店通知平馆，承诺按期寄赠《解放》《中华》《新华日报》期刊报纸各一份。6 月 24 日，解放社向史料征辑会表示："所需本社出版图书，准照尊嘱，以后如有出版，已开赠户，当不断寄奉。"②7 月 17 日，国民革命军第十八集团军重庆办事处一次性赠送平馆 24 册书，分别为：《什么是马克思主义》《什么是列宁主义》（第一、二、三册），《左派幼稚病》《列宁选集》《王明救国言论集》《论反帝统一战线问题》《三月政治局会议的总结》《抗日统一战线指南》《毛泽东救国言论选集》《论三个阶段》《坚持河北抗战与巩固团结——彭德怀副司令对〈新华日报〉记者克寒的谈话》《斯大林在联共党（布）第十八次大会上——关于苏联共产党（布）中央委员会工作的总结报告》《抗战中的政治工作》《论妇女、女工和农妇》《斯大林》《共产党宣言》，《论政党》（增补本），《支部工作纲要》《联共（布）党史简明教程》《法兰西内战》，《近代世界革命史》卷一，《吴玉章抗战言论集》，各一册。随书籍一起的，还有《〈新华日报〉七七抗战二周

① 《在周恩来林祖涵同志关怀下原国立北平图书馆入藏我党早期出版的书刊文献纪事》，《图书馆学通讯》1981 年第 3 期，第 6 页。
② 北京图书馆业务研究委员会编：《北京图书馆馆史资料汇编（1909～1949）》，第 691 页。

年特刊》三张半、《拂晓报》《捷报号外》各一份。平馆,尤其袁同礼与八路军的联系具有十分重要的象征意义,开创了双方合作的先河。

史料征辑活动也获得了中英庚款董事会的资助。该董事会 1939 年 3 月致函平馆:"贵馆与西南联合大学合组编撰中日战事史料,请补助购书及出版费一案,业经本会汇案审查,议决补助壹万元。"① 中英庚款董事会的资助,为史料征辑活动的展开提供了极大便利。

中日战事史料征辑会取得了丰硕成果。史料征集工作,除了在昆明就地进行外,并在重庆及上海、香港各地派有专人收集各地出版的报纸、杂志、小册子等。太平洋战争爆发后,上海和香港沦陷,这两地的工作也停顿下来,储藏在两地的史料,没有能够运到昆明。但仅昆明部分,从 1939 年到 1944 年 9 月,入藏有中文书籍 5 180 种(约 6 000 册),小册子 400 册,杂志 2 350 种(包括已经停刊的在内,还在出版的 485 种),报纸 169 种;日文书籍 520 册,杂志 120 种,报纸 8 种;西文书籍 1 922 册,杂志 373 种,报纸 49 种。史料整理工作,编就的有各战区长编 14 种,《抗战书目提要》1 种(由中国文化服务社印行)。此外集有抗战论文索引 3 万余条,分类剪贴报纸 50 大箱,辑录欧美论中国的各种论文数百篇②。

这些史料具有较强的针对性。以 1939 年 1~4 月汇集的史料为例。该史料分 12 类,分别为远东问题专家论著单行本、外国人士同情抗战之讲演稿、各国驻华新闻记者稿件、外侨之机要函件及报告书、各教产被毁损失调查、各国商业损失调查、各国社团及工会抵制日货之宣传品与广告、海外中国各政党之出版物、文化机关被毁调查、医药防疫及战地救护设施报告、敌人汉奸之宣传品、战地照片③。根据这些资料编辑的材料有:《卢沟桥事变以来中日战争大事日表》《卢沟桥事变以来大事日历长编》《卢沟桥事变以来每日战况详表》《卢沟桥事变以来战局转移地图》《卢沟桥事变以来中日战事简明一览表》《中日战事纪事长编》《卢沟桥事变以来新出战事书籍提要》《暴日侵华与国际舆论》《西文中日关系书目》《中日关系书目汇编》④,无一不切合时事。更为重要的是,通过征辑活动,开拓了平馆的工作范围,加强了与社会各界的联系,扩大了影响,在抗战中发挥了独特作用。

---

① 北京图书馆业务研究委员会编:《北京图书馆馆史资料汇编(1909~1949)》,第 693 页。
② 北京图书馆业务研究委员会编:《中日战事史料征辑会近况》,《图书季刊》1944 年第 2~3 期合刊,第 111 页。
③ 国立北平图书馆、国立西南联合大学合组中日战事史料征辑会:《国立北平图书馆、国立西南联合大学合组中日战事史料征辑会工作报告(二十八年一月至四月)》,第 2~3 页。
④ 国立北平图书馆、国立西南联合大学合组中日战事史料征辑会:《国立北平图书馆、国立西南联合大学合组中日战事史料征辑会工作报告(二十八年一月至四月)》,第 5~7 页。

三、征集西南文献

西南文献在抗战以前，很少受到注意。部分因为当地文化落后，向外传播渠道和机会较少；部分因为地处偏远，交通艰难，不容易搜集。抗战进入相持阶段后，西南大后方地位逐渐加强，人口迅速增加，大量文教机关接踵而至，西南的重要性空前提高。平馆昆明办事处在征集西南文献上，发挥了积极作用。

1938 年 3 月 11 日，国立北平图书馆委员会在香港九龙柯思道蔡元培住宅召开会议，通过了《国立北平图书馆昆明办事处工作大纲》。大纲的主要内容包括：（一）关于采访事项：1. 征购西南文献；2. 传拓西南石刻；3. 办理新书呈缴；4. 征购抗战史料；5. 征购安南缅甸文献；6. 征购西文书籍及整理西文期刊；7. 征集专门论文单行本；8. 整理日报及舆图。（二）关于编目及索引事项：1. 编印新书分类目录；2. 编制入藏图书目录；3. 编制抗战论文索引；4. 编辑西南边疆图籍录；5. 编辑云南书目；6. 编辑云南研究参考资料①。从内容看，加强对西南地区的了解，将西南推向全国成为平馆昆明办事处战时工作的主要内容之一。促进西南地区文化事业发展已经成为平馆昆明办事处的工作重心所在。

此后征集西南文献在平馆工作计划中一直占据重要地位。1940 年 7 月呈教育部的工作计划中，平馆提出："一、关于购书者：甲、西南文献：继续上年度之工作，对于此项文献继续搜求，俾能成为有系统之收藏，以供学术界之研考。需用五千元。……丙、西南石刻拓本：继续上年度之工作，传拓云南、四川之石刻。需用一千元。丁、特种民族文献：继续上年度之工作，对于此项资料继续搜集。需用一千元。……二、关于出版者：甲、西南文献丛刊四种：……需印费二千元；乙、善本丛书第二集十二种：需印费三千元。"② 这表明 1939 年度工作中，征集西南文献已经在进行，而此又衔接了 1938 年 3 月的工作计划。又如 1942 年 10 月，袁同礼呈请教育部增加平馆经费，内云："须征集抗战史料、西南文献、西北文献，同时编辑《西南文献丛刊》《必备西北边疆书目》以及《新疆书目解题》等，工作概属继续前此规定之计划，而又为目前之所必需。"③ 由此不难看出，征集西南文献一直是平馆工作计划的重点内容，持续不断。

---

① 北京图书馆业务研究委员会编：《北京图书馆馆史资料汇编（1909～1949）》，第 1078～1079 页。

② 同上，第 724 页。

③ 同上，第 747～748 页。

征集西南文献计划很快付诸实施。《平馆二十八年度馆务概况》显示：1. 西南文献，入藏四川方志 165 种，云南方志 30 种，贵州方志 16 种，广西方志 18 种，诗文集 1 092 种。特设西南文献室，集中一处，分省陈列。2. 西南石刻拓本，除购入 208 种外，并派拓工分赴云南各县逐件传拓。特种民族文献，除了将国外所藏此项文献陆续影印副本寄馆外，并委托专人从事搜集。较重要的为云南丽江的么些文字 100 余张，均系象形文字，插有彩图 ①，十分宝贵。

平馆的工作富有成效。1942 年 11 月，平馆向教育部提交的《国内学术机关抗战以来概况调查表》也证明了这点。该调查表的"研究成绩"部分，列出了前几年编辑的书籍，有：1.《西南方志目》；2.《中文普通书目》；3.《国学论文索引》六编；4.《地学论文索引》三编；5.《么些文目录》；6.《西南碑志目》；7. 西南文献丛刊：包括《郑子尹年谱》《滇南碑传集》《贵州名贤像传》《黎纯斋年谱》；8. 善本丛刊第二集：包括《云南图经志书》《滇略》《黔南类编》《滇台行稿》《贵州图经新志》《黔草》《铁桥志书》《桂林郡志》《桂胜》《百粤风土记》《殿粤要纂》《西南纪事》；9.《新疆书目解题》。这些研究成绩，绝大部分都是关于西南地区文化的：善本丛书都是明代关于西南史地的名著，西南文献丛刊都是关于西南重要性的著述。在发扬西南固有文化方面，平馆也取得了良好成绩。到 1942 年 11 月，对西南及西北文献的搜求与整理，仅方志一项，征购计 1 000 余种，其他关于西南西北史地的著作也特别多 ②。

在搜求西南文献过程中，平馆昆明办事处编辑采访万斯年工作较为勤恳出色。1941 年 7 月，万受平馆委派，从昆明出发，前往迤西地区采集地方文献，一直到 1942 年 11 月 8 日离开丽江。期间除了 1942 年 8、9 月间曾经到石鼓工作外，其他 15 个月一直在丽江。其间，他在丽江的工作包括：地方文献的搜访传抄、金石的访察传拓、东巴经典的访购、东巴经典的整理、土木司遗踪的踏访、明人真迹的搜访照录、其他文献的入藏、喇嘛寺庙的踏访、滇中刻藏佛经的访查等 ③。工作极为细致。1943 年 3 月，平馆听说云南武定县那土司家藏有明清两代写本及刻本罗罗文经典，还保存有木板及汉文档册，数量虽然不是很多，但世所罕见，对于西南民族的语言、文化、历史、制度的研究，有绝大参考价值。6 月，万斯年被委派前往调查访购。这次访购很辛苦凶险。按照袁同礼的说法："该员冒涉暑雨匪警，几经

---

① 北京图书馆业务研究委员会编：《北京图书馆馆史资料汇编（1909～1949）》，第 697～707 页。

② 同上，第 1101～1102 页。

③ 详见万斯年：《迤西采访工作报告》，《图书季刊》1944 年第 3 期，第 112～123 页。

艰险"①，最终顺利完成访购任务。万斯年只是平馆昆明办事处工作人员中兢兢业业的一个普通员工而已，其他工作人员同样兢兢业业，在各自职位发挥着不同作用。

平馆征集西南文献推动了西南地区的研究。西南地区本来不是中国学者关注的重点所在，抗日战争进入相持阶段后，西南地区成为大后方，沦陷区大量学者涌入。因战争不会一年两年结束，学者开始把眼光转向西南地区，形成了对西南地区的研究热潮。如语言学者罗常培通过研究西南地区少数民族语言，后来还开设了课程"藏缅语系研究"，吴文藻、费孝通对西南地区展开了社会学民族学研究，西南联合大学设有"西南边疆社会"等课程，有关西南地区的研究一时层出不穷。而在这众多研究中，平馆起步较早，注意到了西南地区的文化，并搜集文献，为学者的研究创造条件，从这个意义上说，平馆推动了西南地区研究，没有夸大其词。

四、收购珍贵古籍

抗战期间，国立图书馆收购珍贵古籍，从国立北平图书馆开始。平馆收购珍贵古籍，事属偶然。1938年初，郑振铎在上海市面上看到《也是园元曲》。该书共64册，分在两处出售。郑振铎原本想一起购买，不料被一古董商捷足先登，并购而去，郑振铎为此懊恼数天。该书其中30册，售价1 000元，郑估计全套3 000元能买下来。辗转找到古董商后，该古董商竟索价至万元。这一价格非郑振铎所能接受，但他认为："此实国宝，应为国家所有。万不可失去，或陷于敌手。"②于是致函中基会委员孙洪芬，建议收购《也是园元曲》。

孙洪芬将此事告知袁同礼，征求其意见；5月16日，孙洪芬复函郑振铎，表示价格过高，而本年购书经费过少，只能望书兴叹。不过，袁同礼并没有放弃，一面叫郑振铎继续与古董商洽谈价格，一面向教育部请求援助。袁同礼称，上海坊间有大批书籍，内多珍本，其中尤为可贵者为《也是园书目》，所载脉望馆藏元明曲本242种。此书可开创近古文学史研究新局面，与安阳发掘、敦煌经卷，同为50年来学术界的奇迹，希望教育部出资购买。教育部长陈立夫对此建议很重视，认为"该项书籍关系文化至巨"③，应接洽购买，以免落入敌人之手。上海方面，郑振铎也有所进展，古董商答应

① 国家图书馆档案，采藏8.1，转引自李致忠主编：《中国国家图书馆馆史资料长编》（上），第334页。

② 北京图书馆业务研究委员会编：《北京图书馆史资料汇编（1909～1949）》，第609页。

③ 中国第二历史档案馆编：《中华民国史档案资料汇编》第五辑·第二编·文化（二），第591页。

降 1 000 元，以 9 000 元出售。在教育部支持下，1938 年 6 月初，该项书籍成功收购。教育部指令将书寄至香港国立北平图书馆办事处点收后转运昆明国立北平图书馆庋藏。

收购《也是园元曲》启动了国立北平图书馆战时收购沦陷区珍贵古籍的工作。抗战期间，国立北平图书馆收购珍贵古籍的数量，因资料有限，无法确知具体数量和价值。不过，从零星的记载，也可窥见一斑。

根据《中华图书馆协会会报》记载，到 1940 年 3 月，平馆入藏的孤本有：1.《松江府志》，康熙刻本；2.《扬州府图经》，嘉庆刊本；3.《泾渠志》，乾隆刻本；4.《东国史略》，明赵琦美抄校本；5.《逊国正义论》，明末刻本；6.《清文宗、穆宗实录》，包背装，朱丝栏精抄本，为实录库故物；7.《三吴水利录》，明归有光等修，隆庆刊本；8.《罗豫章集》，宋罗从彦撰，元刊本；9.《常熟文献志》，万历刊本；10.《文海披沙》，万历刊本；11. 程氏、金氏、方氏、汪氏、洪氏家谱，均系明刊本；12.《戚少保兵书》，明戚继光撰，明刊本；13.《河南河内县志》，明刊本；14.《四川赋役书册》，万历刊本；15.《文温州集》，明文林撰，弘治正德间精刻本，等等。该《会报》对上述书籍的评价是："多为奇品，至足贵也。"[①]

1940 年 6 月，《图书季刊》刊载了国立北平图书馆收购的一些重要古籍，包括：1.《兵垣疏草》，明刻本；2.《新编方舆胜览》七十卷，宋刻元印本；3.《广东通志》，嘉靖刊本；4.《广东舆图》十二卷；5.《常熟水利全书》十卷，附录二卷，万历刻本；6.《华亭海塘纪略》，康熙刻本；7.《苏松历代财赋考》，康熙刻本；8.《白鹿洞书院志》，万历刻本；9.《岳麓书院石壁禹碑》，嘉靖刻本；10.《唐氏三先生集》三十卷附录三卷，正德刻本；11.《黄文献公集》，元刊元刻小字本；12.《栖碧先生黄杨集》三卷补遗一卷，崇祯刻本；13.《东川刘文简公集》二十四卷，嘉靖刻本[②]，等等。从内容和版本看，这些古籍无疑都是珍本。

1940 年 9 月，《图书季刊》刊载了三个月来所收购的史料，多孤本秘籍，有：1.《皖南军务纪略》一卷，陈锺秀撰，光绪刻本，是研究太平天国史事的绝好资料；2.《帝里明代人文略》二十二卷，《订辑大意》一卷，清路鸿休撰，道光活字印本；3.《南澳志》十二卷，清齐翀纂修，乾隆刻本；4.《鼓山志》十二卷，清释元贤纂修，顺治刻本；5.《云门显圣寺志》十六卷，清赵向纂修，顺治刻本；6.《瑞安仙岩寺志》十卷，康熙刻本。以上三书均为四

---

① 《国立北平圕近讯》，《中华图书馆协会会报》1940 年第 5 期，第 21 页。
② 《国立北平图书馆工作近况》，《图书季刊》1940 年第 2 期，第 262 页。

明卢氏抱经楼藏书，世所罕见，至为宝贵。7.《怀玉山志》十卷，清朱承熙纂修，康熙刻本；8.《明县岳林寺志》八卷，清戴明琮撰，康熙刻本；9.《天井寺志略》六卷，清释通纂修，清初刻本；10.《支提寺志》六卷，清释照微纂修，康熙刻本；11.《樁山大云寺志》二卷，清张晗纂修；12.《西溪梵隐志》四卷，清吴本泰撰，道光刻本；13.《西藏志》，乾隆刻本；14.《巢阳十议》一卷，《谷冈八议》一卷，明马万麟撰，万历刻本①。此外并购入明刻本家谱多种，同系不轻见之秘籍。

平馆在抗战期间收购古籍的数量当然远远不止上述三例。战争结束后，教育部编辑了《第二次中华民国教育年鉴》，涉及平馆在战争期间收购的珍贵文献，其中有些书目没有出现在上述杂志中。教育部的评价是"国立北平图书馆近年来入藏罕见书，数亦不少"②。因缺乏资料，我们已经无法得知战时平馆究竟收购了多少古籍善本。不过，有两点特别值得注意：一是上述《中华图书馆协会会报》和《图书季刊》刊载的善本并不相同，没有重复。而且《图书季刊》特意说明列举的只是重要的古籍。这至少可以表明，除了上述列举的古籍外，一定还有没有列举出来的古籍文献。二是刊载收购情况杂志的出版时间间隔很短，一个是 3 月份出版，一个是 6 月份出版，一个是 9 月份出版。在 6 个月时间内，增加善本约 30 种，这不能算少。须知，善本古籍可遇而不可求。平馆在短时间收购到十数本，确实可以称得上是"抢购"，在和其他收购单位或个人抢购这些珍本古籍。

从两份杂志的出版时间看，在 1940 年 3 月前，平馆已经开始大规模收购珍贵古籍，而且收购人员一定精通版本学，否则不会知道古籍善本的价值所在。事实也确实如此。钱存训于 1938～1941 年间任平馆驻上海办事处主任，其总结战时上海办事处工作要点时，其中第三点为："善本书的抢购：故家私藏流出在市上的精椠旧钞，北平和中央两馆都在沪搜购。后来平馆影印的孤本元明杂剧和中央图书馆影印的玄览室丛书，便是那时在上海收获的一部分。"③参与版本鉴定的工作人员先后有徐森玉、赵万里等人。

袁同礼一贯重视收购珍贵古籍，还表现在不断地向教育部申请经费。1942 年 10 月，袁同礼呈文教育部，要求增加平馆经费，内称："沦陷区散佚之珍本图籍，仍须继续密派委员择优收购。"④1942 年 11 月 11 日，袁同礼呈文教育部，申请追加经费，其呈文云："沦陷区散佚之各种书籍，善本高

① 《国立北平图书馆工作近况》，《图书季刊》1940 年第 3 期，第 493～494 页。
② 教育部教育年鉴编撰委员会：《第二次中华民国教育年鉴》，第 31 页。
③ 钱存训：《北平图书馆善本书籍运美经过》，《传记文学》1966 年第 2 期，第 56 页。
④ 北京图书馆业务研究委员会编：《北京图书馆馆史资料汇编（1909～1949）》，第 747 页。

价,此时或力有未逮,然间有廉价机会,必须预筹的款,以免失之交臂。"①他表示,平馆历年委派委员分赴沦陷区,采访旧籍,对于藏书之家、贩书之肆以及书估经纪,都比较熟悉,他提出向上海、北平、苏州、杭州、广州各处分别采购,要求教育部追加购书经费。

上述两次申请经费至少可以说明两个问题:一是古籍收购工作没有停止,一直在进行,否则也不会用"继续密派委员"之说。既然是"继续",那么收购行为之前就已经存在。联系钱存训的说法和《中华图书馆协会会报》等杂志刊载的古籍名称,加上郑振铎的记载,所有这些都表明收购古籍工作从 1938 年开始,持续不断。收购的方式是秘密的,因而知道的人不多。二是经费缺乏。全面抗战之后,中基会没有增加平馆经费,教育部也没有将平馆列入国家预算,平馆经费因此十分紧张。经费短缺对古籍收购有重大影响,使得平馆不能大量收购流落到市面上的珍贵文献。

这里必须说明袁同礼的状况。1940 年后,国统区物价上涨速度较快,平馆更加艰难。前文已述,1941 年 10 月 30 日,袁同礼致函胡适,云:"近来物价日昂,美金一元可换国币三十余元,同人星散,办事尤感棘手,倘不从速设法,则后顾茫茫,真有不堪设想者,未识我公将何以教我?"②袁同礼个人也宣告破产。其次女患盲肠炎因不能及时治疗而夭折。境况之惨,由此可见。就是在这种境况之下,他依然能够心无旁骛,协调收购古籍,也足见其敬业精神和爱国情怀。

平馆收购沦陷区珍贵古籍实属不易,不仅经费缺乏,更引起文献保存同志会成员的猜忌。郑振铎多次向蒋复璁诋毁袁同礼,如 1941 年 2 月 26 日致蒋复璁信中,郑振铎称:"袁某在港,扬言欲破坏此事(即收购古籍),不知是何居心。"③3 月 19 日信中说:"有袁某在此,闻有破坏意,且亦在钻营接洽中。……我辈进行已大有眉目,若被彼辈一举手而夺去,则诚可谓为他人作嫁衣裳矣,……某某如此破坏,是何居心,诚不可测!我辈连日用心防间,已无微不至!"④郑振铎推测袁同礼前往上海,有"破坏"中央图书馆收购古籍之意,也不知道他的依据何在。其实,袁同礼前往上海的主要目的是善本运美,收购古籍倒在其次。此时王重民受胡适委托,特意回上海,与袁同礼共商善本运美事宜。郑振铎担心袁同礼破坏他们收购古籍

---

① 国家图书馆档案,采藏 8。转引自李致忠主编:《中国国家图书馆馆史资料长编》(上),第 306 页。

② 中国社会科学院近代史研究所中华民国史室:《胡适来往书信选》(中),第 334 页。

③ 沈津:《郑振铎致蒋复璁信札(上)》,《文献》2001 年第 3 期,第 265 页。

④ 同上,第 266~267 页。

之事，实属臆测之词。又如托赵万里在北平代购古籍时，郑振铎表示："乞秘之，至要！恐某君不欢也。"[①]"平处采购事，原托赵君，所以允守秘密者，诚恐某君知之也。"[②]这两处的某君，指的是袁同礼。隐瞒袁同礼而利用平馆工作人员收购书籍，这一举动，似不妥当。无论中央图书馆还是北平图书馆，在收购古籍时，都对教育部负责。郑振铎的诋毁，对北平图书馆收购工作显然不利。由此也可知袁同礼当时的艰难处境。

五、南下善本运美

卢沟桥事变前，平馆已经将重要图书转移到南方，其中善本书，甲库180箱，乙库120箱，两库约5 000种、6 000册，以及敦煌写经9 000余件和金石碑帖数百件，运到上海租界保存。珍珠港事件以前，上海租界的形势也日趋紧张，袁同礼担心这批存书安危，准备将其全部运到美国，寄存国会图书馆，待战争结束后，再运回国内。

为了实现善本运美，在取得教育部的支持和美国方面的同意后，袁同礼派平馆留美职员王重民回国，专门负责运输事宜。王重民此次返国得到了驻美大使胡适的个人资助。1941年3月初抵达上海后，王与江海关监督丁桂堂取得联系，就善本运美事宜进行了详细计划，提出三种出口方案：一是将书箱点交驻沪美国总领事，作为美国政府所有，完全由美国领事代运，则江海关可发放通行证；二是改装旧衣箱。用旅客携带行李办法带往香港或其他地方，每次携带20箱左右，海关可给证免检；三是如果不能先将书箱移交美国政府，则必须先有重庆国民政府训令，才能发放通行证。对于第一种方案，美国方面以情况不明朗为由，加以拒绝；对第二种方案，如改装衣箱，则箱数将会加倍增加，而且购买旧衣箱难于新衣箱。即使购买了旧衣箱，在货栈内装箱，也容易透露风声。第二种方案被否决。当时认为第三种方案最为可行，请教育部饬令江海关发放通行证。等待重庆训令期间，平馆上海职员就甲库180箱中，挑选出最重要部分，装为102箱，以减少数量，便于运输。箱编号码、书编目录（中文一份，英文二份）也用了三周时间。但当4月30日财政部训令到时，形势发生变化，丁桂堂已经不愿承担责任。第三种方案也宣告失败。王重民于5月8日返回美国。

尽管王重民没有能够实现善本运美，但袁同礼并没有放弃该计划。国民政府对善本运美的支持，也激励了袁同礼继续善本运美计划。5月，美

---

① 沈津：《郑振铎致蒋复璁信札（下）》，《文献》2002年第1期，第220页。
② 同上，第222页。

国驻华大使詹森到达香港，袁同礼就此事征求詹森的意见。詹森主张由平馆与国会图书馆订一个契约，声明借用年限（5 年左右），再由国务院授权总领事，嘱咐其报关时作为美国财产，由其负责启运。现在书箱数量既然减少，美国驻沪总领事方面也不会太为难。就此建议，袁同礼征求胡适意见："如公对此办法予以同意，即希就近与该馆接洽，并请代表本馆签署此项契约。"① 从实际结果看，此法也没有能够取得成功。

1941 年，日美关系越来越恶化，南京伪政权组织也有收回上海租界的计划。寄存在上海的平馆善本书籍面临的危险也越来越大，袁同礼对此异常焦灼。他没有放弃善本运美计划，而是力促该计划早日启动。袁同礼致函胡适："美方如能商洽，尚希鼎力赞助，继续进行，不胜感祷。"② 同时附上教育部长陈立夫致袁同礼函，表示教育部支持善本运美。8 月，袁到上海，与方方面面商讨善本运美计划。海关当局表示：每次运三四箱，可保无虞。超过此数，则不敢担保。通过美国领事介绍，袁同礼会晤了美商转运公司经理 Gregory。他主张将箱件即日移运美国海军仓库。等海军到沪，他即负责代运。该经理说事前无须得到总领事许可，运到后也不收取任何运费。袁同礼当即与中基会董事孙洪芬商议。孙则希望胡适能获得美国政府援助。如果美国国务院能够出面，采取此种运输方法可能更为妥当。袁同礼从上海回香港行程中，携带部分书籍，途经厦门时，海关开箱检查，"饱受虚惊"，加深了对运输困难的认识。至此，善本运美一直没有实质性进展。

然而，就在袁同礼为善本运美而一筹莫展时，事情却突然峰回路转。根据善本托运人、平馆驻上海办事处主任钱存训的说法：偶然间内子许文锦的同学张女士到寓所来访，闲谈中得知她有一位令兄在海关任外勤。我得张女士的介绍认识她的令兄，问他有无办法相助。结果他一口答应帮忙。他说当他值班时，可把书箱送到海关，由他担任检查，如保守秘密，当不会引起日人注意。于是将这 102 箱书化整为零，分成 10 批交商船运送。每批约 10 箱，用中国书报社的名义开具发票报关，作为代国会图书馆购买的新书。发票上写明的都是《四部丛刊》《图书集成》等大部头新书，但箱内所藏都是善本。送到海关后，书箱并不开启，即由张君签字放行。这样从 10 月开始，每隔几天，当张君值班时，便送一批去海关报关。这样前后经过两个月的时间，最后一批于 12 月 5 日装运出口③。钱存训因善本运美

---

① 中国社会科学院近代史研究所中华民国史室：《胡适来往书信选》（中），第 521 页。

② 同上，第 528 页。

③ 钱存训：《北平图书馆善本书籍运美经过》，《传记文学》1966 年第 2 期，第 56 页。

贡献巨大,受教育部嘉奖,并颁给奖金 1 万元。

综观善本运美,袁同礼尽心尽力,动员驻美大使胡适,请示重庆国民政府,取得教育部的大力支持,与江海关密切交流,和在华美国人保持沟通,组织专家选择善本,到上海与各方面接洽,等等,到了无所不用其极的地步。虽说保存善本是其责任所在,但在战争年代,兢兢业业到如此程度,如果没有强大的精神支持,也是难以实现的。同时,平馆的善本运美也有示范作用。中央图书馆从 1940 年开始在江浙、北平、广东等地极力收购文献古籍,到 1941 年下半年时,已经卓有成效。但在将这些古籍运往重庆时,出现了问题。战时运力紧张,加上战场形势发展,无法将收购的古籍运往目的地。在这种情形下,有人建议将这批收购的古籍运往美国保存,战争结束后再运回国内。这一保存古籍的思路与平馆一样,而北平图书馆运作在前,中央图书馆计划在后。虽然中央图书馆古籍运美因局势剧变而没有能够实现,但北平图书馆的示范作用却不能抹煞。

六、平馆文化价值

北平图书馆除了征辑抗战史料、收集西南文献、收购珍贵古籍、善本运美外,协助中华图书馆协会向欧美征集书籍、奉派办理接受分配教育部为各院校从美国采购的图书仪器、坚持包括《图书季刊》在内的各种出版事业,等等,均属荦荦大端,影响深远,不再一一列举。

战时北平图书馆的各项工作卓有成效,有目共睹。而所有这些成效的取得,都与北平图书馆实际负责人——袁同礼——密不可分。袁同礼不仅领导平馆职员适应了战争,推动战时图书馆事业前行,而且把形势引向有利于中国抗战的方向发展。1943 年,江应文总结袁同礼在图书馆事业方面的六大建树,其中四个方面与抗战有关,如战前华北局势混沌,袁同礼设法将平馆善本南运;太平洋战争爆发前,又能高瞻远瞩,将部分善本移运美国。又如抗战全面爆发后,袁同礼慨然以中华图书馆协会理事长名义向欧美征集图书,登高一呼,群山响应。尽管作者声称与袁同礼仅有“识面之雅”,然而却高度认可袁同礼,文中不吝赞美之词,高度赞扬其“谨守岗位,清苦自持,不因失败而灰心,不以困难而移志”,为图书馆事业“鞠躬尽瘁,死而后已”[①]。这些评价并不过分。

战时平馆的工作,在促进大后方文化事业发展的同时,实际上也是与日伪政权在文化领域展开斗争。从 1938 年开始,日伪政权即有大规模收集

---

① 莲只:《记袁守和先生事》,《今文月刊》1943 年第 2～3 期合刊,第 124～125 页。

中国古籍的设想，因此平馆收购沦陷区珍贵古籍以及善本运美等保存文献的举措，从文化层面说，是保存中国古籍，为文化传承创造条件。反过来，日伪政权也需要从中国文化典籍中寻找其正当性依据，或力图影响中国文化的发展。这样，珍贵古籍便成为敌我双方争夺的文化资源。事实也确实如此，集中体现在平馆南运书籍回馆一事上。

1937 年 7 月底，北平失陷，不久中华民国临时政府伪政权成立，北平也改称北京，国立北平图书馆也相应地被改称北京图书馆，袁同礼形式上丧失了北京图书馆的领导，或者说重庆国民政府失去了北京图书馆的管辖权。

北平图书馆南运书籍回北平，其直接原因是国际媒体关于平馆书籍运抵美国的报道。1942 年 6 月，海通社里斯本 4 日电，北平图书馆馆藏大批中国善本书籍运抵美国。中华社转译了该报道，6 月初，京津沦陷区各报纷纷转载这条消息，引起各方注意。8 月中旬，北京图书馆秘书主任王锺麟奉命南下上海，先行清查南运书目，确悉有大批书籍保存在上海。9 月 23 日，"华北政务委员会教育督办"、北京图书馆馆长周作人委任王锺麟兼任北京图书馆存沪图书保管处主任，前往上海视察实际情形，拟具运回办法及运费概算。平馆书籍回运由此展开。

10 月 1 日，王锺麟到达上海，调查存书实际情形。根据他的调查，存沪各书分为两处：一是在中国科学社明复图书馆地下室，存有西文书不足 1 万册，大体上为英、德、法等国整套科学杂志及学术团体学报等；二是法租界汶林路民房内，存有中文书 149 箱。王嘱咐平馆在沪人员整理编目，以便查点。

10 月 16 日，周作人致函平馆上海寄存藏书所在机构中国科学社，拟将原存各书运回，内云："所有以前本馆与贵社订立之存书办法，自当继续有效。兹拟将原存各书悉数运回，即派留沪馆员钱公垂、李芳馥、李耀南、陈贯吾等四人随时与贵社商洽装运事宜。"① 命主任王锺麟面洽。

书籍回运得到了日本方面的大力协助。王锺麟根据北京图书馆 16 日公函，南下回运书籍。他偕同"华北兴亚院"调查员水川清一、"政务委员会"专员臼井亨一，以及上海军部冈田曾前往中国科学社接洽接管图书事宜。经多方折冲，尤其得到日本驻沪各机关的援助，中国科学社同意运回保存在该社的余下书籍。11 月 3 日，第一批中文善本 136 箱运回北京，12 月 16 日，第二批西文珍籍 142 箱运回北京。

---

① 北京图书馆业务研究委员会编：《北京图书馆馆史资料汇编（1909～1949）》，第 761 页。

从平馆南运书籍回北平的过程看，伪政权华北政务委员会对运回善本十分重视，派专人负责处理此事。而其书籍最终能够运回，又得益于日本方面的支持，尤其是日本军方的支持。日本为什么支持伪政权运回南运书籍？具体原因不得而知。可以预料的是，平馆书籍运回，有利于提高伪政权的威信，麻痹国人的抗日情绪，更有利于日本的文化图谋，从文化层面削弱中国民众的抗日意识。所以，北平图书馆善本运美、收购沦陷区珍贵典籍，是传承中国文化的重要举措，开辟了抗日的文化战场，是一场没有硝烟的文化战争，是中日两国之间的文化对抗。

特别值得一提的是，北平图书馆征辑抗战史料时，与中国共产党建立了良好的联系。这种联系的建立，是北平图书馆业务发展的一大突破。这种突破，不仅丰富了北平图书馆的馆藏，还有两个方面尤其令人注意。

一是改变了对中共的歧视态度。战前北平图书馆与中共之间没有任何合作。不仅如此，袁同礼对与中共关系比较密切的苏联持一种疑惧态度。苏俄十月革命后，实行共产政策，没收了中国旅俄侨胞的全部财产，并恣意虐待残杀侨胞。华侨金石声全家惨遭杀害。国家主义派领袖之一李璜得知此事后，在北京召开了两次座谈会，号召反俄援侨。袁同礼不是国家主义派成员，但参加了这两次座谈会。在座谈会上，他表示："俄国是一只狗熊。狗熊永远不会变成绵羊。它现在虽然高声喊叫打倒帝国主义，它自己却变成了赤色帝国主义。将来为中国之祸害，或更甚于沙皇时代。"[①] 袁同礼的这种态度，直接影响了北平图书馆对苏联图书馆事业的关注，也不免对中国共产党有歧视。然而，战时史料征辑，平馆不仅接受了《列宁选集》等共产主义著作，而且对中共领导人的著作也一并接受收藏。须知，这些书籍长期以来都是禁书。北平图书馆史料征辑态度的转变，无疑标志着袁同礼图书馆建设思想的一大转变。这对北平图书馆的发展来说，是一大突破；对中国图书馆事业的发展来说，也是一大进步。

二是突破了国民政府的文化审查政策。为了加强对战时的文化控制，1938 年 7 月，国民党中央常务委员会通过了《战时图书杂志原稿审查办法》，其中第 11 条规定："凡未经审查机关许可出版之图书杂志，除六、七两条已规定者外，或审查机关不准发行，不遵照指示修改删削而擅自出版者，处罚其编辑人印刷人发行人。"[②] 按照这一规定，中国共产党领导的边区政府出版发行的众多书刊无不在禁止之列，尤其是鼓吹共产主义的书

---

① 彭昭贤：《追念袁守和先生》，收入《思忆录》，台北，天一出版社，1979 年，第 61 页。

② 《〈战时图书杂志原稿审查办法〉中常会会议修正通过公布》，《中华图书馆协会会报》1939 年第 5 期，第 18 页。

刊,更不允许在国统区出版发行。因此,中共提供的各种书刊,例在禁止之列。这是其一。其二,北平图书馆向八路军征辑史料时,正值国共两党军事摩擦较为激烈时期,国民党采取种种措施对中共进行限制。在这种大背景下,北平图书馆向八路军征辑战时史料,也需要勇气。所以,1939年开始的北平图书馆与八路军的联系,某种程度上,突破了国民党政府的文化审查政策。这也是认识战时史料征辑活动应该注意的地方。

北平图书馆的战时工作,体现了袁同礼办馆思想的巨大变化:一方面努力推进平馆各项业务,一方面继续保持独立,同时又与各党派保持积极的工作关系。袁同礼这种对事不对人、不因人废事的开放的办馆思想,使战时北平图书馆的发展进入了一个新的历史阶段:其一,平馆努力推进战时大后方文化建设,加强文化整理,促进文化融合;其二,平馆克服党派纷争,与中国共产党进行文化合作,推动抗战力量的文化交流;其三,平馆善本运美、收购沦陷区珍贵古籍等,是与日伪展开的没有硝烟的战争;其四,平馆通过国际文化合作,宣传中国抗战,传播中国文化,提高中国文化的国际地位。平馆在描绘着中国图书馆界的文化大战略,在抗战救国过程中发挥了国立图书馆的独特作用。这是后人应该牢牢记住的。

第五节　国立西北图书馆

一、西北图书馆的创建由来

西北地区的现代图书馆事业,相对于东部地区来说,要落后不少。国民政府定都南京后,于1928年5月在首都召开了第一次全国教育会议。会上,有人提出设立西北中央图书馆案,理由主要为:西北交通不便,外来印刷品搜集不易,应该由中央设立图书馆,搜集图书,以便参考;西北地方贫苦,士子多无力购买贵重书籍,所以应由公家设备,以资应用;西北出版业不发达,固然由于人才缺乏,但也因为没有大规模图书馆,无法参考,所以应该从速设立,以促进步;西北智识不开,一方面因为教育不普及,另一方面也因为缺乏文化机关;西北地区没有实力举办大规模图书馆,只能借助于中央设立大规模文化机关 ①。这是较早主张在西北地区设立国立图书馆的建议。该议案得到重视,不过,会议之后,国民政府没有采纳,随即束之

---

① 中华民国大学院编:《全国教育会议报告》,第614页。

高阁，没有能够付诸实施。

其实，在全国教育会议之前，李小缘已经设想在西部地区设立中山图书馆。在《全国图书馆计划书》中，李小缘称："中山先生，倡三民主义，立革命不朽奇功，使吾璀璨光辉之中华民国，奋发有为，将革命精神，贯彻全国民众，此皆中山先生之赐也。可不纪念乎？"[①] 为此，他提出按时分期在南京、北京、武昌、广州、成都五地设立国立中山图书馆，总馆设在首都所在地南京。李小缘的国立中山图书馆就是国立图书馆，成都作为西部地区的中心成为理想的国立图书馆所在地之一。该设想并没有得到西部地区有关人士的积极响应和大力支持。

"九一八"事变后，随着东北沦陷，西北地理位置日益显得重要，西北地区的图书馆建设也日益受到重视，缓慢发展。《申报》1933 年 5 月 23 日记载，戴季陶此前赴西北考察，深感开发之道，必先从启迪民智入手，因此特地购备书籍数万册，派员运往，分赠西北各图书馆。作为国民党的元老之一，戴季陶的示范作用不容低估。在戴季陶等国民党元老提倡下，西北文化建设成为一股热潮。

1939 年 3 月，第三次全国教育会议在重庆召开。会上，陕西省教育厅厅长王捷三提出《请在西北较安全地区筹设大规模科学馆及图书馆案》。其理由为："军兴以来，后方各地时被敌机轰炸，尤以各大都市为甚，所有各该地之科学仪器，与珍贵图书，并具有文化历史价值之古物古迹，均择地移蔽，闭而不用。其他较安全地区，不但现状得以维持，且因教育机关及其他团体之集中，人烟稠密，学校林立，科学仪器与典籍之需要，最为急切。拟请筹设大规模科学馆与图书馆，以应抗战建国之需。"[②] 具体方法是：1. 在西北较安全地区，如汉中及天水等地，筹设大规模科学馆与图书馆；2. 将各地移藏的科学仪器与书籍古物，收集一处，不必另行增置。既便保存，又免糜费。经审查，案由改为《请在西北较安全地区筹设大规模科学馆、图书馆及古物保存所案》，其办法送请教育部斟酌办理。教育部如何处置，不得而知。不过，就建议本身来说，也不无可商榷之处：一是珍贵图书的开放问题。战时图书馆界一般主张保藏珍贵图书，而不是开放。谁能料到什么时候日军空袭？一旦遭到损失，珍贵图书将无恢复可能。二是集中保存。从 20 世纪 30 年代开始，就珍贵图书安全问题，图书馆界就有一种分散保存的想法，因为，假设集中保存，若出现问题，可能全部损失，所

---

① 李小缘：《全国图书馆计划书》，《图书馆学季刊》1928 年第 2 期，第 211 页。

② 《第三次全教会通过有关图书馆之议案》，《中华图书馆协会会报》1939 年第 6 期，第 16 页。

以保存珍贵图书的办法之一为分散保存,而不是集中。王的建议,其前提是西北地区不会有危险,而这点恰恰是有疑问的。因此该案不受教育部待见,也情有可原。

1942年10月,国民参政会第三届会议在重庆召开。这是中国与美、英、苏等国结盟后首次召开的国民参政会。国民党、国民政府、社会各界对这次会议都充满期望。第三届国民参政会提案共有226件,关于教育文化等事项的为44件,次于财政经济事项案(85件)和内政事项案(62件),高于外交及国际事项、军事及国防事项和一般事项三类提案。这次国民参政会正式通过了陕西省参政员赵和亭等提出的《请创建国立西北图书馆以资保存文物发扬文化案》①,对创设西北图书馆至关重要。

根据国民政府1940年9月26日修正公布的《国民参政会组织条例》,国民政府设立国民参政会,目的是"集思广益,团结全国力量"。国民参政会的职权包括"得提出建议案于政府"(第7条)、"有听取政府施政报告暨向政府提出询问案之权"(第8条)、"促进业经成立决议案之实施,并随时考核其实施之状况"(第12条)等②。国民参政会是战时国民政府的民意机关,对政府施政具有约束力,因而国民参政会通过的决议案,国民政府不能不重视。1943年初,国立西北图书馆正式开始筹备。

这样,从1927年开始,经过两次全国教育会议和社会各界的不断呼吁,创建国立西北图书馆的建议经国民参政会通过后,终于付诸实施。15年的时间虽然漫长,毕竟开花结果。西北图书馆的筹备,是战时图书馆事业发展的重要成绩。

二、西北图书馆的筹备情况

1943年2月,教育部聘定刘季洪、袁同礼、陈东原、刘国钧、岳良木、郑通和、陈训慈、蒋复璁、蔡孟坚九人为国立西北图书馆筹备委员会委员,并指定刘国钧为筹备主任。馆址设在兰州,开办费40万元,经常费20万元。1943年3月26日,筹备委员会第一次会议在重庆教育部礼堂召开,就馆址、人士、经费、图书以及困难等方面进行了详细讨论,并拟定了1943年度工作计划书③。

根据该计划书,筹备工作从4月1日开始,本年度共9个月,约分为三期。第一期4～6月为预备时期,工作要点包括:1.根据筹备会议决案进

---

①　孟广涵主编:《国民参政会纪实》(下卷),重庆,重庆出版社,1985年,第1140页。

②　同上,第768～770页。

③　《国立西北图书馆筹备概况》,《中华图书馆协会会报》1943年第1期,第4页。

行各项工作；2. 根据议决大纲，先在重庆、成都、南郑、西安等地设立通讯处，聘请专人负责购运图书等事宜；3. 遵照大会组织大纲，选聘合格专人，分任各组主任、编撰及干事等职；4. 调查各大都市新旧中西图书价格，以便购买时参考；5. 编呈本年度经常费和建设费预算。第二期 7～9 月为展开时期，工作要点包括：1. 与西北各机关求取联系，调查西北文献，设法征求各种刊物，并函驻华各使馆捐助图书；2. 订制图书馆设备，包括印刷东西图书卡片、订制藏书架杂志架等，还包括接洽馆址、增聘职员、拟定各种规则、组织公共食堂、报告筹备情况等。第三期 10～12 月为着手开放时期，工作要点包括：1. 先将杂志部分及图书影片部分实现开放，以供阅览；2. 拟就兰州各图书馆现有图书，编制联合目录，提倡互借，推广图书教育；3. 对西北各省市社会教育机关、各学校、图书馆及民众教育馆酌加辅助与指导，以期普及社会教育，还包括加聘人员、筹办刊物、兴建馆舍、举办员工福利事业、编制决概算书、编制工作报告及工作计划等。从计划书看，刘国钧筹备西北图书馆，细致严密，井井有条，倾注了大量心血。

刘国钧对国立西北图书馆的地位有着自己的认识。他认为："国立西北图书馆为国家而兼具地方性之图书馆。其工作之目的为保存文献，提高文化，促进学术，以增进人民之知识而协助国家政策之推行。"按照刘国钧的理解，西北图书馆，在当时环境中，职责主要有五个，即："配合开发西北之方针，汇集有关资料，以供学者及从事人员之研究，一也。访求西北各省之文献古物，加以整理、保存和展览，以引起公众对西北文化之认识与爱好，二也。采购各国最近科学名著，搜集各种杂志，以互借及寄存方法，便利各学校员生之使用，而供学者之参考，三也。采集境内如蒙、藏、回等各民族之著作，加以研究与翻译，以增进各民族间之认识，而沟通各民族之感情，四也。辅导各地方图书馆及其他社教机关，或指导其方法，或供给其图书，以图推进图书教育而提高民众程度，五也。"[①] 从定位看，刘国钧的国立西北图书馆思想尽管强调自身的"国立"性质，但更为注重结合西北区域特色，是一所区域性图书馆，而不像国立北平图书馆和中央图书馆在全国层面发生作用。应该说，这种定位更有利于西北图书馆的建设与发展。

根据西北地区的实际情况，刘国钧拟定了易于实行的事项，主要有：1. 调查西北各省区内各级图书馆的情况并进行统计，调查先从陕、甘着手，次及宁、青、新三省。2. 举行图书馆员座谈会以及讲习会，以交换专门智

---

① 刘国钧：《国立西北图书馆筹备计划书》，《社会教育季刊》1943 年第 3 期，第 90 页。

识,促进事业发展。3.举行图书馆人员训练班,进而筹设图书馆专科学校,此类训练班或专科学校可以由西北图书馆与其他学校如国立西北师范学院或甘肃学院合办为宜。4.派员视察各地图书馆及民众教育馆图书部。必要时,可以按照西北图书馆所拟举办之书报巡回供应办法,供给书报。5.举办书报供应站,分发转借书刊给本区内各重要图书馆,并得接受各图书馆或私人委托,代向书局或其他图书馆订购书报,并得将本站书报分为数份,巡回寄存各地方图书馆。6.协助兰州市各小学办理阅览事宜。西北图书馆拟汇集儿童补充读物若干种,分为数组,以巡回文库办法,分期巡回各小学阅览,并随时派员赴各学校向学生讲解读书方法。如果兰州施行有效,此后可推行各地。7.举办各种图书文物展览会,或陈列书籍,或陈列物品,或陈列照片,如西北文献、西陲艺术、边境宗族生活、西北资源等,视所获资料多寡陆续举行。8.举办学术讲座,以冀学术民众化,纠正现行不良风气,提倡正当生活理想,鼓吹国民道德,宣扬民族文化。9.编制辅导书刊及用品。拟于馆中设立辅导部,接受并答复各地方社教机关关于推进图书馆教育的各种咨询,并派人员赴各地视察指导外,拟编制各种书刊及图书馆用品转售或分赠各机关,以推进事业进行。10.组织各种专门事业参考图书馆。现在西北建设事业突飞猛进,西北馆应收集各种事业的参考资料,设专室,供专家参考,或以此类图书寄存各事业机关,供其借用。11.在重要城市举办分馆。西北馆以西北各省民众为对象,其工作中心自不能以一地为限。为便利阅览及推进工作起见,当陆续于境内各地设立分馆,以为推行各项工作之中心。12.宣传社教之重要。西北馆将来或在报纸副刊,或在广播电台,创立定期讲座,宣传图书馆教育之重要,尤须阐明现代图书馆在社会中之地位,才可唤醒一般人的注意。

以上12事,可分为两类:一为辅导事业,协助其他社教机关,推行图书馆教育;一为直接社教事业,即由西北馆自行举办。当然,刘国钧还有远景计划,如,为谋求西北各民族"知识上之便利,汇集各族之语言文字,及有益之书籍供其阅览,以培植正确之国族观念,而增进其现代意识。且进一步聘请专门学者,翻译各宗族之著作,以增进相互间之了解,而加强各族间之团结"①;再如输送人才到国外研修图书馆学;等等。仔细推敲,这些内容确实易于施行。

1943年12月16日,国立西北图书馆筹备委员会第二次会议在重庆国立中央图书馆举行,出席委员有袁同礼、陈训慈、蒋复璁、刘国钧、刘季洪

---

① 刘国钧:《国立西北图书馆筹备概况》,《社会教育季刊》1943年第4期,第16页。

等, 议决的重要事项有: 1. 馆址问题, 议决接受皋照书院为初期馆址, 接受兰州市政府指拨的东梢门外 10 亩地基为将来建馆用地; 2. 修正通过该馆组织条例草案; 3. 关于国立西北图书馆正式成立日期, 根据修理工程情形, 初步定为 1944 年 4 月 1 日或 6 月 1 日。

筹备委员会在筹备期间, 在兰州还参加了数项重要活动, 包括: 1. 开放图书影片 (缩微胶卷)。自 1943 年 8 月起, 由重庆国际文化学术资料委员会委托国立西北图书馆筹备处, 办理图书影片的阅览事宜, 交给影片 54 种, 放大阅览机两架, 于 10 月 11 日起开放阅览, 颇受当地学术界欢迎。这是袁同礼支持刘国钧筹建西北图书馆的具体表现。2. 参加社会教育人员训练, 由西北图书馆筹备委员会派员担任, 主讲图书馆学。3. 参加国防科学展览, 国防科学展览会为兰州青年团举办, 由该会负责国防图书部分, 选出图书杂志 300 余种参加陈列, 颇受观众注意。4. 编辑了包括简明图书流通法及简明图书分类法等图书馆辅导书籍。5. 编辑西北学报。6. 调查西北教育机关, 包括甘肃、宁夏、青海等省。短短几个月内, 多项工作已经颇具规模。而这些成效的取得, 与刘国钧务实的筹备精神不无关系, 尤其筹备计划中拟定的事项, 大多切实可行。

经周密筹备, 到 1944 年上半年, 国立西北图书馆已有藏书 7 050 册, 杂志期刊共 281 种, 1 353 册, 各地日报 15 种; 工作人员 30 多人, 分总务、采集两组办事, 正式成立后, 设总务、采访、编目、阅览、特藏、辅导 6 组。该馆组织条例草案, 业经 1944 年 6 月 13 日行政院第 664 次会议修正通过。1944 年 7 月 7 日, 国立西北图书馆正式成立。

三、西北图书馆的撤销风波

1945 年 4 月, 教育部指令西北图书馆, 接令后停办。要求在 7 月底以前, 所有图书文卷, 移交甘肃省立兰州图书馆, 器具移交国立西北师范学院。至此, 从 1943 年 3 月开始筹备, 1944 年 7 月成立, 国立西北图书馆开办不到一年, 旋即停办。教育部的停办令对西北图书馆来说, 不啻晴天霹雳! 教育部之所以停办西北图书馆, 理由是 1945 年底 "中央各机关奉令紧缩" [①]。教育部紧缩的办法之一, 即为停办西北图书馆, 以渡过艰难时期。这个解释有欠合理。时人表示: "当此政府提倡开发西北, 提高西北文化水准之际" [②], 该馆突然停办, 难免情理不通。停办原因是一个谜。

---

① 《国立兰州图书馆》, 《中华图书馆协会会报》1947 年第 1～2 期合刊, 第 14 页。
② 《国立西北图书馆奉令停办》, 《中华图书馆协会会报》1945 年第 1～3 期合刊, 第 8 页。

　　不过，作为中国图书馆事业发展的社会推动力量之一，中华图书馆协会却希望西北图书馆能够继续办下去。为此，协会特地呈请教育部，希望恢复图书馆，以奠西北文化事业的基础。在协会看来，抗战已经胜利，今后复员建国，尤其应该注意教育文化的普及发扬，而西北地区交通不便，文化一向不够昌盛，亟待复兴。同时，中国国立图书馆，当时仅有北平与中央两所，协会认为图书馆的建立对于专门学术研究与一般社会教育都有莫大帮助，但只有国立图书馆才能具有较大规模，收获较大成效。所以协会又呈请教育部于西北、东北、西南、东南及华中各区分别增设国立图书馆，以促进学术研究，提高教育水平①。可以说，协会试图抓住每个机会，不遗余力地推动图书馆建设。当然，除了协会外，不少个人和组织也提出了类似恢复西北图书馆的要求。

　　现在已经不清楚协会在恢复国立西北图书馆过程中所发挥的作用。1946年9月，国立西北图书馆奉教育部令，恢复运作。此前停办时交甘肃省教育厅及国立西北师范学院暂行保存的图书家具等，也都收回。1946年度经费核定原预算为251万元，奉令追加628万元，共计879万元。1～8月份经费即移作恢复设备之用，其他款项作经常费，馆长仍为刘国钧。新办兰州大学，因为没有正式图书馆，仅有各系图书室，该馆即与兰州大学密切联系，所以馆址仍设在兰州，并改名为国立兰州图书馆。

四、西北图书馆的创设意义

　　创设国立西北图书馆是建设西北地区的内容之一。国民政府奠都南京不久，即有开发西北的设想，其中以戴季陶、褚民谊、张继等国民党元老提倡最为积极。他们认为西北文化是中国文化的发源地，建设新中国，应该从我们老祖宗发源地开始。戴季陶到处宣传他的开发西北观。1931年4月16日，他在河洛中学演讲时称，发展西北文化，"把我们底老祖宗文化发源的地方的人民唤起来，以作基础。把这古今几千年、纵横数万里的中国各个民族，一同努力建设一个新生命，造成新文明新文化"②，这是中国立足于世界民族之林的根本所在。他认为，环顾全国情况，以西北建设为最重要，关系我们国民革命的前途。此后，开发西北之声不绝于耳。1932年12月29日，褚民谊等在国民党四届三中全会上提出《开发西北案》，建议在行政院之下设西北拓殖委员会，专门负责开发西北。该委员会职能："先将

① 《本会呈请教部恢复西北圕并增设国立圕》，《中华图书馆协会会报》1945年第4～6期合刊，第13页。
② 戴季陶：《开展西北文化与建设新中国》，《新亚细亚》1932年第6期，第1页。

西北交通线路完成，次及金融贸易农田水利造林开矿畜牧纺织诸端，而促进教育、发扬文化，亦应为同时并举之事。"① 将文化上升到与交通、金融、农田水利同样重要的地位。

在开发西北的种种设想中，文化因素在开发论中占据重要地位。曾养甫表示："尧舜禹汤文武的修明政治，秦皇汉武的发扬武功，都以西北为其发祥的根据地。且其民俗强悍，厚重质直，沉雄英伟，无优柔不断之弊，与人信厚无城府，交友重信义。……假使今日全国人民，都能如秦人的尚武，勇于公战，怯于私斗，人人有急公义、勤远略的精神，中国的民族地位，还怕不能恢复吗？……恢复民族精神的重要条件，在发扬中国固有文化。考中国文化的演进历史，实由西北而渐趋于东南。中国古代文化，其策源地皆在西北"②，强调西北文化的重要地位。马鹤天认为："西北民族复杂，言文各异，文化幼稚，教育毫无。因之一切落伍，且与汉族往往发生隔阂，甚至与地方政府冲突，酿成惨案，……今欲开发西北，需先免除隔阂，求各民族之智识精进，文化均等，则教育尤为重要，且所移之民与游民，多系少时失学，亦非实施补习教育不可。"③ 尽管立足点不同，但都注重文化在开发西北中的作用，这是一致的。不过，开发西北，主要基于巩固国防的需要。尽管呼吁不断，也有一些小规模的开发动作，但开发西北计划一直没有能够普遍展开，没有大规模付诸实施。这种状况持续到全面抗战发生，也没有得到实质改善。

抗日战争全面展开后，开发西北再次成为社会各界讨论的焦点问题，国民政府甚至提出"西南是抗战的根据地，西北是建设的根据地"口号。以第三届国民参政会第一次会议为例。这次会议关于教育文化等事项方面，其提案共44件，其中直接关涉西北事宜，至少有11件，分别为张作谋等提的《请政府迅在兰州筹设国立大学以大量培养建设西北干部人才案》、梅光迪等提的《建议政府指定国立各大学添设伊斯兰文化暨阿拉伯语文讲座案》《国立各大学应增设东方语文学系以加强东方各民族在政治经济文化上之联系而维世界永久和平案》、赵和亭等提的《请创建国立西北图书馆以资保存文物发扬文化案》、于光和等提的《扶植边地教育发展案》、张其昀等提的《边疆文教应早定大计以固国基案》、顾颉刚等提的《请扩大并加

---

① 褚民谊等：《开发西北案》，收入秦孝仪主编：《革命文献》第89辑《抗战前国家建设史料：西北建设（二）》，台北，"中央"文物供应社，1981年，第8页。
② 曾养甫：《建设西北为本党今后重要问题》，《建设》1931年第11期，第A2页。
③ 马鹤天：《开发西北之步骤与方法》，收入《革命文献》第89辑《抗战前国家建设史料：西北建设（二）》，第155页。

紧边疆学术考察工作俾建国工作早日完成案》、李永新等提的《请政府以边疆教育经费全部或三分之二以上用在蒙回藏教育俾蒙回藏教育得有充分发展机会；兼请即在蒙回藏同胞集中地点各设一完全官费小学以提高其民知救发其爱国情绪而利抗战建国案》、李洽等提的《请增加蒙藏教育经费普设蒙藏学校案》、达浦生等提的《拟请政府切实辅导回胞国民教育以资培植边省人才案》、马宗荣等提的《积极推进社会教育以利抗战案》①等。社会教育是教育的主要内容之一，受到重视也理所当然。可以说，到了 1942 年，在建设西北的热潮中，创建国立西北图书馆水到渠成。因此，这次会议后不久，创办国立西北图书馆提上了国民政府的议事日程，付诸实施。

西北图书馆在筹备和建设过程中得到了中华图书馆协会及其成员的大力支持。

中华图书馆协会 1939 年度工作中，其第一条即为"协助西南各省筹设图书馆"。其中不只是西南地区图书馆事业的发展，也包括西北地区的图书馆建设建议："自抗战军兴以来，西南各地，已成后方重镇，推进文化建设，实为当务之亟（急）。……现云南昆明图书馆，由本会之提议，已由中英庚款会拨付建筑费五万元，并与云南省政府合组委员会，从事筹备一切。……四川省立图书馆，正在积极筹备之中，由本会之申请，中英庚款会曾议决拨给该馆购书费三万元。该馆成立之后，本会仍拟继续援助。本年度除促进西南各地图书馆事业之发展与改进，以求适应抗战期中之需要外，并拟定计划，积极推进西北各省图书馆事业。陕西城固及甘肃兰州均有多数图书馆继续成立，藉以扫除文盲，促进社教，唤醒民族意识，激发抗战精神，而增强抗战之力量。"②这一设想，与第三次全国教育会议上王捷三提出的观点大体一致。

在西北图书馆的筹备过程中，图书馆界发挥的作用更大。一是智力支持。西北图书馆筹备委员，主要有袁同礼、陈训慈、蒋复璁、刘国钧、刘季洪等，尤其常务委员的专业化，对国立西北图书馆的建设，有着莫大的专业支持。这种专业知识与能力，是科学规划的基本保证，也是西部地区大规模图书馆建设取得成效的保障条件之一。二是设备支持。西北图书馆借中央图书馆开第二次筹备会议，国立北平图书馆馆长袁同礼、国立中央图书馆馆长蒋复璁都拨冗参加，显示了协会成员具有强烈的团结意识，互相支持，互相帮助，促进大规模图书馆的建设。三是后续支持。西北图书馆

---

① 孟广涵主编：《国民参政会纪实》（下卷），第 1138～1143 页。
② 《本会呈请教部续予经费补助》，《中华图书馆协会会报》1940 年第 5 期，第 10～11 页。

停办后，中华图书馆协会呈请教育部，希望能够恢复。协会的建议，对教育部来说，不能说一点作用也没有。

因此，国立西北图书馆无论在规划设想、筹备建设，还是在战后恢复问题上，都得到了中国图书馆界，尤其中华图书馆协会的积极支持。国立西北图书馆的创设，是中国战时图书馆事业建设的一大成就，在一定程度上改善了中国图书馆分布重东南、轻西北的畸形发展格局，对抗战的胜利，有着潜移默化的影响。

第六章　图书馆界的战后复兴筹划

中国图书馆的战后复兴工作，以美国政府的文化援助为起点。在世界反法西斯战争大好局面影响下，图书馆界详细地讨论了图书馆的战后复兴问题，中华图书馆协会有条不紊地从事图书馆的战后复兴工作。美国图书馆界在中国图书馆的复兴过程中发挥了重要作用。国际文化合作日益加深。

第一节　图书馆战后复兴的起点

一、缩微胶卷的输入背景

中国图书馆的战后复兴，以美国政府的文化援助为起点。1937 年底，中华图书馆协会向美国图书馆界发起征集图书活动，这种民间对民间的文化援助，收效有限。太平洋战争爆发后，中美结盟，中美之间单纯的文化交流由此纳入中美关系之中，两国间的文化合作进入新的历史阶段。1943年，美国政府以缩微胶卷的形式，向中国文教机关进行大规模的文化援助，真正开始了中国图书馆的复兴工作。

美国政府以缩微胶卷援助中国文教机关，原因很多，主要有：一是军事因素。太平洋战争爆发后，中美结盟，共同对付日本等国的侵略。为加强对日本等国的情报收集，美国政府设立了征集国外图书部间委员会（ Interdepartmental Committee for the Acquisition of Foreign Publications ），隶属于国务院情报协调局分析分局，负责在全世界范围内征集图书。美国情报协调局试图通过定量分析，即测定在报刊篇幅内所含特定单词的数量，为政府决策提供科学依据。这种定量分析，以足够的书刊为前提。中国是美国的主要盟友，而当时美国对中国缺乏了解。情报协调局分析分局远东组认为，为获得资料而需在中国设置一名作战区域代表或一个前哨基地。

哈佛大学教授费正清就是担负着这个任务而来中国的。费正清，John King Fairbank，美国学者，曾经于 20 世纪 30 年代游学中国，以清华大学为中心，与中国的现代知识分子建立了良好的私人关系，其博士论文即以中国问题为题，是真正的中国通。这也是其为美国国务院征召的主要原因。

日美战争之前，两国关系日趋紧张，美国因而加强对日本的主要对手——中国的沟通与了解。费正清受情报协调局分析分局征召，负责了解中国情况。1941 年，他写信给在清华大学读书期间的指导老师、时任国民政府行政院政务处处长的蒋廷黻，表示："我特别强调我们缺乏中国出版的书刊，迫切需要有关中国情况的消息报道，和国民政府社会、经济问题的报告。"①1942 年 9 月，费正清受该局委派，来到中国，其主要任务是"为了赢得战争的胜利而搜集日本出版物，并拍成缩微胶卷送回国内，供华盛顿战略情报局使用"②。通过书刊收集日本和中国的信息，成为美国政府远东战略的一项重要内容。

二是文化因素。1942 年 9 月，到达昆明后，费正清的想法有了很大变化。在昆明期间，费正清和西南联合大学校务实际负责人梅贻琦、英语系主任陈福田、清华大学政治学家张奚若、北京大学政治学家钱端升等进行了深入交谈。他对清华大学教授的状况十分震惊：他们贫困潦倒，却还从事学术研究。在给华盛顿的报告中，费正清说：中国知识分子由于得不到本国政府的资助而逐渐陷于垂死的困境，"这些曾在美国接受训练的中国知识分子，其思想、言行、讲学都采取与我们一致的方式与内容，他们构成了一项可触知的美国在华权益"。在中国，现代西方民主思想方针与古老的中国专制主义方针正在直接对抗而展开搏斗。这是一种文化斗争。在这场斗争中，清华大学教授是一股举足轻重的力量。当时美国政界普遍认为：中国最重要的事情是用武装力量跟日本人作战，所谓文化关系无关紧要。费正清表示：我的论断恰恰相反，中国最重要的问题是文化问题，运到中国的武器并未全部专用于对日作战。他提出："向中国提供物资只是战争的一个方面，除非使用这些武器装备的中国人有一个正确的主意，否则所取得的成效可能只有害处，没有好处。"③

费正清向华盛顿提出：清华大学特别体现了美国的在华权益。该校教授是从美国留学归国的优秀分子中选聘的，"这些人是中国接受西方文化教育熏陶的学术界人士中间的精英，因此可以说是美国教育势力的起一定

---

① 〔美〕费正清：《费正清对华回忆录》，第 238 页。
② 同上，第 232 页。
③ 同上，第 223～224 页。

作用的代理人。……他们的处境理应受到我们的特别关注。"另一方面，教育部长陈立夫正严格统制中国文化知识界的生活，长期以来想方设法推行控制清华大学以及其他大学的办学方针，但陈立夫"遇到了留美归国而资历较深的教授们的极其明确而坚决的抵制，结果是双方持续的斗争，在这场斗争中，一方是教育部和国民党当局的权力，并以他们的财政金融为后盾；另一方是决心力图维护美国式学术自由的教授们，两方进行着较量。这是一场双方实力不相等的斗争"。教授们的财力资源已经山穷水尽，除非得到援助，否则这场斗争的结果只能是"为支持在教育上实现美国自由信念而挺身奋斗的教授们继续遭受营养不良和患病，导致情绪低落，直至死亡、离散或堕落"①，他建议美国政府改变政策，重视对中国的文教支持，与陈立夫为代表的文化保守主义斗争，以求对中国的发展产生深远影响。费正清持续不断攻击中国当局，尤其是教育当局，经过一段时间，对华盛顿产生了功效，美国政府对华文化援助力度不断增加。支持中国的文教事业，实际上就是巩固美国在华的利益，增强自由主义者的力量。

缩微胶卷成为美国政府对中国文教机关的援助方式，有其历史必然性。Microfilm，译为缩微胶卷，或缩微影片、影片图书、图书影片、影片书等。缩微胶卷在 20 世纪 20 年代时，在欧美图书馆已经广泛应用。太平洋战争爆发后，日本对中国沿海地区进行封锁，中美两国间的海上交通运输完全中止。在这种情形下，空中运输成为中美交通的唯一管道。不过，书籍比较沉重，又占据很大空间，在战事紧张时刻，军事运输第一，书刊不适合进行空中运输。缩微胶卷工作参与者徐家璧对缩微胶卷的优点有所总结，认为是：体积小、份量轻，易于携带运输，也省费用，并且容易保存，这些是实体书刊所千万赶不上的②。他的看法，代表了美国政府对缩微胶卷战时价值的认识。收集图书是美国战略的一个重要组成部分，既然实体书刊不能占用有限的空中交通资源，缩微胶卷因为这些优点而成为美国政府解决书刊收集问题的最佳方式。从 1943 年开始，美国政府开始大规模地将重要出版物制成胶卷输入中国，以满足战时中国大后方学术科研的需要，促进中美两国间的文化交流。同时，美国政府也将在中国收集的书刊资料制成缩微胶卷，以供美国情报机关分析。美国政府在中国收集情报，同时为中国文教界供应美国最新科教信息，成为缩微胶卷进入中国图书馆的外在动力。

---

① 〔美〕费正清：《费正清对华回忆录》，第 226~227 页。
② 徐家璧：《袁守和先生在抗战期间之贡献》，《传记文学——袁同礼先生逝世周年纪念特辑》1966 年第 2 期，第 42 页。

中国文教机关对美国最新书刊的渴求是推动缩微胶卷进入中国图书馆的内在动力。抗日战争全面爆发后，日本大肆摧毁中国的文教机关。教育部公布的全国高等教育文化机关损失显示：截至 1938 年底，中国大学损失大半。在各大学损失中，以图书最甚。国立学校损失 1 191 447 册，省立学校损失 104 950 册，私立学校损失 1 533 980 册，总计达 2 830 386 册①。遭受损失最严重的，恰恰是从战区内迁到重庆、昆明、成都等地的大学，如北京大学、清华大学、南开大学（三校先在长沙组成临时大学，到昆明后改名为西南联合大学）、中央大学等。这些学术机关聚集在内地，图书短缺已经严重影响了其学术发展，不利于战时教育政策的推行。为了维持文教工作的进行，中华图书馆协会和战时征集图书委员会曾向欧美文教机关提出征集书籍吁请，一度取得了良好成效。然而，太平洋战争爆发后，中外交通断绝，西文书刊已经无法通过正常海运渠道进入中国，而日益增加的文教机关对西文书刊的渴求因为缺少最新书刊也越来越强烈。文教机关的需求成为缩微胶卷批量输入的内在动力。

二、国际学术文化资料供应委员会

战时输入中国的书刊缩微胶卷事务在中国方面，由国际学术文化资料供应委员会负责，该委员会为教育部直属单位。根据当时媒体的报道，该委员会的设立，有两个因素发挥了作用：一是"中华教育文化基金董事会、中英庚款董事会等机关，发起输入图书影片（microfilm），藉以解决目前之困难（即太平洋战争爆发后，中国与欧美学术界无法沟通，国外新出的书报杂志，因重量关系，无法运入内地——引者注）"；二是"美国国务院鉴于中国学术界之需要，乃委托美国国会图书馆，将本年新出版之科学期刊，一律制成影片，用飞机运华，赠送我国教育部。教育部为接受此项资料，并推广其用途起见，近特组织国际学术文化资料供应委员会，主持此事"②。

根据该报道，缩微胶卷输入中国时，中英庚款董事会也发挥了作用，也就是说，英国相关部门也参与其中。那么，英国方面为什么会向中国输入缩微胶卷呢？中日战开，英国政府接触中国文教界，晚于美国。不过，英国方面不愿落后，与美国进行竞争。费正清到达中国后，感觉到英国文

---

① 《教部发表全国高等文化机关受敌军摧毁之下所蒙损失统计》，《中华图书馆协会会报》1939 年第 6 期，第 13 页。总计实为 2 830 377 册。

② 《国际学术文化资料供应委员会正式成立》，《中华图书馆协会会报》1943 年第 3~4 期合刊，第 5 页。

教界在中国文教界日益增长的影响。在给华盛顿的报告中，费正清说："英国人在这里（指昆明）比美国人活跃得多（派驻人员是美国的两倍，有一个出版计划和一个图书阅览室。一位牛津大学教授［指的是李约瑟］驻在此间，更多的还在路上等等）。"① 费正清不愿看到英国人比美国人更有影响，美国和英国对中国的文教界形成了竞争。费正清的这一说法是有佐证的。徐家璧也表示："战时我国和英国是盟邦，英国见美国以大批学术图书影片助我，不甘落后，便想和美国竞争。英国在海外做文化宣传的，是英国文化委员会（The British Council），于三十二年（即 1943 年）当即派李约瑟博士（Joseph Needham）来华。先行成立文化科学办事处于重庆，除和我国科学界人士接触并设法合作外，也供应英国摄制的学术性图书影片给我方。"② 事实也是如此。太平洋战争爆发后，日本迅速占领了香港、东南亚等英国控制区域。对英国来说，中国的抗日战争可以拖住部分日军，减轻英国在东南亚战场的压力，以利于其集中力量对付欧洲战场的德国。1942年，英国派出各种人员前往中国，对中国的抗战表示支持，文教界人员也在其中。英国对华的积极态度，对费正清等来说，也是一种竞争。1945年李约瑟把工作兴趣集中在科学合作上面，他已无形退出了国际学术文化资料供应委员会，英国图书影片的数量因此大为减少。美国大使馆几乎独力负责，于是要求正名，建议将委员会名称改作中美学术资料供应委员会。经教育部认可，1945 年 5 月起，更改新名。不久，大战结束，1946 年初，会务宣告结束。

国际学术文化资料供应委员会设在重庆市曾家岩求精中学内。成立时委员共 11 人，教育部副部长顾毓琇为主席，任鸿隽为副主席，叶企孙为会计，杭立武、陈可忠、吴俊升、刘季洪、魏学仁、蒋复璁等为委员。袁同礼任执行秘书，主持一切事务。美国大使馆二等参赞柯乐柏与美国大使馆学术资料服务处主任费正清，代表美国大使馆与该委员会合作进行③。严文郁和徐家璧先后任主任干事。委员会每月开会一次，商讨会务进行，并听取

① 〔美〕费正清：《费正清对华回忆录》，第 222 页。
② 徐家璧：《袁守和先生在抗战期间之贡献》，《传记文学——袁同礼先生逝世周年纪念特辑》1966 年第 2 期，第 42 页。
③ 关于委员构成，有不同说法。徐家璧于 20 世纪 60 年代后期列出的名单为："委员由中美英三国人士担任，我方委员有先生（袁同礼），教育部政务次长兼任主任委员（先后有顾毓琇、杭立武两氏），林伯遵（中基会），李四光（中央研究院），和魏学仁（金大）等。美方委员是大使馆二等秘书 J. Hall Paxton，此时费正清业已辞职他去。英方委员是李约瑟。"见徐家璧：《袁守和先生在抗战期间之贡献》，同上，第 43 页。另外，徐家璧称"此时费正清业已辞职他去"。据此推测时间，当在 1943 年以后。所以徐的委员应该是1943 年以后的委员名单，而不是成立之初的名单。

有关报告。袁同礼是该项目的实际负责人。

国际学术文化资料供应委员会首次收到西文期刊共 210 种，后来又与澳大利亚等国接洽，供给此项影片，希望能够解决中国战时精神食粮恐慌。供应委员会分别在位于重庆求精中学内的金陵大学理学院、沙坪坝国立中央大学、成都金陵大学及华西协和大学、昆明西南联合大学、桂林广西大学等 5 处设立了图书影片阅览室，委托这些主要学术机关负责保管此项影片及一切设备，同时主持各该区的阅览及利用事项。该会自 1943 年 2 月起按期印行《图书影片指南》（英文本），以供学术界参考。缩微胶卷在这些学校，由图书馆负责。

美、英所供给的图书影片，多数是每种六份，以便分配。所选摄的期刊，必须先经双方同意，中国也可根据各学术团体的要求，随时提出摄制建议。为了配合战时需要，所收到的缩微胶卷，以理工部门最多，文史次之，医学又次之。阅读放映机，全由中国配制，零件则由美国供给。当时配制最多最普遍应用的，是金陵大学理学院设计的模型。另外中央研究院物理研究所，也有一种设计，但应用不广。阅览站遍布后方各地，总计约有 30 处，各大学和研究所，都能依其需要，获得所要看的图书影片。此外，国际学术文化资料供应委员会并不时派员至各站做实际调查，查明问题所在，以谋改进。

三、学术资料服务处

国际学术文化资料供应委员会负责缩微胶卷的联络、接收、分发、流通事宜，而该委员会能够成立，得益于美国政府的积极推动。英国政府代表参加委员会，只是恰逢其时，在前期准备工作中，并无积极表现。美国政府提供的缩微胶卷，通过美国驻华大使馆学术资料服务处转交国际学术文化资料供应委员会，进而分发到各阅览站。因此，在缩微胶卷进入中国图书馆中，学术资料服务处发挥了极其重要的作用。

学术资料服务处挂靠在美国驻华大使馆，费正清任主任。费正清于1932～1935 年间在中国求学，对中国有相当了解。1942 年 9 月，他受美国情报协调局分析分局委派，来到中国，展开图书情报收集工作。不过，鉴于中国方面对谍报人员的猜忌和怀疑态度，他的这一情报人员身份并不为人所知。在公开场合，他的身份通常有两个：一个是美国国务院文化关系司对华关系处文官，在美国大使馆主管分发缩微胶卷，同时为国会图书馆搜集各种出版物；一个是美国驻华大使特别助理。按照费正清自己的说法：他没有与美国国务院联系的密码，也没有自己的特殊通讯渠道，微不足道，"仅仅从事于研究和处理出版物，根本不涉及秘密情报和秘密行动"①。费正清以体面的学者身份掩护他情报人员的任务，对其在华开展工作非常有利，也赢得了中国学者的大力帮助和积极支持。

费正清来华的主要目的是搜集有关日本的情报，为战争服务。其搜集方式不是通过与中国情报机关合作来实现，而是加强与中国文化学术界联系，通过文化学术信息交流的形式来实现自己的情报搜集任务。费正清这种搜集情报的方式有其优势：他在中国游学过，与原北平高校的教师关系比较密切，对中国知识分子的现状也颇为同情；他有一架莱卡照相机，能够把从中国情报机构中得来的有关日本、中国的文件拍摄成缩微胶卷送回美国；他的夫人费慰梅在白宫文化关系司工作，为他挑选了美国的学术、科技著作，并拍摄成缩微胶卷送给他。他携带有一架由华盛顿的一位科学家发明的小型放大机，还有一套供放大放映用的灯泡和镜头，用以拍摄别的胶卷；他对中国的情报机关似乎也没有好感。费正清独特的情报搜集方式，使他偏离了正常的情报搜集渠道，结果是"促使恢复中美两国之间出版物的双向交流"②，和中国的文化界打成了一片。

费正清与中国文教界人士交往密切，其在华工作也赢得了中国学者的支持和帮助。费正清和西南联合大学图书馆主任、原北京大学图书馆严文郁比较熟悉。他于20世纪30年代初在中国留学时，与严文郁有过很多往来。1942年9月，费正清到达昆明后，随即与之建立了联系，但真正能够实现他出版物双向交流想法的却是中华图书馆协会理事长、国立北平图书馆馆长袁同礼。费正清在华游学期间，得到过袁同礼的协助。1942年10月初，袁同礼回到重庆，费正清与袁同礼接洽合作事宜。费正清对袁同礼的印象是："他是第一流的科研事业倡导者，每天都有崭新的计划、思想。""当时年为48岁的袁同礼已成为中国图书馆界的杰出人物，他在重庆的重新登场，对我来说真是个吉祥之兆。我们就此欣然合作。"③

抗日战争全面爆发后，加强与美国文化界（主要是美国图书馆协会）的交流与合作一直是以袁同礼为代表的中华图书馆协会对外联络的重中之重，因此他对与费正清的合作提议也极为热情，对推动中美出版物的交流发挥了积极作用。一方面，袁同礼协助费正清为美国国务院文化关系司驻华办事处取了一个中文名字："学术资料服务处"，隶属于美国大使馆。"学术"和"服务"是两个金光闪闪的单词，使得该机构很体面，它们使费正清

---

① 〔美〕费正清：《费正清对华回忆录》，第231～232页。
② 同上，第234页。
③ 同上，第242页。

与秘密情报工作保持了一定的距离，它的英文名称是 American Publications Service（美国书刊服务站）；另一方面，袁同礼说服教育部，建立了直属教育部的国际学术文化资料供应委员会，以便由官方主办由费正清办事处提供的美国国务院文化关系司的缩微胶卷的分发事宜。国际学术文化资料供应委员会的设立，客观上说，袁同礼发挥了关键作用。

美国政府提供的缩微胶卷都是通过学术资料服务处转交国际学术文化资料供应委员会的。不过，缩微胶卷进入中国图书馆不是一帆风顺的，遇到了不少问题，如技术问题、人事问题等，其中最主要的是教育部长陈立夫对此不是很感兴趣。费正清在 1942 年底的时候，曾经访问陈，告诉他文教界对缩微胶卷普遍感兴趣，但他的印象是："这位部长对缩微胶卷的性质和使用似乎不甚了了，问我缩微胶卷放大机是否既能放大又能拍摄。"① 一年后，他又和陈立夫长谈："他（陈立夫）打听了缩微胶卷规划的进展情况，还询问缩微胶卷在战后是否还能得到同样广泛的应用，并提出这样一种看法，认为对中国学者来讲，看电影不如看书，书可以拿回家去，躺在床上阅读，还可以在上面做记号和写眉批。我对他说，持这种看法的不止他一人，但是缩微胶卷近来已因其便于携带而日渐推广。对此，他表示同意。"② 所幸的是，尽管陈立夫对缩微胶卷兴趣不大，但也不反对。此后，中美出版物合作交流规模不断扩大。据费正清所忆，美国书刊服务站曾经把美国大陆 2 000 多种书刊的缩微胶卷，连同胶卷目录，以及缩微胶卷扩大机 70 台，分发给了 20 个阅读中心，还曾为国会图书馆搜集了数千种图书刊物③。由此不难看出，美国政府及一些机构和个人在缩微胶卷进入中国过程中起到了至关重要的推动作用。正是在费正清等人的努力下，缩微胶卷开始广泛进入民众视野。

四、缩微胶卷在中国图书馆的使用

缩微胶卷在中国图书馆的分发和使用状况没有系统的资料可供查证说明，但从一些零星的报道，也可以看出端倪。

《中华图书馆协会会报》1943 年第 17 卷第 5～6 期合刊上刊载了一则消息，标题为《图书影片成都区分馆暂设金陵大学文学院》。内称：图书影片由美国运入，成都分馆已经准备就绪，委托金陵大学文学院院长刘国钧负责保管，由华西坝各大学聘刘国钧、周克英、蔡路得、赵华琛、孙明经、

---

① 〔美〕费正清：《费正清对华回忆录》，第 292 页。
② 同上，第 293 页。
③ 同上，第 255 页。

谢文炳等为委员，并拟定各种保管与阅览规则。为了推进工作便利起见，拟由华西大学指定一房间，作为阅览专用。在此之前，暂由金陵大学文学院先辟一专门阅览室。不难看出，中国方面对图书影片的引入和使用十分重视。

图书影片在国立西北图书馆筹备过程中占据重要地位。该馆在1944年7月正式成立之前，即已展开筹备工作，其重要活动的第一项为"开放图书影片"，由国际学术文化资料供应委员会提供材料，该图书影片"颇受当地学术界之欢迎"①。其实，国立西北图书馆在筹备期第三期，即从1943年10月1日至12月底，其要点第一条为："拟先将杂志部分及图书影片部分实行开放以供众览。"②也就是说，筹备期间的开放图书影片活动，不过是筹备计划的实施。

华西协和大学设立了图书影片阅览室，到1944年上半年，接受了国际学术文化资料供应委员会提供的英美图书影片185卷，内容均系英美最新出版的书籍杂志，期刊是连续的，涉及的书籍期刊不下千种。媒体的评价是："此项设施，对华西坝五大学③师生之研究工作补助极大。"④该校除阅览室内架设的两台放映机外，另外备有专供成都市其他学术机关团体借用的放映机，免费供给。图书影片源源不断地输入华西协和大学，国际学术文化资料供应委员会赠送1944年图书影片250卷，该校图书馆由美国驻华大使馆秘书包懋勋带来图书影片300余种，放映机两架，与成都文化团体共同使用⑤。

国立西南联合大学于1943年受国际学术文化资料供应委员会委托，管理昆明借阅图书影片事宜。该校除代借予昆明各机关阅读并代各机关团体交换图书影片外，又设立图书影片股，在校内另外设立了图书影片阅览室四间，放映影片，以供师生研读，平均每天阅读人数超过10人⑥。

国立北平图书馆先后收到中美文化资料供应委员会所赠送的放映机两架，放映镜三只及英美期刊缩微胶卷1 649卷⑦，等等。

美国方面也很关注缩微胶卷的推广成效。根据美国国务院文化关系司

① 《国立西北图书馆近讯》，《中华图书馆协会会报》1944年第3期，第11页。
② 《国立西北图书馆筹备概况》，《中华图书馆协会会报》1943年第1期，第4页。
③ 五大学，指的是华西协和大学、金陵大学、金陵女子文理学院、齐鲁大学、燕京大学。
④ 《华西协和大学图书影片阅览室工作简讯》，《中华图书馆协会会报》1944年第4期，第13页。
⑤ 《华大图书馆获得补助金及增书》，《中华图书馆协会会报》1944年第5～6期合刊，第7页。
⑥ 《国立西南联合大学图书馆概况》，同上，第3页。
⑦ 《国立北平图书馆近讯》，《中华图书馆协会会报》1946年第4～6期合刊，第11页。

费慰梅的调查，国立中央大学图书馆设立的缩微胶卷阅览室，只有两台阅读机器，但要求阅读的人员却非常多，机器每天工作在 8 个小时以上，满负荷运作，以至于馆中规定每人在同一台机器上阅读时间不超过 2 个小时[1]，以使更多的读者能够使用缩微资料。这种争相使用缩微胶卷的场面，是美国方面所乐见的。

当然，这一时期缩微胶卷的制作、阅读等技术还不成熟，中国读者在阅读过程中出现了很多问题，如灯光刺眼，等等。尽管有着这样或那样的问题和不足，但并不妨碍科研人员的阅读热情。中国高校和科研机构对缩微胶卷的需求，进一步激励了美国政府持续不断地把缩微胶卷输入中国。

五、缩微胶卷的输入时间

关于缩微胶卷输入中国图书馆的时间，目前学术界主要有两种说法：一种是 1942 年 11 月输入说，另一种是 1942 年上半年输入说。

1942 年 11 月输入说。张锦郎、黄渊泉在《中国近六十年来图书馆事业大事记》中称：1942 年 11 月，"图书杂志显微影片输入我国"[2]。其依据是"《图书季刊》新四卷一、二期合刊，一九八页"。查阅该刊，确实有一条名为"图书杂志显微影片之输入"的消息，内中有"从去年（1942）11 月起已先在重庆、沙坪坝、昆明、成都等地装设竣事，开始公开阅览。其他贵阳、桂林等地不久亦当设置"的文字。张、黄关于缩微胶卷输入中国图书馆界的时间大概由此推论而出。

1942 年上半年输入说。朱士嘉说：1942 年上半年，袁同礼到达美国。他和王重民、刘修业一起去看望了袁同礼[3]。其间，朱士嘉告诉袁同礼，他于 1940～1942 年在美国国家档案馆发现该处藏有大量档案，对于研究中美关系史，很有参考价值，建议北平图书馆复制该中美关系档案胶卷，运回国内，供读者参考。袁同礼对此很感兴趣，并在朱士嘉的陪同下，拜访了该局的 Hammer 和 Oliver，商谈复制档案胶卷事宜。现在北京图书馆所藏中美关系档案 324 卷（1790～1906）就是袁同礼费尽心思募集了 1 200 美元从美国国家档案局获得的[4]。这里明确提出复制的是"档案胶卷"，也就是

① Wilma Fairbank：*America's Cultural Experience in China 1942～1949*, Cultural relations programs of the U.S. Department of State: Historical studies: Number 1, Bureau of I\Educational and Cultural Affairs of U.S.Department of State, Washington, D. C., 1976, p.59.
② 张锦郎、黄渊泉：《中国近六十年来图书馆事业大事记》，台北，台湾商务印书馆，1974 年，第 125 页。
③ 朱士嘉：《我所了解的袁同礼先生》，《图书馆学通讯》1985 年第 3 期，第 90 页。
④ 同上，第 90～91 页。

缩微胶卷,而不是影印的书籍。如果这种推测是合理的,1942 年上半年也可视为缩微胶卷输入中国的时间,或者说,比 1942 年 11 月要早。

那么,缩微胶卷到底是什么时候输入中国图书馆的呢? 根据笔者的阅读,上面两种说法都不准确。确切地说,缩微胶卷输入中国图书馆的时间在 1940 年 9 月之前。根据张、黄提供的线索,笔者在翻阅《图书季刊》1943 年新 4 卷 1～2 期合刊时,发现这样的记载:"查缩微影片已发明多年,为便利珍本抄本书籍之摄复保存,流传阅览,及避免报章杂志之大量堆积,过占空间,在欧美图书馆久已广泛利用,本季刊前已略有记载。"① 这段话里,尤其要注意"本季刊前已略有记载"几个字,同样的消息,同样的页码上,这 9 个字可能被张、黄忽略了。他们没有按图索骥,查找《图书季刊》上此前的记载。而这一疏忽恰恰提供了缩微胶卷输入中国图书馆的重要线索。

根据这几个字,笔者查阅了《图书季刊》,其中在新 2 卷第 3 期,"学术及出版消息"栏目中有条消息,标题为"国立北平图书馆工作近况",其中有"(二)显微软片 Micro-film 图书之摄制"。内容为:

> 以图书摄入摄影软片,系法人德哥隆所发明。股本珍籍,得此可获流传,便利学者,其功实不可没。凡二百尺软片一卷,能摄入六千四百页图书,仅需美金五元耳。读时,有放影(映)机供助阅览,以有色之光线,通过胶片,投影于磨沙(砂)玻璃之幕后,如幻灯影片然。并装有纽掣,以供翻页之便利。
>
> 北平图书馆近承美国捐赠此项摄影机一具,因利用北平协和医院发电厂设备之便利,该机即暂时装置院中。当此军兴期间,印刷品之运寄传播俱感困难,有此显微软片图书摄制之发明,代价既较低廉,体积亦极窄小,航空邮寄,尤称便利,大量图书,可借此而广传矣。将来北平各图书馆所藏图籍,均可摄制复本,以供内地各学术机关研究之用云。②

根据上面内容,整个阅读器的阅读过程记载很清楚,特意提及使用了协和医院的电力设备,也就是说,美国捐赠阅读器的同时,也附带有软片,而不只是机器。此处的显微软片,应该就是张锦郎、黄渊泉所说的显微影

---

① 《图书杂志显微影片之输入》,《图书季刊》1943 年第 1～2 期合刊,第 198～199 页。
② 《国立北平图书馆近况》,《图书季刊》1940 年第 3 期,第 494 页。

片。如果能够确定两者一致，那么，显微影片最早输入中国的时间就不是1942年，而应该是1940年9月之前。因为该消息刊载在《图书季刊》新2卷第3期上，而该期刊于1940年9月出版。

综上所述，缩微胶卷输入中国图书馆的时间大致在1940年9月前，而不是1942年。当然，这里只是说缩微胶卷输入中国图书馆的大致时间，并不包括输入其他行业，说不定其他行业早在此之前就已经引进了缩微胶卷技术与设备。

缩微胶卷输入中国图书馆，始于抗日战争期间。美国政府基于战略考虑，从1943年开始大规模地将缩微胶卷输入中国，以满足战时大后方学术科研的需要，促进中美两国间的文化交流。因此，缩微胶卷进入中国图书馆，带有明显的政治色彩。就中国图书馆界而言，为了图书馆事业的复兴和加强与美国的文化合作，也需要缩微胶卷等精神食粮，以解决大后方的精神饥饿。缩微胶卷的输入，一定程度上满足了战时中国学术界的精神需求，其积极意义是明显的。对中美双方来说，输入缩微胶卷是个互利互惠的项目，各取所需，无可厚非。

缩微胶卷输入中国具有独特的时代特征。珍珠港事件前，中国向美国发出征集图书的吁请，得到了美国图书馆界的热烈响应。太平洋战争爆发后，中美交通隔绝，图书征集运动中断。随着中美两国政府结成盟友，美国政府迫切需要了解东亚局势，需要加强与中国的沟通。缩微胶卷项目成为美国政府了解中国的重要方式之一。1943年后，世界反法西斯战争胜利在望，交通运输也逐渐疏通，书籍征集取代了缩微胶卷，中美的文化交流朝着纵深方向发展，美国国务院文化关系司的缩微胶卷项目也宣告结束。缩微胶卷输入中国图书馆，处于战时中美文化交流的过渡阶段，承前启后，无论对中国文化界还是对中美文化交流来说，其历史功绩非常显著。

1943年在世界反法西斯战争中意义非凡。美军在太平洋战场、美英盟军在北非战场、苏联在欧洲战场均重创敌人，世界反法西斯战争的形势从根本上得到了扭转，处于积极进取的状态。战场上的高歌猛进也激发了世界反法西斯各国人民对战争胜利早日到来的渴望，中国社会各界也不例外[①]。美国在亚太战场上完全占据了优势，很多美国人都在乐观地思考战后

---

① 其实，中国社会各界一向对战争胜利充满信心。如福建教育厅厅长郑贞文于1939年3月参加了第三次全国教育会议。回闽后在其所作的《全国教育会议经过及目前抗战的形势》中指出："在重庆所听许多负责长官的报告，对抗战前途都非常乐观。"见《闽政月刊》1939年第2卷第3期，第59页。1942年下半年费正清到达重庆时，得到了类似印象。他说："1942年时，重庆人对第二次世界大战的必然胜利充满着令人惊异的信心。"见〔美〕费正清：《费正清对华回忆录》，第231页。

如何援助中国复兴，"战后复兴计划成了重庆那班意志消沉的官僚们的非常流行的话题，也成了美国国务院文化关系司缩微胶卷所要拍摄的首要课题"①。美国方面的乐观情绪影响了中国图书馆界，也就是在1943年，图书馆事业的战后复兴也成为中国图书馆界思考的问题。缩微胶卷的大规模输入，成为图书馆战后复兴的起点。

第二节　图书馆的战后复兴讨论

一、《战后中国图书馆复兴计划书》

在世界反法西斯战争大好形势影响下，中国图书馆界开始谋划战后图书馆事业的复兴。1943年10月，中国留美学者萧彩瑜博士所著《战后中国图书馆复兴计划书》一文在美国纽约华美协进社社报第8卷第11、12期上发表，随后《中华图书馆协会会报》第18卷第3期（1944年3月出版）将该文翻译，予以转载。《战后中国图书馆复兴计划书》从发表到译文转载，不到半年，在交通不便的战争年代，这种速度可谓惊人。这也可见以中华图书馆协会为代表的中国图书馆界对该文的重视。该文由此拉开了中国图书馆复兴讨论的大幕。

萧彩瑜的图书馆复兴计划书将复兴工作分成三项：一是绝版书籍摄制成影片；二是最近出版刊物的搜集；三是图书影片实验室的设立。

一是绝版书籍摄制成影片。萧彩瑜根据美国图书馆发展的经验和中国的实际情况，提出："摄制影片实为当务之亟（急）"。理由为：其一，缩微胶卷在图书馆中占极重要的地位，其功用包括：摄制绝版及珍贵图书、摄制易受气候腐蚀的图书、研究资料的流传、节省图书馆馆藏空间等，这些优点较为适合中国图书馆发展的需要；其二，中国对缩微胶卷已经有了初步了解。一年来美国国务院及医药援华会都摄制了大量书刊影片捐赠中国，由重庆国际学术文化资料供应委员会接受分配给各学术中心点。这是战时中美文化交流的重要工作。因此，从流通和交流的角度看，绝版书籍摄制成影片成为必要。

二是搜集美国最新的出版刊物。萧彩瑜提出搜集最新出版物的具体内容和方法：其一，美国政府出版的官书、报告、公报、年鉴、专刊等，此项

---

① 〔美〕费正清：《费正清对华回忆录》，第257页。

刊物，可设法请其捐赠及交换；其二，美国各大图书馆所藏复本书很多，且愿意以一部分捐赠中国，或以中国出版物相交换。我方应由中华图书馆协会接受或办理此项事务，并应征集中国政府、学术团体、个人出版的各项刊物，甚至敌伪出版物，以资交换。美国国会图书馆代表费正清，与国立北平图书馆馆长袁同礼，曾于1942年12月拟具中美文化合作计划书，内中建议此项办法，在美国学术界颇有重大影响。并且中国各地私人家藏善本图书，素称丰富，大可摄制成影片书，以广流传，也可作国际交换及国际宣传之用。

三是设立图书影片实验室。图书影片是翻印或复制图书最新方法之一。因其清晰，易于保存，而又利于传播；将原来资料缩小，节省空间，种种优点，不仅学术界提倡，政府也应该鼓励与援助。何况复制价格低廉，对于图书馆效用，有极大影响。中国除原书外，应备有影片书，其设备力求完备，足以促进学术研究。为完成复兴计划起见，在战后亟应设立图书影片馆，多与其他图书馆合作，并逐渐推广至各省。

为了实现上述目标，萧彩瑜草拟了实行计划纲要，主要包括：

其一，成立委员会，专门负责复兴规划。该委员会由3～5人组成，职能涵盖经费、通讯、图书馆计划、收藏图书及影片书、技术上的监督与指导等五个方面。

其二，图书影片馆的内容，应详加计划，并参考美国各专门学者、国内各专家、留美研究人员的建议，参考各大图书馆的参考目录、参考各著作的引用书目。所拟成立的图书影片馆，其规模应为国内最完善，内容最丰富，其计划须具伸缩性，首先应从医学、工程、农业入手，必须由专家担任。必要时，设立顾问委员会，辅助其一切事务。

其三，影片的编目与索引。宜详加计划，一经采用，必须继续，以免纷乱。美国对于影片的插架与编目，也没有确定的解决办法，但其编目原则包括：影片为图书的另一种形式，其编目方法大致与图书差不多；影片编目所用的卡片应包括影片名、面数、卷数、原书之存放地点等；影片书贮藏盒上应注明本片的用法，如"影片之性质——正片或底片，缩小比例"等；分类法与数码务求简单化，如芝加哥大学图书馆所采用之法，颇切合适用。

其四，软片的选择。基本原则是：易购、价格、相机与阅读机的供应、易阅读、便于插架与检取、经久耐用。近来主张用软片，颇不乏人，但还没达到普遍使用时期。卷片式以其便利，所以采用较广。市面上照相机虽有数种出售，但各有长短。软片的大小有两种：35层与36层，后者虽较之前者价格低廉四分之三，但需用高度的阅读机，价格过昂，并不易购，反而不如用 35 层者较为便宜。

其五，搜集影片书，须与各大图书馆商洽合作办法：凡有照相设备的图书馆，应办理服务事业；与图书馆特约办法，以尽量利用其设备与图书。图书馆对影片书，应定价低廉，如国会图书馆每张（两面）收费两分半美金。大量摄制，每张两分。如用汎式（Ponchromatic film）软片，则价格特别低廉，其底片每张五厘，正片不及其三分之一。

其六，战后中国应设照相服务实验室，其设备至少应有影片、软片，图书照相、石印翻印、晒花翻印等，如翻抄设备照相机及其附件、显影设备、印晒设备、阅览机、放大机、直接印晒机、石印设备、直接照相设备、晒花设备。其全部设备 1942 年估价约需 5 000～25 000 美金。战后物价平稳，当不超过此数。

计划书还包括经费来源、庋藏、原底片保存、实验室布置与建筑等问题。

萧彩瑜认为：“摄制影片实为当务之亟（急）。”萧氏借美国学者戴柳农氏（Vernon D. Tale）对缩微胶卷技术的评论，大声疾呼：“影片书为今日强有力之工具，其任务乃促成胜利，与维持永久和平，虽非为秘密武器，然其效用较之有过无不及云。”①

从现有材料看，到目前为止，萧彩瑜的复兴计划是中国最早关于战后图书馆复兴的具体发展规划。该计划书以缩微胶卷为核心，力图促进中美两国图书馆间的文化交流与合作，并借此机会将缩微胶卷引入中国图书馆，以推动中国图书馆的技术革新。这一计划很有条理，具有很强的可操作性。该文发表后，引起了中美两国图书馆界的广泛注意。中国图书馆界注意到其中蕴含的价值，立刻将该文译成中文，在《中华图书馆协会会报》上发表。这篇文章也引起了美国图书馆协会远东及西南太平洋委员会的注意。该委员会表示：“萧彩瑜博士曾经提出关于中国需要摄影器具和图书阅读器的一个广泛的报告。在战争终结后可能购买与载运摄影设备的时候，这个建议需经过慎重的考虑。”②

其实，在萧彩瑜文章被翻译之前，《中华图书馆协会会报》已经刊载了 Frederick Kilgour（美国政府征集国外图书部间委员会的主任）的文章《翻印图书影片法》③，宣传缩微胶卷技术。但该文只是从技术角度，介绍了缩

---

① 萧彩瑜：《战后中国图书馆复兴计划书》，《中华图书馆协会会报》1944 年第 3 期，第 3～4 页。

② 美国图书馆协会远东及西南太平洋委员会：《中美文化关系中关于图书馆事业的计划草案》，蓝乾章译，《图书馆学报》1945 年创刊号，第 64 页。

③ 《翻印图书影片法》，《中华图书馆协会会报》1943 年第 3～4 期合刊，第 7 页。

微胶卷的两种制作方式，即 OZALID 法和 OZAP HANE 法，并比较其优劣与发展趋势，不涉及在图书馆中的应用。真正提倡缩微胶卷在中国图书馆中运用的，则是萧彩瑜。

二、图书馆的战后复兴讨论

国内关于图书馆事业的复兴讨论，大致从 1943 年底起至 1945 年 8 月日本天皇广播终战诏书止。1943 年底，中华图书馆协会理事会召开临时会议，主要议题之一就是图书馆的战后复兴问题。1944 年 5 月，协会召开第六次年会，多数议案为复兴问题。5 日，也就是年会召开的当日，重庆《中央日报》副刊刊登了袁同礼、蒋复璁、沈祖荣三篇文章，拉开了图书馆战后复兴讨论的大幕。

概括起来，当时关于图书馆战后复兴的讨论，主要集中在以下几个方面：

第一，复兴时机。熊毓文认为，这次战争对图书馆发展来说，是个巨大机遇。经过三四十年发展，中国图书馆取得的进步，有目共睹，但与欧美国家比较，瞠乎其后。如全国图书馆事业缺乏联系、没有辅导机构、图书馆收费漫无标准、馆员缺乏专门训练、应用工具书不一致、工作不能配合政治上需要，等等。全国图书馆各行其是，其形形色色，不一而足。为了使图书馆事业及行政更趋合理，今后图书馆必须进行改革，而"以此次抗战，为中国历史上一个划时代之战争，为中国创造新文化，建设新国家之一条鸿沟，建国大计划之顺利的推进，均有赖于战后复员计划之妥善"[①]。

抓住时机，促进图书馆的发展，是民国时期图书馆界改良图书馆事业的一条基本思路。南京国民政府建立后，李小缘、刘国钧等人的图书馆建设思想均程度不同地体现出这个思路。这次也不例外，其中熊毓文的提法最为直接。沈祖荣则引用蒋介石在《中国之命运》（第五章）提出的观点：教育、经济与武力是现代国家三大基本的生命力，今后"建国的基本工作在于教育、军事与经济的合一"，进而提出在这三大生命力中，"尤其是教育文化，也可说是各种建设的基础。图书馆的使命，正是辅进教育，发扬文化，自应在今后建国大业中尽其重要的责任"。[②]尽管没有直接提及利用形势变化促进图书馆的发展，但该文的目的仍然是抓住历史机遇，促进图

---

① 熊毓文：《提供图书馆界计划战后复员的几点意见》，《图书馆学报》1945 年创刊号，第 34 页。

② 沈祖荣：《战后图书馆发展之途径》，《中华图书馆协会会报》1944 年第 4 期，第 5 页。

书馆事业的发展。

中央图书馆馆长蒋复璁也强调图书馆对各项复兴事业的重要性，提出，正义的力量终于摧破了强暴，跟着胜利的到来，就是我们战后的各种建设，而教育文化建设实为其根本。在这广大的文化建设工作中，图书馆事业的复兴与扩充，尤有其迫切的需要。"因为通过足以推进各级的教育，协助政治社会经济建设的进行，在此国民教育未普及，社会教育正待推进之中，公立图书馆的普遍设立，以及各级学校与机关图书馆的恢复与充实，都是推进国家各种建设与提高社会文化水准的重要工作。"① 抗战的胜利，为图书馆事业的发展提供了巨大机遇。

第二，复兴主体。蒋复璁认为，战后图书事业的复兴，必须由政府统筹办理。政府拟定整个复兴计划，使其切合本国国情，适应世界潮流，不能漫无目标，缺乏一定的步骤，任令各自为政，只有枝节局部的扩充，形成凌乱畸形的局面。

熊毓文与蒋复璁的观点一致，提出政府应"统一全国图书馆事业之辅导，加强馆际间之联系"。他认为之前图书馆的发展存在诸多弊端，究其原因，"不外各图书馆行政隶属既不一致，而又缺乏统一之辅导机构，尤以馆际间缺乏联系有以使然也"。因此他提出应在中央设置一个全国性的图书馆事业辅导机构，借此督导全国图书馆事业的进展。中华图书馆协会的创设，原本有辅导之旨，但除年会外，绝少探讨机会。而且经常会中只有一二个人专门负责编辑《会报》《季刊》之实外，其对于全国图书馆事业的指导与推动，以及图书馆界一般困难的解决，并没有尽其应尽的责任，"盖以其为一私人组合之学术团体"，为财力人力所限，不能有所作为。这种状况主要是经费困难造成的，不是协会本身的问题。

熊毓文甚至详细列举了政府辅导图书馆事业的具体职能。他说，此种辅导机构，应由国家筹设，或于教育部下设立全国图书馆事业辅导处，以教育部长兼任处长，或指定某国立图书馆内设全国图书馆事业辅导处，以馆长兼任处长，集中专才，办理以下事务：1. 研究编撰全国通用的分类、编目、标题、检字、著者号码等工具书籍，使各馆采用的方法趋于一致，兼印行卡片目录，以供各图书馆采用；2. 集中采购国外书籍；3. 编印全国联合目录，以利互借，编印各种图书标准藏书目录，以供各种图书馆采购图书时参考；4. 办理出版品国际交换，及国内各省图书馆图书期刊的交换；5. 设厂制造图书馆用品用具，以资供应；6. 主持国际图书馆员交换事宜；7. 影

---

① 蒋复璁：《战后我国图书馆事业之瞻望》，《中华图书馆协会会报》1944年第4期，第4页。

印孤本、秘本、珍本，以杜绝佚，而广流传；8.办理全国图书馆的各种调度
统计，及全国图书馆工作人员的职业介绍；9.主编图书馆学刊物；10.协助
图书馆界解决困难；11.指导全国图书馆工作的进行。至于各省，则应于教
育厅下单独成立全省图书馆事业辅导处，以教育厅长兼任处长，或于省立
图书馆内附设全省图书馆事业辅导处，以馆长兼任处长。办理事项包括：
1.编印全省联合目录；2.办理全省各图书馆图书刊物的交换；3.办理各县
图书馆采购国内出版图书、杂志，以及用品用具代购事宜；4.办理全省图
书馆的各种调查统计，及全省图书馆工作人员的职业介绍；5.解答各馆的
咨询事宜；6.协助各馆之发展与困难之解决；7.主编图书馆学刊物；8.指导
全省图书馆工作的进行。

　　与蒋复璁、熊毓文等人不同，袁同礼则绝口不提政府在图书馆复兴中
的作用，而更强调中华图书馆协会及图书馆人在复兴中的作用。在对协会
工作的未来展望中，他提出了四点内容：一是战后的复兴准备。"本会战后
之工作，可分为提高及普及两种：提高工作，在促进全国图书馆之专业化、
标准化，增加各馆之经费，充实各馆之设备。普及之工作，则为督促各方
广设图书馆。"也就是说，由协会来推动图书馆事业的发展。二是获得政府
及社会赞助。"本会之工作，非有中央及地方政府之赞助，无法推进。"政府
对于图书馆运动，虽已尽力维持，但碍于经费，未能积极发展。社会也未
能充分了解图书馆的重要，所以私人捐款兴建图书馆者，较之欧美各国，
瞠乎其后。因此，"今后应如何增进各方面对于图书馆事业之认识，而助其
经费之增加，实为本会中心工作之一"，即中华图书馆协会通过自身努力，
来取得政府和社会的赞助。三是国际的联系。"我国图书馆之发展，国际间
之联系与援助，实不可缓。而我国政府及社会两方面，对于图书馆之赞助，
亦须首尽其应尽之努力。故吾人在取得国际援助之先，必须取得国内之同
情与援助，此乃本会当前之工作也。"这就是说，作为复兴主体，图书馆要
加强与国内、国际的联系。四是人材培养。他表示，目前国内图书馆专门
人材，为数过少。协会已经与美国商定合作办法，战后派遣中国人士赴美
研究，并约美国人士来华协助技术上改进。美国图书馆协会组织了一个远
东委员会，主持此事[①]。也就是说，在人材培养上，他也坚持协会的主导作
用。从这些内容看，袁同礼并不否认政府和社会在图书馆复兴中的作用，
但他更重视发挥中华图书馆协会的专业社团功能，以协会和图书馆人为中

---

① 袁同礼：《中华图书馆协会之过去现在与将来》，《中华图书馆协会会报》1944年第4期，
　　第3页。

心，善用外界环境，为图书馆复兴创造条件。这是袁同礼与其他图书馆人在复兴主体认识上的明显不同。

第三，复兴内容。图书馆的战后复兴内容，见仁见智，既有相同的关注，也有各自的认识，大致说来，包括下列几个主要方面。

一是扩大图书馆与教育文化机关的交流与沟通。沈祖荣系统地阐述了该观点：1. 图书馆要走到一般学校，尤其普及到中小学去。他指出，中国专科以上或大学图书馆，在抗战前有若干所很有规模，抗战中还维持着相当规模。但中小学就大不同了，提倡改进或实际从事的人都很少。目下中小学很少设图书馆，学生无从得到良好的课外读物。战后中小学扩充改进之中，必须广泛从事于中小学图书馆的发展，使青年养成研究习惯，培养踏实与精进不息的精神。2. 战后的图书馆要深入乡村去。在乡村中办理图书馆，似难而实易，因为乡村中多公地祠庙，房舍易找，有固定的民众或氏族组织，他们多有恒产，筹款也可较易。抗战增加了乡村中的智（知）识分子，也激起了乡下人留意看报与求知的欲望。何况国民学校的普设，正需图书的辅翼，而在推进基层自治之中，乡村教育正是自治的基础。3. 图书馆要走到民众中去，负起民众识字教育的责任。近来教育部推行国民教育，识字的比率渐增，但中国文盲的百分比，在现代国家中还是相当高。此次抗战，有许多本来不识字的壮丁出征，在队伍里得到识字训练，将来对农民可为一种推动力。民众图书馆正应趁此机会，协助国民学校中心小学去推进识字运动。4. 战后的图书馆要和博物馆合作，与档案馆、印刷所也要联络，或兼办此类职务。博物馆所藏是实物的图书，印刷所是图书的制造所，现代图书馆的范围与使命，已由推广而转向分工化。将来各省县能增加专设博物馆、档案馆、印刷所，自然更好。财力人力不够时，图书馆应尽力兼办博物馆与保存档案印刷出版的工作。这几件事有密切关系，对文献保存和发扬文化，功用很大①。

沈祖荣的观点，简单地说，是图书馆社会学，即阐释图书馆如何服务于社会，尤其服务于中小学、乡村、民众与博物馆。图书馆是社会事业的一个构成部分，不应该固步自封，应该走出图书馆，与社会其他相关单位或学科之间建立起有效联系，加强合作与交流。这不仅仅是图书馆建设的需要，也是社会发展的需要。

二是加强人才培养，提高馆员素质。几乎所有关注图书馆复兴的图书馆人，都深切感到战后复兴对图书馆人才的需要。但在人才培养方式上，

---

① 沈祖荣：《战后图书馆发展之途径》，《中华图书馆协会会报》1944 年第 4 期，第 5 页。

却差异很大。袁同礼主张通过国际合作形式，即与美国合作，培养中国的图书馆人才。蒋复璁认为，中国图书馆事业要想恢复与推广，最大的困难还是从事图书馆工作的人员太缺乏。战后中国所需恢复扩充或添设的图书馆将很多，而国内培植图书馆工作者的学校，才不过国立社会教育学院及金陵、文华少数学校，不足以应付需要。他提出的解决方案是：战后一方面谋原有各校科的充实，并应增设图书馆学校或在师范学院中增设专系专科，以便大量地培植图书馆工作人员，另一方面设法吸收大学和中学毕业生，施以短期学习或训练，以应急需，务使图书馆事业走上专业化的途径。熊毓文则另辟蹊径，提出通过设立专门图书馆，供各科专门研究者参考，以培养各种人才。

提高馆员素质成为一项共识。蒋复璁认为，就全世界训练图书馆的制度及我个人服务的经验，总觉得以一个高中毕业生的基础，接受图书馆学两年的训练，论其技术的应付，确可绰有余裕。可是论其基本的知识，总嫌不够，所以战后如何吸收大学各科的毕业生，再施以图书馆学技术的训练，养成高级图书馆员，对于整个国家图书馆事业的发展，是很重要的。至于图书馆人员的待遇与生存，政府尤极应设法加以提高与改善。

沈祖荣表示，从事图书馆事业的人，要有坚强的信心与恒心。他说：我们择业，应不计名位而首应问其能否为多数人做有益的服务，而图书馆事业正是有利于人群、有助于国家建设的高尚事业。可惜许多同志因图书馆事业的清苦，而转移了职业，以致图书馆事业少进步。今后我们要提高专业兴趣，增强信心，从有恒来策动成功。通过自律实现素质提高，是沈祖荣的一个特色，大概与文华图专的宗教色彩有关。

熊毓文鼓励图书馆工作人员通过进修提高素质。他认为图书馆从业人员如果不谋进修机会，会导致知识禁锢，难以应付新问题，更谈不上改进图书馆业务。他提出进修办法四条：1. 凡在同一图书馆连续服务十年以上而有成效者，准予休假一年，以资进修。2. 国际馆员交换数目应设法增加，并与各国约定每年交换名额。中国有交换事实，但交换工作人员，数目太少。今后应将全国从业人员有成绩的，每年尽量与各国接洽，逐渐增加。3. 设立图书馆学研究所。中国图书馆事业正在发展滋长，有许多专门问题，有待更专门更高深的研究，所以国家除设立图书馆学系、图书馆学专修科、图书馆学职业学校培养图书馆一般干事人才外，尤其应该在师范学院或大学内设立图书馆学研究所，一方面可为图书馆造就高级干部人才，一方面也可使本界有志之士有深造的机会。4. 公费留学考试增加图书馆学一门。中国图书馆事业进步能有今天，有赖于英美图书馆协会之处甚多。欧美图书馆进步日新月异，为求在事业上急起直追，中国应由国家考选有志之士前往研究，所以公费留学之考试，应增加图书馆学一门，一方面可以鼓励图书馆从业人员上进，另一方面以示政府对于此项事业的倡导。

三是图书馆文献资源建设。蒋复璁提出战后文献资源建设的基本原则。他认为，战前各地图书馆的许多图书，有的给炮火毁了，有的给敌人掠夺了。劫后余藏，辗转运抢来到内地的图书杂志，为数甚少。一旦战事结束，所需补充添购的图书，委实太多。然而国内经费情况，不可能在短期内全部充实。所以必须抉择先后，权衡轻重，审度缓急，以为采购图书分别取舍的标准。其次，战后国际文化的交流，必然更加密切，势必有大批的图书杂志，从外国采购而来。然而长期抗战的结果，恐怕不是中国经费所能胜任，所以必须设法与各国政府或社团订立图书杂志免费交换的办法，以有易无，可以在国际援助捐赠之外，增加一个西文书刊的来源。

熊毓文提出文献资源建设的重点是汇集历年散佚的珍本秘籍以保存文献。他表示，此次战争，公藏私藏，损失不可估量。他提出汇集三措施：1.向民间及旧书肆汇集此次散佚的珍贵书籍。此次战争，公私藏书在沦陷区散佚，随处可见。国家复员后，散佚的图书不难在旧书肆被发现，凡系珍本秘籍，即应由国家予以收买。此外，也应该向民间征集或借来影印。2.向日本索取此次抗战及前所用非法手段劫去之名贵典籍。抗战以来，日本向以东方文化大国主人自命，所以不惜以各种手段掠夺中国的典籍。日本素知东南各省私家藏书兴盛，所以战争开始后，即大批组织担书队，其在东南每占领一地，即将私家藏书负之以去，劫人私财，却以富豪相炫耀，这是不能持久的。此次战争，中国生命财产损失于战争结束后须与日本算总账，图书赔偿自然在清算项目。除赔偿图书损失外，日本保存的中国善本、孤本及秘籍，依国际法之规定，其应还予中国者，令其全部交还。3.向欧美各国交涉收回或影印历年散佚的珍本秘籍。中国公藏珍贵典籍散佚欧美国家，开始于八国联军侵华。此后很多典籍流入欧美。我们现在和美、英、法为盟国。既然是盟国，应该商量收回中国珍本秘籍。

除了复兴时机、复兴主体、复兴内容等复兴重大问题外，图书馆界还提出了诸多特色问题，如沈祖荣提出"今后办理图书馆要同时注意现代化与中国化""应添设学术顾问或特设参考咨询部"、蒋复璁提出战后馆舍建设、吕绍虞提出完善图书馆法规 ① 等，均属荦荦大端，限于篇幅，此处不再一一列举。

---

① 吕绍虞:《图书馆学论丛续集》，南京，南京大学书店，1947 年，第 3～4 页。

图书馆的战后复兴讨论，许多意见在战争结束后，付诸实施。如1946年，教育部举行留学考试，其中公费赴美研究图书馆学，有顾家杰、张诠念二人，自费赴美研究图书馆学的，为孙云畴①。顾家杰原供职于昆明西南联合大学图书馆，系中华图书馆协会永久会员；孙云畴供职于南京金陵大学图书馆，也是中华图书馆协会会员。不过，抗战结束后不久，又陷入内战，图书馆复兴事业没来得及展开即宣告结束。

图书馆界关于图书馆事业复兴的讨论，萌芽于1943年，兴盛于1944年，尤其5月《中央日报》副刊刊登了袁、蒋、沈分别撰写的三篇文章，无疑对复兴讨论起到了推波助澜的作用。中国图书馆界对战争取得最终胜利向来不乏信心。费正清1942年9月到达重庆时，惊异地发现中国人对最终胜利津津乐道。他称："1942年时，重庆人对第二次世界大战的必然胜利充满着令人惊异的信心，大概是由于现在美国已被动员起来了的缘故吧。"②不只是费正清，即使国民政府要员对抗战胜利也抱持乐观态度。1939年福建省教育厅厅长郑贞文参加了第三次全国教育会议，其观感是："在重庆所听许多负责长官的报告，对抗战前途都非常乐观。"③而其时，恰恰是世界反法西斯战争处于最困难的时候：太平洋战场上，日本取得了辉煌战绩，将英、美等国势力驱逐出东南亚，在太平洋岛屿争夺战中也处于优势地位；欧洲战场上，苏联对德国的军事明显处于劣势。中国战场相对沉寂。不过，到了1944年，国内外形势出现了巨大变化：盟军在战场上节节推进，中国在豫湘桂战役溃不成军。中国图书馆界的乐观与战场上的失败形成了强烈反差。应该说，图书馆界的复兴讨论，主要受到了美国方面传来的好消息的影响。

这次大讨论，总结了中国新图书馆运动以来的成效与不足，提出了图书馆运动的发展方向。这次大讨论，是中国图书馆界复兴图书馆事业的总动员。图书馆界精英，无论在美国还是在国内，无论在国立图书馆还是地方图书馆，无论从事图书馆协会领导工作还是促进图书馆教育事业的发展，他们都很关心中国的图书馆事业，都在为复兴图书馆事业而思考，都在为推动图书馆事业的进步而努力。共同的理想，共同的信念，使他们走到一起，为实现共同的目标而凝结成一个整体。这次总动员，对鼓舞图书

---

①《教育部留学考试录取图书馆学三名》，《中华图书馆协会会报》1946年第4～6期合刊，第10页。

②〔美〕费正清：《费正清对华回忆录》，第231页。

③ 郑贞文：《全国教育会议经过及目前抗战的形势》，《闽政月刊·教育辑》1939年第3期，第59页。

馆界人心，促进战后图书馆事业的发展，影响深远。

三、图书馆的战后复员讨论

从 1945 年 8 月日本投降到 1949 年国民政府败退台湾，中国图书馆界就复员问题也有讨论。复兴与复员是两个不同概念。复员是指图书馆结束战时状态，回归正常运作秩序；复兴是将图书馆事业在原有基础上进一步发扬光大。复员是复兴的前提和基础。复兴讨论在战时，复员讨论则多在战后。复兴具有理想色彩，复员则更注重实际。在复员阶段，图书馆界关心的问题主要有：

国立图书馆在战后复员中应该发挥的作用。徐调孚提出，国立图书馆（指的是北平图书馆和中央图书馆）在复员中应率先解决的课题是：1. 向日本收回文溯阁《四库全书》。日本对中国《四库全书》早有觊觎之心。"九一八"事变后，沈阳失陷，文溯阁《四库全书》随之落入日本之手。现在战争结束，中国理所当然要收回此《四库全书》，并提议将该书庋藏于国民政府首都南京。2. 收回流落在日本的古本孤本典籍。作者认为古本孤本是中国的文化遗产，但日本借助其政治优势、经济实力，巧取豪夺，将中国的文化遗传捆载而去。这是一种文化侵略。作者罗列了包括东京宫内省图书寮在内的日本收藏有中国典籍的藏书地点 19 处，要求收回这些地方的中国典籍，并提出收回这些典籍后，分地庋藏，择要影印。3. 没收汉奸的图书。作者认为汉奸的图书应该全部没收，还特别点名上海的梁鸿志、北平的董康、东北的罗振玉，其他大大小小汉奸的图书也应该没收。徐调孚还提出接收各地敌伪的图书馆、搜集有关抗战的书籍刊物、收藏敌伪在中国印行的图籍、编印抗战八年来的出版年鉴等①。总之，在战后复员中，两大国立图书馆应该发挥领导作用，担负起这些历史责任。

处理敌伪文献问题。傅振伦认为，收复区敌伪书刊档案在政治、军事、经济、外交、社会各方面，有重要价值，应该在图书馆中特设敌伪文献馆，"一以供现代行政之参考，一以备国史之取材；更可以使敌人侵略之毒辣，奸伪之逆迹，昭然若揭，永存于现代人士及子孙万世之心目中，以资殷鉴"②。傅表示，敌伪文献搜集，宜从"九一八"事变开始，凡是有关敌国、伪组织、敌人奸逆等记录，无论档案、书刊、实物等，都可以收入。中华民国、同盟国等公私记录涉及敌伪部分，以及在沦陷区印行的书刊，作者无

---

① 徐调孚：《国立图书馆当前的几个课题》，《民主周刊》1946 年第 7 期，第 157～158 页。
② 傅振伦：《处理敌伪献征问题》，《中华图书馆协会会报》1947 年第 1～2 期合刊，第 3 页。

论为中国人还是盟国人，或敌伪奸逆，也都在征集之列。傅试拟了敌伪资料的分类，分："〇、总类，一、诱导宣传，二、内务吏事，三、财务，四、文教，五、拓殖，六、营建，七、武事，八、外交，九、杂类"，共10类，每类再分目。敌伪书刊的分类，与一般图书相同，国内外各种分类法都可以仿行。但在总类方面，复加以变通，拟目为：一、书面；二、事汇、辞典、图志；三、丛书、类别；四、年鉴；五、史传、人名录、人事类；六、法规；七、学社、学报、期刊、日报；八、资料、调查统计、报告；九、论说、研究法、教材；十、特殊文库。对敌伪书库的命名，傅提出为别库，或别部、别类。针对可能遇到"人品学术，判然两事"的反对观点，傅表示："夫书以载道，后人觉感所系也。倘真伪不分，忠奸并重，何异薰莸同器，皂白不分？"①这是一篇探讨处理敌伪文献的论文，在战后这种学理讨论极为少见。

　　类似的讨论还有不少，不再一一列举。这一时期的讨论出现在战争结束以后，复员工作已经全面展开。图书馆界的讨论大多立足实际问题，具有较强的针对性。然而，战后社会动荡不安，不久内战烽火燃起，图书馆的复员工作随即陷于停顿，无法展开。复员讨论也就失去了实际意义。

第三节　图书馆的复兴规划及复员

一、中华图书馆协会的复兴规划

　　中华图书馆协会提出图书馆复兴，开始于1937年底。当时袁同礼以协会理事长身份致函欧美图书馆同行，吁请征集书籍，为图书馆复兴而准备。不过，其时复兴主张，更侧重对日本侵略的揭露和对中国抗战的宣传。那时国民政府正在组织淞沪会战、太原会战、徐州会战、武汉会战四大会战，全神贯注于军事行动，无暇顾及其他。中国图书馆事业的复兴既没有物质条件，也没有时间保证，根本无法展开。太平洋战争爆发后，尤其1942年底，袁同礼回到重庆，与美国国务院驻华官员费正清等美国外交人员会晤后，中国图书馆的复兴开始提上了议事日程。

　　1943年12月8日，中华图书馆协会理事会在重庆召开临时会议，议决于次年举行协会第六次年会。年会讨论的中心问题有二：1.战后图书馆复员计划；2.战后图书馆所需人才培养计划，并根据出席人员，分组讨论。

---

① 傅振伦：《处理敌伪献征问题》，《中华图书馆协会会报》1947年第1～2期合刊，第5页。

第一组由袁同礼、陈训慈召集；第二组由沈祖荣、汪长炳召集。临时会议要求年会提案以"关于上项两问题范围以内者为限，应特予注意注重具体计划，避免不切实际之文字"①。这种务实态度，为之前年会所仅见，表明了协会已经着手图书馆的复兴事业。

中华图书馆协会 1943 年度工作报告中，确认了年会筹备及其中心议题。工作报告表示：刻下战争胜利在望，亟待复兴。为能与建国大业相配合，此项复兴计划尤其需要及早拟定，以便在复员计划开始之时即能逐步付诸实施。协会为集思广益起见，特地制订了《全国图书馆复兴计划意见调查表》，分发全国各地图书馆，请求予以协助。该调查表反映了协会复兴规划的具体内容，全文照录如下：

全国图书馆复兴计划意见调查表 ②

甲、一般

1. 馆名　　　　　　　　　2. 负责人姓名

3. 馆址　　　　　　　　　4. 原设处所

5. 成立年月（或略述其扩充沿革）

乙、现状大概

1. 隶属　　　　　　　　　2. 职员人数（请寄职员表一份）

3. 常年经常费数（请寄最近预算表一份）

4. 经常费中图书费数

　　　　　　中文　　　　　中文期刊

5. 现有藏书册数

　　　　　　西文　　　　　西文期刊

6. 运出图书保管情形

7. 现时馆舍情形

　　　　　　馆长薪津总数（米补亦合计）

8. 职员待遇

　　　　主任职员之最高待遇

　　　　低级职员之最低待遇

9. 行政当局（省府市府或校长）对于图书馆事务之认识与其扶助程度

丙、战事期间损失概况（包括图书、房屋与人员遭难情形，及所传闻，

---

① 《本会理事会议决事项》，《中华图书馆协会会报》1943 年第 2 期，第 18 页。

② 《本会征求全国圕复员计划》，同上，第 20~21 页。

未运出图书如何被敌人处置等）请另纸详述

丁、复兴计划与改进意见

1. 战后如迁回原处重建或修建扩充，经费如何？

2. 战后如须另迁他处，是否可利用已有建筑改进，抑需另建、改建或另建之容积与估计经费各如何？

3. 如战后不拟迁移，现有建筑是否需要扩充？需费若干？

4. 战后迁运图书之经费估计

5. 对于组织或隶属问题之意见

6. 战后恢复所需职员人数与职员待遇改进之具体办法

7. 战后之中心工作与服务主要对象

8. 战后之采购计划（需要何种图书最切）

9. 战后之专门工作所需人数之约数

10. 整个复兴计划所需经费估计

戊、其他

1. 对于辅导本省（本地）图书馆事业之意见

2. 对于其他教育文化事业联络或辅导之意见

3. 对于以图书馆事业促进国父实业计划实现之意见

该调查表，与协会在 1937 年以前的图书馆调查比较，内容丰富很多，尤其"复兴计划与改进意见"部分，涉及复兴图书馆的经费数目、馆舍来源、职员人数、复兴计划、文献建设等重要内容，体现了复兴过程中协会考虑的主要问题所在。该表甚至比教育行政部门提出的损失情况调查更为全面。复兴作为中华图书馆协会年度工作报告的主要内容，表明协会理事会已经向全体会员，尤其机关会员，发出复兴号召。

图书馆复兴成为协会年会的主要议题。1944 年 5 月，中华图书馆协会第六次年会在重庆国立中央图书馆召开。此次年会提交议案 10 件，其中第一、二、三号由理事会提交全国教育学术团体联合年会讨论，7 件在年会讨论，其中第九号提案保留，其余修改后通过。

年会讨论的第四号提案即为《充实原有训练图书馆人员机构积极培养人材以应战后复兴之需要案》，由中山大学图书馆、厦门大学图书馆、广西南宁图书馆等提出。他们提出的解决办法是呈请教育部：1. 积极提倡图书馆学教育，在师范学院添设图书课程；2. 对于原有图书馆学校暨图书馆学系增加辅助费，充实其设备；3. 在公费留学额内增设图书馆学名额。沈祖荣也提出了《培养战后图书馆需用人材案》，办法是：1. 吸收大量人材；2. 利用专门人材；3. 训练现职人材；4. 造就领导人材；5. 保持已有人材。① 年会议决两案全获通过。战争后期，中国图书馆界预料战后图书馆事业复兴时，百废待兴，将会需要大量图书馆专业人材。这也是解决战前图书馆发展问题的较佳时机，所以会员不约而同地提出培养图书馆人材案。

第十号议决案为《促进各地方图书馆协会之成立或恢复，以加强联系推进事业案》，提出由中华图书馆协会分函各地图书馆：凡已成立地方图书馆协会而陷于停顿者，促其恢复；未成立者，请其早日成立，以资联络②。这是图书馆复兴迫切需要解决的问题。抗日战争全面爆发后，很多图书馆停止运作，仅为保管书籍之用，图书馆员也多星散，图书馆协会大多名存实亡。战争结束后，图书馆复兴，不只是行政行为，更是图书馆事业的再度发展。发展需要推动，需要联络，图书馆协会的成立或恢复势在必行。该号提案因而具有强烈的现实意义。

第六次年会更多的是解决战前图书馆发展过程中存在的问题。如第五号议决案为《增加各省市县图书馆图书经费案》、第六号议决案为《呈请教育部修改图书馆工作人员待遇规程，提高待遇，以增进其效能案》、第八号议决案为《政府视察教育人员应多注意图书馆事业以促进其发展案》。这些议决案，大多战前已经在年会或其他场合提出过，一直没有得到解决。这次年会再次提出，希图教育部能予以重视，加以解决。第七号议决案《省立图书馆采编组应分为采购、编目两组案》，是一个新的提案，要求教育部修正图书馆规程时将省立图书馆采编组分为采购、编目两组。这是改善图书馆工作的建议。中华图书馆协会第六次年会，正式启动了图书馆界战后复兴总动员工作。

二、中国教育学术团体联合年会的复兴规划

中国教育学术团体联合年会是图书馆界向社会各界展现图书馆风采的平台，中华图书馆协会对此平台十分重视。协会第六次年会前三号提案，因涉及战后复员，关系比较重大，经理事会讨论，提交中国教育学术团体第三届联合年会，以争取引起更为广泛的注意，利于推行。这三项提案如下③：

《关于抗战期间全国图书文物损失责成敌人赔偿，本会应如何准备

---

① 《中华图书馆协会第六次年会第一次会议记录》，《中华图书馆协会会报》1944年第4期，第6~7页。
② 同上，第6~8页。
③ 《本会第六次年会第一、二、三号提案》，同上，第11页。

案》。协会提出的解决办法是：1. 由协会联络中国教育学会等团体，呈请中央党政机关就行政院抗战损失调查委员会中增聘图书教育有关人士参加或特设图书文化一组，主持调查图书文物损失与设计要求赔偿事宜；2. 由协会协助教育部从事上项之调查，如各大图书馆损失图书文物之重要书名品名目录，以及日寇与德意两国所劫夺中国图书文献目录与证明等，皆得委托各地会员分别编拟，由本会汇编，提供政府参考；3. 关于战后要求敌人赔偿中国图书文物之损失，拟建议的标准为：（1）凡日德意三国向中国非法劫夺的图书文物，原物尚在的，应令全都归还；（2）图书文物被敌伪损毁的，应责令日本依照现价赔偿；（3）凡珍本图书被敌伪损坏，其价值不是钱币所能补偿的，应责令日本以该国所有之珍贵图书或文物为补偿。① 除了办法第三条第三项外，其余内容得到联合年会赞同，原案通过。

《充实中小学图书馆设备案》。协会提出的办法为：1. 呈请教育部训令各省教育厅通令各省市中小学校尽量充实图书设备；2. 呈请教育部规定（1）中小学图书费在全部经费中应占的成数，通饬各省遵办；（2）各私立中小学的成立，须具备相当图书设备，方准备案；3. 颁定视导中小学图书教育纲要，呈请教育部采择，并请责成视导人员切实注意办理。又各校图书之设备及办理成绩并应列为学校考绩要项。大会决议照原案通过。

《大学图书馆应直接隶属校长以利实施案》。协会提出的解决办法为：1. 呈请教育部修正 1929 年 5 月 16 日颁发的大学行政组织补充要点，将大学图书馆改为直属于校长；2. 图书馆在大学组织上的地位应同于教务、训导、总务各处或各学院；3. 图书馆主任或馆长的地位应同于各处长或院长，最低须同于系主任，并得出席校务会议。大会通过：送教育部参考。

以上三案是以协会名义向中国教育学术团体联合年会提出，而实际上，联合年会上收到的图书馆议案并不止这三件，至少还有沈祖荣提出的《培养战后图书馆需用人材案》②。这些图书馆提案具有明显的过渡色彩，一是带有抗日战争的特点，如对日索赔的调查准备工作、培养战后图书馆人材等，二是带有展望未来的性质，包括充实中小学图书馆设备、大学图书馆直接隶属校长等。这种过渡时代的特征表明中国图书馆界又开始准备新的转型，即从战时状态过渡到和平建设时代。全国教育团体联合年会通过的有关图书馆事业的议决案，能否为国民政府所接受是另一回事，但至少显示了图书馆界对战争最终取得胜利的信心和未雨绸缪的事业心。

---

① 《本会第六次年会第一、二、三号提案》，《中华图书馆协会会报》1944 年第 4 期，第 11 页。

② 该案办法为：吸收大量人材，利用专门人材，训练现职人材，造就领导人材，保持已有人材。见《中华图书馆协会第六次年会第一次会议记录》，同上，第 6～7 页。

三、中华图书馆协会的国际请援

抗日战争全面爆发后，中华图书馆协会致函欧美同行，寻求支持中国的图书馆复兴。协会的请求得到了美英两国图书馆界的积极响应。美国图书馆界很快征集了2万多册书刊，陆续起运来华。英国也有大批书刊起运来华。1939年，第二次世界大战欧洲战场战火点燃，英国立刻投入战争，其图书馆界的对华援助随即停止。太平洋战争爆发后，中美海上交通彻底断绝，中美图书馆界之间的交流也完全中断。尽管中外图书馆界的交流因第二次世界大战全面爆发而几乎陷于隔绝，但中华图书馆协会没有放弃建立并加强与盟国图书馆界的联系与交流。从1943年开始，中外图书馆界，尤其中美图书馆界的联系逐渐恢复，中国图书馆的复兴事业随着盟军在战场上形势的扭转又提上了中国图书馆界的议事日程。

在实现战后图书馆复兴方式上，以中华图书馆协会为代表的图书馆界采取内外并重、同时进行的方针。在内，通过年会、《会报》等各种形式对协会会员进行动员，群策群力，推动复兴事业；对外，向美英等国请援，通过国际合作与交流，加快图书馆复兴事业的步伐。在国际请援方面，中国图书馆界以争取美国同行支持为主。

争取美援方针的确立。1943年12月，中华图书馆协会理事会在重庆召开临时会议，通过了《中华图书馆协会三十二年度工作报告》，其核心内容是讨论战后图书馆事业的复兴计划。根据该工作报告，中国图书馆事业战后复兴，固然"属吾人之努力"，但如果"有国际方面之援助，或技术上之合作"，成效则将更为明显。报告中特别提到要"促进（中美）两国文化界之合作"[①]。其实，在临时会议之前，协会已经于11月致函美国图书馆协会，将中国图书馆因战事所受损失及目前工作概况以及今后复兴计划，写成英文备忘录，邮寄美国图书馆协会，希望得到支持。美国图书馆协会对中国提出的合作建议予以积极回应。该协会接到1943年11月中华图书馆协会理事长袁同礼的英文备忘录后，复函表示："我们拟将该文印在图书馆杂志内，以广传播"；对袁同礼提出的合作建议，"正与我们（1943年）十月间国际关系委员会商议的各项进行计划，不约而同"[②]。美国图书馆协会的态度无疑鼓舞了中华图书馆协会。至此，争取美援、助我复兴的战后复兴方针基本上确立。

---

① 《中华图书馆协会三十二年度工作报告》，《中华图书馆协会会报》1943年第2期，第20页。
② 《美国图书馆协会致函本会》，《中华图书馆协会会报》1944年第3期，第14页。

　　争取美援方针的阐发。1944 年 5 月 5 日，中华图书馆协会第六次年会在重庆召开。也就在同一天，协会理事长袁同礼在重庆《中央日报》副刊上发表了《中华图书馆协会之过去现在与将来》一文，重申协会争取美援的复兴基本方针。在"现在会务之概况"中，袁同礼表示，协会自 1944 年 3 月起，编辑英文图书通讯，介绍中国战时图书馆的工作及战后图书馆的复兴计划，以使国际了解中国的实际困难，而取得密切联系与助力。此项英文通讯，分寄英美苏三国，再由该国等分制复本，代为传播。他说，本会以英文写成的《中国图书馆之被毁及战后复兴》一文，已经在本年 3 月 15 日《美国图书馆杂志》中发表。袁同礼表示：美国图书馆协会，拟于本年秋间，派一名专家来华视察，商洽中美两国图书馆界的合作办法，以促进中国图书馆事业的增长与进步。

　　展望图书馆事业的复兴，袁同礼强调："我国图书馆之发展，国际间之联系与援助，实不可缓。"他的想法是：我们要想全国图书馆平均发展，筹募大批经费，固然重要，"但必须先有健全之图书馆专门人材，方容整理。目前国内此项专门人材，为数过少。本会现已与美国商定合作办法，于战后派遣我国人士赴美研究，并约美国人士来华协助技术上之改进"。美国图书馆协会已经组织了一个远东委员会，主持此事。"吾人目前自应积极准备此项人材之供给，使其生活安定，并推广其进修之机会，俾能安心任事，以图书馆为其终身之事业，如此方能使我国图书馆事业达成专业化、标准化与技术化之目标，而完成其推进教育文化与建国事业之使命。"[①] 美国在袁同礼争取国际援助中居于最主要的地位。

　　袁同礼在《中央日报》上发表的这篇文章，向社会各界阐释了战后图书馆事业复兴的基本原则、内容与途径。加强图书馆界的国际交流是协会复兴工作的主要内容之一，其中争取美援方面，成为协会对外交流的重中之重。自 1941 年开始，加强与美国的交流成为国民政府外交政策的首要任务。国民政府不仅派出了宋美龄等陆续前往美国，宣扬中国的抗战政策，加强与美国的深度合作，而且鼓励中美之间的民间交往，促进两国间的文化交流。中华图书馆协会重视与美国图书馆界的合作，与国民政府的外交政策一致，可以说，无论文化社团还是政府机构，与美国合作是一项基本共识，不谋而合。

　　中华图书馆协会除不断地呼吁与美国图书馆协会建立密切关系之外，

---

① 　袁同礼：《中华图书馆协会之过去现在与将来》，《中华图书馆协会会报》1944 年第 4 期，第 3 页。

还采取切实措施，促进两国图书馆界的实际交流，措施之一为代美国图书馆协会征购中国新书。美国各图书馆因太平洋战争爆发中美交通阻隔，无法采购中国新出书籍与期刊。袁同礼表示愿意代为采购和储藏，等战争结束后立刻运往美国。美国图书馆协会国际关系委员会于 1943 年 10 月开会，议决对袁同礼的协助表示感谢，称："此项援助可使美国获得中国在战时出版之新书，并促进中美两国图书馆界之互助与合作。"该委员会主席 Ludington 和总干事 Milam 分别致函袁同礼，告知今后合作办法正由"美方起草中，希本会贡献意见"①。中华图书馆协会的代购服务取得了成效。在不到 3 个月内，代美国国会图书馆采购图书杂志 360 余种，代哈佛燕京社采购图书 200 余种②。中美图书馆界的合作进一步加强。

加强国际联系，不只是中华图书馆协会的愿望，也是当时中国文化教育界的共同愿望。1944 年 5 月，中国教育学术团体第三届联合年会在重庆举行。会上通过了改组联合办事处为联合会，以加强教育学术研究，推进国际文化合作一案。此案的精神与中华图书馆协会确立的争取国际援助的基本方针是一致的。7 月份，该联合会决定了中心工作四项，其中第三项为："印行各团体专题研究报告及各团体工作概况（英文本），准备向世界教育学术团体交换刊物。"③可以说，加强国际联系已经成为中国文化教育界的共识。

在中华图书馆协会的国际请援中，美国居于主要地位，原因很多。其一，美国有支持中国图书馆事业的传统。从 1912 年美国人克乃文在金陵大学开设图书馆学课程，到韦棣华在武汉创设公书林；从美国续退庚款指定用于资助中国图书馆事业的发展，到文华图书馆学专科学校设立，处处有美国图书馆界的影响和作用。抗日战争初期，美国图书馆界率先响应中华图书馆协会的捐书吁请，发起征书援华活动。美国图书馆界的举动对其他国家起到了良好的示范作用。太平洋战争后，中美交通隔绝，美国政府取代了美国图书馆协会，把美国最新书刊制成缩微胶卷，通过空运形式，向中国文教机构输入中国需要的西方知识。中美图书馆界合作一直是愉快的。

其二，美国是唯一积极响应中国复兴援助请求的国家。中华图书馆协会于 1944 年分别向美英苏三个国家发出过图书援助请求，苏联没有任何反应。与英国方面的合作则颇多曲折。英国于 1944 年成立了联合国图书

① 《美国各团委托本会代为征购我国新书》，《中华图书馆协会会报》1943 年第 2 期，第 18 页。
② 《本会图书服务部之工作》，《中华图书馆协会会报》1944 年第 3 期，第 14 页。
③ 《本会参加教育学术团体联合会》，《中华图书馆协会会报》1944 年第 4 期，第 16 页。

中心（Allied Book Centre），由英国政府提供办公场所，目的是搜集公私所藏的复本书，或愿意捐赠的书籍，交由该机关统筹分配。该中心设立了分配委员会，聘请了前伦敦经济学院图书馆馆长 Headicar 为主任，主持一切。袁同礼此时恰好在英国，被聘为中国委员。袁离开英国后，由中国驻英国大使馆一等秘书钱存典继任。该机构附属于联合国际教育会议。国际教育会议于 1944 年召开，讨论的主题为：1. 战后国际永久和平教育，应如何与政治配合实施问题；2. 国际教育文化合作问题；3. 同盟国家在抗战中教育文化上所蒙受的损失应由轴心国赔偿问题。该会议要求每个国家派委员5 人出席。而选派 5 人时，其中必有图书馆专家、博物馆专家及明悉本国各级教育的行政专家各 1 人[①]。英美政府知道中国需要书刊，希望中国由最高学术机关主持办理。根据国际教育会议的要求，国立中央研究院院长朱家骅、该院评议会秘书翁文灏召集有关人士于 1944 年 6 月在重庆开会，决定组织分配委员会，设委员 11 人，并公推翁文灏为主席，袁同礼为秘书，吴有训、周鲠生、陈裕光、杭立武、傅斯年、楼光来、李四光、任鸿隽、蒋复璁为委员。袁同礼没有回来之前，秘书由傅斯年代理。不过，因为当时中国并没有参加该教育会议，所以图书的分配，中国没有被包含在内。一直到 1945 年夏秋间，袁同礼接到驻英大使顾维钧通知，要求参加该教育会议的图书馆委员会，说明中国在此次战争中图书文献损失重大，将备忘录分送各国代表，并由驻英大使馆捐赠该委员会英金 125 镑，中国才被邀请为分配委员会委员之一。此一耽搁，英国在中国的文化请援中便落在了美国之后。这也是造成了中国图书馆界一直将希望寄托在美国方面的一个重要因素。

有了这次教训，中华图书馆协会对英国方面也特别注意。1946 年 5 月，英国图书馆协会举行战后首次年会，商讨战后图书馆的善后与复兴工作。中华图书馆协会除了派徐家璧为代表出席会议外，理事长袁同礼于 4 月 26 日由华盛顿致函英国图书馆协会，表示贺意，并提出希望英国图书馆协会能够支持中国图书馆的战后复兴事业。函称："在八年长期抗战中，中国牺牲极巨，图与文化机关遭受严重与无可补偿之损失，中国学者缺少适当之资料与设备，以致研究工作，无从进行，文化发展因此阻滞不前。惟在此重要困难之中，吾人犹挣扎于保持此学术火炬之光明，不计其成就之微细，此则差足引以为慰者也。"袁同礼提出："我国当前复兴工作之中，急

---

① 《国际教育会议须有图书馆专家出席》，《中华图书馆协会会报》1944 年第 5～6 期合刊，第 6 页。

需代表英国学术研究之各种出版物。吾人希望联合国图书中心征集之图书及刊物于分配遭受战火各国家时，中国能居于优先之地位。"①他表示，中国已经组织了一个图书分配委员会，以备接受来自图书中心及各方面捐赠的书籍。中国方面已经筹划将图书及杂志平均分配给各处重要地点，以供研究。

自抗日战争爆发以来，寻求国际援助一直是以袁同礼为代表的中华图书馆协会复兴图书馆事业的工作重点。这一政策在二战后期得到延续。中华图书馆协会的国际请援，促进了国际社会对中国文教事业的了解，加强了中国文教机关与国际社会的文化交流，中国的图书馆事业也真正呈现出国际化特征。

近代以来，中国与国际社会的关系总体上一直处于消极被动的状态，西方列强与日本对中国则表现出较强的积极姿态，无论从鸦片战争，或甲午战争，或八国联军入侵，抑或华盛顿会议，中国在与国际社会交往中大都处于被动状态，少有积极表示。"九一八"事变后，中日矛盾急剧发展，民族危机日益加深，国民政府积极促进与英、美、德、苏等大国关系，但成效甚微。1937年抗战全面爆发后，美、英等国对抗日战争依然持观望态度，缺乏深入接触的热情。太平洋战争爆发后，中国与美、英等国的关系立刻得到改善，也就是从1941年底起，中国真正开始融入国际社会，与国际大国密切合作，以争取世界反法西斯战争的最后胜利。中华图书馆协会的国际请援，从一个侧面反映了中国社会各界对国际社会的一种认识和了解。这种认识和了解是积极的、主动的，极具建设性。中华图书馆协会的国际请援，属于国际文化的交流与合作。这种文化的交流与合作，超越了传统的军事对抗、外交斗争和政治角逐等内容，而是立足于人类普适的价值观念基础之上。也正因为如此，在美、英两国政府对抗日战争持观望态度时，两国的图书馆界已然对中国的文化损失表示同情，并在各自国内发动征书援华活动。而两国图书馆界的态度，不能说对两国政府没有任何影响。换言之，中华图书馆协会的国际请援，实际上起到了配合国民政府宣传日本暴行的作用。中国包括中华图书馆协会在内的社会各界与国际社会积极合作，标志着中国的对外关系已经进入了一个新的历史发展阶段。

四、战后文教复员中的图书馆界

1945年8月15日，日本天皇发布停战诏书，表示接受波茨坦公告，无

---

① 《本会致贺英国圖协会年会》,《中华图书馆协会会报》1946年第1～3期合刊，第14页。

条件投降。9 月 2 日,日本政府正式签署投降书,第二次世界大战宣告结束,中国长达 14 年的抗日战争最终取得胜利。日本政府投降后,中国战争善后和复员工作随即展开,图书馆的复兴也进入了实质展开时期。

鉴于文教机关在战争中遭受的重大损失以及图书馆界在抗战期间的突出表现,在战后文教事业复员中,图书馆界除了从事图书馆复员事业外,同时承担了战后的文教善后工作,主要包括:

负责办理购自美国的图书仪器接收配运事宜。太平洋战争爆发后,教育部代各院校在美国购置了大量图书仪器。为了将这些寄存印度的图书仪器运回国内,国立北平图书馆馆长袁同礼受教育部委派,负责运输分配这些物资。自 1943 年起至 1945 年 10 月底止,国立北平图书馆代为接收并分发的图书仪器共计 695 箱,分配清单为:中央图书馆 2 箱,中山大学 19 箱,中正医学院 32 箱,中央大学 10 箱,中华教育电影制片厂 46 箱,中央技艺专校 29 箱,中央政治学校 2 箱,中央研究院 6 箱,上海商学院 2 箱,上海医学院 10 箱,同济大学 11 箱,四川大学 21 箱,西南联大 61 箱,西康技艺专校 21 箱,西北技艺专校 8 箱,西北师范学院 24 箱,西北农学院 1 箱,交通大学贵州分校 1 箱,交通大学 18 箱,北平图书馆 8 箱,金陵大学 2 箱,唐山工学院 1 箱,浙江大学 30 箱,湖南大学 9 箱,清华大学 6 箱,药学专校 9 箱,音乐专科学校 1 箱,云南大学 20 箱,牙医专科学校 1 箱,女子师范学校 18 箱,江苏医学院 39 箱,武汉大学 42 箱,广西大学 28 箱,厦门大学 19 箱,暨南大学 7 箱,师范学院 17 箱,贵阳医学院 17 箱,教育部 5 箱,教育部护士教育委员会 1 箱,教育部医教委员会 16 箱,东方语文专校 4 箱,重庆大学张圣奘教授 5 箱,立法院委员卫挺生 1 箱,英国科学团 3 箱,福建研究院 1 箱,混装 5 箱,箱号不明的有 13 箱 ①。整个接收分配事宜持续时间长,工作量大,过程较为繁琐。北平图书馆兢兢业业,做好接收分发工作,为中国战后文教事业的发展做出了切实贡献。

参与辅导收复区教育复员工作。教育部为办理收复区各公私及敌人所办教育文化机关接收事宜,并辅导地方教育复员工作起见,设置了各收复区教育复员辅导委员会。根据教育部的规划,全国共分六区:京沪区包括苏、浙、皖等省;平津区包括冀、鲁、豫、晋、察、绥等省及青岛市;武汉区包括湘、鄂、赣等省;广州区包括粤、桂两省;东北区包括辽、吉、黑、热四省;台湾区包括澎湖列岛。各辅导委员会由教育部派特派员一人主持会

---

① 《教育部在美购置图书仪器由北平图书馆代为收发》,《中华图书馆协会会报》1945 年第 4~6 期合刊,第 5~6 页。

务，委员 5～9 人，秘书 1 人。辅导委员会的任务为：1. 宣扬中央教育政策及法规；2. 抚慰在沦陷区与敌伪艰苦奋斗的教育文化工作人员及青年学生；3. 接收国立性质及敌伪所设的教育文化机关事业；4. 辅导地方教育行政机关及私立教育文化机关办理复员工作；5. 调查及接收并策划保管各区文物；6. 其他关于各区教育复员紧急事项①。在各区教育辅导委员会特派员中，蒋复璁被派定为京沪区特派员，负责京沪区的教育复员工作。六区中能有图书馆界代表，并负责最重要的京沪地区，也足以表明图书馆界在文教事业中的影响。

参与清理战时文化损失工作。抗日战争结束后，教育部设清理战时文物损失委员会，其任务为调查收复区重要文化、建筑、美术、古迹、古物等实况，设法保护，并拟派员前往日本，调查中国文物被日本劫夺情形。该委员会除由军政部、外交部、内政部各派代表 1 人，及国立中央研究院院长、国立北平故宫博物院院长、国立中央博物院筹备处主任、国立中央图书馆馆长、国立北平图书馆馆长充任外，另由教育部长指派部内高级职员，并聘社会上热心美术及保存古物的人士 5～9 人组成②，内设主任委员 1 人，副主任委员 2 人，秘书 1 人，职员若干，分建筑、美术、古物、古迹四组。该委员会当然委员为 8 人，其中国立中央图书馆和国立北平图书馆就占了两个席位。这一比例显示图书馆界在文教机关中占有重要地位。

图书馆界参与战争善后和复员工作，并不限于上述内容，其他如 1947 年参加联合国教育科学文化组织、1947 年参加国际图书馆协会联合会第 13 届年会等，都很重要，影响深远，不再一一列举。

从上述事务看，图书馆界的复员工作有这样几个特征：

一是所从事的复员工作都与文化教育有关。无论接收分发图书仪器，还是辅导教育复员，或保护重要文物，都是文化教育内容，或与文教密切相关，而图书馆界在其中发挥了实实在在的作用，显示了图书馆界在文教中的地位有了显著提高，而不是如战前那样，图书馆是个可有可无的文化点缀机关。政府对图书馆界的重视，无疑有利于图书馆事业的发展。图书馆界在复员工作中的专业性特征十分明显。

二是图书馆界在复员工作中承担不同的责任。国立北平图书馆主持接收分发教育部购买的图书仪器工作，事实上也是一种外事活动：袁同礼到印度考察调查，协调东南亚地区的运输，等等，无一不和外事有关。这一工作

---

① 《教育部辅导收复区教育复员》，《中华图书馆协会会报》1945 年第 4～6 期合刊，第 4 页。
② 《教育部设清理战时文物损失委员会》，同上，第 5 页。

性质，与袁同礼抗战以来与美、英两国文教界接触频繁不无关系。国立中央图书馆馆长蒋复璁参与主持收复区文化清理接收保护，是在国内文化事业发展中发挥重要影响，与1928年创设国立中央图书馆的设想是一致的。可以说，两大国立图书馆各就其所长，各尽其能，为战后复员贡献良多。

三是促进了图书馆界与社会各界的联系与交流。以国立北平图书馆接受分发图书仪器为例。该工作接触到的院校有35个，文教机关3个，行政机关或个人4个，研究机构3个，涉及的省份15个以上。这种与社会各界的广泛接触，无疑加强了图书馆界与各界的交流，扩大了图书馆界在国内的影响，是一次隐形的图书馆界宣传活动。蒋复璁在清查保存文物、抚慰教育复员中，虽然不是面向全国，但与各地文教机关接触密切，其效果也与此相当。图书馆界的影响，已经从狭隘的小圈子转向了社会各界的广阔空间，其影响越来越大。

当然，这里看到的图书馆界的影响，是通过国立北平图书馆和国立中央图书馆两大国立图书馆发挥出来的。它们是中国图书馆事业的中坚力量，是中国文化传承的主要机关。其他类型的图书馆在复员中的作用表现不太明显，图书馆事业发展依然任重道远。

第四节　战后图书馆界的追偿问题

一、清理书籍损失

战败国必须对战争承担责任，包括战争赔偿，这是近代国际关系中的一条基本原则，中国对此有切肤之痛，1842年《南京条约》规定中国向英国赔款2 100万元、1901年《辛丑条约》规定中国向各国共赔偿4.5亿白银，等等。中国图书馆界的索赔意识，开始于1932年的"一·二八"事变。事变中，东方图书馆受日本战火波及，463 083册藏书毁于一旦[①]。陈训慈号召"共同声讨破坏文化之蟊贼"，提出"加害文化者之抵偿"。他说，1907年《海牙公约》规定交战国损毁敌人之方法，应有限制，"以不造成对方无关军事之非必要损失为要点"。一战后，《凡尔赛和约》第247条规定："在三个月内，德国担保以同量同质之古籍、稿本、书籍、地图，与其他贵重物品，供给鲁文大学。"陈训慈表示："纵以实力之不济，（中国）不能遽科日

---

① 东方图书馆复兴委员会编：《东方图书馆纪略》，第6页。

本以德国同样之罚则，然此项公正之办法，不能不大声疾呼，引据成例，以提出于世界，使成为世界之公论。"① 这是中国图书馆界首次就图书馆索赔提出法理和事实依据。商务印书馆在事变后呈文国民政府，希冀日本赔偿其损失，没有下文。全国教育团体联合会通过的索赔计划与此暗合。

1945 年 3 月，教育部设战区文物保管委员会，任务是与中国军事机关及美国驻华部队联络合作，以避免各文物在作战时遭炮火损害。日本投降后，1945 年 10 月 1 日，该会改名为清理战时文物损失委员会（以下简称清委会），负责调查收复区文化事业。袁同礼和蒋复璁是当然委员。该会为便于"向敌追偿"，举办全国文物损失登记，"凡公私机关、学校及个人蒙受文化损失者，可径向该会陈报"②。战后书籍清理工作正式启动。

战后书籍损失清理工作分为国内和国际两个部分。国内部分又分两大块：一块是调查自 1894 年以来中国的书籍损失，一块是接管沦陷区书籍。10 月 26 日，清委会请教育部、内政部会函各省市政府，公告登记文物损失办法及通知当地文化团体，要求在 1946 年 1 月底以前将登记结果送会办理。登记文物损失办法包括：1. 文物概念。该办法规定："文物包括一切具有历史艺术价值之建筑、器物、图书、美术等品"，明确指出图书为文物范畴。2. 登记内容，有申请人姓名（或机关名称）及通讯地点、文物名称及其重要性、损失时间地点、损失情形、敌伪负责人姓名或机关部队名称、该项文物目前下落等、文物照片或图像、登记时间于 1945 年 12 月底截止等。接管工作则分区进行。

国外部分也分两块：一块是日本，一块是其他地区，包括德、意、美等国，其中日本是清理的主要方向。10 月 15 日，张凤举编制《日本应归还我国及应作抵偿甲午以来我国学术文化损失之文物简表》，希望教育部转外交部，向日本交涉。该表列举了宫内省图书寮藏书、静嘉堂文库、东洋文库等 20 个文化机构及详细地点，指出："以上各项除宫内省图书寮兼有日本古籍外，其余或整个取自我国然后加以扩充，如静嘉堂文库、东洋文库，或虽藏书无多且内容驳杂，然其机关本身显系以对我侵略为本旨"③，故在抵偿范围之内。

---

① 陈训慈：《中国文化之劫运与其复兴问题》，《浙江省立图书馆月刊》1932 年第 2 期，第 7～8 页。

② 《教育部战区文物保存会调查文物损失》，《中华图书馆协会会报》1945 年第 4～6 期合刊，第 5 页。

③ 《教育部抄转张凤举关于日本应归还及应抵偿我国文物损失简表致温家宝公函》，收入中国第二历史档案馆编：《中华民国史档案资料汇编》第五辑·第三编·文化，南京，江苏古籍出版社，1999 年，第 445 页。

10月9日，清委会决定派人赴日调查。26日，公布《清理战时文物损失委员会赴日调查团工作纲要》，任务主要有：调查中国在日本的各项文物，编制目录；向清委会提出调查报告；建议处置在日文物事项；就近与盟军占领日本统帅部洽商，采取一切保全在日文物必要之措施[①]；等等。书籍方面调查团成员为张政烺、向达和贺昌群三人，均曾任职中央研究院史语所图书馆、北平图书馆等重要图书馆，对中国传统文献有深入研究。

清委会对流落在德、意、美等国的书籍调查较为零星，如追查意大利在八国联军侵华期间掠走的中国文物、1937年底到1938年初德国驻华大使陶德曼调停时接受的赠送文物等。袁同礼也专门前往欧洲调查中国文物状况，因资料有限，详细过程不是很清楚。战后书籍清理由此全面展开。

二、书籍清理成果

书籍的清理成果表现在四个方面：

一是书籍损毁情形。根据清委会编制的《中国战时文物损失数量及估价总目》，书籍方面，公家损失为2 253 252册，另5 360种，411箱，44 538部，估价3 804 014元；私家损失为488 856册，另18 325种，168箱，1 215部，估价1 204 766元。碑帖方面，公家455件，估价170 125元；私家8 922件，估价170 764元。地图方面，私家17 904件，估价15 000元；公家125件，估价480元；私家56 003件，估价13 926元（这里出现两个"私"，书籍原文如此，不知何故——引者注）。这一结果与战争初期中国社会各界公布的损失统计有很大差异。清委会也指出："以公私收藏家对于文物损失之申报均不踊跃，此数实未能概括战时实际之损失也。"[②]

二是从日本收回书籍情形。战争期间，日本从中国劫夺不少书籍运回国内，清委会任务之一即为收回这些中国书籍。清委会结束前，查获运回的只有中央图书馆被劫夺的书籍107箱。待运返国者，有南开大学、中山大学及亚洲文会被劫夺的图书34 604册[③]。

三是未结案件。这类案件不少，不过，有关书籍或图书馆方面则不多，主要有意大利于庚子事变时，劫夺故都文物甚多。清委会查悉现存罗马国立图书馆者，计有《大清会典》等珍贵典籍12种，及明抄本《本草品汇精要》17册43卷。清委会于1946年10月间开单函请外交部收回，外交部至

① 《教育部清理战时文物损失委员会报送赴日调查团工作纲要呈》，收入中国第二历史档案馆编：《中华民国史档案资料汇编》第五辑·第三编·文化，第447~448页。
② 《中国战时文物损失数量及估价总目》，同上，第459~460页。
③ 《清理战时文物损失委员会结束报告》，同上，第453页。

清委会结束时仍没有答复。清委会委员袁同礼从德国寄回报告，先后将德国劫得中国青铜器等清单二纸，送请外交部交涉收回，外交部也没有及时回复。如此等等。

四是接管沦陷区书籍情形。到结束时，清委会除清点各地沦陷区文物未结案者，已经办理的接管成果明显，主要有：京沪区有陈群藏书 257 856 册，9 包，28 捆，4 束，又 1 箱。上海大学 9 100 册，又 955 函；台湾银行 720 册；日人商木 3 635 册；德华银行清理处 1 122 册；中央信托局 1 033 册；亚洲文会 19 515 册；和平博物馆 81 692 册；等等。平津地区有溥仪各种文物 220 箱，又大保险柜 2 只；等等。东北区有沈阳清故宫实录、圣训、档案等 9 737 册；长春清故宫珍本书 1 449 册；"满日文化协会"书籍 70 717 册；等等。粤港区在港查获中央图书馆存书 2 箱；广州市立、省立及仲元图书馆书籍 100 箱；平山图书馆存书 2 箱；广东文献资料 320 箱；等等①。

几个区均有图书馆界参与其中。蒋复璁为京沪区特派员，专门接受沦陷区教育事宜。他采取中央、地方分权的办法，京沪两地的国立大学及中央级文化学术机关由他亲自处理，如国学图书馆、金陵大学、中央大学图书馆未及运走的图书，均发还给原单位。地方教育事宜则一概交由省市教育厅办理，接管工作 3 个月结束。蒋复璁接收的大宗书籍来自陈群在南京的《泽群文库》、上海东亚同文书院图书馆等处敌伪书籍，"尤以伪政府考试院长陈群的私人收藏最属大宗"②。陈群善于收集善本珍籍，在南京、苏州、上海均有藏书楼。日本投降后，他服毒自尽。其南京《泽群文库》约 40 万册图书，由中央图书馆全部接收。苏州、上海所藏，则择善本运来南京。蒋复璁的说法与清委会的结束报告有差异，或被夸大，也未可知。

三、影响清理因素

影响书籍清理的因素很多，概括起来，主要有：

一是清委会与远东顾问委员会及盟军驻日总部在损失认定的时间起点上有较大分歧。1946 年 6 月，清委会向远东委员会提出清理损失的基本原则，主要有：凡 1894 年以后为日本自中国劫去一切文物，必须交还；在此期间凡未经中国政府允准，由日本假借科学调查名义在中国各地所攫取之一切文物，必须交还；在此期间凡为日本破坏，或因日本军事行动损失

---

① 《清理战时文物损失委员会结束报告》，收入中国第二历史档案馆编：《中华民国史档案资料汇编》第五辑·第三编·文化，第 452 页。

② 蒋复璁等：《蒋复璁口述回忆录》，黄克武编撰，台北，"中央研究院"近代史研究所，1990 年，第 60 页。

之一切中国文物,必须日本政府以同类事物赔偿;凡价值卓越之文物为日本破坏,或因日本军事行动而损失,无同类事物可赔偿者,必须以同等价值之文物赔偿。然而,盟军并不认可清委会提出的追偿原则,训令日本政府,"仅令其陈报自七七事变以后劫掠之财产……本会主张之实物赔偿,迄今原则上亦尚未经国际工作之承认"①。盟军的态度与清委会的期望差异太大,直接影响清理工作。

二是清委会提交的损失材料不被盟军总部认可。清委会此前进行文物损失登记,并就登记中选择确有被敌掠夺事实(而非破坏或下落不明)且较珍贵者,编辑了《公私被掠文物实目》7册,送请外交部向盟军总部交涉收回。然而,该总部表示:"必须译成英文,并尽量附加各项文物之质地、颜色尺寸、被掠时地与原物照片等,始可办理。"②不过,清委会结束在即,来不及办理翻译工作,且盟军总部规定的各项证件与说明,因物主陈报时类多不备,尤苦于难以收集。

三是受害机关或个人陈报不踊跃。清委会多次强调中国受损方面陈报不积极。作为受害方,中国为什么陈报不积极?推测起来,主要原因有二:1.登记时间仓促。根据清委会拟定的登记时间,必须在1945年底前结束,而公告登记的时间为10月底。也就是说,留给受害人登记的时间大约2个月。这2个多月的时间,对于受害人来说,显得紧张。因为大宗图书受损者多内迁到西部地区,他们必须回到京沪、平津、粤港等地,然后查明受损情形,再行登记。这每一步都不容易。战争结束,西部地区大量人员等待复员,交通拥挤可想而知。这是造成登记不踊跃的客观原因。而且,如果登记,则必须行政部门先复员,试想,若行政人员没有就位,那么向谁登记呢?如果各省市不能及时告知,2个月时间更不够。2.证据要求严格。按照清委会的登记要求,包括书籍名称及其重要性、损失时间地点、损失情形、敌伪负责人姓名或机关部队名称、该项文物目前下落、文物照片或图像等,如果不是之前已经做过相关工作,中国学者一般不会注意这些细节问题。中国向来权利观念薄弱,谁会想到自己的书籍会以战争方式受损?当然不会预先有所准备。况且,如果学者已经避走战祸,如何知晓损失情形、敌伪负责人姓名或机关部队名称、该项文物目前下落等情况呢?如果按照美方的要求,则更为严格,短短2个月的时间内绝难做到。此外,各方多怀疑难以得到赔偿,也不愿意花过多时间做没有希望的事。

---

①② 《清理战时文物损失委员会结束报告》,收入中国第二历史档案馆编:《中华民国史档案资料汇编》第五辑·第三编·文化,第453页。

四、顾颉刚的损失清点

文物损失登记看似简单，实则困难重重，没有经历，个中滋味难以言表。以顾颉刚为例，说明清点损失之难。顾颉刚是著名学者，北平图书馆委员会委员，曾经任职中山大学图书馆、燕京大学等处，藏书甚多。"七七"事变后，顾颉刚只身离开北平，委托其叔顾廷龙负责，将 7 万册书籍藏于燕京大学。1941 年底太平洋战争爆发后，燕京大学被日本接管。顾的书籍下落不明。

1945 年 8 月 15 日，日本天皇宣布终战，顾于次日，即 8 月 16 日，开始清理自己的战时损失。其日记当日载："填抗战财产损失表。"[1]顾颉刚嗜书如命，时刻关注自己书籍的下落。其日记 9 月 5 日云："报载司徒雷登先生来渝谈话，谓燕大图书仪器已被劫一空，然则予所存书必已无望。此中有三十余年之信札及零碎稿件，尤足惜也。"[2]

同时，顾颉刚致函在北平的顾廷龙、燕京大学校长陆志韦等，请求帮助寻找其书籍下落。其日记 11 月 21 日云："悉予藏书在临湖轩者，……已证实全部为敌人携去。"[3]11 月 26 日，陆志韦函告顾颉刚："所存书籍，凡在校务长住宅地窖者（即临湖轩），剽窃无遗，惟书摊上间或发现一二册，不足应用。其在男生宿舍楼顶者，尚留一部分，在乱书堆中发现，年前或可整理清楚，当将细目奉告，损失之巨，至堪痛心。"他向顾建议，最好由顾颉刚拟一草稿，备述原委，然后燕大照录，备函证明，加章寄奉，进行损失登记，以免词句与事实参差，"以便先生持向教部追索赔偿"。顾颉刚表示："得此一函，予旧藏之损失已证实，且已散在书摊，无可复聚"[4]。

顾颉刚还通过其他方式打听书籍的下落。1946 年 1 月 29 日，顾收到史学家洪业来信。信云："以弟所闻，一年以前东安市场已常见有吾兄藏书，各摊出卖者，殆日寇劫夺盗卖之余也。……秋间复校时，临湖轩内一无所有，图书馆内书籍乱堆如山，据闻多系从各楼顶移来者，聂筱珊现正从事清理，其中亦时发见有吾兄之书，闻将聚集一处，以待将来奉还。"[5]聂筱珊，时任燕京大学图书馆馆长。

1946 年 2 月，在漫长等待后，顾颉刚于 7 日飞到北平，开始艰难的寻

---

[1]　顾颉刚：《顾颉刚日记》卷五，北京，中华书局，2011 年，第 511 页。
[2]　同上，第 523 页。
[3]　同上，第 560 页。
[4]　同上，第 565 页。
[5]　同上，第 596 页。

书之旅。9 日，他到东厂胡同教育部特派员办事处，看残存书籍。9 日日记："日人交出之予书不多，约占五分之一，且多零本。其他所在，教部特派员署中人谓在市党部，因新民学会存书由党部取去也。然至党部问之，则谓此间所收多日文书，线装本不多，入图书室视之，良然。……谓新民会书，一部分已送东北。……谓胜利后新民会之一科长大量将书搬走，搬两日始完，予书恐在其中。然则此事已不可究诘也。"①

2 月 12 日，顾得到顾廷龙等信："知予书原存燕大四楼顶及临湖轩两处，存燕大楼顶者一部分存燕大，一部为教部接收。存临湖轩者为日军取去，查无下落。此部分似未经新民会手，或能全部发现，或竟全部消灭。"②2 月 13 日，顾廷龙寄来书目，与教育部"存书核对，所缺甚多，较精之本皆未见，洵乎被敌人选择一过，然则其取去在何处：日本乎，东北乎，抑仍在北平乎？"③

2 月 21 日，有人告诉他，修绠堂有他的旧藏："趋往视之，则《古玉通考》《铁云藏龟》等约二十套在焉。问主人，谓是去年春间收得，知为予书，故未售出。其意甚可感也。"④2 月 22～23 日均在燕京大学检书。2 月 23 日日记："予书籍存临湖轩地窖者，盖为日本一八二一部队经理部劫去，时卅一年春也。今未知何在。其在四楼楼顶者，为华北综合调查研究所所取，于卅四年间散出，一部存燕大图书馆，一部分存日本大使馆（即教部特派员所接收者），又一部分则为日本人及中国人所偷盗，即书铺所见者。"⑤2 月 24 日："到筱珊处，看其藏书，写出劫书之日本部队。"⑥

从 7 日到北平，到 24 日，顾颉刚一直在查找书籍的下落。从过程看，他的寻书之旅极为顺利，无论教育部特派员，或市党部，或燕京大学，或其好友，都为他提供了便利。即使这样，损失清单上的许多项目依然不得要领，无法填写。3 月 7 日日记："为燕大草证明书。算损失账。"⑦3 月 13 日日记："到东安市场中原书局、五洲书局访书，得予旧藏《诸子平议》一部。……闻桥川云，予存临湖轩书，经日本军部运至英国大使馆，此后即不知其下落。"⑧到北平 1 个多月后，顾颉刚依然在寻找失落的书籍。顾颉

① 顾颉刚：《顾颉刚日记》卷五，第 605 页。
② 同上，第 607 页。
③ 同上，第 608 页。
④ 同上，第 611 页。
⑤ 同上，第 612～613 页。
⑥ 同上，第 613 页。
⑦ 同上，第 620 页。
⑧ 同上，第 624 页。

刚作为文化名人，清点损失时，尚且时间漫长，其他人也可想而知。清点书籍损失、确定损失时间和地点、损失情形、敌伪负责人姓名或机关部队名称、该项文物目前下落等情况确非易事。

清委会规定的文物损失登记截止时间为 1945 年 12 月底。然而，各省在执行过程中却有很大偏差。河北省主席孙连仲于 1946 年 2 月 16 日才发表省政府公告，表示，"为准备追偿起见"，规定本省文物损失登记办法。主要内容有：凡本省公私机关及个人在战争期间遭受文物损失者均可向北平外交大楼本府教育厅申请登记，以上所称呼文物包括一切具有历史艺术价值之建筑物图书美术等品；公私机关及个人申请登记的项目有文物名称及其重要性、损失之时间及地点、损失情形及敌伪负责人姓名或机关部队名称、该项文物目前下落等；登记时间于 1946 年 3 月底截止；本府于审查整理登记表格后转送教育部清理战时文物损失委员会办理文物追偿事宜①。河北省留给受害者登记的时间仅 1 个半月，且截止时间超过清委会的规定整整 3 个月。这种规定极为仓促，不能不影响清点登记成效。顾颉刚后来不提寻书之事，与此规定个尤关系。

顾颉刚书籍损失的清点经历几乎涵盖书籍损失清点的所有环节：书籍损失时间、损失地点、敌伪负责人、文物下落等。然而，任何一个环节的确认都不是一蹴而就的，不历经波折，非花费大量人力与物力，不能办理妥当。如果损失的书籍不是特别重要，不会有很多人按照规定，一一仔细清查。毕竟每个人都会权衡得失，做出有利于自己的选择。在赔偿前景不明朗的情况下，与其做不必要的努力，不如干脆放弃。这大概是受害机关或个人损失申报不踊跃的心理因素。

五、书籍清理后续

书籍清理是一件事，索赔又是一件事。清理战时文物损失委员会于 1947 年 6 月 11 日结束历史使命，行政院赔偿委员会以清理工作为基础，与驻日本的远东委员会（有时也称远东顾问委员会）、美国占领军总部磋商，向日本方面索赔，战后索赔工作随即启动。不过，因国际关系风云变幻，文物索赔最后不了了之。尽管如此，清理战时文物损失委员会提出的索赔原则没有被放弃，为行政院赔偿委员会所承袭，用以作为向盟军交涉和日本索赔的依据。这些原则主要有：

损失证据问题。清委会提出的证据，美方不认同，美方提出更为严格

①　顾颉刚：《顾颉刚日记》卷五，第 615～616 页。

的证据要求。美方提出：被日本攻击或占领之盟国申请补偿文物者，应提出合理证件，证明其文物直接或间接原因于日军作战或占据被移走或肆意破坏并查无下落，此项证件应详细叙述文物之数量种类及品质，关于证件之适当与否，有疑问时，应求其有利于申请国而推定。中方代表团就此提出的修改意见为："如要求国所举证据有疑问时，应作有利于要求国之考虑，使提供证件放宽。……证据缺乏时，应根据常识公议或记载判断。"①这实际上是希望美方能按照中国的损失登记，即清委会确定的标准为依据。

实物赔偿问题。中国图书馆界一直要求日本方面提供实物赔偿，即如果中国文物被毁，日本应以相同实物进行补偿。美方提出：补偿文物申请书获批准后，应由日本政府供给属于日本公共机关所有或日本战犯所有大体上同种类同价值之文物，但日本公共机关所有之文物，不得用以补偿盟国人民私有被损害文物。中国代表则希望扩大实物赔偿范围到日本私人，提出的修改意见为："充偿文物应不仅限于日本公家及战犯所收存者，凡属日本公私自有文物（public or private cultural objects of clearly established Japanese ownership）均可提供赔偿。"②这一观点反映了"九一八"事变后中国图书馆界的索赔观念。

豁免条款问题。美方的实物赔偿规定了豁免条款：第一，日本政府在1931年之前指定为国宝之文物，不问其为何地所产何人所有；第二，日本政府在1931年以后所指定为国宝并系日本所产且在1894年以前已为日本公共机关或私人所有者。我方明确要求：豁免提供赔偿的日本国宝"只限于一八九四年以前所指定者外"③。将时间节点定在1894年是中国图书馆界的一向主张，政府方面也予以支持。按照中国的时间节点，静嘉堂文库（即皕宋楼藏书）、东洋文库（即莫理循藏书）实可网罗在内，用以补偿抗战时中国文化上所受的损失。

中国战时图书馆损失的赔偿问题最后不了了之。之所以如此，原因极为复杂：一则美方不愿意严厉处置日本，二则国民政府也对日本持宽大处理态度，加之其他因素，如冷战、内战等，国家四分五裂，无不影响索赔工作。这一结果是中国图书馆界万万没有想到的，丧失了一个中国文化复兴的良机。

---

①②③　《抄外交部京（36）字第二五六二九号代电原文》，《中华民国史档案资料汇编》第五辑·第三编·文化，第457页。

第五节　美英图书馆界的复兴援助

一、美国图书馆界

中美图书馆界一向交流频繁，合作愉快。珍珠港事件后，中美图书馆界的联系一度因交通阻隔而中断。1942 年，中美两国交通联系恢复，两国图书馆界的合作随之因盟国关系而朝纵深方向发展。

美国图书馆协会将中国列入了图书救济范围之内。鉴于第二次世界大战中被毁图书馆急需救济，美国图书馆协会特地于 1941 年设立了战区图书馆救济委员会，专事调查救济的需要，及如何复兴欧、亚两洲被战祸毁损各图书馆的方法。自日本侵华以来，中国各地许多图书馆迭遭惨炸。该委员会亟愿汇集关于此类报告，例如图书馆原来状况、入藏数量、被毁图书的数量、阅览人的种类、图书馆的性质等，因此委托中华图书馆协会代为调查。中华图书馆协会于 1943 年 11 月将中国图书馆因战事所受损失及目前工作概况以及今后复兴计划，写成英文备忘录，寄交美国图书馆协会，希望得到支持。

美国图书馆协会采取各种措施，扩大中国在美国的影响，以争取更大范围内的支持。1944 年 3 月 24～30 日，美国图书馆协会与美国战时新闻处合作举行中国书周（China Book Week），旨在促进美国人对于中国的了解与认识，其实施办法由全国图书馆在本周内同时举行关于中国研究资料的展览，并在各地广播电台举行广播，同时举行演讲，并演奏中国音乐，以助余兴。美国图书馆协会在 1944 年 1 月份会报内刊载《利用图书了解中国》[1]一文，指导并丰富美国民众对中国的认识。

美国图书馆协会对中国图书馆教育事业也很关注。1944 年，美国副总统华莱士访华，随行携带有美国图书馆协会赠送文华图书馆学专科学校有关图书馆学新著四种，暨美国图书馆协会年报、会报数卷[2]。美国图书馆协会赠送书籍的数量虽然不是很多，但由副总统携带转交，并单独赠送文华图专，其象征意义十分明显。值得一提的是，华莱士这次访问中国，还携有大批科学仪器、书籍及教育影片等赠送中国。其中有书籍多种，分别赠

---

[1]《美国举行中国书周》,《中华图书馆协会会报》1944 年第 3 期, 第 13 页。
[2]《美国圕协会赠文华书籍四种》,《中华图书馆协会会报》1944 年第 4 期, 第 12 页。

予国立中央图书馆及国立北平图书馆,仪器多架赠予国立中央大学,赠予教育部的为美国各主要畜牧学校"一览"一大箱。美国副总统华莱士在军马倥偬之际却惦记着中国的文化事业,不能说没有特别含义。

当然,除了美国图书馆协会、副总统外,关心中国图书馆事业的机构或个人还有很多。如,1944年9月,美国战时生产局局长纳尔逊及赫尔利少将携带图书仪器及国务院所选择的其他文化界用品380磅来华,分赠中国各大学,其中大部分运送重庆、成都及嘉定学术中心,内有最新出版关于卫生、医药、儿童营养、近代美国戏剧诗歌,以及与美国对于现在作战、战后和平计划的书籍①。又如,1944年美国大使馆新闻处将全美舰队总司令兼海军作战部长所著《美国海军概况》一书译成中文,印送中国各界参考。中华图书馆协会提供会员录,该处按照地址分赠协会机关会员②。

这一切都显示美国社会各界都较为关注中国的文教事业,在力所能及的范围内予以道义或实质上的支持。美国方面的亲善态度无疑对中国图书馆界是巨大的鼓励,对推动中国图书馆事业的发展是有积极意义的。

二、怀特访华计划

为了促进美国与中国图书馆界的合作,美国图书馆协会希望能够派遣一名图书馆专家前往中国,目的有二:一是搜集有关各种图书馆、图书馆学校及其他图书机构需要的特殊资料,探求问题及困难所在,"此非经私人间的谈话不易明了";二是为美国图书馆协会准备一名适当人材,使其至少能够直接认识中国图书馆界的朋友,并对中国图书馆事业有确切的认识③。不过,美国图书馆协会表示,派遣图书馆专家来华应该得到中国教育部的同意,并由中华图书馆协会函知美国图书馆协会。1944年5月4日,在获得教育部长陈立夫批示同意后,美国国务院接受美国图书馆协会的建议,派哥伦比亚大学图书馆学院院长兼图书馆馆长怀特博士来华考察,拟定于12月初到达重庆。

中华图书馆协会对怀特访华十分重视。1944年11月,协会理事长袁同礼受国民政府委托,前往美国考察。协会特地致函美国图书馆协会,希望借此机会加强两国图书馆界的交流与沟通,内称:"(美国图书馆协会)必将在战后之美国与世界,更多发挥其促进国际智识合作与人类幸福之效

---

① 《纳尔逊带来美国我大批图书仪器》,《中华图书馆协会会报》1944年第5~6期合刊,第6页。

② 《美使馆新闻处新书赠予本会机关会员》,同上,第9页。

③ 《美国图书馆协会拟派专家来华考察》,《中华图书馆协会会报》1944年第4期,第17页。

力。中国之各地图书馆虽在艰苦抗战期间，仍在不断努力，相互合作，并规划战后图书馆事业之复兴。凡此正为本会努力之目标。袁同礼先生任本会理事长多年，详悉中国图书馆事业之往史、现状与其将来之展望，深信因彼之访美，正与贵会怀特博士之来华考察相似，必更加促进本会与贵会之互助与合作，而贵会为世界图书馆团体之先进，尤必能对我中国图书馆事业之复兴，给予宝贵之指导与协助也。"①

怀特访华在于加强中美文化界的密切联系，实际考察中国图书馆事业，以为战后中国图书馆复兴做准备，实际上肩负着促进战后中美文教合作的重任。因此协会对怀特访华十分重视，做了大量的细致工作。1944 年 10 月 18 日，协会借中美文化协会召开招待怀特筹备会，除邀请协会理事及图书馆界有关人士外，并邀请了教育部代表及美国大使馆代表出席。席间对于怀特在华旅程、招待怀特费用、协助怀特工作等诸多事项都有拟议和决定，并拟在重庆、成都、昆明等地成立招待怀特委员会，以支持怀特调查事宜。怀特访华时间大致在 1944 年 12 月初到 1945 年暑假。中国图书馆界对怀特访华寄予了厚望。

1944 年 11 月 29 日，中华图书馆协会理事、监事联席会议在中美文化协会召开。出席者包括袁同礼、蒋复璁、沈祖荣、陈训慈、戴志骞等 11 人。会上提出，就怀特来华，有三点值得重视：一是怀特来华中方的招待费问题。经各理事募捐，计有中央银行捐助 4 万元，中国农业银行、中国银行、交通银行、邮政储金汇业局、中央信托局，各捐助 2 万元，金城银行捐助 4 万元，教育部补助 15 万元，社会部补助 2 万元，共得 35 万元。二是招待怀特问题。1. 请怀特做协会名誉会员；2. 协会同仁予以热忱招待，建立感情联系；3. 馈赠有文化意义的礼物，如书画、刺绣等类；4. 重庆市及外省各地拟请各大学及其他学术机关善为招待；5. 编制西南、西北图书馆一览送怀特参考；6. 怀特不谙华语，请人陪同考察；7. 调查怀特简历，在报端发表。三是向怀特建议：1. 协会拟定一份英文建议，交其带回；2. 请美国捐书事，以实际需要情形告知怀特，并与教育部商定一致办法；3. 以中国书籍捐助美国②。筹备怀特来华考察也成为《中华图书馆协会三十三年度工作报告》的重点内容之一。

中华图书馆协会采取的种种措施，表明对怀特访华高度重视。但是，天有不测风云。就在中国图书馆界紧锣密鼓地准备怀特来华考察事项时，

---

① 《本会致美国图书馆协会公函》，《中华图书馆协会会报》1944 年第 5～6 期合刊，第 10 页。
② 《本会举行理监事联席会议》，同上，第 11 页。

不料美国军事当局以时局紧张，对于与战事无关的访问谢绝发给登陆护照，怀特因而随之取消原定访华计划。尽管对美国军事当局的做法相当失望，但中华图书馆协会依然希望将来交通情形许可后，仍然能够恢复怀特访华之行。

怀特访华没有能够成行，但中美图书馆界的交流没有中断。1945年春，美国著名历史学家和图书馆学家诺伦堡（Dr. Bernhard Knollenberg）奉美国政府命公派来华，拟顺便视察中国图书馆事业，并与中国教育文化界人士谋求接触。诺伦堡曾在耶鲁大学和美国东方学会服务10年，时任图书救济联合委员会主席。

中华图书馆协会于3月初接到美国大使馆通知后，当即召集理事会，筹备欢迎事宜。诺伦堡4月初到达重庆后，协会于6日下午借中央图书馆举行茶会招待，并邀请教育文化界人士参加。6日到会协会成员有蒋复璁、陈训慈、严文郁、毛坤、徐家璧、陆华深、彭道真、徐扬等，杭立武、任鸿隽、何凤山、蔡乐生等50余人出席。

诺伦堡对中央大学图书馆和中央图书馆印象深刻，他表示，美国新成立的图书救济联合委员会，系援助被战争蹂躏国家，补充其图书，现正在征集美国各图书馆的书籍，准备翻印。洛克菲勒基金及美国工会等，都已经捐款，以供运送书籍及建造书库的费用。中国也可以将所需要的书目，开列名单，以备该委员会统筹后分配。协会赠以英文文本协会工作概况及后方主要图书馆概要各一份①。

从1943年起，中国图书馆界与美国社会各界交流频繁，通过各种不同方式或渠道推动中国战时图书馆事业的发展与进步。尽管中国图书馆界与美国各界合作的实质内容并不丰富，但对促进两国间的文化交流与发展，显然是有益的。通过文化交流，美国加深了对中国的了解，也扩大了在中国的影响，为推动美国的对华政策发挥了积极作用。战时中美文教界的密切合作，为战后中国图书馆界与美国方面的交流与合作，奠定了坚实基础。

三、《中美文化关系中关于图书馆事业的计划草案》

美国图书馆协会对中国图书馆复兴事业的支持，其核心内容体现在美国图书馆协会远东及西南太平洋委员会草拟的《中美文化关系中关于图

---

① 《本会欢迎美国图书馆专家诺伦堡氏》，《中华图书馆协会会报》1945年第1～3期合刊，第12页。

书馆事业的计划草案》①中。这份草案拟定于 1944 年，是美国图书馆协会对中国图书馆战后复兴的规划蓝图。概括起来，这份草案主要有五方面内容。

一是对中美图书馆界合作必要性的认识。美国图书馆协会认为计划草案基于以下几点认识拟定："（1）中国在下一世纪中将成为世界之一强国。（2）中国与美国之间密切的文化、政治与经济关系不仅为太平洋安定之因素，且干系全世界之永久和平。（3）目前形势适合作密切文化关系的发展。（4）应立即拟定甚或开始一广泛的战时以及战后的国家计划。此计划须时加修正。"为了促进中美图书馆界的交流与合作，该计划草案提出与中国合作的主体相当广泛，主要包括：（1）中美双方的某些政府机构。（2）文化事业机关、会社，学术的、科学的以及职业的学会。（3）文化机关——图书馆、博物馆、大学、中学。（4）各学术文化基金董事会。（5）个人。对于不同合作主体之间的关系，草案表示："政府、会社、机关代表与个人的兴趣必须相互交织。最好能同时加以考虑。"

草案表示，美国国务院十分重视与中国文教界的联系与合作。最近一二年中，美国国务院为中国开始试行一个文化的计划，而此计划行将大规模地扩充。草案指出，目前关心中国的各种组织正各自为政地在工作，对于其他组织或政府机构的措施，一点也不知道。因此草案提出，美国国务院的文化关系司应该协调各种文教组织的对华活动，进而成为美国政府的计划。如果政府主导这一计划，那么非政府组织也会受到鼓励，充分发展他们自己的计划。此法曾在与拉丁美洲建立文化关系的发展中收有宏效。根据以往经验，政府机构、私人组织以及个人应该通力合作。

二是美国图书馆需要中国的书籍杂志。草案提出，为了解中国与中国人，中国的出版物可资利用。少数机构早已从事有关中国的哲学、文学或历史的研究，他们愿意以采购及交换等方式迅速地扩充其典藏。为了满足美国对中国图书杂志的需求，草案建议："1. 促使对中国艺文关心的几个美国图书馆开始一合作采购中国现行及最近之资料，使能于海运、吨位恢复以后载来美国。中华图书馆协会的负责人业经同意指派一委员会专司采购、储存与船运事宜。此建议业经提供美国将来参与斯举者的参考。2. 尽可能鼓励协助美国图书馆之愿意建立或扩充庋藏中国图籍与抄本之参考文献者。3. 扶助凡欲获得中国任何一种中国资料之美国图书馆拟定一战后合

---

① 美国图书馆协会远东及西南太平洋委员会拟：《中美文化关系中关于图书馆事业的计划草案》，蓝乾章译，《图书馆学报》1945 年创刊号，第 63～67 页。以下引文均来自该计划草案，不另外注明。

作采访的计划。4. 奖励重要中国图籍之译成英文，以及在美国之刊行。"这一计划，无疑鼓励美国文教机构与中国文教机构进行合作。

三是中国的大学图书馆与研究图书馆需要美国的书籍。草案表示，在美国的中国学者多次报告中国图书馆在战时的损毁情形。自从1937年以后，中国就无法获得如以往船运书籍和杂志的同等数量。中国的科学家及工艺家的研究及教学以往及现在均依赖的图书杂志，可能较其他各国的科学家及工艺家所需更多。草案称，美国正努力为中国汇集图书。目前美国国务院经常以75种杂志的图书影片运往中国。美国医药援华也将美国科学杂志中最重要的图书影片运送来华。军事医药新技术的柯达铭图片（Kodachrome），也已经运往中国。不仅如此，美国援华的儿童保育委员会也就有关儿童保育的图书影片运送至中国。美国援华会更供给基金以刊印外国教科书，以备中国大学生之用。

计划草案称，华昌公司有一个35 000种书籍的书单，用中国政府的经费为国立各院校采购图书。一些专门学科，如地质学与心理学，已为中国教授购妥。华昌公司又为中国教育部用其指定的经费订购200种杂志，每种代订20份。此种杂志将存于纽约，待战后运往中国。订期大都自1940年至1946年。洛克菲勒基金委托美国图书馆协会为战区各国——包括亚洲——购买现时期刊。中华教育文化基金董事会也委托美国图书馆协会购买美国现时刊物，备战后运往中国；中国地质学会也曾洽购若干地质学出版物，在美国的其他中国学者现在正在收集书籍杂志，以备战后送交中国学术机关。中国基督教各大学联合会代金陵大学、金陵女子文理学院以及福建协和大学订购了250种杂志，包括复本。

计划草案表示，现时收集的有价值的资料在重建中国图书馆中只不过是一小部分，图书影片与图书影片阅览器，许多成套的杂志，尤其科学与工艺的杂志，在战后当然都是中国需要的。对于那些绝版的期刊，中国的图书馆只好全仗图书影片了。草案特别指出，萧彩瑜博士曾经提出关于中国需要摄影器具和图书阅读器的一个广泛的报告。在战争结束后可能购买与载运设备的时候，这个建议需经过慎重的考虑。

计划草案指出，美国图书馆协会已经接到许多为中国图书馆供给专门学科书籍的书单请求。例如，关于合作，如田纳西的开发计划、家禽，以及健康和营业等较为宽泛的书籍清单，耶鲁大学的教授们与耶鲁大学合作拟定了一个为中国留学生用的社会科学的书单，哈佛大学图书馆与留美的中国教授合作准备辑录一个中国大学图书馆的书单。美国图书馆协会与某些专门的美国图书馆，应该善为配备，以便在拟定此类书单时，做更大的贡献。为此，草案建议：

开列一中国大学图书馆及国立图书馆之清单，包括工作的范围、教员与学生的数目、目前的状况与地点，以及将来计划。在美国有许多诸如此类的报导也可资利用的，但一直没有能够予以收集。一经收集，应即交付在美国之中国学者或在中国的相当的权威加以修正。此项工作可由美国图书馆协会与国务院的文化关系组合力担任。其他机关得辅助之。

美国图书馆协会与国务院文化关系组对于中国学者与美国图书馆员所发出的中美两国的图书馆结合计划应予以考虑。此类结合应包括机关出版物与复本交换以及为交换而收集的书籍的交换。若干图书馆已有与中国交换的对象。美国图书馆协会已接得协助扩展此项计划的要求。

中华图书馆协会应为美国图书馆协会准备一战时中国图书馆损失状况的报告。在美国若干报导可资利用，但若明了复兴问题，尚需更多资料。

中国图书馆所需要的美国图书杂志应加保存或聚齐，以备战后运往中国。a 以此作为所有战区图书馆征集图书运动之一部分工作；或 b 专为中国的特殊努力。

美国图书馆藏有甚多复本。教授与其他人士均愿捐献他们多余的书籍与杂志。一个全国性的为战区捐献图书的运动此时正在考虑之中。若一经开始，其于协助中国图书馆感兴趣者应与此运动合作，并须告知中国机关所需的图籍。他们也应当于为战区图书馆所需的图书杂志和有用的文件中为中国划出一个合理的数量，并予保存。因为欧洲的航运可能较中国航运先期恢复的缘故。

单独为中国的特殊努力可能取一全国性的方式：或可限于 a 将中国学者选出的馆藏复本搁置一处，如美国国会图书馆所为者然；b 中美两国图书馆的结合，由某一美国图书馆为某一中国图书馆保存复本及收集资料。

美国各大学及试验工作站应美国图书馆协会之请，保存储藏他们的出版物，以备战后运往中国。在美国的中国学者已经表示此种出版物的需要，并希望至少能有几部完整的农业会报，现时刊印的词类出版物中有若干种在战后或将绝版了。若可实行，若干资料此时即可储存于中国的堆栈中。

酌请美国政府的印刷机关保存重要的参考与研究档案，以备战后分送中国（及其他各国）。

美国图书馆协会经由其相当的机关之协助，为中国图书馆拟定美国专门学科书籍的清单，以备回复各方之咨询。经与中国图书馆界人士学者之通讯与会谈后，此类咨询的数目势必增加。为了应付这些咨询，图书馆员及各科专家的协助是必要的。

在适当的时候，美国图书馆协会可向某一基金会请求一笔经费，为中国图书馆购买图书影片的设备与阅读器。似乎现时图书影片的设备与航运吨位都发生问题。

四是公立图书馆和学校图书馆所需的美国书籍。草案表示，不少中国教育家和政府官吏都预料到战后的成人教育将有大发展，公立图书馆和学校图书馆在战后将会受到重视。中国方面对美国的图书馆发展模式很感兴趣，力图仿效。为加强对中国图书馆界的影响，草案建议：

美国图书馆协会经与国务院的文化关系组及教育局合作，布（部）署一个会议，邀集中国及其他各国的图书馆专家与教育家共同研究战后中国教育机关可能的发展路线，包括图书馆。显然，任何拟出的计划均将交予相当的中国权威审校。

美国图书馆协会与文化关系组以及其他相当的机关奖励扶助美国图书的译成中文，与夫讨论美国书籍的中文文本的发行，尤指成人和儿童的通俗读物。受过教育的中国成人可以读英文，但一般的民众仍须由译文才能获知美国的文明与文化。许多附有中英文传奇足以描述美国各种生活状态的图书，应使其在学校中发生效用。

计划草案表示，公立图书馆、学校图书馆和大学图书馆可以通过各种形式对中国产生重要影响。组织严密的图书馆计划可以得到很多社团的回应。图书馆计划应包括小册子、书籍、广告的展览，座谈会与讨论班的组织，以及图书影片的陈列。教师可以鼓励学生去研究中国事物。教育局如果经费充分，可以资助学校或图书馆发动一个连续性的中国事物的展览。战时情报局可以像中国新闻通讯社（China News Services）、美国援华会（United-China Relief）等许多机关那样，给予该图书馆计划以更多的援助。应善加利用那些到美国讲学的中国教授及学者以及曾经居留在中国的美国人。为了扩大美国人对中国的了解，草案建议：

美国图书馆协会与其他私人的和政治的机关合作鼓励协助一般的图书馆，使其利用自身的设备，奖励美国人对于中国和中国人民多作研究。

一般的图书馆现受美国图书馆协会之委托，对于战时情报局所拟定以 1944 年 3 月为中国月的计划予以最大可能的合作。

因机会的呈现，美国图书馆协会或将协助编制留美中国学者和曾在中国工作的美国人的名单，并提出他们能够帮忙美国图书馆改善其服务的事工和度藏，以及彼等与中国图书馆之关系。

五是美国应该承担中国图书馆工作人员的专业训练任务。草案认为，中国的图书馆员、教育家、学者及官吏对美国图书馆的哲学、服务与方法表现出极大兴趣。许多中国学生被派遣到美国接受图书馆学的专业训练。中国的图书馆员前往美国考察，并在美国图书馆工作。美国的图书馆员曾响应扶助在中国设立图书馆学校。1925 年美国图书馆协会应中国方面之请，曾派遣正式代表前往中国，协助组织中华图书馆协会。从这些交往中，中美图书馆界之间互利双赢。中美两国间今后图书馆工作人员交换日益频繁与资料交换不断丰富自在意料之中。为达到培训中国图书馆工作人员的目标，草案建议：

美国图书馆协会中有关的委员会，加上其他机关，受托调查所能给予协助发展中国图书馆专业训练的可能性。

这个研究应包括：所需要图书馆学校的数目，分配的情形，学生的预期数目，中国受有图书馆专业训练工作人员之预期的需要课程，以及经费来源等等的报导。美国图书馆协会曾接得非正式的请求扶助中国现存的图书馆学校。无疑地，战后是需要多多的帮助的。

美国图书馆协会以及其他机关共同研究战后给予原来美国继续研究图书馆学的中国学生，以奖学金，或与以经济上援助的可能性，并尽速安排图书馆学生、实习图书馆员和相当的学科专家的互相交换。

据称某中国图书馆学家曾谓应有二百名学生派遣至美国学图书馆学。若干美国图书馆业已委派中国学者为其馆员。至于需要曾在中国求学及工作的额外助理员无疑也将增加。深望美国图书馆学家将竭尽所能尽量予以协助。

现时留美之中国学生志在从事图书馆工作者将协助进入图书馆学校习读。我们可以致函此种学生，请其发表意见，但不强求作肯定的决断。

计划草案最后表示，应该由中华图书馆协会与美国图书馆协会组织一个中美图书馆关系联合委员会，以便密切双方关系，促进联合行动计划的进行。如果该设想可行，应立刻派遣一位美国图书馆专家前往中国，协助建立两国间图书馆学家的密切关系。这位美国图书馆专家一方面要征求各方面对本计划草案的意见，另一方面对本计划草案要提供意见。草案提出，美国文化关系组应尽速准备在中国设立一所美国图书馆，美国图书馆协会即将派出的图书馆专家对此应有所预备。

《中美文化关系中关于图书馆事业的计划草案》是美国图书馆协会援助中国图书馆复兴的计划纲要。草案透露出来的信息非常丰富：其一，草案十分清楚中国图书馆界的需求。中国的大学图书馆、研究院所对美国图书杂志需求强烈。1939 年 11 月，严文郁致函驻美大使胡适，表示："外汇困难，原版西洋书得之不易，近一年半来也购得不少急需的读物，……倘能得到先生之助，能从美国方面，现在惟一的来源，募得大批的图书，此间师生不知如何感谢的了。"[1] 中央研究院等科研院所对美国资料也一直需求强烈。其二，草案比较注意包括图书馆在内中国文教事业的发展，希望中国图书馆提交需求清单，尽量予以满足，也愿意培训中国的图书馆员。可以说，美国图书馆协会表达了支持中国图书馆发展的愿望。其三，草案内容大都付诸实施，或力图付诸实施。如派遣美国图书馆专家来华、中美图书馆协会组织联

---

[1] 中国社会科学院近代史研究所中华民国史组编：《胡适来往书信选》(中)，第 442～443 页。

合委员会、在中国设立美国图书馆①，等等。该草案成为美国图书馆界支持中国图书馆复兴的纲领性文件。不过，该草案因为不久后中国陷入内战而没有完全得到实施。该草案的拟定者为怀特，袁同礼赞助。

美国对中国图书馆事业的援助与支持，大致分为三个阶段：第一个阶段从 1937 年至 1941 年。此间中华图书馆协会向美国发出征集图书的吁请，得到了包括美国图书馆协会、专业图书馆协会、大学图书馆等各种图书馆社团和个人的大力支持。征集图书活动取得了明显成效。第二个阶段从 1942 年下半年到 1943 年上半年。太平洋战争爆发后，中美交通隔绝。美国政府为了获得关于中国与日本的更多情报，特意由国务院文化关系司出面，加强与中国图书馆界的合作，以缩微胶卷的形式，丰富中国的图书馆馆藏。第三个阶段从 1943 年下半年到 1945 年。这一时期，中华图书馆协会与美国图书馆协会恢复了正常交流与沟通，美国图书馆界希望扩大了解中国，中国图书馆界希望在战后图书馆复兴事业中得到美国的援助。专业的对口合作程度加深。

四、国际请援成效

美国图书馆界鉴于欧亚各国在二战中所受的文物损失异常巨大，特地联合美国国务院文化部设立美国图书中心（American Book Centre），搜集各馆的重复书刊，集中清理，以便分赠各国。他们设立了管理委员会，请印第安纳大学图书馆馆长夏孚（Kenneth R. Schaffe）为主任，主持一切。分赠对象包括中国。

美国图书馆协会于欧战初起时曾订赠美国的权威杂志数百种，每种 10~25 套，又订购了第二次世界大战以后出版的新书数十套，准备于战后复员时分赠各国，每国分配多少，该会到 1945 年初还没有决定。对于中国各大学表示下列希望："（1）各大学复员后之地址希望能有合理化之分配，似不宜再集中于沿海一带。（2）各大学在同一区域者，应谋图书馆间之互助与互借，藉以避免不需要之重复。例：南京农业研究所机关如中央农业试验所、中央大学农学院、金陵大学农学院、中华农学会、农林部等，均应分工合作，避免重复。（3）中国在美捐募图书已由该会统筹办理，力劝各机关不必单独劝募。至美国捐赠之书，则希望我方由最高学术机关主持分配事宜。（4）为统筹兼顾起见，美国已组织一'图书中心'，专负搜集整理分

---

① 1945 年 5 月，国民党第六次全国代表大会通过创设国立罗斯福图书馆提案，与此计划不无关系。

配运输之责。鉴于各国复员之迟慢，该中心尚未积极工作。"① 据此可知，中国在美国图书馆协会的援助计划之中，并占有重要地位。

根据美国学者的研究，第二次世界大战中，书籍与图书馆的破坏，或已超过历来战祸中所有破坏总和之几倍。按照他们的估计，波兰被破坏或抢劫的图书馆占百分之七十，苏联仅乌克兰一地被破坏的图书即有 5 500万卷，捷克半数的图书馆被掠一空，布拉格的查利大学图书馆 70 万卷藏书，被纳粹运往德国，英国约有 30 所大学图书馆遭受严重轰炸，中国 108 所大学中有占据或炸坏②。这种研究结果，对中国获得美国的图书援助是非常有用的。

美国图书供应社董事长、波士顿公共图书馆主任劳特，于 1946 年 1 月间在美国图书馆协会会议上宣布：美国图书供应社，将发起全国性的征书运动，以援助遭受兵灾的 18 国的工业社会与经济复兴。此事将由图书服务社新任主席夏孚主持。夏为印第安纳大学图书馆馆长。据夏称：此项运动虽欢迎公众参加，但主要向出版商、图书馆学会、职业协会、大学与个人方面征求书籍款项。赠予书籍的 18 国为中国、比利时、荷兰、法国、苏联、英国、意大利等。其选择标准系根据国务院的建议③。

为谋求战后图书馆的复兴，袁同礼 1944 年奉派赴美，与美国朝野人士接洽发起捐书运动。当时战事还未结束，运输困难，仅能做筹备工作，乃决定先由美国各图书馆协会联合各学术团体及出版机关，共同组织捐书运动，成立美国图书中心。1944 年冬开始进行，1946 年时仍然继续募集，预料将会募集到 200 万～300 万册。1946 年向美国提出申请的国家，共 36 国。袁同礼于 1946 年春到美国后，再次与其接洽，说明中国战事时间较长，需要较殷，于是被列为第一位，约得全部赠书总数十分之一，并能予以分配全套的丛书及期刊多种。1947 年运输到上海的，仅为其中一小部分。且美国图书馆协会得罗氏基金补助，订购 140 余种学术期刊，由 2 份至 5 份。又赠战时出版书籍 4 套，每套约 600 册。此 4 套该会愿分配于学术中心区域，将来从事分配时将特别注意。以上两批书报，均委托联总由美国运到上海。计第一批 205 箱，第二批 257 箱，均标明受赠机关。还有 36 箱，也已经运到上海。此外还有教育部订购的学术期刊 20 份（自 1940 年至 1947

---

① 《本会理事会及决议事项》，《中华图书馆协会会报》1945 年第 4～6 期合刊，第 12～13 页。
② 《被侵略国家图书馆之遭殃》，《中华图书馆协会会报》1946 年第 1～3 期合刊，第 12 页。
③ 《美发起征书运动将赠我大量图书》，《中华图书馆协会会报》1946 年第 1～3 期合刊，第 12 页。

年），共装 700 余箱，也已经运到上海 ①。

英国方面成立的联合国图书中心，原来为教育会议一部分事业，两年以来，共捐书 70 万册，性质大多偏重专门学术，普通书籍也不少。经袁同礼接洽，中国可得十分之一，但装运时必须自购木箱，可能交联总由英国运华，细节在商洽中。

1946 年教育部已成立英美赠书分配委员会，主持接受分配工作，并拟定了分配原则：1. 捐募之书可分：（1）研究资料（2）普通书籍；两大类。研究资料应分配于研究性质的图书馆，促成专门化，或使之成为有系统的书藏。普通书籍应分配于普通性质的图书馆，但均应顾及区域之分配。2. 受赠的图书馆应尽量公开阅览。凡受赠之书如与该馆已有之书重复，应尽量与其他图书馆复本互相交换 ②。

联合国善后救济总署决定 400 万美元的预算，购买图书设备，供给中国有关医药、农业及工业复员之教育机构应用。1946 年中国所需要的图书设备目录，已经联总驻华办事处送呈华盛顿总署。此项目录，系由行总、联总及中国教育部代表会商拟定。教育部同意补助在购置原定计划中图书设备之超出预算部分。图书设备中为教科书、参考书及刊物，供应中国中等以上学校应用 ③。

教育部为办理提领、清理及转运国外捐购图书仪器事宜，原派专员叶启祥、王醒吾等驻上海负责。但随着运到上海的物品增多，工作亟应加强，特在上海设置驻沪图书仪器接运清理处，派国立中央图书馆馆长蒋复璁兼任该处主任，国立上海商学院院长朱国璋兼任副主任，分事务、提运、清理三组，调用人员 ④。

据联合国教科文组织宣称：17 个遭战争破坏的国家中，中国首先获得大英百科全书 25 部。此举旨在促进国际谅解。中国接受此项书籍之图书馆为中央图书馆、北平图书馆、中央大学、北京大学、清华大学、同济大学、武汉大学、岭南大学、南开大学、金陵大学、圣约翰大学、沪江大学、东吴大学、燕京大学、中央研究院、北平研究院及国民外交协会等 ⑤。

有意思的是，在中华图书馆协会向英美申请图书援助时，国内书市却

---

① 《英美赠书助我图书馆复兴》，《中华图书馆协会会报》1946 年第 4～6 期合刊，第 10～11 页。
② 同上，第 11 页。
③ 《联总供应我国四百万美元图书》，《中华图书馆协会会报》1946 年第 4～6 期合刊，第 11 页。
④ 《图书仪器接运清理处》，《中华图书馆协会会报》1947 年第 1～2 期合刊，第 11～12 页。
⑤ 《大英百科全书二十五部运华》，同上，第 12 页。

出现了恐慌性抛售。1948 年北平书肆将存书计重售予造纸厂，作为制纸之用，教育部深恐古籍散佚，有关文化前途至巨，特组织收购图书委员会，聘其时的北大校长胡适为主任委员，毛子水为秘书。规定办法六项：1. 凡成套具有价值的书刊，均在收购之列；2. 为防止重要书刊流入造纸厂，并顾及避免刺激书价上涨，购买时估价宜较废纸价格为高；3. 收购之书登记后，暂存入北大；4. 购书专款由北大会计室负责开支；5. 购有成数即造册报部备核，由部分配；6. 分配对象为国立中等学校、国立专科以上学校及国立社会教育机关。收购行动取得了一定成效。据毛子水介绍：教育部先后拨款 50 余亿元，其中 30 亿元用来购买普通书籍，每本平均 4 万，购得线装书 75 万本以上，部分防止了旧书进入造纸厂之劫。其余 20 余亿元，购买珍贵善本书，如宋版《周礼》，即以 1 亿元购入。善本书购置，系免国宝流入国外。收购的书籍由北大图书馆和北平图书馆分类编目，以供教育部分配各学校使用①。政府的收购行动持续时间不长，决定国共命运的三大战役展开，收购活动停止。历史再次证明：战争是文化发展的最大敌人。

---

① 《教部拨发巨款收购北平旧书》，《中华图书馆协会会报》1948 年第 3～4 期合刊，第 8 页。

结　论

　　抗战时期，中国图书馆界立足图书馆本位，保存国粹，传承中国传统文化；沟通中外，提升中国文化的国际地位；服务社会，践行本位救国，在文化战线与敌人开展没有硝烟的战争，丰富了全面抗战的内涵，为抗战胜利做出了独特贡献，在中国文化走向世界的过程中发挥了积极作用。

一、传承中国传统文化

　　保存国粹、传承文化是中国现代图书馆萌芽的主要动因。20世纪初，随着清末新政的推行，西方文化大量涌入，传统文化受到严峻挑战。为保存国粹、传承文化，1910年，学部公布了《图书馆通行章程》，其宗旨为"图书馆之设，所以保存国粹，造就通才"①。保存国粹为后来的图书馆法规所继承。

　　民国成立后，图书馆传承文化的职能有所削弱，代之以社会教育功能。1932年，东方图书馆图书付之一炬。这次文化浩劫惊醒了中国图书馆界：日本摧毁中国文化机关是有意识的行为，旨在从心理上征服中国。若要民族复兴，必须保存国粹，传承文化，为复兴奠定文化基础。而传承文化的前提，就是保存珍贵典籍。1933年，北平图书馆陆续将善本书籍转移到安全区域。1937年11月，中央图书馆将重要书籍262箱运抵重庆，中央大学图书馆携带部分图书西迁重庆，武汉大学图书馆在武汉沦陷前将10万册图书全部搬出。浙江省立图书馆的《四库全书》则运到重庆。安徽失陷后，安徽省立图书馆将部分善本运到省内安全地方。宁波天一阁藏书移庋浙南山中，安然无恙。湖北省立图书馆在1938年时，迁移到恩施，毫无损失。湖南省立中山图书馆在1938年长沙大火前，已经迁移到安全地带。湖南省立南岳图书馆馆舍为炮弹所毁，不过，藏书先前就转移到山中，没有损失。江西省立图书馆在南昌陷落前将6万余册善本转移到安全地带，保存

---

① 《学部奏拟定京师及各省图书馆通行章程折》，《政治官报》1910年第813号，第6页。

完好。江苏省立苏州图书馆在炮火中将重要书籍运送出城，储藏于距离苏州城百里之外的幽僻山村，派员妥善保管。转移文献为中国图书馆界战时基本职能之一。

国立图书馆、大学图书馆、省立图书馆和部分私立图书馆或藏书楼，是保存珍贵文献的主要场所。因此，转移文献也是这些重点图书馆的职责所在，它们成为保存珍贵文献的主要机关。

中国图书馆界转移珍贵文献，实际上是与日伪政权争夺珍贵文献。日本对中国的珍贵文献觊觎已久。1904 年日俄战争在中国东北爆发，1905 年日本获胜，沈阳文溯阁《四库全书》落入日本势力范围之中。日本学者力图攫取这些宝贵阁书，不过，这一计划为明治天皇否决，没有能够实现。

"九一八"事变后，东北人心浮动，珍贵典籍极易散佚。日本学者水野梅晓以"保护文物为己任"，请关东军汇藏各物于一所①。这一建议得到关东军支持。1932 年 4 月，关东军司令部创议以奉天城内张学良官邸设立图书馆。5 月初，临时主事松崎鹤雄、嘱托秋贞实造、西田实到任。不久，京都帝国大学教授羽田、小西、矢野应日本军部之聘到奉。5 月 15 日，关东军参谋部森赳主持，讨论设立图书馆的具体事项。显然，该馆为日本军方一手策划。6 月，嘱托朝鲜人金九经到差。伪满洲国参议府参议袁金铠兼任馆长，奉天省公署参事官金毓绂兼任副馆长。6 月 18 日，伪满洲国"国立奉天图书馆"正式成立。7 月，奉天图书馆由关东军正式移交伪满洲国。奉天图书馆移交伪满洲国后，袁金铠、金毓绂形式上是馆长和副馆长，然而，他们都是兼任，馆务实为金九经和日本人西田实主持。

奉天图书馆的设立得到了日本学者的积极支持，他们不仅建议关东军收集中国珍贵典籍，更是参与筹建奉天图书馆。日本学者之所以积极策动关东军筹建图书馆，在于沈阳有许多中国珍贵典籍。

日本学者对奉天古籍文物了如指掌，超过一般中国人的想象。按照他们的调查，中国东北重要的古籍分布在 9 处：文溯阁《四库全书》36 318 册；图书集成 5 000 册，殿版，藏于文溯阁；清朝实录，约 9 000 册，满汉文混合，藏于崇谟阁；圣训，约 2 000 册，满汉文混合，藏于崇谟阁；殿版图书，约 5 600 册，藏于奉天故宫翔凤阁；张学良府邸，15 465 册；华洋书院，13 295 册；东北大学，8 300 册，其中有一部殿版；冯庸大学，2 893 册。以上共计 97 071 册（实为 97 871 册）。此外，外国文书约 500 册，拓本及法帖百余种。

---

①　慕骞译：《伪满洲国图书馆纪闻》，《浙江省立图书馆馆刊》1933 年第 4 期，第 35 页。

　　文溯阁《四库全书》。水野梅晓统计的数量为：经部，10类，合计5 493册；史部，15类，合计9 487册；子部，14类，合计9 073册；集部，9类，合计12 265册。四部总计36 318册，约230万页。水野还指出："此项数字，以就文溯阁本调查所得，较北平图书馆藏之文津阁本，则册数页数，似均稍增。"水野赞成辽宁教育会对此《四库全书》价值的认识："以阐明圣学王道为主，不以杂学为重，专考订异同，以明得失，故辩驳之文亦得多数。大抵众说之异者，则表章其未耀之幽光。……卷帙之浩博，盖亘古所未有；囊括古今，衡鉴中外，定千载之是非，决百家之疑窦，诚一代巨制，岂独有系于一国之文献而已，即全世界文化亦有莫大之关系焉。"①

　　殿版书。奉天故宫翔凤阁殿版古籍257部。这些书籍以保存名义，移交奉天图书馆。其价值为"可藉以窥清代三百年之文化"。张学良府邸、东北大学也有殿版书。水野声称：这9万多册图书整理以后，"或有亘清三百年所出版殿版书之全部之希望，亦未可知"②。

　　清实录。《四库全书》和殿版书为清代三百年间一般文化的结晶品，清朝实录价值同样重要。水野罗列了从太祖实录至穆宗实录清朝10代皇帝实录，共758卷，3 801册，111 764页，并指出宣宗、文宗实录因战争破坏而残缺。德宗实录则没有纳入崇谟阁。水野表示："此项实录，为政治的机密文书处理之结果，而未曾公开于大众之文献。其中所录事件，悉为与实际政治极关重要之文件，……故此种实录之保存，确可谓为清代三百年文化进展之动力，而西方东渐史之全形，亦概由此得知之资料也。"③

　　大库史料。大库史料是清内阁所藏元明与清的档案文书，与殷墟甲骨、汉晋简牍、敦煌卷轴并列为近代中国四大史料宝库。1909年从宫中流出，罗振玉设法保存，后辗转易手，罗振玉保留部分，矢志整理，但一人之力，无法完成。"九一八"事变后，水野和松崎鹤雄向日本对华文化事业部提出，希望整理出版大库史料。日本对华文化事业部也有保护这批文书之意，不过，因为数量巨大，出版不易，所以提出先行整理，使此项文件得到永久保存。水野受日本对华文化事业部委托，与罗振玉接洽。按照水野的说法："罗氏又不靳其私有，慨然以此宝贵之史料举以归该馆（奉天图书馆）。"④

　　水野梅晓对奉天所藏中国典籍的价值认识可谓一语中的。然而，这是

---

　①　慕骞译：《伪满洲国图书馆纪闻》，《浙江省立图书馆馆刊》1933年第4期，第33页。
　②　同上，第36页。
　③　同上，第36~37页。
　④　同上，第41页。

这些文献价值的全部吗？显然不是。"国立奉天图书馆"的设立至少在三个方面值得注意：

其一，日本间接得到了文溯阁《四库全书》。日本学者在日俄战争时力图攫取这些宝贵阁书，被明治天皇否决。然而，伪满洲国创设"国立"图书馆，把《四库全书》纳入其中，在日方看来，名正言顺，日本虽无拥有《四库全书》之名，而有占用《四库全书》之实。其他人无法置喙。浙江省立图书馆张慕骞一针见血地指出："九一八"事变后，"凡前所投鼠忌器，不敢下手者，今则悉间接由一手制造之伪满洲国保存，而享其成矣"①。

其二，为伪满洲国寻求文化认同。日本学者策划充实奉天图书馆馆藏，其书籍选择有强烈的针对性，如清实录、满文档案等，这些材料都是满人的材料。他们的目的是使满人认清自己的文化发展脉络，而尽量与中国的传统文化切割，从文化角度为伪满洲国正名，消除中原文化影响。日本学者大场利康的表述为：日本军方积极支持筹设奉天图书馆，其目的是树立"满洲国文化振兴之中心"②。鼓励发展"满洲文化"，与日本亲近，疏远中原，这是日本军方策划的文化图谋，以切断东北与中原文化的血脉联系，达到彻底分裂中国的意图。

其三，削弱国民政府的文化影响。奉天图书馆表示："本馆筹设之始，即以保存东洋文化为职志。良以学术固无国别之分，而文化实有东西之异。东洋文化之精神与西方思想面目迥乎不同。学术不妨日趋其新，文化则势须率由其旧，如建筑然。固有文化，其基础也间架也。学术则其点缀修饰用具，陈设而已。固有文化于何征之？则古代之载籍尚已。此本馆保存古书之责所以不容少缓也。职是之故，检收各处原书，专以线装汉籍为准。以后新购，亦未能越此范围。将来多方搜求，蔚成大观，志在研究东洋固有文化者或可有所资采焉。"③奉天图书馆宣称只收集古书。这点非常独特。为什么专门收集古籍？古籍是中国传统文化的载体，为我所有，则为我所用；为敌所有，则为敌为用。古籍的数量是有限的。日本多一份中国古籍，中国则少一份文化载体。此消彼长。谁拥有更多的古籍，谁将拥有在文化解释上更多的发言权。也就是说，如果奉天图书馆拥有的古籍越多，日本在解释文化时，越有发言权。所以，古籍的价值，不仅在于传承文化，更在于取得文化话语权。这就是奉天图书馆专门收集古籍的主要原

---

① 慕骞译：《伪满洲国图书馆纪闻》，《浙江省立图书馆馆刊》1933 年第 4 期，第 34 页。

② 〔日〕大场利康：《满洲帝国国立中央图书馆筹备处の研究》，《参考书志研究》第 62 號，2005 年，第 20 页。

③ 《国立奉天图书馆概况》，《国立奉天图书馆季刊》1934 年第 1 期，第 1～2 页。

因。为什么不注重收集现代书籍？较之中国，日本的现代化程度要高些，需要借鉴中国的地方不会太多，因而不需要专门收集现代书籍。

由此可见，日本军方和学者重视奉天图书馆的建设，别有深意。他们要增强伪满洲国的文化认同，他们要搜集中国的珍贵典籍，提升在东亚文化中的地位，掌握东亚文化的发言权，如同蔡元培在 1932 年所说的那样："实欲抹煞中国文化而以东亚代表自居。"① 于震寰对奉天图书馆的设立忧心忡忡。他表示：日本借南满铁路以侵略中国，于经济、军事、政治而外，文化侵略也没忽视，南满铁路大连图书馆即为日本文化侵略的总兵站。"九一八"事变后，日军占领全满，"此文化上之总兵站，图书馆侵略政策之重心，已迁至沈阳之奉天图书馆"②。

这是不是臆测之词呢？1942 年汪伪政权教育部长李圣五说："日本文化在前本取诸我国，然自吸收西方文化后，因善于运用，能化东西文化于一炉，以成为日本之文化。故于东亚联盟中又提出文化沟通，将中日文化冶于一炉，以树立东亚文化，使之灿烂于大地。且也因文化之沟通而得知己知彼，将东亚之各民族团结为一。……又因文化上之关系，而影响及于政治，东亚和平，万世不坏。……且以日本之诚意合作，在在助我发展。凡事变时日本所保管之文物、史籍，纷纷归还，交由我国接管。"③ 虽然没有明说，但很清楚，他认为日本文化优于中国文化。

日本文化优越论不是李圣五的个人创见，而是汉奸的基本观点。温宗尧于 1939 年即倡言该论。他说：中国固有的道德与文化，为世界上最良美者。所以土地虽然被他人所侵占，主权为他人所剥夺，但犹能存在而不致灭亡，全赖此固有之道德与文化之维系。但自从遣送青年留学东西洋各国以来，其固有道德日衰，固有文化也日乖，此无他，是因为在英国留学的，成为英国化，在法国留学的，成为法国化，诸如此类，进而形成了"既不类驴，又不类马，杂乱无章，实无异于一大碗之李鸿章杂碎也"。日本则不然，虽也向西方学习，但学的是科学、医学、警察、宪政与海陆军等方面，其固有道德与文化并未改变。日本皇室历经 2 599 年未尝改易，是日本"人民忠君爱国之铁证，亦是谨守其固有道德与文化之良效也"④。

汉奸们谄媚的观点不一定能得到日本学者的赞同，但取得中国典籍，

---

① 高平叔：《蔡元培年谱长编》第四卷，第 46 页。
② 于震寰：《伪满洲国治下之图书馆》，《中央军校图书馆月刊》1934 年第 8 期，第 123 页。
③ 李圣五：《还都两周年来国府施政概况》，收入《审讯汪伪汉奸笔录》（上），南京，凤凰出版社，2004 年，第 604～605 页。
④ 温宗尧：《东亚新秩序之建设》，收入《审讯汪伪汉奸笔录》（上），第 347 页。

在东亚文化上获得更大发言权,恐怕不是虚言。从这个意义上说,中国图书馆界转移珍贵文献,无疑是与日伪政权在文化战线展开的一场没有硝烟的战争,是文化抗战,是站在文化的制高点阻击日本的文化图谋。

日本争夺东亚文化的主导权,不只是创设"国立奉天图书馆",其他诸如支持平馆南运善本回北平等,都基于同一目的,这一做法一直到1942年后才有改变。因此,中国图书馆界转移珍贵文献,是在与日伪政权明里暗里地做文化斗争。中国图书馆界的举措,不仅仅是与日本进行文化抗争,更重要的是为中华民族的复兴创造文化条件。

收购文献是我国图书馆界文化抗战的一种重要形式。华东、华北、华南陷落后,尤其江浙地区,珍贵文献大量流出。日本方面有计划地实施文化掠夺政策,美国国会图书馆、哈佛大学图书馆等也都携巨资前来收购。中国的文化危机空前严重。中央图书馆、北平图书馆以及个人收购珍贵文献,实质上是与日伪政权争夺文化资源,其价值与转移珍贵文献完全一致。

收购古籍之所以能够付诸施行,不只是得力于袁同礼、蒋复璁、郑振铎等人倡议,很多文化名人都有类似建议,其中影响较大的,当为叶恭绰、李征根、王云五、许地山等人。1940年1月7日,四人联名致电国民政府主席林森、国民党总裁蒋介石以及孙科和陈立夫等要员,表示:"寇兵肆虐,华南公私文物扫地殆尽,重要图籍之散失者不可数计,敌方竭力搜集,此于文化菁英,国防秘要,均大有关系"[1],请求政府筹款或于美英庚款项内指拨。张元济、何炳松等沦陷区文化名人也都以各种方式提请国民政府收购珍贵文献。浙江、江西等省文化界也有收购珍贵典籍的倡议。中央图书馆、北平图书馆收购沦陷区珍贵文献,呼应了中国文化精英保存古籍的吁求。

除了消极地保存珍贵文献外,中国图书馆界在文化斗争方面走得更远,那就是出版珍贵文献,积极地宣传中国文化。图书馆收购珍贵文献,不只是为了保存,也不是为了把玩,而应促使珍贵古籍流通,影响国人。全面抗战期间,图书馆界在传播传统文化过程中,困难重重,诸如经费紧张、技术限制、运输困难等。即便如此,图书馆界并没有放弃,而是因时制宜,努力推动古籍出版。

国立图书馆在古籍出版方面发挥了表率作用。中国国立图书馆有出

---

① 中国第二历史档案馆编:《中华民国史档案资料汇编》第五辑·第二编·文化(二),第596页。

版古籍的传统。1933 年，中央图书馆与商务印书馆签订合同，影印《四库全书》。1937 年，傅斯年联合袁同礼等，与商务印书馆订立契约，准备出版《国藏善本丛刊》。不料 7 月卢沟桥事变爆发，8 月淞沪会战发生，《国藏善本丛刊》开印事实上已经不可能。不过，国立图书馆没有放弃编印古籍的想法。1942 年，中央图书馆将所藏善本图书，选择珍秘而有普及价值者委托商务印书馆影印为玄览堂丛书，第一集 120 册。国立北平图书馆则影印了《全边略地》等书，包括《也是园元曲》在内。在保护古籍、促进古籍流通方面，国立四川大学图书馆、四川省立图书馆也做出了突出贡献。出版古籍，极大地推动了文化传播，引导中国文化发展潮流。"国立奉天图书馆"以及日本所谓学者也试图出版中国古籍，由于种种原因，没有能够大规模地展开，影响极为微弱。

图书馆界在保存文献方面也做出了难以想象的努力。苏州图书馆重要书籍保护人员依靠微薄收入，在深山僻壤地区恪尽职守，保护文献，时间长达八年之久；浙江省立图书馆《四库全书》在贵阳保存期间，浙馆人员在潮湿环境中坚持工作，那种单调与枯燥，不是一般人可以忍受。浙馆有人甚至表示："余必与图书馆相始终，馆之事业即余之生命。"[1] 毛春翔则一路陪伴《四库全书》，从浙江到贵阳，从贵阳到重庆。安徽省立图书馆、江西省立图书馆等图书馆在保存珍贵文献方面，也都做出了艰苦努力，成为传承文化的重要力量。

战时中国图书馆界转移、收购、保存、出版珍贵文献，对传承传统文化，功不可没。中国图书馆界的这些活动，粉碎了日本泯灭中国文化的图谋，抵制了伪政权文化事业的影响，有利于全面抗战政策实施，为抗战胜利奠定了文化基础。

二、促进中外文化交流

20 世纪初中国公共图书馆运动兴起之时，号称"保存国粹"，隐然有对抗西方文化冲击之意。民国成立后，图书馆成为储集书籍、供众阅览之所，文化抗争含义淡化。1931 年，北平图书馆举行新馆落成典礼。新馆由中基会资助建成。在典礼上，中基会代表任鸿隽致辞时，称中基会支持图书馆，理由为："第一，文化是实质的，非可托之空言，而图书馆即文化实质之代表。欲保存旧日文化，务须保存旧日图书，否则旧书散佚，旧日文化亦无从保存。第二，文化为继续发展的，须根据旧有文化，创制新的文化，

---

① 　陈训慈：《运书日记》，第 153 页。

并须以外洋文化为借镜，始克成功，故决办图书馆。"①至此，平馆保存固有文化、发扬近代科学的两大政策基本确立，国立图书馆也自觉担负起沟通中外的桥梁，国立图书馆对抗西洋文化的色彩消退，代之以接受西方文化，为我所用。

全面抗战以前，中外图书馆界是有交流的。交流形式既有国外来华的，如1924年美国图书馆专家鲍士伟来华从事图书馆事业调查；也有中国走向国际的，如1929年沈祖荣出席国际图书馆协会联合会第一届国际图书馆及目录学会议。不过，这种交流更多是形式上的交流，文化合作的具体内容并不多见。1934年德国捐助书籍给东方图书馆，中外文化合作开始有了实质内容。然而，这种文化合作是文化企业和国外文教机构的合作，图书馆界所发挥的作用有限。

中国图书馆界在沟通中外文化中大放异彩是在全面抗战之际。卢沟桥事变后，袁同礼以中华图书馆协会理事长名义，向欧美图书馆界展开书籍征集活动。袁同礼的征集范围很广，有全国性的图书馆协会，也有各国地方图书馆协会；有国立图书馆（如美国国会图书馆），也有公立图书馆；有图书馆教育机构，也有专业图书馆。这是中国图书馆界以积极姿态，寻求国际援助的创举。中美之间的文化合作蓬勃发展。

继中华图书馆协会之后，战时征集图书委员会向欧洲发起图书征集活动。该委员会的征集活动具体由出版品国际交换处负责，出版品国际交换处又附设于中央图书馆，也就是说，战时征集图书委员会实际上是中央图书馆发起的图书征集活动。战时征集图书委员会的征集活动在英国获得了前所未有的成功。这种成功不是征集的书刊数量多，而是激起了英国文教界的强烈反应。英国图书馆协会将战时征集图书委员会的征集启事刊发在英国图书馆协会会刊上，同时大段引用启事征集缘起文字，为战时征集图书委员会背书。这种态度是极不寻常的。英国教育界和图书馆界的态度，大概是国民政府所乐见的态度。总部位于瑞士的中国国际图书馆也进行了零星的图书征集活动。

中华图书馆协会、战时征集图书委员会和中国国际图书馆，他们的图书征集活动，是通过实景照片或文字描述形式，向欧美各国展示中国图书馆遭到的战火之劫，激发欧美有识之士的正义感，以图书援助中国，为中国图书馆的复兴创造条件。图书馆界征集书籍成效显著，表明中国的文化

---

① 李文裿：《国立北平图书馆新筑落成开幕记》，《中华图书馆协会会报》1931年第6期，第5页。

劫难获得了欧美国家的同情，他们愿意为中国的文化复兴伸出援助之手。图书馆界的图书征集活动，成为沟通中外文化交流的重要桥梁。

抗战初期，中国图书馆界的文化请援主要体现在图书馆界对图书馆界，或图书馆界对文教界，在性质上是一种文化沟通。太平洋战争爆发后，图书馆界与美、英等国的文化合作发生了质的变化，由文化合作而演变为战略合作。1942 年 9 月，费正清来到中国，搜集情报，以供美国政府与日本作战使用。费止清通过缩微胶卷，将美国最新书刊输送到中国；同时将在中国收集的书刊，制成缩微胶卷，运回国内。这就是国际学术文化资料供应委员会的由来。英国文化代表也参与其事。该资料委员会由美、英大使馆和中国教育部合组而成，具体工作由袁同礼负责。也就是说，袁同礼成为中美、中英文化合作的枢纽人物。从美国方面来说，国际学术文化资料供应委员会是获得日本和中国情报的政治组织；从中国方面来说，该委员会则是中国文教界获得美、英两国最新图书的学术文化机构。这样，图书馆界在沟通中外时，从文化层面而进入了政治层面。

中外文化沟通，尤其中美之间的文化交流，在关国社会产生了广泛影响。美国图书馆界通过举行中国书周，举行演讲、演奏中国音乐等各种形式，促进美国人对于中国的了解与认识。美国副总统华莱士访华，随行携带书籍，赠送文华图专、中央图书馆、北平图书馆等机构。中国图书馆界的诉求为美国方面所周知，图书馆界的文化请援影响深远。

图书馆界沟通中美关系，不仅满足了中国图书馆界对西文书刊的要求，还将中美之间的文化合作推进到更为广阔的领域。1944 年，美国图书馆协会远东及西南太平洋委员会草拟了《中美文化关系中关于图书馆事业的计划草案》，提出了一个广泛的战时及战后的国家合作计划。该计划草案拟与中国合作的主体包括中美双方的某些政府机构、图书馆、大学、中学、各学术文化基金董事会、个人等，是全方位的文教合作设想。

中外文化沟通，也提高了中国图书馆界的地位，使其在战时及战后世界文化秩序构建中发挥了积极作用。联合国教育科学文化组织约章第 7 条规定：各会员国斟酌实际情形，成立一个国内委员会，与联合国教育科学文化组织进行联系。为促进与国际社会的文教合作，教育部设立了联合国教育科学文化组织中国委员会筹备委员会，其委员人选，请各有关重要教育科学文化团体推举代表担任。中华图书馆协会推定理事蒋复璁为代表，于 1947 年 4 月 8 日经教育部正式聘请。根据该筹备委员会的资格要求，文教团体必须具备：1. 已向政府立案者；2. 有相当历史并有负责人及工作成绩；3. 有理事会；4. 全国性 ①。也就是说，中华图书馆协会已经成为国内重要的文教学术团体。该委员会工作地址由中华图书馆协会和中央图书馆提供。

中国图书馆界积极促进中外文化交流与合作，引导中国文化走向世界，发挥了沟通中外的桥梁作用，为抗日战争及世界反法西斯战争的胜利创造了良好条件；同时提升了中国的国际地位，在联合国教科文组织中发挥重要作用。在中国图书馆界的努力下，中国文化在世界文化之林中熠熠生辉。与此对应，日本图谋东亚文化领袖的计划破产，伪政权的文化活动丝毫不能阻遏中国文化走向世界。

三、践行服务社会宗旨

现代图书馆区别于传统藏书楼，要点之一在于其服务社会，供众阅览。1915 年 10 月，教育部公布《图书馆规程》，其第 1 条规定："各省、各特别区域应设图书馆，储集各种图书，供公众之阅览。"② "供众阅览" 随后成为图书馆法规的基本宗旨。1930 年，《图书馆规程》第 1 条规定："各省及各特别市应设图书馆，储集各种图书，供公众之阅览。"③ 1939 年，《修正图书馆规程》第 1 条规定："储集各种图书及地方文献，供众阅览。"④

供众阅览是现代图书馆的本质所在。抗日战争全面爆发后，阅览需求不仅没有减少，反而有增加之势，尤其公务员和知识分子，对书刊需求强烈，但图书馆提供阅览已非易事：在沦陷区和战区，图书馆无法正常开放阅览，绝大部分关闭；大后方因受到空袭等因素影响而不能保证正常的阅览；战时出版业凋零，书刊来源出现问题；1940 年后，物价的上涨速度超过了图书馆经费的增加速度，图书馆书刊大为减少，难以提供正常的阅览；珍贵典籍为安全起见，不能对读者开放；等等。尽管如此，战时大后方图书馆仍然不遗余力，开放阅览。

省立图书馆在供众阅览方面卓有成效。以福建省立图书馆为例。该馆原位于福州东街，1938 年春奉令迁移。为了促进图书流通，福建省立图书馆采取了诸多措施：1. 设三个阅览所。第一阅览所在沙县中山堂，与军管区合办。这里可容纳读者 200 余人，交通便利，光线充足，每日读者平均

① 《参加联合国教育科学文化组织中国委员会筹备委员会》,《中华图书馆协会会报》1947 年第 1～2 期合刊, 第 8 页。
② 《图书馆规程》,《教育公报》1915 年第 8 期, 第 1～3 页。
③ 《图书馆规程》,《教育公报》1930 年第 20 期, 第 25 页。
④ 《修正图书馆规程》,《浙江省政府公报》1939 年第 3179 期, 第 4～5 页。

300 人左右。第二阅览所在沙县馆本部总办公处前厅，防空甚佳。可容纳读者 50 余人，但因交通不便，阅览不适，每日读者平均 60 人。遇到空袭警报，则会满员。第三阅览所在沙县水南车站，原为中南旅运社招待所大厅，可容纳读者 30 余人，专供乘车旅客及水南居民与车站员工阅览之用，每日读者 20～60 人不等。2. 设永安流通书站。该馆藏书 10 万册，沙县读者有限，该馆即与永安福建省研究院商妥，合作办理流通书站，供省会读者之用。每日借书数十人。3. 设巡回文库。永安巡回文库，包括三民主义青年团、福建省银行永安分行、福建省立永安医院、福建省总动员会、福建省参议会以及其他机关、商店、团体等处。沙县巡回文库，包括沙县省银行办事处、企业公司、助产学校、卫生院、镇公所等处。此外，福建省立图书馆还通过举办展览会、读书会等方式，吸引读者①。该馆的书刊主要包括金华的开明书店，桂林的国防书店、科学书店，江西的战地图书出版社，重庆的中国文化服务社以及福建本省的改进出版社所出版的图书杂志；国内出版的日报，如《大公报》《益世报》《扫荡报》《中央日报》等 50 余种。这些措施成效显著，极大地推动了福建省的战时阅读工作。

四川省立图书馆、浙江省立图书馆、江西省立图书馆、安徽省立图书馆、重庆市立图书馆等也在促进书刊流通、供众阅览方面采取了许多措施，可圈可点。

私立图书馆在供众阅览方面竭尽所能。以江西私立天翼图书馆为代表。1938 年春，江西省会迁至泰和，泰和因此而成为江西省政治文化中心。不过，泰和精神食粮缺乏，公务员利用参考材料倍感困难，学者研究也苦无适当场所，江西省建设厅厅长杨绰菴见及于此，创办建设厅图书馆，后改名为私立豫章图书馆，进而改名私立天翼图书馆。该馆成立时，书籍仅 500 册，截全 1941 年底，也只有 16 856 册。尽管藏书少得可怜，但该馆阅览室全部采取开架制度，任读者自由取阅，尽力促进书籍流通，效能显著：截至 1940 年 12 月底，藏书 4 203 册，全年出借图书 17 641 册；至 1941 年底，藏书 16 856 册，全年出借 29 367 册。1940 年，一书出借最多人数为 35 人，一人最多借书册数为 176 册；1941 年，一书出借最多人数为 83 人，一人最多借书 168 册。新馆舍成立前，能容纳 20 余人，阅览人数每月 2 500～4 000 人之间；新馆于 1941 年 5 月 15 日开放后，普通阅览室、参考室、杂志报章阅览室同时能容纳百余人，每天读者 300～400 人之间，开放

---

① 陈鸿飞：《福建省立图书馆工作近况》，《中华图书馆协会会报》1942 年第 3～4 期合刊，第 13～14 页。

夜馆后增加百余人，多为公务员。星期假日每天人数 500 以上。总计新馆开放以来，每月阅览人数 12 000 余人 ①。天翼图书馆设立的目的是 "（一）尽量个人便利；（二）书不在多，求其流通致用；（三）使大众多得阅览及借书机会" ②。从流通成效看，该图书馆完全实现了其初衷。

珍珠港事件之前，上海业余流通图书馆、上海儿童图书馆等私立图书馆在供众阅览方面也都做得有声有色，生机勃勃。

中央图书馆在供众阅览方面也有特别展现。中央图书馆筹备处迁到江津县白沙镇后，为提高人民知识水准，为抗战建国服务，1939 年 9 月设立了民众阅览室。民众阅览室的设计对象是普通民众，读物讲求通俗、普及，借阅手续须简便，中央图书馆为此做了努力：任何人都可以签名领取阅览证，入内阅读书报杂志；签名及签证处在大门内入口处；阅览报纸及图表不收证；读书及杂志时，将阅览证交各处的职员，换取纸书证号，阅后将纸书证交回，换取原证，出门时交还领证处。在阅览室内借阅图书没有限制，凡入藏书籍均可借阅。因为复本较少，书籍一般不外借。1940 年公布的《国立中央图书馆组织条例》第 1 条规定，中央图书馆 "掌理关于图书之汇集、编藏、考订、展览及全国图书馆事业之辅导事宜" ③。国立图书馆是保存国家学术文化资料的最高机关，服务对象主要为学者专家。中央图书馆设立民众阅览室，对公众阅览，无疑发挥了示范作用，影响深远。

抗战时期，图书馆被赋予了时代使命。1939 年，《修正图书馆规程》规定图书馆宗旨为 "图书馆应遵照中华民国教育宗旨及其实施方针与社会教育目标，储集各种图书及地方文献，供众阅览，并得举办各种社会教育事业，以提高文化水准" ④。第一次以法规形式，规定了图书馆的政治责任。如何实现图书馆的政治目标和社会教育目标呢？那就是促进书刊流通。只有促进书刊流通，图书馆才能实现其社会价值。战时图书馆供众阅览的努力，或创造条件开放，或举办各种展览，无论何种形式，都是实现图书馆宗旨的有效方式，也是实现图书馆本位救国的基本途径。

图书馆界是中国文教界的重要组成部分。国难时期，中国图书馆事业遭遇重创，但图书馆界没有一蹶不振，而是在逆境中前行，收集资料，揭露日军摧毁中国图书馆的反文化行为；参加文教联合年会，支持全面抗战；

---

① 程长源：《江西私立天翼图书馆概况》，《中华图书馆协会会报》1942 年第 5～6 期合刊，第 11～12 页。
② 同上，第 10 页。
③ 《中央图书馆正式成立》，《中华图书馆协会会报》1940 年第 1～2 期合刊，第 9 页。
④ 《修正图书馆规程》，《浙江省政府公报》1939 年第 3179 期，第 4～5 页。

推动西部地区图书馆建设，促进大后方的文化发展；发动书刊征集活动，加强中外文化交流；未雨绸缪，规划战后图书馆事业的复兴。图书馆界传承文化，沟通中外，服务社会，完美地践行了本位救国理念，在抗日战争走向胜利的过程中，功不可没。

主要参考书目

档案资料

（1）《学部官报》（1906～1911）；

（2）《教育公报》（1914～1925）；

（3）《大学院公报》（1928）；

（4）《教育部公报》（1929～1948）；

（5）《政治官报》（1907～1911）；

（6）《临时政府公报》（1912）；

（7）《临时公报》（1911～1912）；

（8）《政府公报》（1912～1928）；

（9）《国民政府公报》（1925～1948）；

（10）《立法院公报》（1929～1941）；

（11）北京图书馆业务研究委员会编：《北京图书馆馆史资料汇编（1909～1949）》，北京，书目文献出版社，1992年；

（12）中国第二历史档案馆编：《中华民国史档案资料汇编》第五辑·第一编·教育，南京，江苏古籍出版社，1994年；

（13）中国第二历史档案馆编：《中华民国史档案资料汇编》第五辑·第二编·文化，南京，江苏古籍出版社，1998年；

（14）南京市档案馆：《审讯汪伪汉奸笔录》，南京，凤凰出版社，2004年；

（15）《国立北平图书馆馆务报告》多份；

（16）Wilma Fairbank, *America's Cultural Experience in China 1942~1949*, Cultural Relations Program of the U.S. Department of State：Historical Studies：Number 1, Bureau of Educational and Cultural Affairs of U.S. Department of State, Washington, D.C., 1976.

图书资料

（1）陈训慈:《运书日记》,周振鹤整理,北京,中华书局,2013年;

（2）中国社会科学院近代史研究所中华民国史组:《胡适来往书信选》,北京,中华书局,1979年;

（3）中华书局编:《民众教育法规汇编》,上海,中华书局,1948年;

（4）中华民国大学院编:《全国教育会议报告》,上海,商务印书馆,1928年;

（5）东方图书馆复兴委员会编:《东方图书馆纪略》,上海,商务印书馆,1933年编印;

（6）东方图书馆复兴委员会编:《德国捐赠东方图书馆书籍展览纪要》,上海,商务印书馆,1935年印;

（7）杜定友:《国难杂作》,1938年编印;

（8）陈礼江:《抗战期中之中国社会教育》,南京,正中书局,1938年;

（9）国立北平图书馆、国立西南联合大学合组中日战事史料征辑会:《国立北平图书馆、国立西南联合大学合组中日战事史料征辑会工作报告（二十八年一月至四月）》,1939年编印;

（10）孟广涵主编:《国民参政会纪实》,重庆,重庆出版社,1985年;

（11）吕绍虞:《图书馆学论丛续集》,南京,南京大学书店,1947年;

（12）秦孝仪主编:《抗战前国家建设史料:西北建设（二）》,台北,"中央"文物供应社,1981年;

（13）顾颉刚:《顾颉刚日记》,北京,中华书局,2011年;

（14）韩启桐:《中国对日战事损失之估计》,上海,中华书局,1946年。

年　鉴

（1）教育部:《第一次中国教育年鉴》,上海,开明书店,1934年;

（2）教育部:《第二次中华民国教育年鉴》,上海,商务印书馆,1948年;

（3）《申报年鉴》,上海,申报年鉴社,1944年;

（4）"国立中央图书馆"编:《中华民国图书馆年鉴》,台北,"国立中央图书馆",1981年。

学术著作

（1）孟国祥:《大劫难——日本侵略对中国文化的破坏》,北京,中国社会科学出版社,2005年;

（2）谢灼华：《中国图书史与中国图书馆史》，武汉，武汉大学出版社，1985年；

（3）严文郁：《中国图书馆发展史：自清末至抗战胜利》，新竹，枫城出版社，1983年；

（4）李致忠主编：《中国国家图书馆馆史资料长编》，北京，国家图书馆出版社，2009年；

（5）严绍璗：《汉籍在日本的流布研究》，南京，江苏古籍出版社，1992年；

（6）程焕文：《中国图书馆学教育之父——沈祖荣评传》，台北，台湾学生书局，1997年；

（7）徐雁：《中国旧书业百年》，北京，科学出版社，2005年；

（8）张树华、张久珍：《20世纪以来中国的图书馆事业》，北京，北京大学出版社，2008年；

（9）来新夏等：《中国近代图书事业史》，上海，上海人民出版社，2000年；

（10）国家图书馆编：《袁同礼纪念文集》，北京，国家图书馆出版社，2012年；

（11）周文骏、王红元编：《中国图书馆学研究史稿（1949年10月至1979年12月）》，北京，北京大学出版社，2011年；

（12）范并思等编著：《20世纪西方与中国的图书馆学——基于德尔斐法测评的理论史纲》，北京，北京图书馆出版社，2004年；

（13）史全生：《中华民国文化史》，长春，吉林文史出版社，1990年；

（14）王向远：《日本对中国的文化侵略：学者、文化人的侵华战争》，北京，昆仑出版社，2005年；

（15）高平叔编著：《蔡元培年谱长编》，北京，人民教育出版社，1999年；

（16）谢兴尧：《堪隐斋随笔》，沈阳，辽宁教育出版社，1995年；

（17）张人凤编：《张元济与中国近现代图书馆事业》，上海，上海科学技术文献出版社，2014年；

（18）张锦郎、黄渊泉：《中国近六十年来图书馆事业大事记》，台北，台湾商务印书馆，1974年；

（19）蒋复璁等：《蒋复璁口述回忆录》，黄克武编撰，台北，"中央研究院"近代史研究所，1990年；

（20）王云五：《商务印书馆与新教育年谱》，南昌，江西教育出版社，2008年；

（21）陈源蒸等：《中国图书馆百年纪事》，北京，北京图书馆出版社，

2004 年；

（22）吴仲强：《中国图书馆学史》，长沙，湖南出版社，1991 年；

（23）宋建成：《中华图书馆协会》，台北，台湾育英社文化事业有限公司，1980 年；

（24）郭双林主编：《中华民国史》，成都，四川人民出版社，2006 年；

（25）范凡：《民国时期图书馆学著作出版与学术传承》，北京，国家图书馆出版社，2011 年；

（26）李雪梅：《中国近代藏书文化》，北京，现代出版社，1999 年；

（27）任继愈编：《中国藏书楼》，沈阳，辽宁人民出版社，2001 年；

（28）苏精：《近代藏书三十家》，北京，中华书局，2009 年；

（29）〔美〕费正清：《费正清对华回忆录》，陆惠勤等译，北京，知识出版社，1991 年；

（30）〔日〕大場利康：《満洲帝国国立中央図書館籌備処の研究》，《参考書誌研究》第 62 號，2005 年。

报刊资料

（1）陈训慈：《文化之浩劫——为东方图书馆与其他文化机关之被毁声讨暴日》，《浙江省立图书馆月刊》1932 年第 1 期；

（2）陈训慈：《中国文化之劫运与其复兴问题》，《浙江省立图书馆月刊》1932 年第 2 期；

（3）陈训慈：《悼东方图书馆劫后一年并论上海图书馆之建设》，《浙江省立图书馆馆刊》1933 年第 1 期；

（4）陈训慈：《中国之图书馆事业——民国二十五年申报年鉴教育文化篇》，《图书馆学季刊》1936 年第 4 期；

（5）陈训慈：《战时图书馆事业》，《社教通讯》1939 年第 3 期；

（6）袁同礼：《中华图书馆协会之过去现在与将来》，《中华图书馆协会会报》1944 年第 4 期；

（7）蒋复璁：《战后我国图书馆事业之瞻望》，《中华图书馆协会会报》1944 年第 4 期；

（8）李小缘：《中国图书馆事业十年来之进步》，《图书馆学季刊》1936 年第 4 期；

（9）李小缘：《全国图书馆计划书》，《图书馆学季刊》1928 年第 2 期；

（10）沈祖荣：《国难与图书馆》，《文华图书馆学专科学校季刊》1932 年第 3～4 期合刊；

（11）沈祖荣：《图书馆教育的战时需要与实际》，《中华图书馆协会会报》1939 年第 4 期；

（12）沈祖荣：《战后图书馆发展之途径》，《中华图书馆协会会报》1944 年第 4 期；

（13）刘国钧：《图书馆与民族复兴》，《文华图书馆学专科学校季刊》1937 年第 3～4 期合刊；

（14）刘国钧：《图书馆与民众动员》，《教育通讯》1938 年第 24 期；

（15）刘国钧：《国立西北图书馆筹备计划书》，《社会教育季刊》1943 年第 3 期；

（16）杜定友：《对日问题与圕》，《中国出版月刊》1932 年第 2 期；

（17）杜定友：《国立中山大学图书馆民国二十七年度工作报告》，《中华图书馆协会会报》1939 年第 2～3 期合刊；

（18）慕骞译：《伪满洲国图书馆纪闻》，《浙江省立图书馆馆刊》1933 年第 4 期；

（19）钱存训：《上海各图书馆被毁及现况调查》，《中华图书馆协会会报》1938 年第 3 期；

（20）钱存训：《北平图书馆善本书籍运美经过》，《传记文学》1966 年第 2 期；

（21）柳诒徵：《江苏省立国学图书馆损失概况》，《中华图书馆协会会报》1946 年第 4～6 期合刊；

（22）吕绍虞：《战时问题论文提要》，《人文月刊》1937 年第 3 期；

（23）吕绍虞：《浙江省立英士大学图书馆概况》，《中华图书馆协会会报》1943 年第 5～6 期合刊；

（24）世纲：《图书馆之阵中服务》，《中央军校图书馆报》1934 年第 5 期；

（25）余少文：《抗战救国省中的福建图书馆扩充问题》，《厦门图书馆声》1932 年第 2 期；

（26）张知道：《发展图书馆事业在西北之重要》，《图书馆》1933 年第 2 期；

（27）曹钟瑜：《国难文库创设刍议》，《文华图书馆学专科学校季刊》1934 年第 1 期；

（28）彭志绪：《援绥与战时图书馆》，《中华图书馆协会会报》1937 年第 4 期；

（29）胡耐秋：《抗日中心单元运动中的四大活动事业——江阴巷实验

民众图书馆研究实验事业之一》,《教育与民众》1932 年第 9～10 期合刊;

（30）濮秉钧、胡耐秋:《民众图书馆实施救国教育之一实例》,《教育与民众》1933 年第 9～10 期合刊;

（31）绍诚（严文郁）:《抗战建国期中的圕事业》,《中华图书馆协会会报》1938 年第 1 期;

（32）林芸薇:《战时图书馆应有的设施》,《闽政月刊:教育辑》1937 年第 5 期;

（33）熊洪薇:《抗战期中图书馆应做些什么工作》,《中华图书馆协会会报》1938 年第 2 期;

（34）朱焕尧:《战时军民图书流通计划》,《中华图书馆协会会报》1939 年第 6 期;

（35）喻友信:《战时图书馆立法》,《法学杂志》1939 年第 1 期;

（36）蒋镜寰:《江苏省立苏州图书馆最近概况》,《中华图书馆协会会报》1946 年第 1～3 期合刊;

（37）毛春翔:《文澜阁〈四库全书〉战时播迁纪略》,《图书展望》1947 年第 3 期;

（38）蒋介石:《第三次全国教育会议训词》,《教育杂志》1939 年第 4 号;

（39）陈立夫:《抗建与图书馆》,《图书月刊》1941 年第 3 期;

（40）苗敬:《流通图书馆的需要》,《全民抗战》1938 年第 47 号;

（41）田常青:《我们办伤兵图书馆的经验》,《全民抗战三日刊》1938 年第 2 号;

（42）美国图书馆协会远东及西南太平洋委员会拟:《中美文化关系中关于图书馆事业的计划草案》,蓝乾章译,《图书馆学报》1945 年创刊号;

（43）郑贞文:《全国教育会议经过及目前抗战的形势》,《闽政月刊》1939 年第 3 期;

（44）莲只:《公藏损失多由人谋不臧》,《今文月刊》1942 年创刊号;

（45）莲只:《记袁守和先生事》,《今文月刊》1943 年第 2～3 期合刊;

（46）胡天石:《中国国际图书馆与抗战》,《中华图书馆协会会报》1940 年第 4 期;

（47）彭道真:《国立中央图书馆白沙民众阅览室概况》,《中华图书馆协会会报》1940 年第 4 期;

（48）刘云龙:《对于行政院接受南京国学图书馆之意见》,《新命》1939 年第 5 期;

（49）万斯年:《迤西采访工作报告》,《图书季刊》1944 年第 3 期;

（50）萧彩瑜：《战后我国图书馆复兴计划意见书》，《中华图书馆协会会报》1944 年第 3 期；

（51）熊毓文：《提供图书馆界计划战后复员的几点意见》，《图书馆学报》1945 年创刊号；

（52）徐调孚：《国立图书馆当前的几个课题》，《民主周刊》1946 年第 7 期；

（53）傅振伦：《处理敌伪献征问题》，《中华图书馆协会会报》1947 年第 1～2 期合刊；

（54）陈鸿飞：《福建省立图书馆工作近况》，《中华图书馆协会会报》1942 年第 3～4 期合刊；

（55）程长源：《江西私立天翼图书馆概况》，《中华图书馆协会会报》1942 年第 5～6 期合刊；

（56）徐家璧：《袁守和先生在抗战期间之贡献》，《传记文学——袁同礼先生逝世周年纪念特辑》1966 年第 2 期；

（57）朱士嘉：《我所了解的袁同礼先生》，《图书馆学通讯》1985 年第 3 期；

（58）陈福康：《郑振铎等人致旧中央图书馆的秘密报告》，《出版史料》2001 年第 1 期；

（59）沈津：《郑振铎致蒋复璁信札》，《文献》2001 年第 3 期；

（60）卢锦堂：《抗战时期香港方面暨冯平山图书馆参与国立中央图书馆抢救我国东南沦陷区善本古籍初探》，《国家图书馆馆刊》2003 年第 2 期；

（61）《抗战一年来我国图书馆的损失》，《中华图书馆协会会报》1938 年第 3 期；

（62）《江浙私家藏书遭浩劫》，《中华图书馆协会会报》1938 年第 3 期；

（63）《江南藏书被敌焚劫数十万册》，《中华图书馆协会会报》1938 年第 2 期；

（64）《教部发表全国高等文化机关受敌军摧毁之下所蒙损失统计》，《中华图书馆协会会报》1939 年第 6 期；

（65）《七七事变后平市图书馆状况调查》，《中华图书馆协会会报》1941 年第 1～2 期合刊；

（66）《镇江公私藏书被毁殆尽》，《中华图书馆协会会报》1939 年第 5 期；

（67）《国立清华大学图书馆概况》，《清华周刊》1934 年第 13～14 期合刊；

（68）《国立南开大学概况》，《南开周刊》1947年第5期；

（69）《广州图书损失情况》，《中华图书馆协会会报》1939年第2～3期合刊；

（70）《湖南大学图书馆被炸》，《中华图书馆协会会报》1938年第1期；

（71）《抗战四年来之西南联合大学图书馆》，《中华图书馆协会会报》1942年第3～4期合刊；

（72）《七七事变后平市图书馆状况调查（三十年元月）》，《中华图书馆协会会报》1941年第1～2期合刊；

（73）《本会继续追查香港被劫存书》，《中华图书馆协会会报》1946年第1～3期合刊；

（74）《法赠东方图书馆书籍赠受典礼纪要》，《同行月刊》1935年第6期；

（75）《战时征集图书委员会致本会袁理事长函》，《中华图书馆协会会报》1939年第5期；

（76）《英国圕协会发起捐书援华运动》，《中华图书馆协会会报》1939年第2～3期合刊；

（77）《四川省立图书馆四年半来的概况》，《中华图书馆协会会报》1945年第1～3期合刊；

（78）《国立中央图书馆概况》，《国立中央图书馆馆刊》1947年第3号；

（79）《国立西北图书馆筹备概况》，《中华图书馆协会会报》1943年第1期；

（80）《本会征求全国圕复员计划》，《中华图书馆协会会报》1943年第2期；

（81）《本会第六次年会第一、二、三号提案》，《中华图书馆协会会报》1944年第4期；

（82）《教育部辅导收复区教育复员》，《中华图书馆协会会报》1945年第4～6期合刊；

（83）《英美赠书助我图书馆复兴》，《中华图书馆协会会报》1946年第4～6期合刊；

（84）《国立奉天图书馆概况》，《国立奉天图书馆季刊》1934年第1期；

（85）《参加联合国教育科学文化组织中国委员会筹备委员会》，《中华图书馆协会会报》1947年第1～2期合刊；

（86）〔日〕鞘谷純一：《日中戦争下・北京における抗日図書の接収—中華民国新民会の活動を中心に一》，《図書館史—中国》2005年第5期。

后 记

　　本书是 2016 年国家社科基金后期资助项目的最终研究成果。本书即将出版的时候，不能不感谢那些曾经帮助我的师长和朋友。

　　本书能够顺利完成，首先要感谢张艳国教授。张教授担任江西师范大学副校长，事务繁忙。然而，我以此题目申报国家社科基金后期资助项目时，希望得到他的点拨，张校长立刻拨冗批阅书稿，提出完善意见。张校长的建议，极大地提升了本书的理论高度。本书出版之际，请张校长写序，张校长慨然应允。张校长关心后学，由此可见一斑。另外，本书也得到了张校长担任主任的 2011 江西省协同创新江西师范大学"中国社会转型中心"的支持，一并感谢！

　　本书在申报国家社科基金后期资助项目前，申报国家社科基金一般项目。江西广播电视大学副校长方志远教授仔细阅读申报书，提出宝贵的修改意见。方教授的建议，使申报书内容增色良多。方教授对我的帮助由来已久，可以追溯到 2003 年我来江西师范大学历史文化与旅游学院工作时。方教授的关照，铭记在心。

　　非常感谢武汉大学历史学院彭敦文教授。按照国家社科基金后期资助项目的申报要求，必须要有校外同行专家的推荐意见。我曾就此事与惠州学院徐旭阳教授商量，徐教授立刻说可以商请彭教授撰写推荐意见。于是我贸然与彭教授联系。彭教授二话没说，当即答应。彭教授的古道心肠，让我敬佩不已。本课题能够获得资助，彭教授的推荐意见发挥了相当大作用。

　　徐旭阳教授是我的师兄，一直关心我的学习与工作，是我学术研究的领路人之一。本书能够完成，部分是因为得到了师兄的大力帮助和支持。我就撰写申报书内容、邀请同行专家撰写推荐意见等问题与师兄商量时，师兄不厌其烦，一一予以指点，还把他人申报成功的经验与我分享。师兄长期从事抗战史研究，成果丰硕。他的意见丰富了本书内容。

　　本书从立意到完成，都得到了江西师范大学图书馆副研究馆员张书美自始至终的支持和帮助。张研究馆员一直从事近代中国图书馆史的研究，发表论文近百篇，曾就中华教育文化基金董事会的问题商之于我，我突然发现近代中国图书馆史很有意思，随即注意相关问题。初稿完成后，她又进行了审读，从结构到文字，一丝不苟。本书能够完成，她所起的作用无法估量。

感谢中国美术学院张盛满博士。书稿完成后，酝酿出版事宜，盛满博士立刻推荐商务印书馆，并愿意牵线搭桥。他的博士论文刚刚在该馆出版。感谢江西师范大学中国近现代史硕士研究生符夏莹。她对书稿进行了认真阅读，认为不当之处，一一指出；对有疑问的地方，也都标记清楚，或进行原文核对。她的工作，使书稿的"硬伤"大为减少。同事李德成教授也提出了宝贵的修改建议，同样表示谢意。

感谢商务印书馆鲍静静老师。鲍老师为人谦和、热情，怀有民国以来商务印书馆一以贯之的文化情怀。本书能够出版，是鲍老师文化情怀的体现。商务印书馆责任编辑陈雯非常用心，就书稿中的问题仔细校核，认真态度超出想象，甚至不惜牺牲休息时间，完善书稿。她们的帮助，使本书增色很多。

申报国家社科基金后期资助项目以及联系出版事宜，经历了漫长的过程。如果没有师长的提携和朋友的帮助，很难想象能够获得该项资助以及顺利完成书稿。本书出版之际，谨表谢意。